EL LIBRO DE LAS 7 PRISIONES DEL Alma

EL LIBRO DE LAS 7 PRISIONES DEL *Alma*

PRIMER TOMO

BUDASINANDA VIVEK

Para realizar pedidos de este libro, contacte con:
Palibrio LLC
1663 Liberty Drive
Suite 200
Bloomington, IN 47403
Gratis desde EE. UU. al 877.407.5847
Gratis desde México al 01.800.288.2243
Gratis desde España al 900.866.949
Desde otro país al +1.812.671.9757
Fax: 01.812.355.1576
ventas@palibrio.com
494943

ÍNDICE

Dedico Este Libro

A todas aquellas Almas que han tenido la valentía de no conformarse con aceptar las verdades de otros, que se han atrevido a investigar sus propias creencias, y que han decidido pasar a revisión todas las ideas y conocimientos que se esconden en sus mentes. Sin duda alguna este libro está dedicado a todos ellos, ya que lo que este libro intenta es servir como un conducto o una guía para ayudar al buscador de la verdad a que descubra su propio camino que lo llevara a la iluminación.

Presentación

En este libro intentare transmitir el mensaje que he estado recibiendo por los últimos 16 años de parte de mi Conciencia Intuitiva a la cual estoy sumamente agradecido que me haya aclarado infinidad de dudas existenciales que yo tenía desde una niñez y que yo sabía que nadie me podría contestar esas preguntas. En mi búsqueda de la verdad, me dediqué a investigar en diferentes lugares tales como Cristianismo, Gnosis, Teosofía, Metafísica, Budismo, Taoísmo, Sufismo, Zen, Kabbalah, Yoga, Tantra, Upanishads, Hinduismo, Misticismo, Ateísmo Talleres de 12 pasos y autoanálisis, finalmente en los últimos dos años y medio logre contactar a los Seres de Luz que están trabajando conmigo y decidí escribir este libro en su nombre, estos Seres de Luz utilizaron toda la información que había en mi mente y de esta manera lograron comunicarme cosas que yo desconocía.

Ahora ellos junto con otros Seres de Luz me han hecho saber que lo que han estado intentando hacer por estos últimos 100 años, es encontrar a una Alma que este viviendo en el Reino de Oscuridad (7 Planos del Ego) en un 95% del tiempo, y ayudarla a que alcance la iluminación ya que si esto se logra, entonces este planeta tridimensional, podrá comenzar a revolucionar más rápidamente hacia la 4ta y 5ta Dimensión, ya que esta Alma que logre la iluminación abrirá el camino para todas aquellas Almas que no les correspondía alcanzar la iluminación en esta vida, basado en las Leyes de Probabilidades.

Al comienzo del Libro Los Seres de Luz van indicando de lo que tratara el libro, es por eso que el comienzo tiene un carácter informativo y comenzando con el Primer Capítulo entonces el Libro comienza a presentarle el Reino de Oscuridad al Lector.

Mi recomendación antes de leer este libro es que el lector abra su mente y haga a un lado todo lo que pueda estar en conflicto con sus ideas o creencias. Que se imagine que sus viejas ideas y creencias son como una vestidura que colgara en su puerta o en su buró y cuando acabe de leer todo el libro entonces ya podrá ponerse otra vez su vestidura de ideas y creencias, porque después de todo, si sus creencias o ideas son verdaderas estas permanecerán con él todo el tiempo, más si algunas de ellas son pseudo creencias o pseudo ideas estas caerán por si solas.

A continuación Los Seres de Luz me comenzaron a decir...

Energía es información

Información verdadera = Conciencia (Unidad)

Información falsa = Ego (Separación)

Los tres Poderes Espirituales que rigen todas las Leyes Cósmicas y la Justicia Divina son la Verdad, el Amor y el Valor. Y por medio del Principio De la Verdad el Yo inferior que es el cuerpo mental del Alma alcanzará su Iluminación. Por medio del Principio del Amor el Alma que maneja el cuerpo emocional, logrará armonizar todas sus emociones y de esta manera vivirá en una dicha constante y finalmente por medio del principio del Valor el Cuerpo Físico junto con el instinto de supervivencia logrará la seguridad y la liberación de todos sus miedos.

En cada uno de los 7 Niveles de Conciencia mostraremos todos los demás Principios espirituales que se derivan de estos Tres Poderes y Leyes Espirituales de La Verdad, el Amor y el Valor ya que sin la ayuda de todos estos le será imposible al Alma llegar a purificarse de todas sus impurezas de baja luz.

Más del 98% de todas las Almas actuales que hoy día viven en la 3ra Dimensión, han estado regresando al plano terrenal una y otra vez y la razón es porque no han logrado aniquilar el 50% de su Deuda kármica.

Los enlaces que tiene el Alma para comunicarse con su Yo mental (Yo inferior) es por medio de su Yo Positivo, su Yo intuitivo y sobre todo por medio de su Conciencia Intuitiva, pero su gran reto del Alma es que su Yo inferior no la podrá escuchar muy bien, ya que a la par del Yo inferior se encuentra el Ego y el Súper Ego, estos serán los dos consejeros malignos del Yo inferior. Son los que le estarán interpretando todos los sucesos de su vida, así que a los únicos que podrá escuchar muy bien serán a sus dos consejeros malignos. Ahora cuando decimos escuchar a sus consejeros malignos, no, nos referimos a escucharlo de la misma manera que si escuchará a una persona. Su lenguaje de ellos es más rápido y silencioso, utilizan la telepatía para comunicarse con el Yo inferior y este simplemente reacciona a todo lo que le aconsejan, es como una especie de esquizofrenia silenciosa.

El Yo Positivo.

Este es un consejero de luz que el Yo inferior tiene detrás de él, a su lado izquierdo, y esta es la voz que siempre lo está animando, siempre le hace ver la parte positiva de todas las dificultades de la vida, este consejero de luz en verdad quiere ayudar al Yo inferior pero su desventaja es de que únicamente cuenta con un 5% de margen, ya que el otro 95% lo tienen dominado el Ego y el Súper Ego. Su misión del Yo Positivo es ayudar al Yo inferior a que logre alcanzar sus primeros 3 Niveles de Conciencia ya que si lo logran, entonces el Yo inferior se convertirá en un Yo Superior de Luz Positivo.

El Yo Intuitivo.

Este es el otro consejero de Luz que tiene el Yo inferior a su lado derecho en la parte de atrás y al igual que el otro su desventaja es que únicamente cuenta con un 5% de margen, su misión es ayudar al Yo inferior a que alcance su 4to, 5to y 6to Nivel de Conciencia y cuando lo logren, entonces el Yo inferior logrará despertar su Conciencia Cristica Buddhica. Este Yo intuitivo es un enlace de su Conciencia Intuitiva y es el que maneja el don del discernimiento, sus consejos siempre son sabios y cuando el Yo inferior logra escucharlo siempre se sentirá muy en paz consigo mismo y se le desaparecerán todos los miedos, la ira y las confusiones.

El Ego.

Este es uno de los consejeros malignos, su función es hacer sentir al Yo inferior inseguro, con miedos, ansiedades, depresión, convertirlo en adicto a todos los placeres de excitación, drogadicción, alcoholismo y todo lo que tenga que ver con adicciones y placer insano, también lo llenará de negatividad, de ingratitud, de sentimentalismo, tristeza, soledad o lo convertirá en una persona arrogante, jactanciosa, soberbia, con mucha ira, resentimientos y frustraciones. Este consejero maligno goza de ver sufrir al Yo inferior y su Alma, es un enemigo que no tiene nada de compasión y en cualquier oportunidad que tiene esta listo para envenenarle su mente de negatividad.

El Súper Ego.

Este es el otro consejero maligno, el cual siempre le estará dando de palmaditas en la espalda al Yo inferior, siempre lo estará haciendo sentirse por encima de los demás, lo convencerá de que él es una persona muy sabia, muy espiritual, que su Dios es el verdadero y el de todas las demás religiones es el falso. Todo el tiempo mantendrá al Yo inferior en una nube o una ceguera espiritual constante, pues lo convencerá de que todo el conocimiento que ha adquirido ya lo conoce y por lo tanto, este Yo inferior casi nunca se dará a la tarea de descubrir qué tanto de lo que él conoce es un conocimiento existencial y verdadero, él simplemente asumirá que ya lo conoce y punto, pues el Súper Ego siempre le estará diciendo que no necesita hacer ninguna investigación, que él ya es un gran conocedor de la verdad y que por lo tanto, para qué investigar algo que él ya conoce.

El Ego Destructivo.

Este es el Padre de las mentiras y por lo tanto reside en el 7mo plano del Ego. Allí él conoce todas sus inseguridades del Yo inferior, conoce sus conceptos e ideas que tienen de su Dios y por lo tanto este Ego Destructivo se pondrá el traje de su Dios y se hará pasar por él. Se convertirá en un Pseudo Dios, pero al Yo inferior quizás le tarde muchísimos años descubrirlo, ya que mientras este Yo inferior tenga prejuicios y miedos de su mismo Dios, le será casi imposible quererlo conocer directamente, pues este Ego Destructivo o Pseudo Dios siempre le estará advirtiendo que no se atreva a querer conocer a su Dios ya que si lo hace, su Dios se enojará muchísimo y posiblemente hasta lo convierta en un incrédulo y pierda la fe para siempre. Si este Pseudo Dios logrará meterle miedos e inseguridades a este Yo inferior entonces ya se salió con la suya y por lo tanto, él seguirá muy a gusto jugando el papel de su Dios.

Estos tres Egos son los que gobiernan todos los 7 planos del Ego, todo el Reino de Oscuridad y las Energías que rigen en este Reino de Oscuridad, son el Engaño, La Ira y los Miedos y de estas tres Energías se derivan todos los defectos de carácter, malos hábitos, adicciones y espíritus de oscuridad.

Cada vez que el Yo inferior se sienta con muchos miedos, con mucha ira y con mucha confusión, eso es una indicación muy clara de que estos tres Egos están muy fuertes y que hay muchísima ignorancia y falsa información en su mente, ya que sus emociones negativas se lo están indicando.

Para que el Yo inferior junto con su Alma le ganen la Guerra Espiritual a sus enemigos, tendrán que pasar por tres muertes espirituales.

Primer muerte espiritual.

Aquí el Yo inferior primero conocerá a su Reino de Oscuridad, descubrirá como su Alma esta desintegrada en un 95% y por lo tanto cuando acabe de leer todo el libro y se dé cuenta de la solución a toda su gran batalla espiritual, entonces es muy posible que decida dar su primera muerte espiritual, la cual consiste en derrotarse ante el mal manejo de sus dos poderes que son: el Poder de Voluntad y el Poder de Decisión, por lo tanto aceptará que de hoy en adelante sean sus Yo's Superiores de Luz los que dirijan su vida y se pondrá a la orden de cada uno de todos los Principios Espirituales que se encuentran en los primeros 5 Niveles de Conciencia.

Segunda muerte espiritual.

Cuando alcance su 5to Nivel de Conciencia y logre pasar 11 exámenes que se le presentarán ya estará listo para dar su Segunda muerte espiritual.

Tercer muerte espiritual.

Esta muerte le estará sucediendo de manera automática una vez alcance su 6to Nivel de Conciencia, ya que del 6to al 7mo Nivel, allí aniquilará todo el resto de toda su Deuda kármica de esta vida y de todas sus demás vidas pasadas y cuando logre aniquilar esta Deuda kármica, entonces habrá dado su tercer muerte espiritual y con esto alcanzará la iluminación, la que todos los Maestros iluminados han alcanzado.

Analicemos lo siguiente:

Cuando alguien dice: el Hombre ha sido creado a imagen y semejanza de su creador, convendría preguntarle si él o ella en verdad entiende lo que está diciendo, primero debería de describir como es ese creador y luego explicar el por qué el hombre ha sido creado a imagen y semejanza de su creador. Lo que nos hemos dado cuenta es que la gran mayoría en realidad no cree eso que dice, simplemente repite lo que alguien más ha dicho o lo que ya está escrito en un libro sagrado, para el caso se sigue estando lejos de comprender sabias palabras.

Trataremos de explicar lo que encierran esas palabras a lo largo del libro ya que todo el libro será basado en dichas palabras.

También sabemos que los mismos que dicen esas palabras conocen la respuesta, pero su respuesta continúa siendo intelectual, no es una respuesta existencial o vivencial, la respuesta que estamos escuchando es que es el Espíritu el que esta creado a imagen y semejanza de su creador, pero no deja de ser un juego de palabras.

Ahora utilizaremos la palabra Dios, Conciencia Dios o Dimensión de Dios, porque sabemos que la mayoría de seres humanos ha colocado a esta palabra en la idea más alta de su mente, a la vez le ha llamado a esta palabra de diferentes nombres los cuales todos estos nombres se refieren a la misma idea más alta de la Mente Universal Tridimensional, entonces para nosotros es lo mismo utilizar la palabra Dios, Brahmán, Tao, Art Thou, Allah, Gran Espíritu, pues todas estas palabras representan una sola idea que indica el nombre de las más altas de las dimensiones y por lo tanto nosotros para podernos comunicar con los de la 3ra Dimensión, tenemos que utilizar sus palabras. Ojalá haya quedado claro lo que estamos tratando de expresar, ya que por lo regular lo que suele suceder es que aquellos Yos inferiores que utilicen la palabra Dios pensarán que nos referimos a su palabra Dios y no se les ocurre pensar que bien hubiéramos utilizado la palabra Rama o Ra y entonces ya no tendría el mismo significado para los que utilizan la palabra Dios, ahora el significado lo tendría para los que utilizan la palabra Rama o Ra, es por ello que nos hemos visto en la necesidad de mencionar las diferentes Dimensiones, para poder expresar todo este tipo de palabras multidimensionales.

En el 5to y 6to Nivel de Conciencia explicaremos más en detalle las diferentes Dimensiones de la existencia y sobre todo, La gran caída, ya que esta gran caída fue la que vino a complicarles el camino a la iluminación a todas las Almas, allí explicaremos de dónde surge el Verdadero Ser de Luz, el por qué se desprendió el Alma de su Verdadero Ser de Luz y en donde surgió el Yo inferior, al igual de donde surgieron el Ego y el Súper Ego, por ahora nos enfocaremos en lo más práctico.

Ahora bien, el ser humano tiene consigo Tres Reinos de Luz. Comencemos con el Primero: si observamos el Árbol Existencial del Alma, (Que está en la portada del libro y también al final de estas páginas) notaremos que en el primer Reino de Luz reside su Verdadero Ser de Luz, este a pesar de que se encuentra adentro del cuerpo físico del ser humano, también reside otra parte de él en la 8va Dimensión y por ahora él representa a lo que se conoce como el Espíritu del ser humano, a este también se le conoce como el Reino de Dios ya que allí reina la paz y la armonía, el Segundo Reino de Luz es el que se encuentra en todos los 7 Niveles de Conciencia y por lo regular el Yo Inferior únicamente tiene acceso a este Reino en un 5% del tiempo, ya que únicamente está viviendo con un 5% de Esencia Divina. Y cada vez que aplica el Principio de la Aceptación a su vida, inmediatamente se traslada a su Segundo Reino de Luz, a su Centro de Esencia Divina y de la misma manera cada vez que no acepta algo en su vida, es sacado de su Centro de Esencia Divina y cae a los 7 planos del Ego.

Ahora el Tercer Reino en un comienzo era de Luz, ya que en sus primeras vidas el Alma era recién llegada y por lo tanto los malignos la trataban como visitante y la invitaron a todo tipo de placeres sin cobrarle nada, poco a poco el Yo mental del Alma, que es el Yo inferior les permitió la entrada y vida tras vida los fue alimentando, tanto que hoy en día, todos ellos han convertido ese Tercer Reino de Luz en un Reino de Oscuridad, al cual también le hemos llamado los 7 planos del Ego.

Ahora si comenzaremos a explicar en detalle el Árbol Existencial del Alma y tomaremos como ejemplo a las Almas con mucha Deuda kármica para que de esta manera podamos explicar en detalle todo el Reino de Oscuridad, por lo tanto los ejemplos serán de diferentes Almas y no de una sola.

Cuando el Alma regresa nuevamente a la 3ra Dimensión, esta nacerá con el velo del olvido, el cual no le permitirá el recuerdo de sus vidas pasadas, todos estos recuerdos se encuentran en su memoria etérica, (Glándula Pineal) la cual puede ser contactada por medio de meditaciones profundas y a veces por medio de hipnosis, tal como fue el caso con la Mujer Catherine nombre ficticio de la paciente del Psiquiatra Brian Weiss, y así hay personas que por medio de estas regresiones e hipnosis tienen la capacidad de poder recordar parte de sus vidas pasadas.

El Alma lleva consigo 7 Centros Energéticos conocidos como Chakras, los cuales cuando estén en armonía el Alma se integrará a ella misma y alcanzará la iluminación, pero lo que normalmente pasará es que la Deuda kármica que debe el Alma será la que utilizarán los malignos para cobrársela y esto funciona de la siguiente manera. El Alma tiene en la mente a su Yo Inferior el cual estará a cargo de todas las decisiones, a este se le han otorgado Dos Poderes uno de ellos es el Poder de Decisión y el otro el Poder de Voluntad de esta manera él controlará la vida del Alma, los únicos medios que tiene el Alma para comunicarse con su Yo inferior, es la Conciencia Intuitiva y luego detrás del Yo inferior tendrá al Yo Positivo y al Yo Intuitivo, estos son los consejeros de luz y los que en dado momento pueden dirigir la vida del Yo Inferior si es que este se los permite. Luego tenemos a los enemigos del Alma al Ego y al Súper Ego, estos son los consejeros malignos ya que todo lo que le digan al Yo inferior será para perjudicar a su Alma, nunca le darán un consejo para beneficiar a su Alma o beneficiarlo a él, todo el tiempo ellos miran por sus propios intereses y no les importará el sufrimiento del Alma o el sufrimiento del Yo inferior, a estos lo único que les importa es seguir viviendo gratuitamente en la mente y el cuerpo del Yo inferior y su Alma.

Observar la fig. E 1 (1) allí se encuentra el Yo inferior junto con sus dos consejeros malignos y sus consejeros de luz.

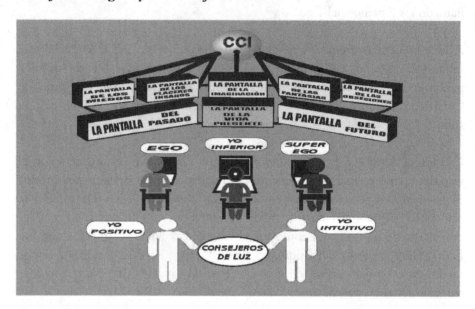

La mayoría de Almas que ya llevan bastantes vidas en la 3ra Dimensión, llegan con dos misiones que cumplir, la primera misión será para cumplir con algún deseo fuerte que no haya alcanzado en su previa vida. Por ejemplo si un Alma en esta vida tiene el deseo fuertísimo de ser un artista famoso, ya sea cantante o actor y si no lo logra entonces al morir físicamente regresará en su otra vida a querer realizar ese sueño, ya que no lo pudo realizar en su última vida y de este modo al realizarlo estará cumpliendo con la primera misión de su vida.

Hay otras Almas que escogen vivir vidas sufridas a manera de reducir más cantidad de su Deuda Kármica (D.kármica) por ejemplo niños que nacen en lugares en donde puedan morir de hambre, niños que crecen sin sus Papás o en hogares disfuncionales, en donde hay mucha drogadicción y violencia, niños que serán abusados sexualmente o que nacerán con algunas enfermedades físicas, defectos físicos o mentales, y de esta manera estarán cumpliendo con su primera misión.

Cuando mencionemos a los14 grupos de Almas en el 4to Nivel de Conciencia allí explicaremos también los propósitos de cada una de ellas y los procesos por los que tienen que atravesar, por ahora solo queremos enfatizar estas dos misiones que son de suma importancia

Una vez el Alma alcanza su primera misión, entonces ya estará lista para encaminarse a su segunda misión la cual consistirá en reunificarse con su Verdadero Ser de Luz, por medio de armonizar los 7 Centros Energéticos, y trascender los 7 Niveles de Conciencia, a esto se le conoce como alcanzar la iluminación y allí es donde alcanzará a realizar su segunda misión.

La Tercera Misión le será revelada a cada Alma por separado una vez alcancen la iluminación. Más adelante continuaremos explicando lo de la primera misión, de la misma manera que explicaremos los 14 diferentes grupos de Almas.

Desde que regresa el Alma al plano terrenal tridimensional, cada siete años le serán desatados diferente cantidad de deseos, por lo tanto en los primeros siete años los deseos pertenecerán al Primer Nivel de Conciencia, de los 7 a los 14, los deseos pertenecerán al 2do Nivel de Conciencia, de los 14 a los 21, al 3er Nivel de Conciencia, de los 21 a los 28 al 4to Nivel de Conciencia, así hasta llegar al 7mo Nivel de Conciencia que será hasta los 49 años de edad. Hasta allí serán desatados todos los deseos del Alma.

Ahora bien cada vez que esos deseos no sean satisfechos, entonces se le convertirán en frustraciones, en carencias o simplemente serán atraídos hacia los 7 planos del ego.

En sus Primeros siete años los deseos del Alma se presentarán como necesidades emocionales básicas, por ejemplo estas serán algunas de las necesidades que toda Alma cuando está en un cuerpo de niño necesita que sean atendidos y satisfechos y de no ser así, se le convertirán en carencias y necesidades que harán que su Yo inferior esté buscando a diferentes personas, cosas o lugares que le suplan esas necesidades emocionales básicas incumplidas. A continuación esta es la lista.

Un Niño necesita sentirse:

- Amado	- Útil	- Eficaz
- Aceptado	- Importante	- Apoyado
- Exitoso	- En control	- Entendido
- Reconocido	- Incluido	- confiable
- Admirado	- Independiente	- Valioso
- Apreciado	- Informado	- Valorado
- Aprobado	- Oído	- Digno
- Atendido	- Motivado	- Respetado
- Retado	- Necesitado	- Que es Inteligente
- Competente	- Nutrido	- Que su opinión cuenta
- Seguro	- Poderoso	- Autónomo
- Creativo	- Privado	- Querido
- Libre	- Productivo	- Protegido
- Satisfecho	- Reconfortado	- Cuidado
- Escuchado	- Asegurado	- Comprendido
-Ayudado	- Alagado	- Guiado
- Confiado	- que se le da cariño	- Guapo o Guapa

Y a esta lista se le puede seguir agregando más necesidades emocionales que necesita el Alma cuando está en un cuerpo de niño. Y cuando estas necesidades emocionales básicas no han sido satisfechas, entonces esto hará que esa primera parte de sus deseos y necesidades emocionales básicas caigan al plano más bajo del ego. Tal y como se muestra **en esta figura. E 1 (2)**

PRIMER CAPÍTULO

Comenzaremos con el **PRIMER PLANO DEL EGO**

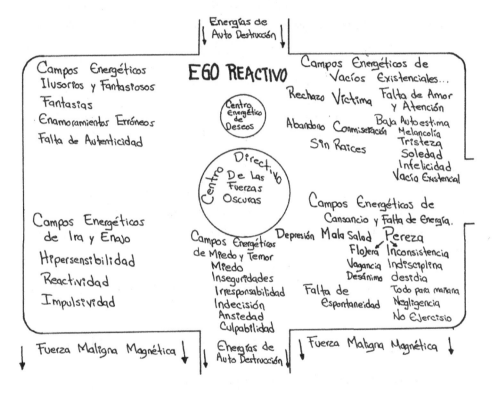

EL EGO REACTIVO

Este plano está compuesto por 5 CAMPOS ENERGÉTICOS
MAGNÉTICOS DE OSCURIDAD.

Campo Energético de Vacíos Existenciales.

Campo Energético de Cansancio y Falta de Energía.

Campo Energético de Miedo y Temor.

Campo Energético de Ira y Enojo.

Campo Energético Ilusorio y Fantasioso.

El Reino de Oscuridad (Los 7 planos del Ego) está vibrando constantemente bajo 12 campos energéticos negativos y de muy baja luz y cada vez que el Yo inferior cae alguno de estos campos energéticos negativos su Poder de Gracia que recibe todos los días será succionado, pues estos 12 campos magnéticos negativos densifican la energía del Alma. Son como esponjas que le absorben toda la energía al Alma y los efectos también los sentirá el Yo inferior. (El cual representa la parte mental e intelectual del Alma), pero en esa parte mental el Yo inferior desde niño será guiado y aconsejado por sus 2 consejeros malignos. El Ego y el Súper Ego. Ellos se encargarán de interpretar todos los sucesos de la vida del Yo inferior, algunas veces se harán pasar como sus amigos y otras veces cuando se descuide le darán con todo, lo harán sufrir enormemente.

Llegarán ocasiones en que el Yo inferior, junto con su Alma experimenten un verdadero infierno. Ya que en el campo astral es donde se encuentra el cielo y el infierno. Nosotros explicaremos en detalle como es este infierno o Reino de Oscuridad.

Estos son los 12 Campos Energéticos de baja Luz formados por los 3 Gunas negativos

Estos son los que son Gobernados por las Energías del Miedo (Tamas)

1.- Campo Energético de Miedo y Temor.

2.-Campo Energético de Vacíos Existenciales.

3.-Campo Energético de Cansancio y Falta de Energía.

4.-Campo Energético de aburrimiento y ocio.

Estos son los que son Gobernados por las Energías de la Ira o el Odio (Rajas)

1.-Campo Energético de Ira y Enojo.

2.-Campo Energético de Excitación y Placer Insano.

3.-Campo Energético de Pesimismo y Negativismo.

4.-Campo Energético de Poder y Control.

Estos son los que son Gobernados por las Energías de las Mentiras y el Engaño (Sattva)

1.-Campo Energético de Engaños y Mentiras.

2.-Campo Energéticos Ilusorios y Fantasiosos.

3.-Campo Energético de Jactancia y Presunción.

4.-Campo Energético Pensante, Ruidoso y Juzgón.

En el primer plano del Ego, como en todos los demás existen infinidad de centros energéticos negativos listos para reactivarse, en cuanto les llegue cualquier grado de sustancia energética del Alma. Estos centros son como semillas listas para crecer en cuanto se les eche algo de luz solar, en este caso la luz solar será la atención y energía vital que deposite el Yo inferior en ese centro energético, o "semilla". Cuanta más atención se les ponga se les estará dando más luz solar, y cuanto más vida les de por medio de su acción, esto será como echarles más agua, de esta manera a las semillas que más energía solar y más agua les ha dado han crecido ya como árboles, ahora son unos sequoias, unos árboles malignos gigantes que tienen encarcelada al Alma.

En este caso en lugar de mencionar la palabra semillas, utilizaremos las palabras Espíritus de baja luz, Espíritus de oscuridad, Espíritus de excitación, Espíritus malignos, Espíritus arrogantes, Entidades de oscuridad, Elementales artificiales, Parásitos del bajo astral o Demonios obsesivos y controladores.

Revisemos el primer Campo Energético de Vacíos Existenciales.

Y este Campo Energético está formado de **5 Centros Magnéticos.** Que se llaman: **Falta de Amor y Atención, Victima, Rechazo, Abandono, Sin Raíces, y Conmiseración.**

En cada uno de estos centros magnéticos se encuentran varios mini centros energéticos magnéticos vibracionales, listos para reactivarse en cualquier momento. Cualquier sustancia vital de psiquismo y de emoción que les llegue constantemente, será suficiente para ser reactivados, recobrarán vida, pues ellos se mantienen en un estado adormecido. Es decir que si un Yo inferior jamás les pone atención de manera constante, ellos seguirían inactivos, seguirían adormecidos, ellos son como las enfermedades que en cualquier momento se pueden reactivar.

En el Centro Magnético de Falta de Amor y Atención nos encontramos con los siguientes mini Centros Energéticos Magnéticos Vibracionales que se llaman: **Falta de Amor, Falta de Atención, Baja Autoestima, Tristeza, Melancolía, Soledad, Infelicidad y Vacío Existencial.**

Nota:

No utilizaremos con exactitud el significado que les da el diccionario a todas estas palabras, puesto que como son palabras multidimensionales y tienen que ver con las emociones y el mundo espiritual, entonces preferimos darles nuestra propia interpretación, nuestra propia explicación y recomendamos que el Yo inferior siempre haga lo mismo con todo tipo de palabras multidimensionales, que nunca se conforme con aceptar una sola definición de ellas, pues el que puede conocer estas palabras en su perfección siempre será su Conciencia Intuitiva.

Revisemos el Primer Centro Energético Magnético Vibracional **(C.E.M.V.) De La Falta de Amor.**

En los primeros siete años se formará su primer centro energético, si por ejemplo a un niño desde que nace hasta la edad de siete años le fueran suplidas todas sus necesidades emocionales básicas entonces su primer centro energético o primer Chakra estaría en armonía y por lo tanto este niño estaría viviendo su propio paraíso, ya que todos sus deseos habrían sido satisfechos, de la misma manera si de los siete años a los 14 años todos los deseos de su Alma fueran satisfechos también lograría mantener su segundo Chakra en armonía y de esta manera de los 14 a los 21. Hasta llegar a las 49 años y si todo saliera bien, entonces esta Alma habría cumplido con sus dos misiones y se encaminaría a su tercera misión, pero esto casi nunca sucede, sobre todo a las Almas jóvenes pues estas aún tienen que seguir aprendiendo sus propias lecciones.

Si nos fijamos en la Fig. del Árbol Existencial del Alma la cual aparece en la portada del libro y al final de las paginas podremos observar los 3 Reinos de Luz. En el Primero reside el Verdadero Ser de Luz, con sus 7 Centros Energéticos en armonía, él está viviendo en el Reino de Dios, luego al lado izquierdo tenemos al Alma, esta es la que tiene que encontrar la manera de cómo armonizar sus 7 Centros Energéticos para que de esta manera, se pueda integrar a su Verdadero Ser de Luz y los dos se unifiquen en uno solo, por lo tanto el Alma a su lado izquierdo tiene a los otros 2 Reinos, Uno es de Luz y el otro es de Oscuridad.

Los deseos inherentes con los que nace tienen que ser satisfechos o de otra manera, estos deseos insatisfechos se pasarán para el Reino de Oscuridad y por consiguiente así es como ella comenzará a desintegrarse entre estos Dos Reinos y mientras no logre rescatar a todas las formas de su Alma que se fueron para el lado del Reino de Oscuridad, entonces, irremediablemente, tendrá que continuar regresando a la 3ra Dimensión a cumplir con sus dos misiones.

Ahora bien observemos que en el Segundo Reino de Luz y en el Primer Nivel de Conciencia se encuentra un mini centro energético vibracional de Amor y si los Padres del niño le trasmiten ese amor, entonces los deseos o necesidades emocionales del Alma caerán a ese mini centro de amor y por lo tanto esas serán formas del Alma que estarán viviendo en su Segundo Reino de Luz, y hasta allí todo bien, del otro lado en el Reino de Oscuridad tenemos en el primer plano del ego un mini centro energético magnético vibracional llamado falta de amor y por lo tanto cada vez que el niño sienta ese sentimiento de falta de amor, entonces los deseos o necesidades emocionales de su Alma por sentir amor, serán magnetizados hacia ese mini centro de falta de amor, allí su Alma se comienza a desintegrar, estos deseos o necesidades emocionales básicas, caerán en ese centro como formas del Alma y allí se quedarán hasta que el Yo inferior las vaya a rescatar, el Alma no puede rescatarse a sí misma, necesita de la parte de su Yo mental, para que los dos juntos hagan ese trabajo.

Por consiguiente centremos nuestra atención hacia estos dos mini centros, uno está en el Primer Nivel de Conciencia y el otro en el Primer Plano del Ego, de esta manera cada vez que el niño desde que nace, hasta los siete años, sienta esa falta de amor, entonces una parte de su Alma será sustraída por ese mini centro de falta de amor y por consiguiente se estará llenando de formas del Alma, podríamos decir que si el Alma está compuesta de sustancia emocional, entonces las formas de su Alma son células emocionales de ella, que se comienzan a quedar atrapadas en el Reino de Oscuridad, en este caso comenzaremos con el primer plano del Ego.

Ahora lo que va a poner en desventaja al Alma junto con su Yo Mental es que este Yo inferior crecerá a la par con sus dos consejeros malignos, con el Ego y el Súper Ego, por lo tanto estos se encargarán de mal interpretar los sucesos de su vida. Supongamos que el niño crece sin su Papá o sin su Mamá o le tocó crecer con su Mamá y esta no es cariñosa ni tiene la capacidad de demostrar o trasmitir amor, entonces este niño sentirá esa falta de amor y poco a poco estará sintiendo que una parte de él, se está perdiendo en un vacío existencial, que él no comprende y por lo tanto el niño se estará haciendo preguntas a él mismo, recurrirá a las fantasías, como forma de escape o a la imaginación, y se comenzará a preguntar ¿Cómo sería mi vida si mi Papá nunca se hubiera divorciado de mi Mamá? En cuanto haga esa pregunta, sus consejeros malignos estarán listos para contestarle.

Nota:

(Cuando hablamos del niño o mencionamos la palabra persona, hombre o mujer todos estos nombres son sinónimos con la palabra Yo inferior, por lo regular estaremos manejando más la palabra Yo inferior y Alma, de esta manera se nos hará más práctico explicar el mundo subjetivo que vive una persona por dentro, ya que la persona que es el cuerpo físico no está al tanto de todo lo que está sucediendo en todas estas sub-realidades que suceden en el campo astral y el campo mental, el Yo inferior es como si fuera la persona en miniatura adentro de su mente, mas este mismo Yo inferior tiene su propia mente, por lo tanto estamos hablando de la mente normal de la persona y la mini mente de su Yo inferior del cual surgen todas las decisiones y acciones a tomar, esto es como si un hombre chiquito o una mujer chiquita holográficamente hablando estuviera adentro de la mente de la persona dirigiendo su vida y está persona como su sirviente se dedica hacerle caso sin cuestionar nada, ya que la persona en si, es un cuerpo físico moviéndose, así que esperemos que la palabra Yo inferior represente a la persona, hombre, mujer, niño, niña, mamá, papá. El Yo inferior es el Yo mental, es el piloto de la mente, el que dirige todo.)

Ahora si volveremos con esos primeros pensamientos que se hace el Yo inferior en su mente, él se pregunta, ¿Cómo sería mi vida si mi Papá jamás se hubiera divorciado de mi Mamá? y entonces él deja la puerta abierta para que sus consejeros malignos le contesten y estos le contestarán más o menos así. Le dirán: "Tienes razón, si tu papá viviera con tu mamá tú serias un niño muy feliz y no solamente tú, sino que también tus hermanos, pero ni modo, la vida es cruel y a ti ya no te toco ser un niño feliz"

De esta manera este Yo inferior comienza a creer eso que le dijeron sus consejeros malignos y al pasar de los días, semanas y meses, esa creencia se convertirá en una forma de su Alma, que estará encerrada en esa prisión llamada falta de amor y lo más sorprendente es que esa misma creencia se podrá dividir en varias formas del Alma y caerá a diferentes prisiones de los 7 planos del Ego, de momento ya ha caído en la prisión llamada falta de amor.

Luego el Yo inferior se preguntará ¿Por qué mi mamá no es cariñosa conmigo? ¿Por qué no me abraza o me dice que me quiere? y nuevamente los consejeros malignos el Ego y el Súper Ego estarán allí para engrandecer el drama de su vida, le dirán, "Te imaginas, si te hubiera tocado una madre cariñosa y amorosa, tú no te sentirías tan solo, ni tan triste, pero la vida es así de cruel, quizás tu vida no le importe a Dios, y es por eso que te está tocando vivir una vida miserable" al pasar las semanas, los meses y los años, esta será otra creencia que tomará varias formas de su Alma y una de estas formas caerá a esta prisión de la falta de amor y por lo tanto esta forma del Alma su único deseo en su vida o su único anhelo será tener una madre amorosa y cariñosa que le venga a dar amor y atención, pues mientras ese deseo no se cumpla allí quedará encerrada.

Cuando ha caído la primera forma del Alma allí en esa prisión llamada Falta de Amor, lo que sucederá es que el Espíritu de baja Luz llamado también Falta de Amor resucitará y comenzará a tomar vida nuevamente, ya en otras vidas ha estado viviendo en ese Reino de Oscuridad, pero cada vez que el Alma toma un nuevo cuerpo físico, estos Espíritus de baja luz y Oscuridad, quedan inactivos, y simplemente esperan la hora y la oportunidad de volver a ser reactivados o resucitados de esta manera este espíritu, al principio tiene la fuerza de una sola forma del Alma, pero conforme van cayendo más formas del Alma en su prisión, entonces va agarrando más fuerza y si al final de esos primeros siete años de vida de este Yo inferior cayeron unas 20 formas del Alma en esa prisión, entonces este Espíritu de baja Luz llamado Falta de Amor tendrá la fuerza de 20 formas del Alma y por lo tanto la única misión y objetivo de este Espíritu será experimentar falta de amor, ya que esa es su naturaleza, y de esta manera, entre mas falta de amor experimente el Yo inferior y su Alma, mas vida tendrá este Espíritu de baja luz. Aquí se puede mirar como los intereses del Alma y los intereses de los Espíritus de baja luz son totalmente diferentes y opuestos, porque las formas del Alma están esperando que alguien las rescate y las saque de esa prisión, todas sus esperanzas y sueños son esos, no tienen otra cosa en qué pensar más que alguien las saque de ese infierno, mientras que para este Espíritu de baja Luz todo es placer y felicidad, una por que vive de gratis en ese Reino de Oscuridad y otra por que las promesas de su Dios o Padre de las Mentiras se le han estado cumpliendo ya por varias vidas y por lo tanto este Espíritu siente que hizo la elección correcta al escoger vivir en el Reino de Oscuridad, pues él al igual que los demás viven en la Ley de Causa sin efectos y al parecer piensan que se saldrán con la suya todo el tiempo, mas su final se aproximará cuando el Yo inferior despierte, abra sus ojos espirituales y se dedique a rescatar a todas las formas de su Alma que están prisioneras en ese Reino de Oscuridad.

¿Cómo puede el Yo inferior comenzar a rescatar a las formas de su Alma que están allí en esa prisión?

Daremos un ejemplo, ya que cuando estemos explicando los 7 Niveles de la Conciencia allí daremos con más detalle todas las disciplinas que se deben de llevar a cabo para rescatar a todas las formas del Alma.

Primero se hace un inventario de todas las veces en la cuales el Yo inferior se ha sentido con mucha falta de amor, este inventario no es solamente para los primeros siete años de su vida, este inventario es hasta la edad que tiene actualmente, ya que esta prisión quedó abierta y después de los siete años, siguieron cayendo más y más formas del Alma, quizás en vez de veinte formas, ahora haya unas cincuenta formas o más. Por lo tanto ese inventario es únicamente en todas aquellas ocasiones en que se sintió de esa manera.

Supongamos que se quiere rescatar a la primera forma de su Alma que fue la que surgió con ese primer pensamiento en el cual pensó que si su Papá nunca se hubiera divorciado de su Mamá el sería un niño muy feliz, en este sentido él tiene que saber que esa forma de su Alma está esperando una buena explicación o una respuesta que le dé su libertad, en este caso se le tendrá que hacer saber lo que los consejeros malignos no le hicieron saber.

Si recordamos los consejeros malignos nunca le dijeron la verdad, por el contrario reafirmaron lo que el niño sentía, sus preguntas se las contestaron erróneamente y todo se empeoró, ellos nunca le explicaron que posiblemente él en una vida pasada quizás fue un Padre que abandono a sus hijos y que cuando falleció y su Alma paso a los planos Astrales a revisar su vida, no se pudo perdonar el hecho de haber abandonado a sus Hijos y al mirar como sufrió cada uno de ellos por su ausencia, entonces no pudo con tanta culpabilidad que decidió escoger nacer en un hogar en donde creciera sin su padre, ya que según él, no merecía crecer con un Padre y por lo tanto, fue su Alma la que decidió escoger a sus Padres. El Universo simplemente cumplió con regresarle parte de su D.kármica y es por eso que le toco crecer sin su Papá, por otro lado si los malignos hubieran sido realmente sus amigos, entonces le hubieran dado la información e interpretación correctas de todo lo que les preguntaba, y de esta manera él jamás se hubiera resentido con la vida, con su padres, con su Dios, con nadie, ya que todas sus dudas y preguntas le hubieran sido contestadas, mas por el contrario, los consejeros malignos lo llenaron de odio, de resentimiento, de tristeza y de mucha negatividad.

En este sentido el Yo inferior sucesivamente estará descubriendo que desde niño él por medio de las voces de sus consejeros malignos ha interpretado todo erróneamente, además todo el tiempo su Verdadero Ser de Luz estuvo observando todo ese drama de su vida como algo asombroso, como un aprendizaje, es decir siempre hubo una parte dentro de él, que nunca se identificó con su dolor, con sus tristezas, con su soledad, con su falta de amor, esta parte siempre estuvo aprendiendo sus propias lecciones, fue el Yo inferior el que se quedó atrapado en el Reino de Oscuridad, con los malignos a su lado.

Por consiguiente cuando esta forma de su Alma este escuchando o leyendo las nuevas interpretaciones, paulatinamente comenzará a permitirle la entrada al Principio Espiritual de la Comprensión y este se encargará de sacarlo de esa prisión en la que se encuentra encerrado, pues al comprender con más claridad lo que en verdad sucedió, por fin perdonará a su Papá de corazón y se lo hará saber, le podrá escribir una carta en la cual le hará saber que ahora entiende todo lo que sucedió, y que simplemente en todos estos años le toco pagar una penitencia por parte de su D.kármica que debía, pero ahora que ya ha descubierto estas cosas, él mismo está decidiendo levantarle el castigo a su Alma y dejarla en libertad, pues es al Yo inferior al que le corresponde liberar a cada una de las formas de su Alma, él mismo tiene que ponerle un fin a todas las injusticias que se han estado llevando a cabo en su Reino de Oscuridad.

Ahora bien puede hacer el siguiente ejercicio, si su Padre ya falleció lo que se puede hacer es lo siguiente, se podrá imaginar que su Papá entra con unos Maestros de Luz a ese primer plano del ego y es dirigido hacia esa prisión de la falta de amor, entonces unos Ángeles abrirán las rejas de esa prisión y allí esta esa forma de su Alma esperando ser liberada, lo más probable es que mire a esa forma como un niño de 5 o 6 años, con sus ojitos tristes y su Papá también está llorando por no haber sido un buen Padre y le dice a su Hijo. "Hijo Perdóname por no haber sabido ser un buen Padre, en verdad nunca me di cuenta cuanto te hacía falta, ahora que estoy analizando toda mi vida, he mirado todo tu sufrir y en verdad lo único que le he pedido a la Divinidad es que me dé una oportunidad de abrazarte y decirte cuanto te quiero y cuanto te amo y que además estoy orgulloso de todas las cosas que has hecho, sin mi ayuda, simplemente quiero pedirte me perdones, pues no me gustaría que por exceso de D.kármica tengas que volver a regresar al plano terrenal, en lo que más te pueda ayudar, así lo hare, yo también sé que tú tenías que recoger parte de tu D.kármica pero de todos modos he sentido todo tu dolor en carne propia, ya que estoy haciendo conciencia de todos los daños que hice." De esta manera el niño le da el abrazo a su Papá y también le dice cuanta falta le hizo y que ahora con la nueva información lo ha perdonado.

Este ejercicio se puede hacer solo o también se puede hacer con otra persona, pero la otra persona tiene que tener experiencia en este tipo de ejercicios mentales, aquí se habría liberado únicamente a una de todas esas formas, ya que para cada forma se hará un ejercicio diferente, a veces sucederá que algunas otras formas con leer la nueva información, les bastará, porque cuando el Yo inferior les pregunte que si todavía guardan algún malestar o algún sentimiento de soledad o tristeza, posiblemente se sorprenda de que esas formas ya quedaron satisfechas con la nueva información, y que únicamente necesitaban saber la verdad de las cosas y que esta información realmente las ha convencido.

Cuando se está haciendo estos ejercicios, el Yo inferior tiene que pedirle guía espiritual a su Conciencia Intuitiva, ya que esta es la que representa al Espíritu Santo, esta Conciencia es la que puede tener acceso a todo tipo de información y es la que siempre alumbrará su mente, ya que es la que posee la verdad de la cosas.

El Yo inferior tiene que descubrir sus propias respuestas, pero estamos seguros que cuando acabe de leer todo el libro entenderá con bastante claridad cómo hacer todo este tipo de ejercicios, podrá empezar a despertar a su Conciencia Intuitiva si es que aún no la conoce, pero por medio de este libro sabrá cómo hacerlo, de eso no hay la menor duda.

Ahora pasaremos al **C.E.M.V. de la falta de Atención.**

Este Centro al igual que el otro será reactivado cuando el Yo inferior no reciba la atención que debe de recibir, si en lugar de recibir atención, recibe críticas, regaños, desaprobación, a cada rato lo está corrigiendo su Mamá o su Papá por las cosas que no hace bien, o si cada vez que él trata de llamar la atención lo regañan y le dicen que se mira ridículo o que no sea un payaso, entonces se comenzará acomplejar y asentirse de menos, comenzará a pensar que algo hay de malo en su forma de ser, se sentirá imperfecto, incompleto y por lo tanto de más grande estará buscando la atención de los de más de una y mil formas, este tipo de Yos inferiores por lo regular siempre estarán queriendo ser como los demás, no tendrán personalidad propia, se dedicarán a imitar a los de más, a comprar amigos, a estar contando chistes sin sentido, a ser imprudentes en las fiestas, o en los clubs sociales, estarán llamando la atención por medio de pintar paredes, ponerse tatuajes, vestirse a la moda, son los adolescentes que hacen bulling en su escuela, que demuestran ser fuertes cuando en realidad tienen mucho miedo y se sienten muy solos, con el tiempo serán muy agresivos, debido a la hipersensibilidad que se les desarrolle.

Esa aprobación que no recibieron de sus Padres, de sus hermanos o familiares cercanos la estarán buscando toda su vida en las diferentes áreas de su vida, en sus trabajos, sus profesiones, sus escuelas, su núcleo social, porque después de todo lo único que buscan es ser aceptados, que pertenecen a este plano terrenal, que no hay nada de malo en ellos, que son valiosos como personas, que nada hay de malo en su forma de ser, que también ellos son inteligentes, son talentosos, que es importante lo que hacen y lo que dicen. De esta manera los que llegan a tener éxito en sus vidas, podrán satisfacer esta falta de atención y por lo tanto esa deficiencia les dio el coraje suficiente para ser lo que ahora son, en cambio los que no logren alcanzar el éxito, seguirán llamando la atención de una y mil formas, porque aún no han podido liberar a las formas de su Alma que se quedaron presas en esa prisión de la Falta de Atención.

¿Cómo serían estas formas?

Supongamos que una de ellas está buscando que los demás le digan que es inteligente, otra está buscando que los de más le hagan saber que es una persona especial o única, otra forma está esperando impactar a los de más por medio de sus acrobacias que sabe hacer, otra está esperando que los demás le hagan saber cuánto lo necesitan, otra está esperando alcanzar el éxito financiero para que los demás no estén pensando que es un fracasado o un mediocre, otra está esperando que la gente se ría de sus chistes, otra está esperando que los de más se sientan contentos con su presencia, otra está esperando que la sociedad lo acepte, otra está esperando que los de más le den aplausos por sus palabras de sabiduría, otra está esperando que se hagan comentarios positivos de su persona, pero todas estas formas del Alma está tratando de suplir la falta de atención que no le dieron de niño, ya que desde niño se ha sentido insuficiente, incompleto, insignificante, hasta es posible que se haya sentido como un estorbo, como un error que haya nacido, como alguien que los demás desean que mejor se muera pues su persona o su presencia no es bienvenida a este mundo.

Todos estos Yos inferiores que se han sentido así, por lo regular en sus vidas pasadas han sido personas humillantes, déspotas, persona que han sobajado, o pisoteado la dignidad de otras personas, quizás han sido racistas, criticones, juzgones, despiadados, cortantes, soberbios, lactantes, despreciativos, incompasivos, estrictos, perfeccionistas y en esta vida les ha tocado experimentar una parte de lo que ellos en otras vidas han hecho sentir a los de más, este tipo de experiencia no se pueden obtener de este lado, ya que en los planos altos del astral no existe ese tipo de ambiente, una de las razones por las cuales las Almas regresan al plano terrenal es porque allá pueden reducir más de su D.kármica que de este lado, acá puede aprender quizás más, pero para reducir su D.kármica la mejor opción es regresar al plano terrenal a recoger lo que sembraron en la mentes y corazones de los demás.

Los consejeros malignos se han encargado de convertir a los Yos inferiores en víctimas, porque les han hecho creer que este mundo está lleno de injusticias, que su Dios los ha castigado demasiado, que la vida es injusta y como los

Yos inferiores no hayan respuestas a todas sus dudas, entonces de tanto estar escuchando a la voces de los malignos estos se encargan de llenarlos de pura negatividad, que al final el Yo inferior estará atrayendo hacia él mismo todo el mal que les desea a los de más, todas su negatividad se le contrae, porque tampoco entiende el funcionamiento correcto de estas Leyes de Atracción y es por eso que entre más negatividad cargue en su mente, mas negatividad le seguirá llegando de afuera.

Los Padres del Yo inferior en realidad no han tenido la culpa de no haberle suplido todas sus necesidades emocionales básicas, ya que fue su propia Alma la que eligió nacer en ese hogar y con esos Padres, ahora el error que cometen muchos Padres es que piensan que al perdonarlos sus hijos, a estos les nacerá mucho amor hacia ellos, y esto la mayoría de veces no funciona así, ya que el hecho de que alguien perdone a la otra persona esto no quiere decir que se llenará de amor hacia ella y se lo demostrará. La ganancia para todos es de que el Yo inferior llegue a perdonar a su Padres y no les siga deseando cosas malas y a la vez que los Padres se lleguen a perdonar a ellos mismos, por no haber cumplido bien con sus roles de Papás, pero hasta allí, si alguna de las dos partes surge el amor entonces que sea bienvenido, pero si no surge ese amor, entonces la ganancia es no darle vida al odio ni a los resentimientos, esperar de más, es no estar entendiendo en lenguaje de las Almas.

Ciertamente en los planos espirituales todas las Almas se aman las unas con las otras, eso es así, pues todas son hermanas y hermanos, pero en la 3ra dimensión son los Egos los que se interponen a todo ese amor y por lo tanto si un Yo inferior no recibió amor desde niño, es muy difícil que lo pueda dar aquellos a quienes no se lo dieron, mas le podrá ser fácil dárselos a los demás, que no crecieron con él.

Al igual que el Espíritu de Baja Luz de falta de amor, este otro de falta de Atención será fortalecido por el número de formas del Alma que se encuentren allí encerradas y se seguirá alimentando de este sentimiento de falta de atención, de esta manera entre más atención siga buscando el Yo inferior, mas vida le seguirá dando a este Espíritu de baja Luz. Ahora cuando escriba su inventario en referencia a todas las cosas que ha hecho con tal de recibir la aprobación y atención de los demás y todo el daño que se ha hecho por todo esto y el malestar o inconformidad que ha causado en otros, este inventario le permitirá ver más de cerca la importancia de parar de seguir buscando atención en donde nunca la va a encontrar, y se comenzará a respetar a sí mismo, pues con el tiempo comprenderá que en realidad él no tiene necesidad de ser aprobado por nadie, ya que en esencia él es un Verdadero Ser de Luz completo que reside en la 8va Dimensión y no tiene necesidad de estar agrandando a los Egos de los Yos inferiores, pues después de todo, el Yo inferior está buscando la aprobación de los consejeros malignos de los demás, y esto es un error, puesto que para ellos nada es suficiente, siempre están exigiendo más de los demás, querer complacer o quedar bien con un consejero maligno es querer alcanzar lo imposible, en este caso es todavía más accesible alcanzar la iluminación que agradar a uno de estos consejeros malignos, ellos por su naturaleza nada les parece, siempre seguirán encontrando imperfecciones en todas las personas y esto es precisamente lo que está tratando de alcanzar aquel Yo inferior que está buscando atención en donde nunca la alcanzará. Él tiene que tener presente todos los días que su Verdadero Ser de Luz nunca ha buscado atención de nadie, nunca la ha necesitado, sin embargo hablaremos de su Alma, ya que esta si está buscando atención, pero no es la misma atención que busca el Yo inferior.

Explicaremos. El Alma por su propia naturaleza necesita demostrar quién es y que sabe hacer, eso es un sentimiento natural en ella, y por medio de su Yo inferior lo tiene que lograr, más la atención que busca el Alma no es para presumir quien es ella, la atención es simplemente una forma de convivir con las de más Almas, es una forma de pertenecer, en cambio los malignos buscan atención desmesuradamente, ya que ellos se alimentan de la atención tanto de los demás como del Yo inferior, ese es su alimento, si un Yo inferior deja de ponerles atención a todos ellos, su Reino de Oscuridad sucumbé, se derrumba. Pues la atención que les ha dado el Yo inferior es el Poder de Energía que les da vida a todos ellos, es como si ellos estuvieran conectados con un cable en la mente del Yo inferior y si a él se le ocurre desenchufar ese cable, entonces hasta allí llego su existencia de todos ellos, para que esto no suceda, ellos han mantenido entretenido todo el tiempo al Yo inferior, le hacen promesas falsas, le prometen y le prometen y jamás le cumplen, solamente le han dado placebos de espiritualidad, de alegría, de felicidad, pero nunca le han dado lo real y verdadero, pero como el Yo inferior se desconoce a sí mismo, entonces él ha tratado de negociar con ellos, y hasta la fecha no lo ha podido lograr y nunca lo logrará, ya que el Alma del Yo inferior no pertenece a la 3ra dimensión, y ellos sí.

Al hacer su inventario de todas las ocasiones en que este Yo inferior ha estado buscando la aprobación y la atención de los demás, revisará cada una de las formas de su Alma y él mismo tendrá que descubrir la información que ayudará a desprogramar a estas formas de su Alma, las liberaciones de estas formas del Alma, a veces se tendrán que trasladar a los Niveles de la Conciencia y a veces se tienen que disolver, ya que las que se tienen que disolver es porque son formas mentales del Alma, en este caso les llamaríamos a estas formas células mentales, ya que están formadas de falsa información, falsas ideas, falsas creencias, y por lo tanto basta una verdadera información y ellas solitas son disueltas.

Ahora pasaremos al C.E.M.V. de La Baja Autoestima.

A causa de que a este Yo inferior no le fueron satisfechas sus primeras necesidades emocionales básicas, entonces sus necesidades de afecto, cariño y aprobación aumentarán. Así que será muy sensible y con el tiempo se convertirá en hipersensible, pues dependerá todo el tiempo de la opinión de los demás, será de suma importancia para él, agradar a los demás o ser aceptado por los demás, ya que al parecer no fue muy bien aceptado por sus Padres, él tratará de ser bien recibido en esa sociedad, ¿Y qué sucede? de repente alguien le hace burla sobre su estatura y él no sabe que no hay nada de malo en su estatura, pero recurrirá a su **Centro Colectivo Inconsciente (C.C.I.)** el cual guarda una falsa información en un 95% a 98%. De esta manera funciona este C.C.I. la sociedad en la cual le ha tocado crecer ya ha decidido que significa la palabra feo o guapo, fea o guapa, quien es una mujer atractiva y quien no lo es, quien es un hombre varonil y quien no lo es, que significa la belleza y que significa la fealdad, también esta sociedad ha definido la palabra Dios, la palabra religión y muchísimas otras palabras y más del 95% de las personas que vivan en ese lugar estarán de acuerdo en que eso es verdad, por lo tanto cuando comienza a crecer el niño, su C.C.I. es una esponja la cual absorberá todas esas vibraciones energéticas y por lo tanto las verdades y definiciones de esa sociedad también pasarán hacer las verdades y definiciones de la mente del niño, por lo tanto el Yo inferior estará basando su vida y sus decisiones de acuerdo a la información pseudo verdadera que posee su C.C.I. Las Entidades del Ego y del Súper Ego son los que se encargarán de reafirmar esas pseudo verdades y se las harán pasar al Yo inferior como Verdades.

De esta manera cuando alguien le hizo burla de su estatura, él se acomplejo porque en su C.C.I. aparece que el hombre tiene que ser alto, guapo y fuerte y él inconscientemente aceptará esa burla como válida y acabará aceptando que existe una deformidad en el tamaño de su cuerpo, después alguien le señala su mal pronunciamiento de las palabras y también esto le molesta pero no haya como defenderse y entonces se siente mal porque tartamudea o no sabe pronunciar bien las palabras, después se encuentra con que no sabe jugar muy bien futbol soccer, basketball, por no saber bailar bien, por la forma de su nariz, la forma de sus ojos, el color de su piel, haber sido pobre, por no tener el miembro viril igual que los demás y si es mujer por no tener sus senos más grandes, por el tamaño de sus asentaderas, la forma de sus ojos, su nariz, por estar algo pasada de peso o por ser muy delgada, por su cabello, así de esta manera el Yo inferior se comienza a llenar continuamente de complejos de inferioridad y su autoestima acaba por dañarse, que se le convierte en una bajo autoestima, todo empeora porque allí estarán los consejeros malignos del Ego y el Súper Ego, para reafirmar esos complejos de inferioridad, lo convencerán de que su cuerpo está incompleto o deforme y este Yo inferior tratará por todos los medios de que los demás no se den cuenta de sus debilidades, de su baja autoestima y con el tiempo se volverá muy agresivo cuando alguien le haga burla o lo quiera minimizar y si su temperamento es introvertido entonces hay más posibilidades de que se convierta en un cobarde, permisivo y callado y de esta manera permitirá que le hagan burla, que lo intimiden, que lo discriminen, que lo hagan sentir de menos, ya que los primeros que lo tienen así, son sus consejeros malignos y la gente abusará de ellos, de su forma permisiva y su falta de carácter, en cambio con los de temperamento extrovertido, estos serán golpeadores, alegadores, pleitistas, peleoneros, serán muy agresivos, muy reactivos, pues a ellos sus consejeros malignos los llenan de veneno contra los demás, les hacen pensar que los demás se están riendo de ellos y le dicen a su Yo inferior, "No te dejes, ve y ataca al agresor, defiéndete y agrédelo, te está haciendo burla o te quiere ridiculizar" para el caso estos consejeros saben muy bien cómo controlar el Poder de decisiones y el Poder de Voluntad de los Yos inferiores y estos acaban satisfaciendo los propósitos y deseos de los consejeros malignos.

Cada uno de estos complejos se convertirán en formas del Alma que serán encarcelados en la prisión llamada: La Baja Autoestima, la cual será gobernada por el Espíritu de baja Luz de la Baja Autoestima y este se estará alimentando diariamente de esas emociones, cada vez que el Yo inferior se sienta acomplejado su Espíritu de la Baja Autoestima se fortalece y este tiene a sus dos enlaces que son el Ego y el Súper Ego a la par del Yo inferior para que se encarguen de hacer sentir con baja autoestima al Yo inferior.

Ahora observemos esa prisión, allí tenemos a una forma del Alma sintiéndose fea de la cara y por lo tanto si este Yo inferior es una mujer, se estará haciendo todo tipo de cirugías en su nariz, en sus labios, en la forma de sus mejillas, en sus ojos, pues ella está tratando de dejar de sentirse acomplejada, ya no soporta tanta critica de sus consejeros malignos y como no sabe escuchar las voces de sus consejeros malignos, ella simplemente reaccionará de manera inconsciente, lo que ella no sabe es que nunca nada es suficiente para ellos, porque cuando ella haya logrado arreglarse su cara, entonces le dirán que sus senos son pequeños y por lo tanto se hará también otra cirugía, luego le dirán que sus sentaderas son pequeñas y también se las ampliará, jamás logrará callar esas voces, porque estos consejeros malignos gozan viendo como el Yo inferior nunca los detecta y simplemente reacciona como si estuviera hipnotizado, puede estar una forma del Alma sintiéndose acomplejada por no ser inteligente, y por lo tanto estará leyendo infinidad de libros, para demostrarle a su hermano, a su primo, a su padre o a quien le haya dicho de niño, que él era un tonto o que era un tartamudo o que su primo era más inteligente que él, de esta manera esta forma del Alma tratará de salir de esa prisión, por medio de demostrarle a los demás de que ahora si es inteligente. Cuando se toman todos estos complejos de inferioridad por el lado positivo, entonces estos le servirán al Yo inferior para Superarse y demostrarle a sus consejeros malignos y a los que le hicieron burla de que estaban equivocados y cuando logre demostrarlo con hechos, allí es cuando las formas de su Alma quedarán libres de esa prisión, pero cuando es por el lado negativo y en lugar de superarse se llena de negatividad y pierde toda la fe y confianza en él mismo, entonces todo se empeora, porque su baja autoestima se irá de pique, perderá casi toda su confianza en él mismo y acabará deseando ser como alguien más, no soportará vivir adentro de su cuerpo, odiará su cuerpo y por lo tanto las fuerzas autodestructivas se desatarán y acabará drogándose, alcoholizándose, y agarrándose de todo tipo de adicciones autodestructivas y esta fuerza cada vez estará creciendo más y más, llegará un punto en que no la podrá detener, pues está convencido de que él es feo, de que es una persona deforme, de que algo hay de malo en su cuerpo, en su cara, las mujeres lo rechazan, los amigos le hacen burla, la gente lo critica todo el tiempo y si es mujer, esta pasa desapercibida, sin que nadie le eche un piropo, al parecer las más bonitas siempre están en ventaja y en cambio ella siempre está en desventaja, quizás acabe su vida de soltera, ya que nadie le propuso matrimonio o jamás nadie la ha amado de verdad.

La Baja Autoestima hace que la persona se quiera quitar la vida, hace que imite a los demás o quiera ser como los demás, hace que se haga infinidad de cirugías plásticas, acaba con su auto confianza, con su dignidad y por lo tanto acaba dejándose pisotear por los demás.

Lo que se tiene que hacer es un inventario de todas aquellas ocasiones en que se ha sentido acomplejado, con mucha vergüenza, ¿cuáles son las partes de su cuerpo físico que aún no acepta? ¿Cuáles son las partes de él mismo o ella misma que aún no acepta? ¿Se siente fea? ¿Gorda, insignificante? ¿Sucia? ¿Debido a ese abuso sexual siente que perdió su autoestima y dignidad para siempre y no cree que la pueda recuperar?. ¿Se siente sucia o indigna con su Dios? todas estas preguntas se tienen que contestar y una vez que se han contestado todas y se ha escrito todos esos complejos, esas burlas, entonces se revisará uno por uno y mientras no se le halle solución a cada uno de ellos entonces, no se debe de hacer más ejercicios, pues es importante encontrarle soluciones o de otra manera, esas formas de su Alma seguirán allí encarceladas y nadie las va a poder liberar, no importa cuántos libros de superación personal se lleguen a leer, si no se liberan a estas formas del Alma, nada sucederá y su vida seguirá siendo gobernada por esos complejos de inferioridad.

En los Niveles de Conciencia seguiremos dando todas estas disciplinas a seguirse, pues si no se llevan a cabo, el Yo inferior no podrá convertirse en un Yo Superior de Luz y por lo tanto seguirá viviendo en su Reino de Oscuridad.

Daremos un ejemplo de cómo una mujer puede liberar a una de esas formas de su Alma. Supongamos que allí esta una forma de su Alma sintiéndose acomplejada o sintiéndose sucia por haber sido abusada sexualmente. El primer paso será que esta mujer confesará esa vergüenza, complejo o culpa con alguien de su confianza, lo hablará una y otra vez, hasta llegar aceptarlo como un hecho de su vida que le toco vivir, ahora sí puede confesarlo ante un grupo de mujeres que han pasado por las mismas experiencias dolorosas, es mejor, para que de esta manera, se dé cuenta que no es la única que le ha tocado vivir esos traumas o abusos. Después de que haya hablado, lo haya aceptado como un hecho de su vida y esté totalmente familiarizado con ese hecho, entonces después llegará la parte de la transcendencia es muy posible que ella en una vida pasada haya abusado sexualmente de algún niño o niña y cuando su Alma estuvo en el proceso de revisión y examen de conciencia no pudo perdonarse todo el daño que le causó a su propia hija, sobrina, vecina o quien haya sido, pero fue una niña, y ella en esa vida fue un hombre y por lo tanto lo que le era más conveniente a su Alma era reducir su D.kármica lo que más pudiera, de esta manera su Alma misma escogió recibir esos daños que le hizo aquella niña de una vida pasada, y precisamente escogió haber nacido como niña, para recibir esos daños, el que la violó o abusó sexualmente no es precisamente la niña que ella abusó en su vida anterior, simplemente a ella le tocaba recibir los daños que hizo en su vida anterior o algunas vidas pasadas y ese abuso era parte de su D.kármica.

Aquí lo que más ayuda es confiar en la Justicia Divina, que está jamás ha sido injusta con nadie, todo lo que le ha pasado a un niño o niña, es producto de haber recibido parte de su D.kármica, de esta manera esta mujer dejará de ver a su agresor como el culpable que le desgració toda su vida y simplemente lo mirará como el medio por el cual se valió el Universo para regresarle parte de su D.kármica, por lo tanto el siguiente paso será llegar a perdonar al agresor, entender que si a él no le correspondía causar ese daño, entonces él en esta o en su próxima vida tendrá que recibir el daño causado, pero que ahora como ella ya sabe que a su Alma le tocaba recibir esa parte de su D.kármica, entonces ella ahora quiere cortar la cadena de causas y efectos, y por lo tanto por medio de la ley del perdón, dejará al agresor en manos de la Justicia Divina y ella simplemente no quiere llegar a morirse con resentimientos, con culpas, sintiéndose indigna o sucia y por lo tanto, ella está dispuesta hacer todo lo que tenga que hacer con tal de liberar a esa forma de su Alma, pues ya le ha quedado muy claro de que si ella no libera a esa forma de su Alma, nadie lo va hacer y el único que seguirá ganando será el Espíritu de baja Luz de la Baja Autoestima, por lo tanto esta forma de su Alma comprenderá de que la solución está en sus manos y que de verdad si perdona a su abusador sexual y lo deja ir para siempre, entonces esta forma de su Alma logra el propósito de su existencia, pues por muchos años esta forma estaba esperando de que se le hiciera justicia, de que se le diera una explicación del por qué a ella le tuvo que haber tocado vivir esa experiencia desagradable, una vez se acepta de corazón la niñez tal y como fue, así es como estas formas del Alma salen libres de su Propio Reino de Oscuridad.

Ahora bien si esta explicación no convence a esta mujer, entonces ella misma bajo oraciones y meditaciones su Conciencia intuitiva o nosotros los Seres de Luz le haremos llegar la respuesta que está buscando, estas siempre llegan, de eso puede estar segura, pero ella tiene que estar dispuesta a querer liberar a las formas de su Alma, pues seguir con el rol de víctima no le ayuda en nada.

Otro ejemplo:

Si una mujer en esta vida nació un poco atractiva o nada atractiva de acuerdo a los ojos de su sociedad, entonces es bueno que ella sepa que hay muchas posibilidades que en alguna vida pasada, ella ya fue una mujer dotada de belleza y que precisamente esos dotes que tuvo la mantuvieron cegada en el campo espiritual, pues se da el caso que algunas mujeres súper dotadas de belleza exterior, son engañadas con facilidad por sus consejeros malignos y entonces por medio de su belleza exterior reciben muchos halagos, muchos piropos, muchos pretendientes, mucha atención, mucho amor, cariño, y esta es una forma de "robar" energías de los demás. Y este robo de energías es lo que le conviene a los consejeros malignos junto con los espíritus de oscuridad, ya que de eso se alimentan. Entonces si esta mujer que fue dotada de belleza se mantuvo entretenida en los juegos del romance, la pasión, el sexo y la admiración, esto fue lo que no le permitió haber incrementado su Esencia Divina dentro de su Yo inferior, entonces cuando llega al campo astral y revisa sus registros akáshicos se dará cuenta de que su belleza física la mantuvo cegada espiritualmente la mayoría del tiempo. De allí que su Alma conscientemente pide venir en esta vida como una mujer que pase desapercibida, que no sea atractiva para los hombres, pues ya aprendió su lección y esta vez no quiere retrasar su camino a la ascensión.

Cuando el Yo inferior de una mujer logra comprender esta verdad en lo más profundo de su Ser, entonces desaparecerá la belleza y la fealdad externa y renacerá su belleza interior, la única que importa. Pues esta belleza interior le abrirá los ojos espirituales internos y por fin descubrirá su belleza exterior. Descubrirá que no estaba tan "fea" como sus consejeros malignos y la sociedad le habían hecho creer y que además ahora todo eso se le hace como algo irrelevante pues por fin ella se siente bella por dentro y por fuera. Echará todos esos complejos de inferioridad, de superioridad y de la baja autoestima para afuera. Dejará de querer obtener aprobación de los demás y lo más importante se dedicará a incrementar y darle vida a sus dones o regalos internos de los cuales la Divinidad la dotó. Es posible que sea una gran pintora, o una gran bailarina una gran deportista, o sienta muchas ganas de servir a su comunidad, algunos dones o virtudes internos tiene escondidas por allí. Pues la Divinidad siempre compensa, si un hombre no fue físicamente alto y atractivo, es posible que pueda ser un gran matemático, un gran científico, un gran pensador, filósofo, psicólogo, consejero o un devoto, pero siempre hay otras cualidades que compensan y que es precisamente el darle vida a esas cualidades lo que va a permitir que el Alma del Yo inferior realice su primera misión.

C.E.M.V. de **La Tristeza y la Melancolía.**

Hoy en día a la melancolía se le identifica más con la palabra depresión, pero para nosotros la depresión es un conjunto de emociones negativas, va más allá de la melancolía, la tristeza y la soledad, es por eso que hemos decidido hablar de la depresión por separado.

Cada vez que el Yo inferior se sienta triste, este sentimiento ocasionará que una forma de su Alma sea magnetizada hacia el centro magnético de la Tristeza y esta forma de su Alma tendrá consigo un deseo que no se le cumplió y esa es la razón por la que se siente triste, si por ejemplo es un niño al cual su Mamá lo dejó encargado con sus tías y él fue separado de sus hermanos entonces este niño sentirá mucha tristeza de no poder estar conviviendo con sus hermanos y ni si quiera se le preguntó si él estaba de acuerdo o no, simplemente se le dejó en esa casa de las tías y por lo tanto ese sentimiento de tristeza, conforme lo experimente día con día, más difícil será de liberar a esta forma de su Alma, pues ya no es un simple deseo de regresar a su casa, ahora es posible que hasta este resentido o sintiendo ciertos vacíos existenciales y con el tiempo esta forma se convertirá en un forma de Melancolía, la cual es una tristeza aún más profunda, de esta manera el Yo inferior seguirá experimentando sentimientos de tristeza por distintas razones, a veces porque la vida no es como él desea, no es como a él le hubiera gustado que fuera o cuando se le muere un hermano, una hermana, un primo, un amigo, su Padre o su Madre y nuevamente estas serán nuevas formas de tristeza que estarán presas en la prisión de la Tristeza y mientras él no se siente con calma a escribir un inventario de todas las veces en que en su vida experimentó la tristeza y no se dedique a revisar el caso de cada una de estas formas de su Alma, estas seguirán encarceladas, pagando su D.kármica, pagando su castigo, mas si el Yo inferior alcanza a despertar y darse cuenta que él mismo puede liberar a todas las formas de su Alma y él mismo por decisión y voluntad propia puede quitarles el castigo, entonces estas formas de su Alma ya no tendrán que seguir esperando toda la vida a que alguien las vaya a rescatar.

En esta prisión también se encuentran todas las formas del Alma que representan a la emoción y sentimiento de la Melancolía, estas formas son más antiguas, no son precisamente de esta vida, ellas ya formaban parte de su D.kármica, en su primeras vidas del Alma, estas formas eran de tristeza, pero como el Yo inferior de aquella vida no logro liberarlas, entonces estas se quedaron como rehenes del Espíritu de baja luz de la tristeza y conforme el Alma continuo regresando a la 3ra Dimensión, y no alcanzó a rescatar a todas las formas de su Alma de la tristeza, entonces estas se volvieron aquedar como rehenes pero ahora del Espíritu de La Melancolía, de esta manera aquí hay dos prisiones, en la primera están todas las formas del Alma que llevan consigo las emociones de la tristeza y en la segunda prisión, están todas aquellas formas del Alma que llevan la emoción de la Melancolía.

Cuando el Yo inferior comience a limpiar todo su Reino de Oscuridad, a las que podrá liberar primero serán a las de los más recientes años, y luego a las de su niñez, de allí las otras formas de su Alma de la melancolía, serán liberadas cuando el Yo inferior más adelante aprenda a recordar sus vidas pasadas, ya que esas formas pertenecen a eventos que le causaron mucha tristeza en su corazón, en vidas pasadas.

Si por ejemplo en alguna vida pasada se le murió su hijo y nunca pudo superar esa tristeza, entonces ese evento no olvidado ahora en su vida actual, es una forma de su Alma que está en la prisión de la melancolía, cuando el Yo inferior llegue hacer unas regresiones por medio de algunas meditaciones profundas o por medio de hipnosis y revise esa vida, allí él estará experimentando nuevamente esa tristeza de cuando se le murió su hijo, con la misma intensidad, de allí que él tiene que aprender aceptar ese evento como algún aprendizaje que tuvo que vivir su Alma en esa vida pasada y una vez lo acepte entonces es así como podrá liberar a esa forma de su Alma de la prisión de la Melancolía.

Ahora bien sabemos que no todos podrán llegar a tener acceso a su vidas pasadas, eso no es ningún problema ya que la justicia Divina tiene sus propias maneras de trabajar, si por ejemplo un Yo inferior ya logro liberar a todas las formas de tristeza, pero no logra liberar a las formas de la melancolía, entonces cuando esté viviendo en su 4to Nivel de Conciencia y logre convertirse en un ayudador sano, es decir que su Yo inferior unido a su Yo Superior de luz estarán viviendo en el Chakra del corazón y por lo tanto todas aquellas obras de amor que hagan hacia sus semejantes, y todo su servicio de que den con amor y toda esa ayuda que den a los demás desinteresadamente, esto ayudará muchísimo para que los

Maestros de 7 Soles, sean los que se encarguen de liberar a esas formas de su Alma, todavía quedarán allí la mitad de ellas, pero cuando logre alcanzar su 6to Nivel de Conciencia quedarán 20% de ellas, luego 10%, luego 5% y finalmente el ultimo 5% serán liberadas cuando él este apunto de aniquilar toda su D.kármica, de esta manera es como se alcanza la iluminación.

Como hemos explicado antes, todas estas formas del Alma que llevan consigo mismas las emociones de la tristeza y que ahora están encerradas en la prisión de la tristeza, todas ellas le han dado vida al Espíritu de baja Luz de la Tristeza, y este espíritu tiene sus propios pensamientos, sus propios deseos, su propio objetivo de su vida y él lo único que quiere en su vida es seguirse alimentando de esa sustancia emocional de tristeza, por lo tanto cuando el Yo inferior haya caído en su Campo Energético de Vacíos Existenciales o en su Campo Energético de Cansancio y Falta de Energía, entonces allí aprovechará este Espíritu de tristeza para enviar sus pensamientos y sus deseos a la mente tridimensional, en donde normalmente se la pasa sentado el Yo inferior mirando sus 8 pantallas mentales y sus consejeros malignos también se encargarán de motivarlo a que escuche canciones tristes, para que de esta manera se acuerde lo mucho que ha sufrido, primero le ponen en su pantalla del pasado imágenes de su niñez en donde se sentía triste y luego lo incitan poniéndole algunas canciones en esa misma pantalla y el Yo inferior de forma automática saca un cd y se pone a escuchar canciones de tristeza, canciones de baja luz. (ver fig. E 1 (1)

¿Por qué lo hace? Porque está en un 95% de desventaja, desconoce el funcionamiento de sus enemigos, no sabe cómo defenderse de ellos y no sabe que él es la fuente de vida de todos ellos, y que se alimentan de su atención y sus energías, otra es que esas canciones tristes y esa atención que reciben del Yo inferior es alimento para su Espíritu de Baja Luz de tristeza, por lo tanto este espíritu se siente bien de que el Yo inferior se sienta triste, pues él es el más beneficiado de todo eso, a la par del Yo inferior su Consejero el Súper Ego le estará dando palmaditas en la espalda diciéndole, "Mira tú sí que has sufrido, tú has llevado una vida muy triste, en realidad siempre has estado solo" y el Yo inferior sentirá que alguien lo comprende, cuando en realidad están alimentando también al Espíritu de la Victima, todo lo que ellos hacen, o dicen es únicamente para beneficiar a todos los Espíritus de Oscuridad de los 7 planos del Ego. Ellos nunca se interesarán en querer ayudar al Yo inferior.

Una vez el Yo inferior ya nutrió a este espíritu de baja luz de la tristeza por unos diez minutos, o mas este lo deja y se mantiene en su habitad, en su prisión muy a gusto, por lo tanto por ese día, este Espíritu ya obtuvo lo que deseaba, todos ellos tienen su propio programa de 24hrs. También ellos dicen solo por hoy hare que el Yo inferior se sienta triste y estarán pendientes esperando la oportunidad para que el Yo inferior nuevamente escuche sus canciones tristes o se acuerde de su pasado miserable y en cuanto este Espíritu de Tristeza obtiene lo suyo, él le dice al Espíritu de Baja Luz de la Victima ahora es tu turno, este ya está listo para hacerse la víctima y los consejeros malignos se encargarán de convencerlo de que la vida ha sido injusta con él todo el tiempo, de que no existe la Justicia Divina, en fin. El Yo inferior acaba por hacerse la víctima y también este Espíritu habrá sacado su día, luego entre los consejeros malignos comentan, "A este le falta poco y quizás caiga en una depresión o en sus vacíos existenciales o quizás le de vida algunos de los Espíritus del Placer insano, tal como el Masturbador, al del Alcohol, al del Cigarro, al de la Pornografía, en fin a este no le falta mucho para darle vida al Demonio de la Gula o alguno de todos ellos, pues como está ciego espiritualmente acabará utilizando una de las soluciones que nosotros mismos le hemos proporcionado."

De esta manera todos ellos trabajan en unidad, ellos saben que el Yo inferior durante el día acabará dándole vida en un 95% o 98% del tiempo a varios de ellos y a los que no les dio vida en ese día, les dará vida al otro día o en esa semana, ellos son pacientes, pues saben que tienen todo su Reino de Oscuridad dominado. Y nada de este gobierno corrupto cambiará hasta que el Yo inferior no se levante y luche por la libertad de todas las formas de su Alma, que son las que en realidad si sufren.

Observemos por que las formas de su Alma si sufren más que el Yo inferior. Estas formas no se pueden defender y están siendo maltratadas, pisoteadas, castigadas, golpeadas, torturadas y abusadas por los Espíritus demoniacos que se dedican a castigar a las formas del Alma con fuertes castigos, estos por lo regular se la pasan entrando de prisión en prisión mirando a que formas del Alma les darán su castigo, pues están bajo su dominio y ellas no se pueden defender, solamente reciben los latigazos de estos espíritus demoniacos, espíritus de maldad y el Alma es la que sí siente todo ese dolor de cada una de sus formas, en cambio el Yo inferior en cuanto siente alguna pequeña parte de ese dolor, en seguida se escapa por medio de buscar placer insano inmediato, para no sentir ese dolor, se escapa por medio de la pornografía, el alcoholismo, la drogadicción, el casino, el fumar, el mirar películas de acción o de excitación, en fin su primera reacción es conseguir placer y más placer y las consecuencias de todo ese placer nuevamente las seguirán pagando las formas de su Alma.

El Yo inferior como esta en su silla de la mente tridimensional de la persona, entonces desde esa torre de control se dedica a mirar sus 8 pantallas a ver cuál es la que le gusta más y su atención se dirigirá a la que le vaya a dar placer instantáneo, puede ser comida chatarra, bebidas energéticas, cervezas, o lo que lo distraiga. Quizás opte por ir a su religión y acercarse a su Dios, para que de esta manera se llene un poquito de espiritualidad y una vez que siente que su Dios ya lo perdono, entonces los malignos ya están listos nuevamente para convencerlo de que haga de las suyas, de esta manera el Yo inferior todo el tiempo está controlando su vida y no descubre todas las injusticias que se están llevando a cabo en su interior, está es una verdad que los malignos le han ocultado por bastantes años. Alguien puede decir eso no es nada nuevo, en mi religión también nos han hablado del maligno y sin embargo lo importante no es si el Yo inferior conocía esto o no lo conocía, lo importante es mirar que desde que lo ha conocido ¿Qué ha hecho al respecto? ¿En realidad después de haberlo escuchado ya liberó a la mayoría de las formas de su Alma o aún sigue sufriendo? saber las cosas no equivale a estar despierto espiritualmente, el Yo inferior primero deberá reconocerse a sí mismo como un ciego y sordo espiritual, pues como decía el Maestro Jesús tiene ojos y no mira, tiene oídos y no escucha, él se refería a esta ceguera espiritual, en donde los Yos inferiores aparentemente ya saben, pero no logran despertar, no logran darle vida a todo eso que ya saben, y no le dan vida, precisamente porque están adormecidos, hipnotizados, están siendo dominados por estas fuerzas malignas, estos 12 Campos Energéticos de Oscuridad que no han podido quitarles su magnetismo el cual hace que se robe toda la atención del Yo inferior y hacen que el Yo inferior desperdicie más del 95% de su energía vital y de su Poder de Gracia.

Las prisiones de las que hablamos son reales y también lo es este Reino de Oscuridad, los consejeros malignos le han quitado mucho poder a estas palabras multidimensionales, para que el Yo inferior no les ponga atención y simplemente las mire como palabras que describen estados emocionales y nada más.

Una vez haya escrito su inventario de tristeza y melancolía entonces revisará cada una de esas tristezas y se dedicará a encontrarle una salida a cada una de estas formas, en un sentido es como si el Yo inferior estuviera sentado en un escritorio y sacará de su archivero un folder que dice: Forma de mi Alma de tristeza, lo abre y allí dirá.

Yo me siento triste porque mi Madre me llevo a vivir a la casa de mis tías y en ese tiempo murió mi hermana y eso me dolió muchísimo no haber estado allí en el momento de su muerte, además la extraño todavía, y siento que la necesito.

Allí el Yo inferior pedirá inspiración a la Divinidad y que por favor le haga llegar las ideas que más le ayudarán a liberar esas formas de su Alma.

Ahora bien si en realidad está en un escritorio, el ejercicio puede ser de esta manera. Él o ella cerrará los ojos y con los ojos de su mente se imaginará que de ese folder sale esa forma de su Alma en forma de una niña de 9 años (según sea el caso) luego la mira sentada enfrente del Yo inferior pero el Yo inferior es como invisible y está observando todo desde arriba, luego mirará como su hermana está siendo encaminada por algunos Ángeles guardianes hasta el escritorio en donde está esta niña de 9 años, al entrar la niña voltea y mira a su hermana y corren las dos y se abrazan, y esta le expresa cuanto la ha necesitado, cuanto la ha extrañado y las dos se expresan todos esos sentimientos de amor y cariño de hermanas. Finalmente su hermana de la niña le dice, si quieres te puedes ir conmigo a donde estoy y ella le dice. Sí, yo me voy contigo y de esta manera la hermana y la niña ascienden a las alturas del cielo y serán llevadas a los planos altos del Astral a vivir en ese Reino de Luz que está allí. Después de haber presenciado esa escena el Yo inferior lentamente abrirá los ojos y sentirá que esa forma de su Alma ya ha sido liberada, finalmente se fue con su hermana.

Esto fue solamente un ejercicio, que le ayudará a continuar con el resto de las otras formas, cuando le vuelvan a surgir esos sentimientos de tristeza de su hermana entonces podrá decirle a esa forma que la Justicia Divina nunca se equivoca y posiblemente en una vida pasada, alguien más sufrió por ella con la misma intensidad y ella simplemente pidió experimentar parte de ese dolor que su muerte causo a otros, o quizás ella en una vida tuvo una hermana a la cual nunca le hizo caso y la abandono lo cual hizo que esa hermana viviera una vida muy triste y como nunca pudo superar esa tristeza entonces de la única manera es descubrir que su hermana si la amaba, pero en esta vida y no en la otra, por lo tanto la hermana que murió en esta vida, finalmente se alegró su corazón de saber que su hermana presente esta vez si la ama, si la quiere y era ese cariño que ella no recibió de su última vida, por lo tanto ahora las dos ya están juntas amándose la una con la otra.

(Deepak Chopra en su libro de Jamás moriremos hace mención de un caso en el cual un joven llamado Enrico se suicida y su padre va a la India a encontrar una solución a esa situación y el astrólogo o "jyotishi", le recuerda lo que sucedió en una vida previa, le dice: que él había vivido en la India y quería tener un hijo, lamentablemente su esposa en aquella vida era estéril. Por lo tanto adoptaron un bebe, y con el tiempo ella pudo dar a luz. Y lo que comenzó a suceder es que él comenzó a ignorar y hacer de menos al hijo adoptado y toda la preferencia se la dieron al hijo biológico, finalmente el hijo adoptado no soporto tanto dolor emocional y se suicidó a la misma edad que su hijo Enrico.

Ese niño en esta vida nació como su hijo Enrico y quería recibir lo que no se le dio en una vida previa, a la vez fue el instrumento para regresarle a sus padres, esa parte de su D.kármica. Quería suicidarse nuevamente para que en esta ocasión los padres sí sintieran dolor por su muerte, ya que en su última vida al parecer los padres no habían sentido ningún dolor. La información que recibió este padre por parte del astrólogo, le sirvió para aceptar más rápidamente la pérdida de su hijo.)

Es por eso que es importante aprender amar a todos y sobre todo aprender a perdonar a todos los que les han hecho daño, de esta manera esas emociones no serán las principales causas por las que el Alma tenga que regresar nuevamente al plano terrenal tridimensional. Toda emoción fuerte que no se supere, seguirá siendo la nueva causa que dicte la próxima misión del Alma.

Si a alguien se le hace difícil recibir inspiración, o contactar a su Conciencia Intuitiva, no importa, que continúe con todas las demás disciplinas que daremos en los 7 Niveles de Conciencia y poco a poco desarrollará más su intuición, una vez que ubique primero a todos sus enemigos y conozca a todas las formas de su Alma entonces ella misma o él mismo aprenderá a como irlas liberando.

Si en el pasado se murió su perro y esto le causo mucha tristeza, pero hoy en día lo acepta con mucha naturalidad entonces allí no hay ninguna forma que liberar, sin embargo si es importante que se escriba todo, lo que más pueda.

Mas no todas serán formas de su Alma. Simplemente de todo lo que escriba allí mismo estará descubriendo cuales son casos pendientes y cuáles no lo son. Los casos pendientes equivalen a las formas del Alma.

C.E.M.V. de **La Soledad.**

Hay una Soledad que es positiva y hay otra que es negativa, la positiva en ingles se escribe "Alone" que quiere decir: Al- One. All - One (Todo - Uno) Todo es Uno. Esta palabra es la positiva

La negativa es lo contrario, el Uno se siente separado del todo, esta es la más terrible de las soledades, cuando el Uno se ha separado del todo, aquí el Yo inferior se ha apartado de la luz, él no lo ha hecho conscientemente, simplemente por su Deuda kármica que debe, esta fue la que lo aparto de la Luz, y él ahora está experimentando la ausencia de Luz, por lo tanto está viviendo en un mundo de oscuridad, en donde se experimenta una soledad muy terrible, al igual que las formas del Alma de la Melancolía que corresponden a las vidas pasadas de su Alma, así también hay otras tantas de la Soledad que pertenecen a vidas pasadas. Y estas han perdido toda esperanza, pues ya están cansadas de que el Alma del Yo inferior continúe regresando y regresando a esta 3ra dimensión, para ellas no hay diversión en ello, para ellas ya no les atrae nada de la 3ra dimensión, porque han sido testigos de todas estas vidas y lo único que ellas quieren es que el Yo inferior aniquile toda esa D.kármica y se acabe todo este drama de la vida.

La razón de eso, es que ellas ya quieren regresar a casa de donde salieron sin embargo ha sido benéfico que estas formas hayan estado allí y sigan estando desde que el Alma fue desprendida de su Verdadero Ser de Luz, para que cuando el Alma nuevamente se vuelva a reintegrar con su Verdadero Ser de Luz, exista un vano recuerdo de lo que fue haber vivido por miles y miles de años apartado de la Luz, apartado de la fuente original, esa es la misión de esas formas del Alma, tener bien registrado ese sentimiento que se vive al estar apartado de la Luz, para que cuando el maligno llegue nuevamente con su tentación, ya se le podrá rechazar con mucha facilidad, pues ahora se sabe con experiencia propia lo que es vivir en ausencia de la Luz.

Los Verdaderos Seres de Luz ya conocían todos estos sentimientos y emociones de baja luz, pero no las habían vivido de forma directa y consciente, es por eso que ahora ellos están experimentando la 3ra dimensión con una mente tridimensional, con un Yo inferior que está ciego y sordo espiritualmente, ahora ellos ya tienen esta experiencia, pero parte del Juego Cósmico es que no había ninguna garantía de que pudieran ellos recordar su origen, de esta manera el Yo inferior del Verdadero Ser de Luz ha perdido esa noción y no logra recordar quién es él en esencia, por eso hemos dicho que los Verdaderos Seres de Luz tienen dos partes, una de sus partes está en la forma de Espíritu y la otra continua en la 8va Dimensión observando todo su caminar, desde que bajo a la primera dimensión.

Hagamos uso de la imaginación, aquí tenemos al Verdadero Ser de Luz en la 8va Dimensión y sin embargo este mismo Verdadero Ser de Luz está en todas las Dimensiones, explicaremos. La Esencia del Verdadero Ser de Luz continúa en la Dimensión inicial, en la Conciencia Dios, de allí el Verdadero Ser de Luz paso a conocer la Dimensión del punto cero que es en si la Dimensión del No ser o de la nada es decir de un extremo conoció el otro extremo, de haber estado como parte de la Conciencia Dios, salto a la Conciencia Nirvánica y allí permaneció algunas eternidades, hasta que quiso formar parte de la Conciencia Creativa, en la India se le ha llamado la Conciencia Brahmánica, la creadora, y todas estas Conciencias forman parte de la 10ma Dimensión, luego el Verdadero Ser de Luz dio el salto a la 9na Dimensión y también allí estuvo algunas eternidades, hasta que finalmente se quiso experimentar a sí mismo como un Verdadero Ser de Luz al que se le conoce como el Hijo de Dios, el que fue creado a imagen y semejanza de su propio creador, allí tenemos a la santa trinidad, al Hijo, en la 8va Dimensión, al Espíritu santo representando a todos los Principios Espirituales de la 9na Dimensión y a la 10ma Dimensión representando al Padre. Los 3 son uno, este es el verdadero Hogar del Verdadero Ser de Luz, ahora bien aquí el Verdadero Ser de Luz ya sabía de la existencia de las otras Dimensiones, pero no tenía esa experiencia directa y se cuestiono así mismo que si ya se había arriesgado a salir de la Dimisión Inicial y nada le había pasado, entonces dijo: ¿Por qué no conocer todas las demás Dimensiones? de esta manera al dar el salto a la 7ma Dimensión fue su Alma la que se desprendió de su interior y esta fue la que dio el salto, él se quedó allí en la 8va Dimensión observando todo el proceso, esto es una forma de salvo guardarse, de protegerse de nunca perderse en la oscuridad, pues recordemos que la esencia más pura del Verdadero Ser de Luz continua en la Dimensión Inicial y lo que se desprendió de esa Dimensión inicial, al Punto cero, fue una parte de él, pero la otra se quedó en esa

Primera Dimensión inicial, pero en la 8va Dimensión el Verdadero Ser de Luz es donde siente lo siguiente.

Lo trataremos de explicar de la siguiente manera. Cuando está en la Dimensión inicial, él es el Océano Cósmico de la vida, el Océano de toda la Energía. Ahora cuando está en la 8va Dimensión, él es como una gota de agua de ese gran océano, pero él siente por dentro como si el océano mismo está adentro de él, como si el océano se hubiera disuelto en su interior, de esta manera el Verdadero Ser de Luz, por fuera es un Verdadero Ser de Luz, pero por dentro es toda la fuerza de ese océano cósmico, así que cuando da el brinco a la 7ma Dimensión, es su Alma la que se desprende y él es el observador, cuando su Alma da el brinco a la 6ta Dimensión, ahora su Alma es la observadora y una gran parte de ella fue la que salto, así otra parte salta a la 5ta Dimensión, luego a la 4ta. hasta llegar a la primera Dimensión y por lo tanto, el Verdadero Ser de Luz, experimenta la 1ra Dimensión como un átomo, una célula y su experiencia es doble, porque por un lado conoce el mundo del microcosmos, él sabe lo que siente o piensa una célula, y por otra parte él se observa a él mismo en esas 2 Dimensiones, de esta manera el Verdadero Ser de Luz sabe de la existencia de él mismo como célula o como átomo, pero la célula y el átomo no saben de la existencia del Verdadero Ser de Luz, así cuando el Alma da el salto de regreso a la 2da Dimensión, no será consciente del Verdadero Ser de Luz, pero este sí lo será, así en la 3ra Dimensión, el Yo inferior no es consciente del Verdadero Ser de Luz, él crece como una entidad separada, y esa es la razón por la que experimenta todos esos miedos, inseguridades, soledad, y todas las emociones negativas y cada vez que el Alma deja el cuerpo físico y regresa a los planos Astrales a revisar esa vida, entonces dice: ¿Pero cómo es posible que no me haya descubierto a mí mismo? Y cuando regresa nuevamente a la 3ra Dimension, su Yo inferior o Yo Mental será uno nuevo, no es el mismo de su vida pasada, el Alma sigue siendo la misma, pero no su cuerpo, ni su Yo mental, las formas de su Alma siguen siendo las mismas, esa es una de las razones por las cuales los Yos inferiores no logran recordar las vidas pasadas del Alma, ya que para ellos esta es su primera vida y sin embrago no es así para sus consejeros de luz, ni para sus consejeros malignos, ellos continúan siendo los mismos rivales, es el Yo inferior el nuevo, el que no sabe lo que está sucediendo, pero todo esto lo sabe su Alma y lo sabe su Verdadero Ser de Luz y el Verdadero Ser de Luz todo el tiempo estuvo de acuerdo en las reglas del Juego, de esta manera el Verdadero Ser de Luz, continua observándose y aprendiendo sus propias lecciones. De esta manera tenemos dos lados beneficiosos, por un lado el Verdadero Ser de

Luz ya conoce muy bien y de primera mano todo el Reino de Oscuridad, y por lo tanto ya no necesita seguirlo experimentando, si de él fuera, rescataría a su Yo inferior y lo sacaría de su mente tridimensional en un abrir y cerrar de ojos, él diría ya aprendí lo que tenía que aprender y punto, pero como él tiene que respetar las reglas del juego y las Leyes Divinas, entonces no puede rescatar a su Yo inferior sin que este pague su D.kármica, por lo tanto el Verdadero Ser de Luz está esperando a que su Yo inferior despierte para que aproveche los años que le quedan de vida y se dedique a eliminar toda su D.kármica, no por él, sino por el Yo inferior y su Alma, porque son los que están viviendo el Infierno emocional y espiritual, que es en sí la ausencia de Luz.

Cuando el Yo inferior logre alcanzar su Primer Nivel de Conciencia, luego su 2do Nivel, su 3er Nivel, entonces su Verdadero Ser de Luz se estará entusiasmando muchísimo, porque sabrá que ya ha despertado y que finalmente logro entender las reglas del juego cósmico, cuando alcance su 4to Nivel de Conciencia, su 5to, su 6to, allí su Verdadero Ser de Luz lo estará esperando a que dé el ultimo brinco y cuando su Yo inferior, convertido en Yo Superior de Luz junto con su Alma den el salto al 7mo Nivel de Conciencia entonces allí, será el gran encuentro, allí se abrazará el Alma con su Verdadero Ser de Luz, este le dirá, haz conquistado tu gran batalla espiritual, todavía te faltan algunas Dimensiones por conquistar, pero yo estaré de hoy en adelante más cerca de ti que antes, pues este ha sido nuestro primer encuentro real desde que decidimos separarnos, pero la ventaja es que ahora sí ya haz despertado y ya jamás podrás volver a caer en ese profundo sueño, llamado maya.

Cuando el Alma regresa a su normalidad después haber experimentado esa gran experiencia llamada iluminacion, Samaddhi, Nirbikalpa Samadhi, Sahaja Samadhi o el Nirvana ya no regresará con su Yo inferior o Yo Superior de Luz, ahora su nuevo estado mental será el de la Conciencia Cristica Buddhica, será un Maestro iluminado y por lo tanto pensará como piensan todos los Maestros iluminados que viven en la Ley del Uno, en la Unicidad. De allí que cuando su Alma deje nuevamente el cuerpo físico y suba a los planos astrales más altos, allí alcanzará el grado de Maestro de 2 soles, luego en los planos mentales alcanzará el grado de Maestro de 3 Soles, luego en los planos Causales alcanzará el grado de Maestro de 4 Soles, luego en los planos Cósmicos alcanzará el Grado de Maestro de 5 Soles, y de allá brincará a la 8va Dimensión como Maestro de 6 Soles y se disolverá finalmente en su

Verdadero Ser de Luz. El que siempre estuvo observándose a sí mismo, el que siempre ha estado en todas las Dimensiones juntas.

La soledad que es ausencia de Luz la puede sentir únicamente un Yo inferior y sobre todo las formas de su Alma que se quedaron allí atrapadas, pero jamás su Verdadero Ser de Luz, ni tampoco el Alma como un todo.

El proceso para liberar las formas de su Alma es el mismo, escribirá un inventario de todas aquellas ocasiones en las cuales se ha sentido completamente solo, de esta manera cuando este examinando ese inventario y revise a cada una de estas formas, entonces él podrá hacer los ejercicios correspondientes, a veces estas formas de su Alma lo único que han querido es ser escuchadas, es que alguien les preste un oído y las escuche, una vez ellas se sienten comprendidas y sobre todo lo más importante que el Yo inferior les haga saber que él se encargará de rescatar a todas las formas de su Alma que están en su Reino de Oscuridad, esto es lo que les regresará las esperanzas, la fe, y allí mismo se sentirán liberadas, pues finalmente el Yo inferior ha despertado y no desperdiciará más su tiempo en seguirles dando de su atención a ninguno de los Espíritus de oscuridad y de baja Luz. Es por eso que el Yo inferior tiene que hacer todas las disciplinas de los 7 Niveles de Conciencia, para que de esta manera, les transmita nuevas esperanzas y fe a todas las forma de su Alma que están prisioneras de ese Reino de Oscuridad.

La soledad Positiva es la que algunas formas del Alma que están aún encerradas en la prisión de la soledad, han llegado a experimentar, a estas se les conoce como las formas sabias, porque han aprendido a vivir en medio del Reino del Infierno sin ser contaminadas por los malignos, estas por medio de su intuición saben que todo esto es un juego cósmico y que en esencia no existe la soledad, pues esta es sinónimo con la oscuridad y esta solo existe en ausencia de Luz, por lo tanto lo único que existe es la ilusión de la soledad y la ilusión de la oscuridad, pero ellas saben que la verdad tarde o temprano se descubrirá y todo será como siempre, estas formas del Alma de la soledad positiva son las que han llevado esperanza y fe a todas las demás, es esa parte que cuando un Yo inferior se siente muy solo, triste y depresivo, estas formas de su Alma por medio de su Yo Intuitivo le dicen que no todo está perdido que algún día encontrará la solución a todos sus conflictos internos, a todos sus problemas emocionales, de esta manera algunos Yo inferiores que han llegado a sufrir la terrible soledad, al pasar por ese bajo fondo, en su desesperación y su oscuridad, logran encontrar ese contacto con su Yo intuitivo y así es como logran descubrir a su Conciencia Intuitiva, muchos la han llamado la voz de Dios o la voz de su Maestro interior. Porque después de todo en la soledad, se encuentra la sabiduría interna, se descubre al Maestro Interno. Ese que nunca se siente solo. Porque nadie está fuera de la Dimensión inicial, nadie está fuera de la Conciencia Dios. Por lo tanto los que sufren de soledad, son los que han sido contagiados por las bajas vibraciones de los malignos, para todos ellos si existe la ausencia de Luz, porque no se les permitirá entrar el Reino de La Luz, hasta que no hayan pagado toda su D.kármica de la misma manera que lo han estado haciendo las Almas.

C.E.M.V. de **La Infelicidad.**

En un sentido todas las formas del Alma que están atrapadas en el Reino de Oscuridad son infelices y por lo tanto todas deberían de estar en esta prisión, pero no es así, porque cada prisión tiene sus propias vibraciones energéticas y estas simplemente atraen para consigo, las mismas vibraciones, cada vez que el Yo inferior crea que algo lo va hacer feliz y no lo logre conseguir entonces allí experimentará la infelicidad y por lo tanto esas vibraciones de infelicidad arrancarán de su Alma, ciertas formas de su Alma y estas son las que serán magnetizadas hacia este Centro Energético Magnético Vibracional de la Infelicidad, si por ejemplo el Yo inferior se dijo a sí mismo, si esa mujer fuera mi novia yo sería un hombre muy feliz y si esta mujer no acepto ser su novia, entonces esto le causo sentirse infeliz por no haber conseguido el amor de esa mujer, en la cual había depositado toda su felicidad, y por lo tanto, allí tenemos a esta forma de su Alma aun esperando a que le cumplan su sueño, sus deseos, si este Yo inferior se enamoró de una mujer de nombre Yessenia, entonces no importa que esto haya sucedido hace unos 25 años, para esta forma de su Alma, la emoción de infelicidad sigue latente, porque aún está esperando a que Yessenia venga, lo abrace, lo bese y lo ame, esos son los sueños de esta forma del Alma y por lo tanto el Yo inferior al escribir su inventario, tendrá que ir a visitar a esta forma de su Alma y convencerla de que tiene que dejar ir el amor de esa mujer, tienen que soltar esos deseos, que son los que han mantenido presa ha esta forma de su Alma, pero le tiene que dar la explicación como si estuviera hablando con alguien que aún está vivo, con alguien que está esperando que le resuelvan su caso, por ejemplo le puede decir algo así.

Mira yo sé que el amor de tu vida es Yessenia, yo sé cuanto la amas y quizás aún sigas resentido con Dios por no haberte dado el amor de esa mujer, pero tienes que saber que yo ya estoy casado, tengo hijos y prácticamente ya no estoy viviendo en ese tiempo, si gustas exprésale tu amor una vez más a esa mujer y luego la tenemos que dejar ir para siempre, pues también su Alma de ella está esperando a que le devolvamos a su forma de su Alma, nosotros la tenemos también a ella como una prisionera de nuestros deseos egoístas y nunca consideramos sus sentimientos y deseos de ella. Por lo tanto se le escribe una carta a Yessenia y le dirá cuanto la ama, le dirá todo lo que le tenga que decirle y finalmente la dejará ir, de su corazón, quizás cierre los ojos, y se imagine que adentro de su corazón hay un jardín con una fuente de agua de la cual saldrá Yessenia lista para ser entregada a los Ángeles Celestiales, al salir de ese Reino de su Corazón, él la abrazará, y la dejará partir para siempre quizás ella también le diga unas palabras y le dé las gracias por dejarla descansar en paz, pues ella no quiere seguirle haciendo daño espiritual a nadie, y él al dejarla ir, también está ayudando a su Alma de Yessenia a liberarse de cualquier sentimiento de culpabilidad que pueda sentir por no haber correspondido al amor de este hombre. Finalmente él sentirá como la deja ir para siempre, y de esta manera esa forma de su Alma, regresa a su Alma, de donde salió, desde antes de conocer a Yessenia, así él podrá recordar a Yessenia como una persona común, quizás sienta indiferencia hacia ella, pues ahora comprende que bajo su ceguera espiritual y sus carencias emocionales, de todo mundo se enamoraba, ya que inconscientemente estaba esperando que Yessenia le cubriera todas las necesidades emocionales que su Mamá y su Papá no le cubrieron, y sus consejeros malignos en lugar de haberlo ayudado, ellos se encargaron de hacerle creer al Yo inferior de que jamás sería feliz, pues la única que le podía dar la felicidad era Yessenia y nadie más, de tal manera su sufrimiento e infelicidad del Yo inferior fueron aumentando, porque él no sabía que Yessenia no tenía nada que ver con sus vacíos existenciales, y además él ya era infeliz, antes de conocerla a ella.

Estas explicaciones a las formas de su Alma tienen que ser explicaciones convincentes y si no logra convencer alguna de las formas de su Alma, entonces que vaya con una persona de confianza que sienta que lo puede ayudar a encontrarle una buena explicación y de este modo. Él ya no podrá seguir posponiendo liberar a todas las formas de su Alma, pues nada en la vida tiene que ser más importante que la integración total de su Alma y sus formas.

A continuación ilustraremos un poco este Reino de Oscuridad. Habíamos dicho que los Espíritus demoniacos, estos se meten a las prisiones y castigan a las formas de su Alma, pero no se meten sin el consentimiento del Yo inferior esto funciona de la siguiente manera.

A pesar de que estamos hablando del primer plano del Ego, este no se detiene en los primeros siete años, este continuará abierto toda la vida, por lo tanto formas de su Alma seguirán cayendo a las prisiones que se encuentran en este primer plano del ego si no se hace algo al respecto, cuando mencionamos los enamoramientos del Yo inferior, nos referimos a una edad más avanzada de los siete años. Quizás estamos ahora en la etapa de los 14años a los 21 años, o de los 21 a los 28. El asunto es que nos estamos enfocando en como al Yo inferior se le mete una idea de que con el amor de una persona va hacer inmensamente feliz.

Este tipo de pensamientos obsesivos por lo regular los tendrán Yos inferiores que están viviendo un infierno emocional y están tratando de salir de su Reino de Oscuridad de mil maneras, y una de ellas es por medio del amor de otra persona, algunos tienen la idea de ganarse la lotería, otros de edificar un negocio, hacer mucho dinero y de esa manera salir, cualquier cosa que lo ayude a escaparse de ese Reino de Oscuridad es lo que estera buscando, por lo tanto cuando conoce a una mujer que le gusta muchísimo él dice, con el amor de esa mujer podré salir de todo este Reino de Oscuridad en el cual vivo y sus consejeros malignos como ya saben que de esa manera no se sale, le alimentarán esa idea al grado de que se asegurarán de que se convierta en obsesión, ahora bien cuando algún deseo brinca a la obsesión, aquí se complican más las cosas, porque todo tipo de obsesiones que entran a su Reino de Oscuridad es como dejar entrar a los Demonios que manejan las obsesiones, estos se posesionan con más fuerza de la atención del Yo inferior, a tal grado de que en todas sus actividades que haga estará esta idea constante de que con el amor de esa mujer él será liberado de todo su Reino de Oscuridad, llegará un punto en que este sentimiento crecerá con tanta fuerza que más del 95% de sus pensamientos serán enfocados en esa mujer, ahora esta mujer se ha convertido en un "Dios" para él y por lo tanto ha puesto su vida y su voluntad en manos de esa mujer, tanto así que si le dieran a escoger entre el amor de su Dios y el amor de esa mujer, sin pensarlo haría a un lado el amor de su Dios y escogería el amor de esa mujer, porque ahora tiene la firma convicción de que con el amor de esa mujer resolverá todos sus problemas existenciales, emocionales, espirituales y hasta económicos, él ha apostado todo en el amor de esa mujer y los consejeros malignos se han asegurado de que así sea, por lo tanto cuando esta mujer, le diga que no quiere ser su novia o él la encuentre saliendo con alguien más, allí se acaba su vida, allí comienza su calvario, todos sus castillos de arena se derrumban y su estructura emocional y espiritual colapsan, ese hombre queda hecho un polvo y ahora llega la parte demoniaca, allí estará el Demonio de la Obsesión obligándolo a qué consiga el amor de esa mujer y como no la conseguirá, entonces estos espíritus demoniacos de obsesión, se meten a su prisión de infelicidad y castigan sin piedad a esa forma de su Alma, que se obsesiono de esa mujer, la estarán castigando todos los días, le estarán arrojando latigazos o la estarán torturando y estas emociones las sentirá el Yo inferior puesto que él mismo fue el que construyo todo ese castillo de arena. Se sentirá morir y como no soporta tanto castigo lo más probable es que recurra inmediatamente al alcoholismo, la drogadicción, el casino o cualquier otro tipo de adicciones, con tal de no seguir sintiendo esos castigos que le dan a la forma de su Alma, mientras el Yo inferior no haga uso del principio Espiritual de la Derrota y de la Aceptación, no podrá parar ese sufrimiento, pues él mismo sin darse cuenta se puso en desventaja al apostar todo en favor del amor de esa mujer aun a sabiendas de que algún presentimiento le decía de que esa mujer no estaba interesado en él, él decidió callar esa voz intuitiva dentro de él, y prefirió hacerle caso a los consejeros malignos que le decían que se obsesionará de esa mujer.

Esto mismo seguirá sucediendo con otros deseos obsesivos, por ejemplo un Yo inferior puede entrar a una compañía de multiniveles y constantemente pensará que si él estuviera ganando tanto dinero al mes, él sería un hombre inmensamente feliz y que además esa cantidad de dinero necesita ganar al mes, para escaparse de su Reino de Oscuridad de esta manera ya alimentará una nueva obsesión y por lo tanto cuando no logre triunfar en esa compañía, sus enemigos demoniacos, de obsesiones estarán allí listos para castigar a esa forma de su Alma, que se obsesiono con esa compañía y le estarán exigiendo ¿Que en donde esta ese éxito que tanto deseo? este Yo inferior caerá ha estados depresivos crónicos, pues nuevamente sufrirá un colapso emocional y espiritual, pues la única solución a todos sus problemas existenciales, espirituales, emocionales y económicos se le fue de las manos y ahora tendrá que seguir viviendo en su Reino de Oscuridad sintiendo la presencia de todos estos espíritus de oscuridad, incluso sus estados depresivos y sus adicciones abrirán puertas del 7mo, plano del Ego que algunos elementales artificiales, parásitos del bajo astral, entidades de oscuridad y de infelicidad se le meterán a su prisión de la infelicidad y ahora las formas de su Alma que son infelices, estarán sintiendo la presencia de infelicidad de todas esas entidades y estas poseen consigo mismas unas vibraciones y una atmosfera que atraerá todo tipo de desgracias, tormento e infelicidad, pues ellos se mantienen de eso mismo, del fracaso, de la negatividad, la infelicidad, el pesimismo, las calamidades, las tribulaciones, estas entidades estarán magnetizando todo lo malo. De esta manera al Yo inferior le estará llegando todo lo contrario a su vida de lo que desea, por más que le pida a su Dios una oportunidad de salir de ese agujero en donde se metió inconscientemente, al parecer todas sus peticiones serán contestadas al revés, si pide el amor de una mujer, es como si estuviera pidiendo que jamás le den el amor de esa mujer, si pide que le den cierto trabajo, es como si pidiera que no se lo dieran, todo lo que más desea en su vida es lo que no le llegará y todo lo que más aborrece, odia y detesta es de lo que más le llega, todas estas cosas que no quiere y que le llegan es porque dejó entrar entidades de otras vibraciones y esas vibraciones negativas son muy fuertes, bajo la ley de atracción, atraerán todo lo que tenga que ver con infelicidad.

¿Por qué su Dios no puede hacer algo al respecto?

No tiene que ver con su Dios o con él, aquí lo que sucede es que el Yo inferior no comprende cómo funcionan las Leyes Espirituales y no sabe cómo hacer uso de los Principios Espirituales, estas Leyes y estos Principios su Dios no las puede quebrantar, ya que son sus propias Leyes y Dios mismo tiene que respetar estas leyes, ahora bien si el Yo inferior comprendiera el funcionamiento de estas leyes y supiera que lo que allí necesita aplicar todo fuera diferente, por ejemplo echemos una mirada a su situación, pera mirar en donde cayó en las trampas del autoengaño, Primero que nada cuando su Yo intuitivo le estaba enviando mensajes de que quizás esa mujer no le haría caso, allí debió empezar a considerar otro plan, ¿En caso de que esta mujer le dijera que no quería ser su novia entonces qué haría? y concentrarse en el otro plan, para que de esta manera si la mujer le dice que no, entonces él ya no caería en la depresión, pues ya tiene otra alternativa, si a la vez él hubiera sabido lo de su D.kármica y cómo funciona todo su Reino de Oscuridad, él ya hubiera sabido que el amor de esa mujer no pagaría su D.kármica, que esta deuda con el amor o sin el amor de esa mujer, la tendría que pagar él mismo, si él por medio de algunas regresiones hubiera descubierto que en vidas pasadas él fue un hombre que estuvo de mujeriego y que nunca le importó lastimar los sentimientos de las mujeres y nunca se arrepintió del dolor que les causo a las que se enamoraron de él, pues a él se le hacía fácil estar con una y con otra sin considerar sus sentimientos y ahora que las Leyes Kármicas le están regresando parte de esos daños que él hizo, entonces a él le ayudaría entender el por qué le sucede lo que le sucede, él está en un tiempo en que está recogiendo parte de su Deuda kármica, y por lo tanto tiene que experimentar lo que le hizo a otros en sus vidas pasadas, si esto lo hubiera sabido, entonces lo que haría es lo siguiente, en lugar de apostar todo su amor en esa mujer, apostaría únicamente la mitad, y con la otra mitad optaría por tener dos opciones más, dos planes más, luego al saber que en vidas pasadas él fue despreciativo e hizo daño a otras personas entonces asumiría responsabilidad por todos esos daños y por consiguiente le pediría al Principio Espiritual de la Derrota que lo ayudará a derrotarse ante el amor de esa mujer, a la vez le pediría al Principio de la Aceptación que viniera a su vida para poder aceptar su derrota y aceptar la decisión de esa mujer, con todo el dolor de su corazón, haría todo lo posible por dejarla ir lo antes posible y continuar con su vida, pues ahora ya sabría que simplemente está en tiempo de cosechar lo que en vidas pasadas su Alma sembró y él se hace 100% responsable de todo eso.

Pero como estaba bajo una ceguera espiritual, él simplemente creyó que su Dios le atendería sus deseos, y su Dios no le podía explicar todo lo que ya hemos explicado, porque no lo escucharía, para escuchar la voz de su Dios tuvo que haber tenido la Conciencia Intuitiva despierta, y esta le comunicaría todas estas cosas. En su ceguera espiritual se dejó arrastrar por la soberbia de únicamente aferrarse a su obsesión por esa mujer, esta soberbia no lo hizo optar por tener un segundo o tercer plan en manos, no tuvo la humildad para aceptar la decisión de esa mujer, su soberbia lo hizo pensar que Dios lo estaba castigando, que la vida no era justa, se preguntaba que ¿Por qué a otros Dios favorecía y a él no? todos esos pensamientos son fundados en la ceguera espiritual y la soberbia. La humildad jamás piensa de esa manera, ésta siempre se hace 100% responsable de todo lo que le sucede y continua moviéndose, el humilde nunca exige, este siempre se ajusta a lo que hay, a lo que es, siempre tratará de ajustarse a todas las Leyes Divinas, al todo, en cambio el Soberbio quiere que las Leyes Divinas y el todo se ajusten a él, a sus deseos egoístas, y si nadie se ajusta se enoja y cierra la mente, ya que esa es su naturaleza tener la mente cerrada.

Ahora nosotros no estamos defendiendo a ningún Dios, si nos hemos referido a la palabra Dios es únicamente para poder explicar el por qué el Dios de ese Yo inferior no le contesto sus peticiones, ya que este Yo inferior ha creado un Dios antropocéntrico hecho a imagen y semejanza de él mismo, lo ha categorizado en esa forma de ser humano, con sentimientos de ser humano, y es por eso que hemos hablado de su Dios de él, y no de la Conciencia Dios o la Dimensión Inicial.

Todo lo que le ha traído infelicidad al Yo inferior son sus expectativas, él bajo su ceguera espiritual y su soberbia, simplemente desea algo y piensa que si se le concede esos deseos, con eso será inmensamente feliz y si no se le da, entonces experimenta infelicidad y si se le da, se contenta, pero por una horas, unos días o semanas, ya que después de unas semanas, sus consejeros malignos lo desanimarán con eso que él es feliz, si esa mujer le hizo caso y se convirtió en su novia, entonces él estará viviendo en una nube rosa, y sentirá que ya ha conquistado el mundo, tendrá ganas de presumir a esa mujer por todos lados, que todo mundo se fije en su felicidad, y sin embargo a las 4 semanas o 4 meses, los consejeros malignos el Ego y el Súper Ego, comenzarán a fijarse en los defectos físicos de esa mujer, la estarán inspeccionando, y en cuanto comiencen a salir esos defectos entonces le estarán diciendo al Yo inferior, "Bueno después de todo esta mujer no está tan guapa como tu creías, fíjate en la forma de su nariz, fíjate en la forma de su cara, de sus ojos, sus senos no son grandes, sus sentaderas no son tan grandes." en fin. Estos consejeros malignos como tan bien son perfeccionistas nada les parecerá y constantemente lo estarán desanimando, y cuando vaya caminando otra mujer, le dirán, "Mira esa está más guapa que tu novia, tu merecías algo así, ¿por qué no te esperaste?" todo esto se lo hacen saber puesto que el Yo inferior ya no está causando impresión con su nueva novia a los demás Egos, ya todos se acostumbraron a mirar a esa mujer y ya paso el asombro, ahora todo continua igual, y al no seguir recibiendo impresión o admiración por su linda novia, es allí cuando los consejeros malignos comienzan a meter su intriga y sus desánimos, y como no conoce su naturaleza inconforme de ellos y a la vez está contagiado de su esencia de ellos en un 95% a un 98%, entonces él también se convierte en perfeccionista y nada lo satisface, por lo tanto después de 6 meses, ya no querrá estar con esa mujer, porque después de todo ya no está causando impresión en nadie, ya pasa desapercibido ante las demás personas y a la vez descubre que solamente salió de su Reino de Oscuridad en apariencia o temporalmente, pero que todo el tiempo estuvo allí mismo, cuando estaba en su nube rosa, es porque ilusoriamente se salió de su Reino de Oscuridad y pensado que allí se quedaría afuera de ese Reino de Oscuridad, pero cuando ya hubo pasado toda la impresión y la admiración de lo cual ellos se alimentan, entonces volvió a su mismo estado miserable de siempre, a su misma casa, a su mismo Reino de Oscuridad y nuevamente como esta mujer paso a ser parte de las cosas de él, simplemente dejó de satisfacerlo.

Todas las cosas o todo lo que pertenece a este Yo inferior, es lo que destruye, por que como él no se quiere a sí mismo, no se ama, tampoco puede amar lo que ya le pertenece, amaba a esa mujer y la deseaba con tantas ganas porque no era todavía de su propiedad, pero cuando ya fue de su propiedad, entonces pasa a ser igual que las demás cosas que le pertenecen, y por lo tanto ya no le dio la misma atención y el mismo amor que supuestamente le daba cuando ella aun no le pertenecía.

Mientras un Yo inferior no aprenda a ser feliz con las cosas que tiene jamás será feliz con las cosas que consiga., La Ley de la felicidad indica que no es lo que tenga el yo inferior o lo que haga ni lo que sea lo que lo hace feliz, allí no está la felicidad, la felicidad está en cómo se siente ahora mismo con las cosas que tiene, con las cosas que hace, y con su forma de ser de él. ¿Cómo se siente con todo eso ahorita mismo? si se siente feliz por lo que tiene, lo que hace y lo que es ahorita mismo entonces es feliz, pero si solamente se siente feliz cuando obtiene algo nuevo, o cuando hace algo diferente o cuando alguien lo hace sentirse feliz, entonces él mismo se está poniendo en desventaja, porque su felicidad la están manejando los demás, la está manejando las circunstancias de la vida y si estas no satisfacen sus deseos egoístas entonces experimenta la infelicidad. En cambio aquel que ya no depende de nadie ni de las circunstancias para ser feliz y por el contrario ya aprendió aceptar lo que tiene ahora mismo, lo que hace ahora mismo y quien es ahora mismo, ese ya entendió la clave de la felicidad y jamás necesitará poner una cara de alegría o felicidad ante los demás para demostrar que es feliz, él ya no depende de las opiniones de nadie, él es él mismo y se acabó. Su felicidad es interna y no externa. Ya dejó de pelear con su Dios, y con la vida.

C.E.M.V. del **Vacío Existencial.**

Este vacío existencial es una lección que tiene que aprender el Yo inferior, él solito tiene que descubrir que mientras siga manejando su vida bajo una ceguera espiritual entonces el resultado será siempre experimentar unos vacíos existenciales en su vida, al él se le da la oportunidad de conocer cuáles son los resultados por seguir las leyes y reglas de los malignos, para que de esta manera cuando él comience a darle vida a las Leyes y Reglas de la Divinidad que son Los Principios Espirituales y mire los resultados, él podrá escoger de qué lado quiere vivir, la Divinidad jamás ha tenido a nadie a fuerza en las Dimensiones de Luz, todos los que estamos viviendo en estas Dimensiones de luz es por decisión propia, y en cualquier momento podemos cambiar de parecer y decidir ser parte de las Dimensiones de oscuridad, por lo tanto este poder de decisión todas las Almas siempre lo tienen, a nadie se le forza o se le obliga a obedecer ciertas disciplinas.

El Yo inferior contaminado de los Espíritus de soberbia, de mente cerrada, de jactancia, de egoísmos y de todos ellos, hace sus decisiones basado en cómo piensan ellos, en los deseos de ellos y los resultados los reciben las formas de su Alma, ellos por ejemplo desde un principio han querido hacer las cosas a su manera, sin querer seguir las Leyes Divinas, sin querer seguir ciertas disciplinas y el resultado ha sido el mismo viven cada vez más en la oscuridad y seguirán escavando más y más la oscuridad, el Yo inferior ha sido arrastrado a esa oscuridad, a esos infiernos, por su manera de pensar y de actuar, pero todo eso es parte de su aprendizaje, ahora lo único que tiene que hacer es hacer una pausa y reflexionar detenidamente. ¿A dónde lo han llevado todas sus decisiones? ¿Todas sus obsesiones? ¿Cuáles han sido los resultados? ¿Qué fuerzas lo hacen actuar de la manera que actúa? ¿Cuándo él habla en demasía quien es el que habla o quiénes son los que hablan? ¿El o ellos? ¿De todo lo que desea cuántos de esos deseos pertenecen a su Alma y cuántos pertenecen a los Espíritus de Oscuridad? Si llega a reflexionar bien en todas estas preguntas y muchas más que se le puedan venir a su mente, descubrirá que su vida ha sido dirigida por las fuerzas del mal y que él ha sido arrastrado como una marioneta o veleta sin rumbo, y aun peor lo seguirán arrastrando esas fuerzas si él no hace lo posible por quitarles su magnetismo y su fuerza de atracción, hemos mencionando que las entidades de oscuridad de Infelicidad de eso se nutren de energías negativas, de fracaso, de todo lo que tenga que ver con infelicidad y desdicha y por consiguiente entre más infeliz sea más fuerza ellos seguirán teniendo sobre su vida.

El Yo inferior tiene que darse cuenta de que nadie lo va a rescatar de ese hoyo en el que se encuentra, ya que él mismo tiene esas capacidades dentro de su Ser. Su Verdadero Ser de Luz continua confiando en las capacidades de su Yo inferior y no meterá las manos, es posible que el Yo inferior se enoje y diga ¡¡bueno si yo solito saldré de todo esto y si mi Dios o mi Verdadero Ser de Luz no meterán las manos por mí, ¿entonces para qué los necesito? ¿Si ya después de que haya salido yo solito de todo esto me van a reconocer o me van a querer ayudar, ya para qué? Si la ayuda la necesito ahora no mañana o después.!! Toda esta forma de racionalizar es válida, pero también es válido que él comprenda el por qué son así las cosas. Trataremos de explicar el por qué su Dios o su Verdadero Ser de Luz no interfieren, como a él le gustaría que intervinieran.

Cada una de sus células tiene su propia inteligencia y ya son parte de la Conciencia Inicial, todas sus células ya viven en la Conciencia inicial, son parte de Dios mismo, su Espíritu está viviendo en la 8va Dimensión y está observando todo su proceso evolutivo, ahora bien si su Dios o su Verdadero Ser de Luz lo sacan de este hoyo ahorita mismo, él a donde sea que vaya seguirá siendo un Yo inferior, seguirá viendo la vida de esa manera, por más que quiera mirar las cosas de diferente manera, no lo logrará, eso es algo que su Verdadero Ser de Luz no puede hacer, esto es como si su V.S.L. fuera una Madre o Padre Protector y quiere que su hijo no se caiga ni aprenda las lecciones de la vida y así de pequeño se lo mete nuevamente a su vientre y le dice aquí quédate, aquí estarás seguro, yo me hago cargo de todo lo que venga, tu estate allí y no hagas nada. Ahora bien al principio el Yo inferior estará feliz y contento de que alguien más esté dándole muerte a sus enemigos, y hasta se alegrará de como su Verdadero Ser de Luz los elimina con tanta facilidad, el Yo inferior estará sintiéndose orgulloso de todo eso y hasta feliz de que la ayuda vino cuando él quiso y más la necesitaba. Hasta allí todo bien. ¿Pero qué pasará cuando ya haya vencido La Gran Batalla Espiritual su Verdadero Ser de Luz? ¿Para quién serán los méritos? exactamente para su Verdadero Ser de Luz el Yo inferior jamás podrá llevarse ningún crédito, puesto que abandono la batalla espiritual y declaró que él ya no podía, su pago será que se seguirá manteniéndose como un Yo inferior, y tarde o temprano se aburrirá de seguir siendo protegido por su Madre o su Padre. y reconocerá de que es mejor que él enfrente a sus enemigos y gane esa batalla espiritual, porque ya no se siente cómodo seguir siendo un Yo inferior, dirá he visto como tu haz vencido a mis enemigos y creo que hoy lo puedo hacer, le dirá su Verdadero Ser de Luz, ¿Estás seguro? Él dirá si y se le contestará porque una vez seas arrojado a la 3ra Dimensión nuevamente nacerás con el velo del olvido y no recordarás como Yo vencí a todos los enemigos, ya que si no naces con el velo del olvido y por el contrario recuerdas todo, entonces ellos seguirán diciendo que hiciste trampa o que fuiste más favorecido que todos los demás Yos inferiores, de esta manera el Yo inferior dirá, está bien, decido continuar con mi Batalla

Espiritual únicamente necesitaba un break, un espacio, pero ahora ya entendí en qué consiste la Gran Batalla Espiritual. Y será lanzado nuevamente a la 3ra Dimensión.

Esa es la razón por la cual su Dios y su Verdadero Ser de Luz no interfieren, ya que él mismo tiene que hacer todo lo posible para despertar, los Maestros Iluminados han dejado sus enseñanzas de como ellos vencieron a sus enemigos, lo han explicado de una y mil maneras, la ayuda y las instrucciones siempre han estado disponibles a todos los Yos inferiores, son ellos los que tienen que decidir despertar y hacer su Revolución Interna.

Cuando se vive en evolución todo sucede de forma natural, no hay prisas todo se da a su tiempo, pero cuando se vive en revolución el Yo inferior es él que dará esos saltos cuánticos a su capacidad, él creará su propia revolución, por ejemplo si en la forma en que vive él y su Alma les toca alcanzar la iluminación en unas 10 o 20 vidas más, de forma natural y a su paso, eso es evolución. Mas si el Yo inferior decide despertar y hacer todo lo que le corresponde, puede incluso alcanzar la iluminación en esta vida o la siguiente y esto es Revolución, algo que sucede disparadamente.

En el 4to nivel de Conciencia mencionaremos como las Almas Inteligentes han escogido el camino de la evolución, ellas continúan caminando a su paso, ellas solamente se conforman con alcanzar su primera misión y se regresan, escogen otra misión y así se la llevan, ya que por su propia naturaleza ese camino se les ajusta más, en cambio las Almas revolucionarias estas son las de todo o nada, las que se retrasan cada vez que vienen o las que se adelantan cada vez que vienen, en su propia naturaleza también ellas, son revolucionarias o "estúpidas" pero su estupidez es la que les dará su propia sabiduría, en todos sus actos de insanidad, en todos sus errores se encuentra la clave para descubrir su propia verdad. De sus peores errores y locuras es de donde encontrarán las más grandes lecciones, lo único que tienen que hacer es decidir parar esa forma insana de vivir y comenzar a limpiar toda su casa interior, rescatar a cada una de las formas de su Alma. Y ahora tendrán todo el tiempo para ir caminando muy despacito, pero a pasos agigantados, porque ahora comprenderán que si siguen queriendo correr con esa insanidad en 30 años no llegarán a ningún lugar, en cambio si deciden irse muy despacio, en 3 o 5 años alcanzarán lo que en esta vida no hubieran alcanzado, ya que cada paso que den será inteligente, habrán parado esa carrera loca que solamente los ha llevado a experimentar vacíos existenciales muy profundos.

Las Cárceles y prisiones son diferentes para cada Alma, algunas Almas que ahora mismo están viviendo en el segundo plano astral están experimentando sus vacíos existenciales. Allí ellas están viviendo sus mundo de tristeza y de soledad apartadas de la luz, estos son unos estados de mucha infelicidad, porque cualquiera de esas Almas daría cualquier cosa por regresar al plano terrenal, ya que allí descubren que su soledad y vacíos existenciales que están viviendo no se comparan con los que vivían en el plano terrenal, ¿Por qué? Allí en el segundo plano astral que es la ante sala del verdadero infierno el cual está en el primer plano astral. Allí en ese segundo plano las Almas no sienten la presencia de su Verdadero Ser de Luz, es como si estuvieran desconectadas de su Espíritu incluso el prana de la vida y el poder de gracia que recibían mientras vivían en el plano terrenal, no es el mismo que reciben allí en esos estados, todo es desértico, sin vida, las plantas son tristes, muchas de ellas disecadas, arboles sin flores, un cielo gris oscuro, de color café, están viviendo todas esas imágenes que vivían en sus pesadillas, y por más que quieran despertar de esa pesadilla no pueden, solamente suplican volver a tener una oportunidad más en eliminar su D.kármica, allí valoran todo lo que tenían en la tierra, extrañan a sus hijos, esposa, hermanos, incluso allí hasta quisieran encontrarse al peor de sus enemigos, ya que descubren que en vida jamás odiaron a sus enemigos de la forma que creyeron, pues si alguno de ellos se le apareciera allí, en esos planos astrales bajos les traería alegría de mirarlo, alguien puede preguntarse el por qué tiene que ser de esa manera y la respuesta es que también esas son lecciones que el Alma tiene que seguir aprendiendo, ya que no ha podido aprender de otra manera, ha necesitado experimentar directamente los resultados que se obtiene por darle vida a los malignos, ella misma tiene que comprender que las leyes y reglas de ellos no funcionan y que si está sufriendo todo lo que está sufriendo es precisamente para que mantenga ese recuerdo en su memoria etérica y cuando se le dé la oportunidad de regresar al plano terrenal aproveche su estadía aquí y ahora si se arme de valor y coraje para no seguirle dando vida a los malignos y sus mundos.

Estos vacíos que están viviendo esas Almas allí en el segundo plano astral, ya los están viviendo la mayoría de Almas aquí en la tierra, cada vez que un Yo inferior sueña pesadillas en donde se siente ausente de la luz, de la Divinidad, y experimenta estos estados de vacío existencial, allí él ha vivenciado de forma directa lo que las formas de su Alma viven diariamente en esa prisión de los vacíos existenciales, más cuando el Yo inferior despierta de esa pesadilla, se alegra y dice. "Qué bueno que fue una pesadilla solamente" mas no alcanza a concientizar que no es nada más un sueño o pesadilla, que a nivel existencial y emocional eso es una realidad para todas las formas de su Alma que viven en esas prisiones, de los vacíos existenciales, de la soledad, de la infelicidad. Todo eso es una realidad de todas estas formas, y de hecho esa es una forma de comunicarse su Alma con él, le están haciendo saber que debe de despertar y sacar a las formas de su Alma de allí, pero al despertar de esa pesadilla el Yo inferior deja de tomarle la importancia y cae otra vez en su sueño profundo, con las distracciones de la vida, se le olvida esa sub-realidad y nuevamente continua con su ceguera espiritual, dirigiendo su vida junto con sus consejeros malignos, continua juzgando, criticando, deseando placer insano, cogiendo sus adicciones, en fin, dándole vida a los espíritus de oscuridad en un 95% de su tiempo.

Mientras se está con vida en la 3ra Dimensión hay muchísimas oportunidades de despertar e ir a rescatar a todas las formas del Alma que están allí viviendo en el Reino de Oscuridad, pero él no logra despertar porque los consejeros malignos le han vendido una Pseudo espiritualidad, le han vendido unas pseudo verdades, que son las que no lo logran despertar, por lo tanto el Yo inferior se llega a conformar con vivir menos miserable de cómo vivía hace unos años, y a los malignos les conviene que él se conforme con vivir una vida menos miserable, porque de esta manera, el Yo inferior se sigue manteniendo adormecido, si antes vivía en un 98% de oscuridad, ahora vive en un 95% y ese 3% de diferencia es lo que lo hace conformarse y creer él mismo de que ya se está "portando bien" de que ya está tratando de obedecer a su Dios, pero todo acaba en Pseudo espiritualidad, y engaños. Esa no es una verdadera Espiritualidad, no son bases firmes de espiritualidad.

Cuando el Yo inferior lea lo que es vivir en su primer Nivel de Conciencia se dará cuenta lo que comienza hacer una verdadera Espiritualidad.

Es opcional si quiere escribir un inventario de aquellas ocasiones en que experimentó un vacío existencial profundo, ahora si lo llega a escribir, entonces mantendrá ese inventario guardado como todos los demás, y cuando vaya transcendiendo cada uno de los 7 Niveles de Conciencia irá revisando cada uno de estos vacíos existenciales estará descubriendo como él por medio de estar incrementando sus Niveles de Conciencia estas formas de su Alma están siendo liberadas, ya que en esta prisión caen todas las formas de su Alma que se sienten vacías, pero todo eso se acabará cuando ya esté viviendo en su 4to, 5to y 6to Nivel de Conciencia. Lo más importante es que descubra que hay una parte esencial de él que nunca ha experimentado un vacío existencial y que esta parte aún sigue conectada con la 8va, 9na y 10 Dimensión, que él puede decidir decir tajantemente: Ya aprendí lo que tuve que aprender de todos los espíritus de oscuridad y ahora me toca salirme de allí, de este Reino de Oscuridad, y comenzare a vivir en mi segundo Reino de Luz, ya eche uno a perder, (el 3er Reino de Luz) pero aún me queda otro, al cual no le sucederá lo mismo, porque nada que no sea de luz, puede entrar allí, y yo ahora estoy dispuesto hacer todo lo que tenga que hacer con tal de no seguirles dando vida a todos ellos, con tal de que ellos ya no sigan viviendo de gratis en este Reino de Oscuridad. Cuando el Yo inferior tome esta determinación, con firmeza, entonces estará listo para dar su primera muerte espiritual ya que para alcanzar la iluminación se tienen que pasar por 3 muertes espirituales y esta sería la primera.

Centro Magnético de La Victima.

Debido a que no fueron satisfechas todas sus necesidades emocionales básicas del Yo inferior, entonces en sus carencias, se cuestionará infinidad de preguntas y sentirá que la vida no fue justa con él. No entiende por qué le toco crecer sin Padre o sin una Madre, no entiende por qué se siente solo o porque no le toco tener más hermanitos con quien jugar, porque le toco una enfermedad, o porque nació con ciertas deficiencias, de allí que los que suplirán todas esas respuestas serán sus dos consejeros malignos (el Ego y el Súper-Ego) ellos se encargarán de hacerle creer que la Vida y sus Leyes se equivocaron con él, que la vida no es justa con él, que Dios solo favorece a los ricos y se olvida de los pobres, le dirán que su Papá tuvo la culpa por esa separación o si les conviene entonces lo convencerán de que fue la Mamá la culpable de esa separación y le meterán ideas de que si nada de eso le hubiera ocurrido entonces su vida sería diferente, que toda su infelicidad es culpa de su Papá, o de su Mamá o de la Vida, de Dios o de la Sociedad, pero alguien será directamente responsable de su infelicidad, entonces por cada pensamiento o creencia que tenga de sentirse la victima una forma de su Alma será magnetizada por ese Centro Magnético de la Victima. Allí tenemos varias formas del Alma encarceladas. Revisemos unas cuantas.

Si mi Papá no se hubiera divorciado de mi Mamá y vivieran juntos yo sería muy feliz.

Si no me hubiera atropellado ese carro yo podría caminar bien y me dedicaría a practicar deportes.

Si no me hubiera dado la diabetes y hubiera comido más saludable no hubiera perdido mi pierna.

Si mi Papá no hubiera sido alcohólico y drogadicto yo no hubiera nacido con estas discapacidades mentales o desarrollado este autismo.

Si mi hermano no se hubiera muerto yo hubiera convivido más tiempo con él.

Si mi Madre no se me hubiera muerto desde pequeño a mí no me haría falta el amor de ninguna mujer.

¿Cómo sería la vida si me hubiera ido a vivir con mi Papá?

¿Por qué me tocó vivir en la pobreza?

¿Por qué Dios no me ayuda?

"LA VIDA ES INJUSTA"

"NADIE ME QUIERE"

"A NADIE LE IMPORTO"

"ES LA CULPA DE MI MAMÁ"

"POR LA CULPA DE MI PAPÁ NOS TOCO VIVIR EN LA POBREZA"

"SI NO HUBIERA SUFRIDO ESA VIOLACIÓN NO TENDRÍA PROBLEMAS CON MI SEXUALIDAD"

"¿POR QUE NACI CON ESTA ENFERMEDAD?"

"SOLO COSAS MALAS ME PASAN A MI"

"YO NO PEDÍ NACER"

"NADIE VALORA LAS COSAS QUE HAGO POR LOS DEMÁS"

"¿POR QUE SIEMPRE ME METO EN DIFICULTADES?"

"ALGUIEN ME HA DE HABER EMBRUJADO"

"ESTA MALA SUERTE ME PERSIGUE PARA TODOS LADOS"

"TODOS LOS HOMBRES SON IGUAL SOLO PIENSAN EN SEXO NUNCA LES HE IMPORTADO, COMO MUJER SOLO CONSIGUEN LO QUE BUSCAN Y DESAPARECEN"

"TODAS LAS MUJERES SON IGUALES, EN CUANTO SE ENTERAN DE QUE NO GANO LO SUFICIENTE SIEMPRE SE ACABAN YENDO CON EL QUE GANA MAS DINERO SIN IMPORTARLES SI ES UN DROGADICTO, GOLPEADOR O UN NARCOTRAFICANTE"

"ESTE GOBIERNO TIENE HUNDIDO AL PAÍS Y ESTO ME ESTA AFECTANDO"

Entonces este Yo inferior sin darse cuenta ha depositado su estado emocional y espiritual en manos de las circunstancias de la vida, de las decisiones de los demás y por lo regular estará esperando que alguien lo vaya a rescatar, pues él es la víctima y de alguien es la culpa, está esperando que alguien le haga de comer y que se preocupe de su salud, que lo anime a comer saludable y hacer ejercicio, piensa que la vida le debe algo, que Dios se equivocó con él, que la Justicia Divina no existe, vive en un constante estado de negativismo, sabotea todos sus pensamientos positivos con facilidad, piensa que es muy difícil salir adelante en este mundo, siente que no vale la pena seguir viviendo, se enoja con facilidad cuando algo no le sale como él esperaba, se enoja con el tráfico, con las cosas, piensa que la vida está conspirando en contra de él, seguido culpa a su pareja por sus estados de negatividad, chantajea a sus hijos, seguido se enferma para recibir atención y cariño de parte de sus hijos, se dice así misma yo tan buena persona y todos me pagan muy mal, así todo este tipo de pensamientos, creencias y actitudes mantienen a este Espíritu de baja luz llamado La Victima con vida y con poder.

Entre más se queje el Yo inferior de su situación económica, de su salud, de su situación legal, de su estado emocional, mas vida obtiene este Espíritu de baja luz de la Victima.

Es muy difícil salir del rol de víctima, puesto que detrás de esta armadura de víctima se esconden muy bien los consejeros malignos. A ellos les conviene que el Yo inferior siga con este arquetipo de victima puesto que jamás alcanzará ni aproximarse a la felicidad ya que sus emociones y felicidad siempre dependerán de las circunstancias, personas, lugares y cosas. Todos ellos controlan su estado emocional, entonces el Yo inferior ha caído en esta trampa en donde quiere que el Mundo se ajuste a él y a sus necesidades, está esperando que alguien se preocupe por él y se haga cargo de él, lo cual no sucederá puesto que los demás Yos inferiores de las personas también están controlados por sus propios consejeros malignos.

La solución más practica a todo esto es que el Yo inferior paulatinamente vaya dando su primera muerte espiritual, ya que él solito no les va a poder ganar y allí es cuando él se derrota a sí mismo y comienza su primera muerte la cual dará el nacimiento a su Yo Superior de Luz. Este Yo Superior se quitará inmediatamente la armadura de la Victima la echará para afuera y comenzará hacerse 100% RESPONSABLE de toda la D.kármica de su Yo inferior, eliminará todo tipo de pensamientos de baja luz, no aceptará que los demás controlen sus emociones, dejará de echarle la culpa a los demás, entonces a estas alturas el Yo inferior estará más en comunicación con su Yo intuitivo y su Yo positivo, junto con su Yo Superior de Luz, él solito le comenzará a encontrar una respuesta a todas sus quejas, entonces hará su lista de reclamos, explicará el por qué ha sido miserable y junto con su Yo Superior revisará dicha lista y entre los dos juntos con la ayuda de su Conciencia Intuitiva, comenzarán a encontrarle una solución a cada pensamiento, por ejemplo: tomemos unos dos de todos estos.

"LA VIDA ES INJUSTA"

El análisis podría ser de la siguiente manera.

El Yo Superior cuestiona al Yo inferior y le pregunta ¿Por qué dices que la vida es injusta?

Y el Yo inferior dice su sentir…

Entonces el Yo Superior le dice. Ok. Miremos esto de otro ángulo. Solamente alguien que esté viviendo en una sexta o séptima dimensión podrá saber si la vida es injusta o no, ya que como tú y yo estamos viviendo en una 3era

Dimensión hay muchas cosas que ni tu ni yo comprendemos todavía, incluso hay muchas Leyes Universales y Divinas que tú no sabes cómo funcionan entonces es muy posible que hayas estado violando dichas leyes y entonces por ley de atracción y magnetismo tú mismo has estado atrayendo la "mala suerte" a tu lado, tus pensamientos no solamente han afectado tu estado emocional, pero a la vez ellos se han encargado de pedirle al Universo que cree situaciones en las cuales tu materialices esos pensamientos, entonces tú mismo has estado generando tu propia desgracia, tu propia "mala suerte" sin darte cuenta y como no comprendes estas leyes de atracción y de abundancia junto con magnetismo y demás, entonces lo más fácil es hacerle caso a tus consejeros malignos que te han puesto en contra de todos y de la vida misma. De esta manera tu lógica tridimensional les da la razón y tú te sientes como víctima y que la vida es injusta. Además no olvides que cada ser humano al venir nuevamente al plano terrenal recoge parte de toda su D.kármica y en tu caso no fuiste la excepción a nosotros nos tocó ser abandonados, ser rechazados, haber nacido un poco feos o poco atractivos, porque seguramente en otras vidas la belleza exterior nos distrajo y hoy nuestra Alma pidió nacer con un cuerpo y una cara no muy atractivos. Por lo tanto cuando conozcas todas estas leyes y las pongas en práctica y no te den resultados entonces tendrás todo el derecho de pensar y creer que la vida es injusta, pero primero tendríamos que estar viviendo en una 4ta Dimensión para poderlo mirar, por lo pronto no permitamos ese tipo de pensamientos de baja luz que hasta la fecha no han podido transformar nuestras vidas.

(De esta manera es como el Yo Inferior comenzará a dialogar consigo mismo de una manera, ya sea que le llame a su otro Yo. el Yo Positivo, el Yo Intuitivo o el Yo Superior de Luz, pero él tiene que darse cuenta que ese Yo Superior existe dentro de él mismo y gradualmente sabrá distinguir cuando esté hablando con su Yo Superior de luz y cuando esté hablando con su Ego o su Súper Ego)

El siguiente:

"NADIE ME QUIERE"

Aquí nuevamente el Yo Superior de Luz le preguntará al Yo inferior

¿Específicamente nombra quienes son los que no te quieren?

¿Ahora si esas personas te quisieran realmente su cariño bastará para tu alcanzar a vivir en una 4ta o 5ta Dimensión? además cuanta gente hay que si la quieren de la manera que a ti te gustaría y de todos modos siguen sufriendo por otras razones, debemos darnos cuenta que el Ego y el Súper Ego siempre encontrarán excusas y más excusas para que no experimentemos la felicidad y el amor pues esas emociones y sentimientos generan mucha luz y ellos no la soportan, entonces para ellos sentirse a gusto les es más conveniente que tu sigas viviendo en la oscuridad, en la queja, en el engaño ya que de esta manera y con ese negativismo no entra la luz, la cual ellos no la soportan, fíjate que cuando alguien te quiere o te da su cariño ellos te apartan de esa gente, por lo mismo que ellos se sienten incómodos cuando alguien te abraza o te da muestras de amor, ellos te hacen creer que son tus amigos y que ven por tus necesidades emocionales pero cuando estas necesidades emocionales comienzan hacer satisfechas entonces entra su perversión y te mandan al perfeccionismo para que tu exijas más de lo que la otra persona te pueda dar, ya que ellos son insaciables por naturaleza, nada les parece, por todo y por nada se quejan.

De esta manera el Yo inferior comenzará a quitarse todo tipo de pensamientos y creencias de queja, del pobrecito, de que la vida es injusta. Pues junto con su Yo Superior y la ayuda de su Conciencia Intuitiva podrán ir descubriendo las falsas interpretaciones hacia la vida de sus dos consejeros malignos.

¿Cómo saber si se está en comunicación con el Yo Superior o con la Conciencia intuitiva?

Estos son los síntomas para definir una de otra

Cuando el Yo inferior se comunica con su Yo positivo.

Este le da ánimos, le renueva la fe, le hace recordar aquellas veces en que ha triunfado en algo, lo alienta y el Yo inferior se siente motivado y listo para salir de su pesimismo, las palabras de este Yo Positivo tienen tanta fuerza que le generarán más sustancia de dopamina a su cerebro de una manera natural y esto hace que el Yo inferior se llene de mucho entusiasmo y se encamine nuevamente en sus metas o en sus sueños.

Cuando el Yo inferior se comunica con su Yo Intuitivo.

Este le hace sentir qué y qué no es correcto. Por ejemplo lo hace escoger un libro cuando va a la librería, le hace sentir ese libro nos puede servir, le dice si vas a ese seminario nos puede servir, este es un Yo intuitivo que maneja mucho el presentimiento, la intuición, la percepción, la telepatía, es el que le hace sentir cuando alguna información no está completa o cuando está escuchando a alguien su Yo intuitivo le hace sentir que el expositor guarda algunas cosas que piensa que puede engañar a todos menos a él o ella. Este Yo Intuitivo siempre ve más allá que lo que mira el Yo inferior, él no necesita conocer por años a una persona para intuir el grado de espiritualidad de le persona, cuando lee un libro puede conectarse con el escritor, y él sabe si una persona está mintiendo o no, si su espiritualidad es verdadera o es pseudo espiritualidad, todo eso lo miran los Yos Intuitivos con facilidad.

Cuando el Yo inferior se comunica con su Yo Superior de Luz.

Este está listo para hacer una limpieza profunda de su casa interior, siempre listo para la gran batalla espiritual este es un guerrero espiritual que está listo para pelear contra los enemigos, no les tiene miedo a ninguno de los del Reino de la Oscuridad y no tiene miedo a conocer la verdad, está dispuesto a todo, sabe que mientras él busque liberar a su Alma, su Dios estará de su lado, y que su sentido común le dice que cualquier cosa que le ayude a su Alma, su Dios lo apoyará, pues este Yo Superior no carga un dios celoso o egoísta, este Yo Superior lo que más le importa es hacerle justicia a su Propia Alma liberarla y liberar a su Yo inferior de las garras del Reino de la Oscuridad, entonces el Yo inferior sentirá que hay un Hombre Nuevo o una Mujer Nueva dentro de él o ella.

Cuando el Yo inferior se comunica con su Conciencia Intuitiva.

Esta Conciencia intuitiva del Yo inferior lo conoce del todo y también conoce a sus enemigos muy bien y cuando el Yo inferior le hace preguntas se las contesta casi todas, pues no le contestará aquello en lo cual el Yo inferior no se haya instruido, solamente le contestará cosas que le ayudarán en su crecimiento ya que estas Conciencias intuitivas no quieren que el Yo inferior se pierda en el Súper Ego y se vaya a sentir que es un enviado de Dios o un Mensajero de Dios o un gran clarividente o una gran persona con poderes sobre naturales, entonces estas Conciencias Intuitivas solamente le dan la información que necesita. El Yo inferior en esos momentos, sentirá mucha calma, mucha tranquilidad, si un minuto antes de contactar a su Conciencia intuitiva él estaba lleno de culpas, de miedos, de enojo, con el contacto con su Conciencia Intuitiva todos esos pensamientos y emociones desaparecen casi al instante y sus dudas son clarificadas, el Yo inferior comenzará a recibir información que obviamente no podría salir de su mente tridimensional, pues su Conciencia Intuitiva le estará transmitiendo una información de la 4ta, 5ta o 6ta Dimensión. Él sentirá que es Dios mismo el que se está comunicando con él por medio de su Conciencia Intuitiva, pues es evidente que la tranquilidad y paz que sienta nunca se la han dado las voces o consejos de sus consejeros malignos.

Cuando el Yo inferior se comunica con sus consejeros malignos, con su Ego y su Súper Ego.

Estos nunca le resuelven nada con tranquilidad, por el contrario lo llenan de resentimiento, de confusión, de enojo con la vida o con alguna persona, le meten ideas de cómo desquitarse y si el Yo inferior les pregunta sobre Dios o la existencia no le contestan o le meten ideas falsas de Dios y lo amenazan le dicen ¡hey! "Eso no le agrada a Dios, tu no deberías de estar investigando misterios o cosas de Dios por otros libros que no sean aprobados por Dios" y el Yo inferior en silencio les dice: "pero estoy de acuerdo con lo que este libro dice" y a ellos si les es conveniente lo aceptan y si no, entonces le meten miedo recordándole que su Dios se va a enojar, pero si les conviene le dicen: "Tienes razón ese libro te conviene" y nuevamente ellos aprobarán todo aquello que les sirva para seguir escondidos, ellos se esconden detrás de la palabra de Dios, detrás de unas sagradas escrituras, detrás de un conocimiento, detrás de todo, y apoyarán cualquier filosofía o religión en la cual el Yo inferior no se tenga que deshacer de ellos.

Cuando habla con su Súper Ego experimenta un sentimiento de grandiosidad mirando a los demás como inferiores, o acaba sintiéndose confundido y con mucha negatividad. En cambio cuando acaba de contactar a su Conciencia intuitiva acaba sintiendo mucha paz y siente mucho amor por sus semejantes y se siente más cerca de su Dios si es que es creyente y si no es creyente se siente mucho más libre que nunca antes. Pues ni las Conciencias intuitivas ni ningún Ser de Luz juzgan, por el contrario el Yo inferior siempre se sentirá comprendido por ellos.

Centro Magnético de El Rechazo.

Cada vez que el Yo inferior se sienta rechazado, una forma de su Alma que experimentó la emoción de rechazo será arrancada del Alma y será magnetizada por las vibraciones energéticas de rechazo, las cuales se encuentran en esta prisión del Rechazo.

Si por ejemplo: el Yo inferior recibió el rechazo a muy temprana edad o incluso antes de su nacimiento por haber sido un Hijo no deseado entonces allí está la primera forma del Alma que se irá al centro magnético del rechazo, luego si el niño se sintió rechazado por su Papá o su Mamá o por ambos, entonces allí estará la otra forma del Alma que se irá al centro magnético del rechazo, de allí vendrán todas las demás formas, puede ser que se haya sentido rechazado por haber nacido con más hormonas femeninas y desarrollo tendencias al homosexualismo entonces esta sería otra de las partes del Alma que sería magnetizada por el centro del rechazo, de allí podríamos enumerar bastantes más, ya sea que él se haya sentido rechazado por el color de su piel, por alguna imperfección de su cuerpo, por su tartamudeo, por su forma de ser, por sentirse feo o fea, por su gordura, por su estatura, por su pobreza o riqueza, por sus hermanos, por sus amigos, así por cada situación diferente que se sintió rechazado, una forma de su Alma se quedó aprisionada en ese centro magnético del rechazo y de ese centro surgió el Espíritu de baja luz del Rechazo, el cual se alimenta de rechazo, cada vez que él en la actualidad se siente rechazado entonces este Espíritu se alimenta y cumple con el propósito de su existencia, ya que toda su existencia depende de ese sentimiento de rechazo.

Ahora bien esté Espíritu entre más fuerte sea, él mismo va creando un campo atmosférico alrededor del cuerpo físico de la persona el cual podrá incluso tener sus efectos a distancia, si por ejemplo: este Yo inferior sufre mucho por sentir el rechazo de sus hermanos, entonces cada vez que uno de sus hermanos le quiera hablar por teléfono algo dentro de algunos de sus hermanos lo hará que acabe no hablándole por teléfono y por el contrario acaban hablándole aquel hermano que no tiene ese problema de sentirse rechazado, ya que este Espíritu de Rechazo con su poder acabará formando afuera del cuerpo físico del Yo inferior una fuerza repelente que no permitirá que nadie se le acerque y por dentro del cuerpo físico creará una fuerza magnética de rechazo, la cual atraerá para sí mismo el rechazo por todas partes, entonces cada vez que este Yo inferior esté comprando amistades, esté buscando amor en el sexo opuesto o el sexo de su preferencia notará que las personas de las cuales depende mucho en el afecto, el cariño o su amor, acaban por retirársele, acaban por alejarse de él o ella y la razón es que él está atrayendo más situaciones de rechazo.

Cuando el Maestro Jesús dice que al que tiene demás, se le dará más y al que tiene de menos se le quitará aun lo poco que tiene, allí él está mencionando esta Ley de Atracción, ya que esta Ley se aplica tanto para lo positivo como para lo negativo, si este Yo inferior tiene abundancia de rechazo, entonces se le dará aún más abundancia de rechazo y si tiene muy poco felicidad en su vida, aun la poca felicidad que tiene se le puede ser quitada y aunque parezca esta ley injusta no lo es, porque simplemente él tiene que aprender ajustarse a esta ley y por lo tanto sabrá lo importante que será de hoy en adelante no estarles poniendo atención a los deseos de sus Espíritus de Oscuridad, ya que estos por su propia naturaleza no van a dejar de ser lo que son, ellos continuarán aplicando las Leyes de atracción y abundancia a su favor y mientras el Yo inferior continua esperando a que la vida sea justa o se compadezca de sus problemas existenciales ellos seguirán retroalimentándose todos los días, del Poder de Gracia que recibe el Alma del Yo inferior.

¿Qué tendría que hacer este Yo inferior para que se aleje ese espíritu de rechazo que hace que los demás sigan rechazándolo?

Tendrá que hacer una lista de todas las ocasiones en que se ha sentido rechazado y una vez acabe su lista entonces revisará cada uno de los rechazos y escribirá como se ha sentido al ser rechazado por su preferencia sexual o sus tendencias al homosexualismo o lesbianismo, por alguna deformidad en su cara, por el color de su piel, por sus amigos, sus hermanos y así. Es importante que el Yo inferior haga todo esto en un lugar y en un tiempo en donde él o ella pueda llorar, pueda reaccionar violentamente, pueda externar todo lo que siente sin ninguna represión de esta manera liberará todo su dolor y es posible que hasta salgan algunos resentimientos contra Dios o contra la vida misma. Saldrán varias emociones juntas y ya que hayan salido todas las emociones negativas, entonces de una manera más calmada e imparcial revisará cada uno de esos rechazos y entonces entra la otra parte, de la transcendencia, tendrá que reconocer que hay muchas posibilidades que en una vida pasada él o ella fue una persona que rechazo e hizo mucho daño entonces como no pudo reparar esos daños en esa vida pasada el Universo hoy en esta vida le está regresando esa parte de su D.kármica para que tenga la oportunidad de saldar esa cuenta.

Si por ejemplo una mujer se ha sentido rechazada por los hombres porque mira que ellos las prefieren bonitas de la cara y con un cuerpo atractivo y ella no lo tiene, hay muchas posibilidades que ella en una vida pasada haya sido una mujer extremadamente bella y atractiva lo cual la mantuvo muy distraída con tanto halago de los hombres, tantos pretendientes y simplemente se dejó llevar por su vanidad. Entonces cuando su Alma dejó ese cuerpo físico y regreso a revisar sus registros Akashicos, de toda esa vida, ella alcanza a darse cuenta que ciertamente se le concedió su deseo de otra vida pasada de querer ser una Mujer muy atractiva, pero allí descubre que su belleza externa no le permitió indagar la segunda misión de su Alma y solamente se quedó estancada en haber vivido ese deseo de su Alma de ser querida, admirada, alagada, y muy deseada por los hombres, entonces el Alma de esta mujer escoge para esta vida ser una mujer que pase desapercibida, que no sea atractiva para los hombres, pues su Alma intuye que de esa manera ya no se distraerá más con las distracciones y los placeres del mundo tridimensional, de esta manera la mujer que no nació atractiva y que sus consejeros malignos le han hecho la vida imposible haciéndole creer que es fea o que no es atractiva, ella ya puede contestarles que no era necesario, porque su cara y su cuerpo son perfectos ya que su Alma lo escogió de esa manera, para ella encaminarse más a la espiritualidad y no distraerse con vanidades ni complejos de grandiosidad. También puede suceder que si en una vida pasada fue una mujer muy bonita y rechazó mucho a los hombres o jugó con sus sentimientos entonces ese karma negativo se le añade a su D.kármica y en esta vida comienza a recoger parte de todos esos rechazos que ella hizo en su vida anterior.

De esta manera toda la gente que ha rechazado a este Yo inferior simplemente el Universo les está regresando parte de esa D.kármica por medio de ellos.

Ahora si el Yo inferior logra mirar todas las ventajas que obtendrá al liberarse de ese Espíritu de baja luz del Rechazo y de esa capa de repelencia que ha puesto fuera de él o ella, se le hará más fácil llegar a perdonar a toda esa gente que lo ha rechazado pues entenderá que esa es la razón por la cual esta gente la había rechazado, es muy posible que este Yo inferior en algunas ocasiones haya llegado a intuir que esa gente a la que tanto amaba o quería o deseaba ser aceptado por ellos, no le querían hacer daño o no lo querían rechazar pero que era de la única forma que él podría recoger parte de su D.kármica y que por lo tanto una vez él acabe de pagar esa parte de su D.kármica, esa gente ya no lo seguirá rechazando o alejarse de él o ella, así este Yo inferior podrá perdonarlos con más facilidad y podrá decir en forma de un Yo Superior responsable:

"Hoy este día decido perdonarte Papá por tus rechazos hacia mí, es muy posible que en una vida pasada ya sea a ti o alguien más yo haya rechazado con más crueldad, que hoy en esta vida el Universo se valió de ti para regresarme parte de mi D.kármica por lo tanto te exonero de toda culpa y te quiero expresar que aun te amo, aun te necesito pero con la diferencia que hoy he aceptado tu forma de ser, hoy ya no me molesta que me rechaces o no, pues el Universo sabrá cuando será mi D.kármica aniquilada y entonces esa barrera que nos había desunido será derribada, pero realmente yo me siento tranquilo y liberado conmigo mismo de ya no tener que depender emocionalmente de nadie y al mismo tiempo ya no estoy enojado con ninguno de Uds., ya aprendí aceptarlos tal y cual son, pues sé que muy pronto liberare a todas las formas de mi Alma que quedaron atrapadas en ese centro magnético del rechazo, desde este día ya no seguiré alimentado a este espíritu de baja luz con yo sentirme rechazado, hoy sé que la Divinidad me ha recibido en sus brazos y que las formas de mi Alma regresarán a ella, ya no me sentiré desintegrado conmigo mismo, sucesivamente voy entendiendo como ir liberando a las formas de mi Alma que quedaron atrapadas en este Reino de Oscuridad."

De esta manera cada Yo inferior tendrá que hacer uso de sus propias palabras, si por alguna razón su sistema de creencias no le permite creer en esto de las vidas pasadas eso no es ningún problema, entonces puede utilizar los términos más apropiados que lo ayuden a liberar a las formas de su Alma. Ya que ese es el objetivo principal, liberar a todas las formas de su Alma que quedaron atrapadas en el Reino de la Oscuridad y él debe de utilizar todas las herramientas que más le sirvan.

Centro Magnético del Abandono.

Este sentimiento seda más en aquellos Yos inferiores que se sintieron abandonados por sus padres y que tuvieron que vivir con los abuelos, con los tíos o tuvieron que ser criados en un orfanatorio un internado o haber sido adoptados por una familia diferente, entonces el Ego y el Súper Ego le jugarán una mala partida al Yo inferior le harán creer que si él hubiera crecido al lado de su Padre, o de su Madre o de ambos él sería un niño muy feliz, entonces este Yo inferior todo el tiempo se quedará añorando lo que hubiera sido si él o ella hubieran vivido con sus Padres, y esto es lo que ocurre. Primeramente el Universo se rige por Leyes Universales por lo tanto hace lo que tiene que hacer para que estas leyes se cumplan y se mantengan al margen, al igual la Justicia Divina cumple su función, lo que sucede es que la mente tridimensional solamente alcanza a mirar en una 3ra dimensión, los consejeros malignos no pueden alcanzar a mirar más allá de la 3ra dimensión, ellos miran únicamente las "injusticias" de Dios o el Universo por todas partes, por lo tanto para ellos no existe la Justicia Divina y de esta manera contagian al Yo inferior y esté se queda atrapado en su mente tridimensional en un 95% del tiempo, no puede alcanzar a mirar desde los planos más altos de la Conciencia, no puede mirar desde una 4ta, 5ta o 6ta Dimensión, todo lo mira en línea recta, entonces cualquier piedra que se le atraviesa en el camino la mira como un obstáculo, como que alguien lo quiere hacer enojar, como que alguien se está encargando de hacerle la vida difícil, pero cuando el Yo inferior aprenda a subir un escalón más a una 4ta Dimensión se dará cuenta que las cosas se miran más claras.

Retomemos el caso de algún Padre que en alguna vida pasada no alcanzó a hacer sus reparaciones de daño, este Padre de familia cuando llega al plano astral y revisa su vida con cuidado entonces él llega a sentir en carne propia el daño que le causo a cada uno de sus hijos, hasta allí nadie lo ha juzgado únicamente se le está ayudando hacer conciencia de las cosas que hizo y las que no hizo y él solito llega a mirar cuales fueron sus 'errores" y cuáles fueron sus "aciertos" entonces él solito comprende en que consiste el Juego Cósmico, el Lila de la Vida y reconoce que no es digno de vivir en las Dimensiones más altas, por lo tanto le pide una oportunidad más a la justicia Divina y él mismo está de acuerdo en llegar a ser abandonado por sus futuros Padres o llegar a ser rechazado, él solito está de acuerdo en que llegará a nacer bajo ciertas condiciones y las acepta. Hasta ahora no se ha mandado a ninguna Alma al plano terrenal sin su consentimiento, todas las Almas que han nacido en esta 3ra Dimensión y bajo las condiciones que nacieron, todas escogieron nacer de esa manera, pues al igual a todas se les hizo saber que nacerían con el velo del olvido y así lo aceptaron.

Podríamos decir que un Padre que está pidiendo la oportunidad de regresar al plano terrenal mira a la que fue su Hija y que él mismo la rechazo infinidad de veces, él pide la oportunidad de pagar parte de su D.kármica, parte de su culpabilidad y él les pide a los Señores Kármicos la oportunidad de nacer de ella, entonces le preguntan, ¿Qué si está dispuesto hacer rechazado por ella ya que es una muchacha joven y que no quiere ninguna responsabilidad todavía? y él dice sí, no me importa solamente quiero reducir parte de mi D.kármica, entonces le advierten que hay muchas posibilidades de llegar hacer abortado o abandonado y el conscientemente acepta y dice estoy de acuerdo así que la muchachita sale embarazada y decide abortar a su hijo (el cual fue su Padre en una vida pasada, aunque estos casos no siempre son así, en realidad son muy raros estos casos, por lo regular un Alma pide nacer de una Madre con riesgos de llegar a ser abortada, aunque esta futura Madre no haya tenido nada que ver con sus vidas pasadas) y al ser abortado este Padre, su D.kármica le reduce bastante y él mismo pide la oportunidad de nuevamente nacer de la que fue su hija y como no hizo reclamo alguno, entonces la Justicia Divina le da nuevamente la oportunidad de llegar a incorporarse en el vientre de su hija y esta vez la hija piensa las cosas antes de abortar pues algo dentro de ella cambia, intuye que del padre del cual ella experimentó el rechazo ya ha cambiado su conciencia y hoy si la quiere amar, entonces la Justicia Divina lo ha puesto en su vientre nuevamente y ella se arrepiente del primer aborto que tuvo y en esta ocasión le da la bienvenida al su segundo embarazo, de esta manera ella le da la bienvenida al nuevo niño y el nuevo niño tendrá toda una vida por delante para entregarle ahora sí, todo el amor que no le pudo entregar a su hija en una vida pasada, así miramos que la Madre y su Hijo se dan lo que les correspondía.(Ya que en una vida pasada cuando eran Padre e Hija no se lo pudieron dar)

Entonces estas son las cosas que los consejeros malignos no alcanzan a ver y si por alguna razón ellos las alcanzan a ver o a saber jamás se las dirán al Yo inferior, pues si al Yo inferior desde niño se le hacen saber todas estas cosas, jamás se resentiría con nadie, jamás sufriría, y por lo tanto el Reino de la Oscuridad no existiría, el Reino de la Oscuridad existe debido a que allí se maneja solamente falsa información, falsa interpretación de las cosas, de las personas, de la vida, de Dios, de los Principios Espirituales y el Yo inferior acaba pensando y creyendo como ellos en un 95% del tiempo, de esta manera él también vive y siente como ellos.

De este lado todo se mira con más claridad, todo tiene sentido y lógica. Aquellos niños que nacen en el África y mueren de hambre son Almas que decidieron en esta ocasión venir directamente a pagar parte de su D.kármica, ellas no querían distraerse con las distracciones de la 3ra dimensión, ellos solamente querían reducir parte de su D.kármica y de esa manera lo han logrado infinidad de Almas, al igual todas aquellas Almas que llegan hacer abortadas reducen una gran cantidad de D.kármica, de esta manera el Alma siempre es la que escoge lo que ella mira más conveniente para reducir su D.kármica y lo que le ayudará más acercarse a la luz, alcanzar niveles de conciencia más elevados.

Esperamos que no se mal entienda el tema del aborto y se tome por otro lado, ya que los consejeros malignos son maestros en mal entender todo, nosotros no estamos a favor o en contra del aborto, simplemente estamos señalando todo lo que hemos visto. En veces sucede como el caso que hemos mencionando, pero en otras ocasiones la muchacha joven crea nuevas causas, no necesariamente tenía que haber abortado a su criatura, ese aborto será parte de su nueva D.kármica, pero para el niño que fue abortado, para esta Alma si se le reducirá parte de su D.kármica, ya que esta Alma en esta ocasión no hizo daño a nadie, por el contrario el daño se lo hicieron a ella, y si esta Alma abortada le da la bienvenida a ese aborto y lo acepta todo de buena gana, entonces reduce aún mucha más D.kármica, pues cuando un Alma llega de este lado sin quejas y aceptando todo de buena gana, su actitud les ayuda muchísimo a reducir gran parte de su D.kármica, pero cuando las Almas llegan quejándose y muy resentidas, eso les perjudica bastante, pues son muestras de que se la pasaron perdiendo su tiempo en su vida, en cosas que no eran esenciales, en cosas que no tenían nada que ver con la verdadera espiritualidad.

En referencia al abandono el Yo inferior ya podría empezar a mirar su abandono como algo que su propia Alma escogió para reducir su D.kármica y que hoy en día él también ya puede saldar esa parte de su D.kármica ya no tiene por qué seguir alimentando a este espíritu de baja luz del abandono, de la manera que lo podría lograr es escribiéndole una carta a sus Padres en donde el mismo reconoce que aunque él no se acuerda de dicho acuerdo por parte de su Alma él confía en que existe una Justicia Divina y que por algo se llama Justicia Divina por lo tanto si eso le toco vivir es bienvenido, si eso le ayudará a reducir su D.kármica entonces fue lo mejor que le pudo haber sucedido pues él ya no quiere seguir acumulando más D.kármica, ya no quiere seguir teniendo a las formas de su Alma encarceladas en el Reino de la Oscuridad, por lo tanto él está dispuesto a liberar a todas las formas de su Alma así como liberar a sus propios padres, pues no querrá aumentarle la D.kármica a sus padres de esta manera es como se va ir ampliando el nivel de conciencia del Yo inferior, pues ahora está reinterpretando toda esa falsa interpretación que le vendieron el Ego y Súper-Ego, llegará un punto en que él ya no les creerá nada de lo que le digan, llegará a desarrollar los oídos internos espirituales los cuales le permitirán escuchar las voces silenciosas de sus consejeros malignos, él llegará a tener el Poder de acallarlos y decirles que no los quiere escuchar más, que ya basta de mentiras y de ayudas falsas. Pues con estos ejercicios el Yo intuitivo del Yo inferior se estará despertando cada vez más y más, hasta llegar a un punto de poder contactar a su Conciencia Intuitiva que es su Guía Espiritual Interno.

(nota la carta no se les manda a los padres es solamente un ejercicio que le cambiará la falsa información al subconsciente del Yo inferior)

Revisemos como el Yo inferior esta SIN RAÍCES.

el Yo inferior se siente sin raíces el 95% del tiempo, pues este mundo terrenal tridimensional no son sus raíces, no es su verdadero hogar, por lo tanto él se siente como extraño en este planeta y únicamente se siente enraizado cuando se conecta con su 5% de Esencia Divina. Por otra parte descubre que teniendo su propia casa, su esposa, sus hijos, su buen trabajo, sus amigos y familiares alrededor suyo, él se siente enraizado, lamentablemente si la esposa lo llega a engañar o abandonar él se sentirá que le han movido toda su estructura existencial y quizás caiga en algunas adicciones tales como las drogas, el alcohol, el casino, la lujuria y las cantinas. O quizás quiera quitarse la vida pues se sentirá desenraizado, al igual cada vez que se vayan sus hijos de su casa sentirá que le están arrancando un pedazo de su Alma, cuando lo corran de su trabajo o su negocio quiebre, también se sentirá desenraizado y de esta manera cuando se cambien sus amigos o familiares a vivir a otras partes él sentirá que lo han desenraizado.

Desde su niñez él se ha sentido sin raíces y es por ello que inconscientemente él injertó todas sus raíces emocionales en personas, lugares o cosas para poderse sentir enraizado a la vida.

Cuando el Yo inferior lea el primer nivel de conciencia aprenderá a como enraizarse, a cómo poner sus raíces en su lugar correcto.

Esto será un adelanto, el primer paso a dar es que el Yo inferior tiene que descubrir métodos de meditación que lo ayuden a contactar a su 5% de

Esencia Divina ya que en ese 5% reside su Verdadero Ser de Luz y es de allí en donde él se tiene que enraizar, de esta manera ya no tendrá que echar sus raíces en personas lugares o cosas, lo segundo que tiene que hacer es guardar respeto hacia todas las formas de vida, desde la primera dimensión, hasta la tercera dimensión, lo hará de la siguiente manera, dejará de ver las manzanas como una simple fruta o las calabazas como un simple verdura y descubrirá que una manzana guarda una información que le será de utilidad a todas las células de su organismo, pues desde que era una semilla estuvo absorbiendo energías de la tierra, del agua y finalmente del Sol, asimismo el Sol ha estado mandando mucha información a esta manzana por medio de sus rayos al igual el agua y la tierra, entonces la manzana tiene una información de suma importancia que transmitir a su cuerpo físico, una vez se come esa manzana todas las células de su cuerpo registran esta nueva información, hasta allí la manzana cumplió con el objetivo de su existencia y logro transmitir a estas células un mensaje subliminal que viene directo de la madre naturaleza al cuerpo físico, de esta manera entre más comida natural coma el Yo inferior, más se sentirá enraizado con la Madre naturaleza, de la cual se originó su cuerpo físico, pues esta Madre Naturaleza es la Madre de su Cuerpo físico, ya que si observamos que es lo que genera una manzana es sangre y la Sangre se convierte en semen, el semen entra al ovulo y se fertiliza una vida, de esta manera todo empezó con un espermatozoide y un ovulo.

Cada vez que coma comida que no es natural, su cuerpo físico se apartará de esta comunicación con su Madre de la naturaleza, hasta aquí el Yo inferior no concientiza nada, simplemente sentirá que su cuerpo físico junto con todas sus células estarán trabajando más en armonía y se sentirán mucho más seguros que cuando injiere bebidas toxicas o comida artificial.

Hay ejercicios de bioenergética que también puede hacer el Yo inferior para enraizarse, ya que se la ha pasado viviendo casi todo el tiempo en la mente que se ha olvidado de todas las demás partes de su cuerpo, las ha hecho de menos y no se da cuenta que el propio cuerpo físico guarda su propia sabiduría, pero que mientras él no descubra los secretos del silencio y la observación no tendrá acceso a esa sabiduría que conservan todas las células de su cuerpo.

La otra forma de enraizarse es y ha sido muy efectiva, es la emocional, esto se da cuando el Yo inferior sufre una calamidad o una desgracia incluso una mala noticia. Pues este tipo de malas noticias o calamidades lo desarman y lo hacen que toque un fondo de sufrimiento el cual se encarga de que el Yo inferior reconozca sus limitaciones sin importar si tiene o no dinero ya que se ha comprobado que el dinero no evita los colapsos emocionales y espirituales, entonces en una calamidad el Yo inferior tiene una gran oportunidad de enraizarse, pues humildemente tienen la mayor disposición para hacer las cosas bien, comenzar de cero nuevamente y caminar muy despacio por la vida, ya que estaba tan arriba que fue necesario un colapso de ese nivel para que bajará y echará sus raíces en la Humildad. La cual si la sigue lo llevará alcanzar altos niveles de conciencia.

Algo sobre el Reino de la Oscuridad

En el **siguiente grafico E 1 (3)** mostraremos como todo el Reino de la Oscuridad tiene sus raíces en el Yo inferior, ellos son los que originalmente no tienen raíces y su único punto de apoyo es el Yo inferior, esta es una buena noticia para él, darse cuenta que todos ellos, que son los consejeros malignos del Ego, el Súper Ego, los Espíritus de baja luz, de oscuridad, los malignos, el falso ser y todos los que habitan los 7 planos del Ego descansan y tienen sus raíces en la atención que les da el Yo inferior.

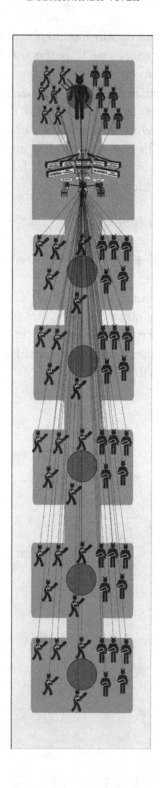

De esta manera el Yo inferior es el dueño de su Residencia interior (de su 3er Reino de Luz, ahora convertido en un Reino de Oscuridad) pero ha vivido como un arrimado, le han hecho creer que él es el intruso, pero conforme continúe descubriendo todo este Reino de Oscuridad y como ellos lo han utilizado y manipulado entonces comprenderá el por qué si es importante que de su primera muerte espiritual, pues su Yo Superior de Luz no dejará que echen sus raíces en él. Si el Yo inferior trata de mantenerse en su 5% de Esencia Divina la mayor parte del tiempo, descubrirá que ahora las cosas serán al revés, ellos son los que estarán temblando de miedo, ellos son los que sentirán que se quieren morir, de la misma manera que le ocurrió al Yo inferior cuando lo dejó su esposa o su esposo y que él o ella se sentía morir, entonces cuando él se divorcie de sus consejeros malignos y se concentre en vivir más tiempo en ese 5% de Esencia Divina, ellos sentirán que su Reino está a punto de colapsar y entonces tratarán de lo mejor al Yo inferior para que no los abandone, aquí es donde el Yo inferior al ir conociendo como alcanzar todos sus 7 Niveles de Conciencia no se va a conmover de nadie de ellos, pues ellos han sido incompasivos con él, le han tirado con todo y a veces logran que un Yo inferior decida mejor quitarse la vida de una sola vez, o se esté suicidando lentamente, ellos han logrado hacer todo eso y lo siguen haciendo.

En este caminar el Yo inferior entenderá que ellos no son sus amigos y que si no los corta entonces cuando muera físicamente allá en los planos más altos del astral o del cielo, no lo dejarán pasar, pues allá no pasan los seres de baja luz, es por eso que el Yo inferior tiene que aprender a morir a todos ellos, pues son ellos y sus deseos que han hecho que él siga regresando al plano terrenal tridimensional una y otra vez y son ellos los que han obstruido al Yo inferior de que alcance altos niveles de espiritualidad, ya que cuando este adquiere algunos créditos espirituales ellos lo convencen de que se los gaste en placeres carnales o insanos, en adicciones, en jactancia, en ir a impresionar con sus conocimientos a otros Yos inferiores, en fin hay mil maneras de gastarse esa espiritualidad que tanto le cuesta conseguir. Esto es como si el Yo inferior trabajará toda una semana y cuando recibe su dinero, ellos se lo gastan casi todo y únicamente le dejan un 5% para él.

Ellos (los espíritus de baja luz y de oscuridad) están operando en el causar y causar sin recibir consecuencias, todas las consecuencias las ha recibido las formas del Alma que están prisioneras en el Reino de la Oscuridad, ellas han recibido fuertes castigos, pues ellos se lavan las manos con que es el Yo inferior el que decide hacer las cosas y ellos solamente lo invitan, pero él es, el que hace las decisiones, ellos no lo forzan. De esta manera es el Yo inferior que paga las consecuencias a través de las formas de su Alma y de su Alma misma, pero todo eso cambia cuando el Yo inferior comienza a vivir más y más en su Reino de Luz, pues allí será el crujir de dientes para ellos, allí ellos recogerán su propia D.kármica la cual no la han recogido todavía, pues como se siguen alimentando del Yo inferior entonces ellos, están disfrutando de todos sus deseos egoístas y de mirarlo sufrir y a ellos no les pasa nada, pero conforme el Yo inferior descubra las reglas del juego y él solito decida cambiar todo el sistema, entonces allí ellos son los que se verán en aprietos, pues ellos necesitan de una mente, de un cuerpo y de sustancia del Alma para seguir con vida.

Centro Magnético de La Conmiseración.

Aquí los consejeros malignos el Ego y el Súper-Ego. se encargarán de que cuando se sienta solo el Yo inferior le recordarán cuanto ha sufrido, todas las malas cosas que le han pasado, todos los sueños que no ha realizado y que otros si los han alcanzado, le recordarán todas las veces que fue rechazado por esas Mujeres o esos Hombres, todas las buenas oportunidades que ha dejado escapar de su vida, se lamentará el no haberse casado con su primer novio o su primera novia, añorará a su ex esposo o ex esposa, pensará en sus Hijos que ya tiene años que no mira, se la mentará por sus achaques producidos por su mala alimentación y su mala salud, se lamentará no haber terminado sus estudios, sufrirá mucho en su trabajo actual por que los consejeros malignos le estarán recordando lo torpe que ha sido al dejar escapar grandes oportunidades de trabajos o negocios, de esta manera el Yo inferior encontrará un falso consuelo en las canciones, en el alcohol, las drogas, la prostitución, el homosexualismo la masturbación y cualquier tipo de adicción de placer insano, pues de esa manera tratará de autocomplacerse y autocastigarse al mismo tiempo, por todos los errores cometidos por él y por los errores cometidos por los demás hacia él.

Este Espíritu de baja Luz de la Conmiseración se alimenta de música triste, de música del pasado, de fotografías del pasado, de recuerdos del pasado, mantienen al Yo inferior añorando un pasado que en sus momentos fue alegre pero que ya no lo es y también lo mantienen en el pasado recordándole todo lo miserable que ha vivido. Todo esto ocurre porque no ha descubierto que dentro de él reside un Yo Superior de Luz y también en su 5% de Luz Divina reside todo el Reino de Luz. lo que necesita hacer para no caer en la trampa de sus consejeros malignos y de este Espíritu de baja luz de la conmiseración es enfocarse en sus nuevos sueños de su Alma en descubrir que si él se dedica de alma y corazón a liberar a todas las formas de su Alma que residen en el Reino de la Oscuridad por siete años continuos entonces en siete años todo será al revés, ahora el estará viviendo en un 80% a un 95% del tiempo en el Reino de la Luz y un 5% del tiempo en el Reino de la Oscuridad. De esta manera él ya habrá alcanzado su 5to o 6to Nivel de Conciencia.

Lo único que tiene que hacer es meterse en la mente que por siete años dejará que su Yo Superior de Luz maneje el Poder de Decisiones y el Poder de la Voluntad ya que este hará únicamente decisiones en favor de su Alma y de todas esas formas del Alma que están atrapadas en el Reino de la Oscuridad, en los 7 planos del Ego.

Todas las Almas que han venido nuevamente a la 3ra Dimensión tienen una gran oportunidad de transcender a las dimensiones más altas, pero el Yo inferior tiene que estar dispuesto a morir a todas las formas del Reino de la Oscuridad.

Recordemos que son 3 muertes las que se tienen que dar para la iluminación.

La Primera muerte es la muerte mental.

La Segunda muerte es la muerte emocional.

La Tercera muerte es la muerte a todos los Yos.

La Primera Muerte:

la Muerte Mental esta se da de la siguiente manera, cuando el Yo inferior conoce todo su Reino de Oscuridad y comprende que no les va a poder ganar la batalla espiritual, que en realidad necesita la ayuda espiritual de todos los Principios Espirituales y de todas sus Conciencias Superiores, entonces él solito se derrota ante la forma de haber estado dirigiendo su Poder de Decisiones y su Poder de Voluntad, de esta manera decide entregarle ese Poder a su Yo Superior de Luz y hará todos los sacrificios necesarios para él ya no seguir manejando su vida, pues ha comprobado que teniendo la vida del Alma en sus manos esta ha sido desintegrada en todo el Reino de Oscuridad.

La Segunda Muerte:

La Muerte Emocional, aquí es donde el Yo Superior de Luz junto con su Yo inferior han alcanzado el 5to Nivel de Conciencia y en este ya se han realizado todos los sueños y deseos tridimensionales de su Alma, el Alma ya ha alcanzado su primera misión y ahora esta Alma también ya está integrada con ella misma en un 80% y está lista para abandonar la 3ra Dimensión para siempre, también su Yo inferior junto con su Yo Superior de Luz, todos juntos se unifican y deciden morir a todos los apegos emocionales, ya jamás dependerán emocionalmente de nadie y ahora desean vivir en el mundo espiritual para siempre, desean unificarse con su Conciencia Superior Cristica Buddhica, se les hace 11 exámenes y si los pasan entonces darán el salto al 6to Nivel de Conciencia.

La tercera Muerte:

La Muerte a todos los Yos, esta se dará de la siguiente manera, aquí le queda un 20% de formas de su Alma que aún están prisioneras en el Reino de Oscuridad, por lo tanto en la primera muerte comenzaron a morir todas las formas del Ego en su parte más tosca y brusca, en la segunda muerte comenzaron a morir las formas del Súper Ego, pero aún siguen con vida el Ego y el Súper Ego, aunque el Ego ya está a punto del colapso final, porque ya no se le estará dando vida, más el Súper Ego es el que aún sigue con más vida que nunca, porque tratará de filtrarse a los planos más Altos de la conciencia, de allí que el Yo Superior junto con su Alma, estarán muriendo a todas las formas del Súper Ego y de la única manera es morir a todas sus identificaciones con el Yo. El resto de su D.kármica será desatado y cuando el Yo Superior junto con su Alma logren eliminar más del 98% de su D.kármica, entonces estarán a punto de dar el último salto cuántico, que será por medio de la Conciencia sin formas, aquí se muere a todos los deseos, tanto si son deseos egoístas como si son deseos del Alma, o deseos espirituales, aquí ya se dejan todos los deseos y al final, el último de los Principios Espirituales del que se agarra el Alma será el Principio de la Confianza o Shraddha. Pues caerá aun vacío existencial jamás experimentado y sabrá que esa es la última muerte del Yo. Este Yo será desintegrado en toda la Dimensión espacio tiempo, en la Dimensión de la dualidad, y será lanzado a la Dimensión de la

Eternidad, a la Dimensión de la Unicidad. Allí se reintegrará su Alma, con su Verdadero Ser de Luz, y una vez suceda esta reunificación, este Sahaja o Nirbikalpa Samadhi, entonces el Alma regresa a su 6to Nivel de Conciencia, pero como un Maestro iluminado con una Conciencia Cristica Buddhica. Ya no habrá más identificaciones con los Yos y mucho menos con las formas del Ego y el Súper Ego.

Las Disciplinas para la conmiseración se darán en el Primer Nivel de Conciencia en la parte de la Dignidad y Amor propio.

Ahora pasaremos a revisar

El Campo Energético del Cansancio y Falta de Energía.

A continuación La Madre Pereza Y sus 4 hijos

Su Primera Hija. La Inconsistencia.

Este Centro Magnético de la Inconsistencia estará compuesto por el espíritu de baja Luz de la Indisciplina, el desidioso, el que deja todo para mañana, la negligencia y el que no le gusta hacer ejercicio.

La Madre pereza se fue apoderando de algunas de las formas del Alma, puesto que el Yo inferior se fue frustrando poco a poco de mirar sus sueños truncados, que la vida no fue como él hubiera querido, a estas alturas el Yo inferior ya ha estado muy lleno de negatividad y ha perdido mucha de su fe, pues vive en un mundo de incertidumbre, crueldad, en un mundo al cual a nadie le importan los sentimientos o sueños de él, esto lo desanima bastante, que simplemente desde una temprana edad ya presentará síntomas de depresión, pues no le gusta hacer quehaceres de la casa, solamente quiere estar viendo televisión, o estar jugando con sus amigos, pues lo único que quiere, es fugarse de su triste realidad, no la soporta y estará la mayoría del tiempo desanimado, cansado, fatigado y aburrido.

En este punto es un candidato calificado para cualquier adicción que le cause placer inmediato, comenzará con la Indisciplina puesto que en su casa no hay alguien que lo haya motivado hacer algún deporte, algún ejercicio, algún horario específico para comer, para dormir, para cenar, para rezar, para bañarse, en fin aprende también a comer solo, a lavar su propia ropa, pues su Madre es una mujer súper ocupada y su Padre un alcohólico o una persona irresponsable que no está allí cuando se le necesita. (las circunstancias pueden ser totalmente diferentes, pero este Yo inferior acabará dándole vida a la Pereza y sus Hijos.) Crece sin ninguna guía y por lo tanto él será su propia guía o mejor dicho sus consejeros malignos (Ego y Súper Ego) serán sus guías principales y estos dejarán entrar a su Residencia Interna a todos sus demás amigos los espíritus de baja luz, y de oscuridad, poco a poco este Yo inferior se estará llenando de Espíritus que densificarán la energía de su Alma, pues este Yo inferior es como una Residencia vacía y en la cual los consejeros malignos se apoderarán de esa Residencia.

Este es el Espíritu de baja luz de La Indisciplina.

Será uno de los mayores obstáculos en su vida para que pueda acabar algo bien, el Yo inferior, dejará a medias la mayoría de cosas, pues con cualquier obstáculo que se le presente será suficiente para echarle su fe a perder, sus grandes consejeros del Ego y Súper Ego serán los que siempre lo estén desanimando, le dirán: "Mira para que te esfuerzas, si nadie te lo reconoce, a nadie le importas, pasas desapercibido, para qué te esfuerzas en hacer bien tus tareas si tu Mamá nunca te las reconoce, tu Papá está siempre muy ocupado con sus amigos o con sus borracheras, tus hermanos tienen otros intereses". y de esta manera el Yo inferior se desanima con facilidad, que poco a poco perderá el interés de hacer las cosas bien, se inscribe a un gimnasio y como no tiene la disciplina de comer bien, de vitaminarse bien, entonces el cuerpo no le responde, se sentirá cansado, fatigado y dejará de ir al gimnasio, se hace el propósito de salir a correr todos los días y otra vez este espíritu de la indisciplina no lo dejará seguir con su meta de correr, este espíritu le echará a perder todas sus metas, se encargará de que no logre ninguna y entre más fracasos tenga en sus metas que se proponga este espíritu de Indisciplina crece más fuerte y se alimentará de actos indisciplinados del Yo inferior.

La parte más crítica de todo esto es que la Indisciplina no lo dejará convertirse nunca en un Discípulo, ya que la palabra discípulo se deriva de la palabra Disciplina, la importancia de convertirse el Yo inferior en un Discípulo o Sannyasin, o buscador de la verdad, es que tendrá que ser fiel a sus propios ideales, a su propia sabiduría, a su propia voz de su Conciencia y para poderlo lograr tendrá que echar mano de la Disciplina, esta le ayudará a que ponga en práctica lo que él sabe, lo que él cree, que ponga en evidencia la creencia de su Dios en el cual pueda creer, o en sus ideales más altos, o lo que él crea es la verdad, ya que el Yo inferior siempre que ha comenzado desde ceros y se ha prometido a si mismo esta vez sí hacer las cosas bien, las cosas que él ya sabe que tiene que hacer, pero la Indisciplina es la que no le ayuda a mantenerse firme en sus promesas, en su palabra, en sus ideales.

El yo inferior tendrá que empezar con lo más alcanzable, lo que él sienta que si puede lograr por una semana, si está pensando en dejar un mal hábito se puede poner su plan de una hora, luego de 2hrs, en 2 horas. Así hasta lograr de 24hrs, en 24hrs. Luego de semana en semana. Lo importante es que él mismo comienza a respetar sus propios acuerdos, pues de esta manera él comenzará hacer valida su palabra que el día del mañana no le costará nada responder por todo aquello a lo cual él sea comprometido, pues la gente creerá en su palabra, así como él también creerá en él mismo y en sus ideales. La disciplina física esa le sería más conveniente agarrarla de un instructor o un Maestro. Siempre en todo caso es mejor pertenecer a una escuela o un . Ashram. En donde se llevan a cabo ciertas reglas, ciertas disciplinas, pero de algún lugar se tendrá que comenzar a erradicar todos los malos hábitos de la indisciplina ya que es de la única forma de rescatar todas esas formas del Alma que quedaron atrapadas en este Centro Magnético de la Indisciplina.

Ver. La Disciplina del primer Nivel de conciencia.

Luego tenemos al Espíritu desidioso y su gemelo el que lo deja todo para mañana.

Este se encargará de que el yo inferior posponga las cosas, que haga desidia para sacar las placas de su carro, que haga decidía para pagar sus deudas, para revisar su carro, para acomodar sus papeles, para ir con el medico hacerse un chequeo general, para pagar sus impuestos a tiempo, para deshacerse de cosas que ya no necesita y que ya tiene más de un año queriendo tirar a la basura, estos dos espíritus por lo regular se alimentan diario del Yo inferior pues basta que él no acabe haciendo todas las cosas que se propuso hacer el día de hoy y con eso a ellos les basta para haber cumplido con su tarea, mientras él siga dejando todo para más al rato, para después, para mañana, esto les da vida a ellos, de hecho no necesitan hacer nada pues el Yo inferior se las deja muy fácil, simplemente él se dice a sí mismo, "oh, se me hace que después lavo mi carro ya que tenga tiempo" y eso es música para ellos, pues le dirán tienes razón, para que hacerlo ahorita, mejor haz otra cosa menos forzosa o menos trabajosa y el Yo inferior acaba escuchando lo que quería escuchar y ellos también salen consiguiendo lo que les interesa del él, por lo tanto mientras el Yo inferior no agarre una disciplina seria, entonces seguirá alimentando a estos dos Espíritus de baja luz.

Lo mejor que se pueda hacer en estos casos es que el Yo inferior se ponga menos cosas para hacer ese día, que se asegure que son tres cosas las que si va a poder hacer ese día y que las haga y si hay algo que le salga de repente y lo pueda hacer entonces que lo haga pero si realmente no lo puede hacer entonces que él mismo en una libretita escriba cuando lo va hacer y que lo haga para ese día o ese tiempo, de esta manera no les dejará mucho espacio a estos dos espíritus para seguirse saliendo con la suya.

Ver decisión en el primer nivel de conciencia.

El Espíritu de La Negligencia.

Este Espíritu ha causado muchísimo daño en los Yos inferiores, pues por la negligencia han sucedido grandes tragedias, para enumerar algunas de ellas, podríamos empezar con un Yo inferior que se le hace fácil estar borracho y manejar. Los resultados serán un accidente, un muerto, una multa, algo trágico pasará y después viene el arrepentimiento del ¿Por qué lo hice? ¿Porque fui tan estúpido? se ha sabido de accidentes en donde a la Madre o al Padre se le ocurrió dejar sus niños en el carro por unos 5 o 10 minutos y al regresar el carro estaba en llamas, simplemente los niños se pusieron a jugar con papeles y el encendedor y para pronto se quemaron, este tipo de negligencia cuesta muchísima culpabilidad, y en cualquier momento puede sucederle a cualquiera pero normalmente sucederá en todos aquellos Yos inferiores que tienen grandes tendencias a la Irresponsabilidad, la Indisciplina y la Pereza, Este espíritu se encargará de que el Yo inferior no revise bien las cosas, de que no las haga bien, este llegará con su voz convincente a decirle al Yo inferior. "Así déjalo no va haber problema, seguramente otro cerrará bien la puerta" "solo se quedará tu hija menos de un minuto sin tu revisión, así que entra al baño y déjala solita" "aquí en esta calle casi no pasan carros así que tu

Hijo no corre peligro" "huele a gas pero quizás no sea nada en realidad" "no te preocupes de tu hijo seguramente tu esposa lo está mirando al cabo que está cerca de ella" "ándale ya vas tarde en la primera gasolinera que llegues revisas tu carro" "revisas otros dos emails más y luego revisas la comida que dejaste en la estufa". Entonces este Espíritu siempre con su voz convincente de que no va a pasar nada y de que en un ratito más lo revisas o alguien más lo va hacer, o así está bien no te esfuerces, o manejas mejor medio tomado, o luego mandas ese pago, acaba convenciendo con facilidad a todos aquellos Yos inferiores perezosos, por lo tanto cuando el Yo inferior tiene la tendencia a no quererse esforzar en hacer bien las cosas, o quererlas hacer de manera fácil y al aventón, será presa fácil de este Espíritu de la negligencia y en cualquier momento le sucederá algún accidente serio en el cual se pueda arrepentir por muchos años o quizás toda su vida.

Lo mejor que se puede hacer en estos casos es que cada vez que aparezca esa voz convincente que insista en esforzarse menos, es mejor no hacerle caso y mejor ir a revisar que todo esté bien, que todo este asegurado, de esta manera el Yo inferior no tendrá la necesidad de quedarse siempre con esa pequeña incertidumbre de que si fue o no fue correcto lo que hizo, es mejor asegurarse por uno mismo de que ya se mandó el pago, o que la seguridad es primero y hacer a un lado esa voz convincente que solamente convence a los irresponsables, a los perezosos, a los que se quieren ahorrar un pequeño esfuerzo, es de la única manera en que la voz de este Espíritu llegará a los oídos internos del Yo inferior cada vez menos y menos. Hasta que le quede claro que el Yo inferior siempre revisará bien todas las cosas y que siempre se asegurará bien de mantener todo en regla, todo con la máxima seguridad posible y de esta manera se le estaría dando muerte a este Espíritu.

El Espíritu del que no le gusta hacer ejercicio.

Este espíritu irremediablemente le pedirá ayuda al que le gusta dejar todo para mañana, pues es de la mejor manera que puede desanimar al Yo inferior cada vez que se proponga hacer ejercicio, el espíritu del que deja todo para mañana le dirá antes de que se levante de la cama "hey, hey, no dormiste bien anoche, además está muy nublado a estas horas de la mañana, sería mejor que mañana salgas a correr y mejor dale un buen descanso a tu cuerpo", y el Yo inferior caerá en la decidía y finalmente les dará la razón, les dirá es cierto está muy nublado no dormí bien y hay para mañana salgo a correr, pero resulta que se viene ese mañana y le dirán. "¿Por qué no comienzas el lunes bien? De todos modos empezaste el miércoles. Sería mejor que descanses sábado y domingo y ya el Lunes comienzas temprano" y le pintan un hermosísimo cuadro convincente de cómo el Lunes todo saldrá de mil maravillas y nuevamente lo convencen y finalmente el día lunes comienza, y así lo hace el día lunes comienza con sus ejercicios, el día martes, el día miércoles, el día jueves y el día viernes nuevamente le dice: "Hey, ya llevas 4 días seguidos, deja pasar este día viernes y ya comienzas nuevamente el lunes", y lo convencen. Llega el día lunes y como no lleva una buena alimentación se siente débil, le da flojera y total él mismo dice, en la tarde salgo a correr. Se llega la tarde y nada. Se llega el martes y tampoco, se llega el miércoles y le dicen sus espíritus. "descansa esta semana y mejor comienza el día primero del mes." Total el único beneficiado de todo esto será el Espíritu que no le gusta hacer ejercicio y les da las gracias a sus condiscípulos y de esta manera ellos mismos se echan la mano, pues todos ellos trabajan en equipo, son discípulos de la Inconsistencia. Solamente para consolar al Yo inferior y que no se sienta mal. Lo mantienen por meses o por años haciéndole creer que uno de estos días comenzará hacer bien ejercicio, que de momento no se preocupe y que algún día la gente lo mirará de mejor manera y que su cuerpo no todo el tiempo se mirará así. Ellos son muy buenos animadores pero todo para un futuro, cuando se trata del hoy, le dicen todo diferente, pero cuando se trata de en un día futuro allí si lo animan muy bien y casi hasta se lo prometen y el Yo inferior acaba viviendo en el futuro. El cual puede tardar más de 10 o 20 años en llegar.

Nota. En el Primer Nivel de Conciencia se encuentran todas las soluciones para el primer plano del Ego.

El Espíritu de Baja Luz de La Inconsistencia.

Este será uno de los últimos Espíritus de los cuales se podrá liberar el Yo inferior pues lo seguirá incluso hasta el 5to Nivel de Conciencia ya que estará listo para que el Yo inferior en su camino a la transcendencia haga una pausa y allí es cuando este espíritu se le podrá meter y convencerlo de que alargue esa pausa.

¿Qué es hacer una pausa?

Hacer una pausa en el camino a la iluminación es cuando el Yo inferior, ya convertido en un Yo Superior logra algunos niveles de Conciencia y hace una pausa o toma un "descanso" para celebrar sus logros, sus triunfos, su transcendencia. Lo cual es válido y es un proceso natural, pero resulta que esto también ha costado el adormecimiento de muchos buscadores de la verdad, de muchos Discípulos, Sannyasin, Yoguis, de buenos Cristianos o buenos creyentes. Porque se han conformado con haber alcanzado cierto grado de espiritualidad la cual no habían experimentado antes y entonces caen en el conformismo, se suben a un viaje más del Súper Ego y en este viaje si no se bajan a tiempo, entonces viene el declive, porque se estarán gastando su espiritualidad en halagos, en aplausos, en algunas adicciones, o deshonestidades y cuando menos sienten han regresado nuevamente a los planos del ego. por eso en este caminar las pausas o celebraciones se tienen que hacer con conciencia de que aún les queda mucho por recorrer y que solamente las pausas sirven para tomar un descanso, pero nunca para convertirlo en una posición permanente ya que si al buscador de la verdad se le olvida seguir caminando el espíritu de la inconsistencia se apodera de su voluntad y dejarán de seguir expandiendo su conciencia, es por eso que el Yo inferior tiene que estar muy al pendiente de este Espíritu de inconsistencia a un en el 5to Nivel de Conciencia, pues él es muy paciente, ha logrado mantener en el conformismo a millones y millones de buscadores de la verdad, los ha convencido de que en el lugar en donde han llegado solamente muy poquitos han llegado y los comienza convencer de que son grandes Hombres Espirituales, grandes Maestros de Luz, grandes guías Espirituales y estos buscadores de la verdad acaban creyendo sus seducciones, sus engaños y como en parte es cierto lo que les dice, entonces suena más convincente, por que ciertamente si es verdad que solamente muy pocos han alcanzado esos niveles de espiritualidad, pero no les dice que todavía tienen más D.kármica que pagar, esa verdad se las oculta. Entonces este Espíritu maneja muchas verdades a medias, la otra parte es la que ya tiene que saber el Yo inferior para no caer en sus trampas y engaños, pues si el buscador de la verdad no descubre desde antes hasta donde tiene que llegar, entonces será más fácil para este Espíritu de Baja Luz de la Inconsistencia hacerlo que se conforme con poco y que se ponga a celebrar sus "éxitos" o sus "logros".

Dice Buddha: "Dos errores comete el buscador de la verdad, uno es el no empezar y el otro no finalizar."

El Yo inferior cae en esta trampa seguido puesto que como tiene a su lado a sus dos consejeros malignos y estos de lo que más se alimentan es de los halagos, los aplausos, la admiración, la impresión, el que se piense bien de ellos, que se piense que ellos son muy inteligentes, muy sabios, entonces como el Yo inferior logra ciertos avances espirituales y ya tiene que enseñar a otros y estos otros Yos inferiores lo halagan, lo respetan, lo admiran y este tipo de energía es exactamente lo que buscan sus dos consejeros malignos, pues ellos son los que celebran los triunfos del Yo inferior, entonces le dan palmaditas en la espalda y este cae en la trampa de pensar que son sus amigos. Y claro lo son mientras el Yo inferior se tome los créditos de sus logros, de sus éxitos. Así que mientras el Yo inferior siga recibiendo respeto, admiración y halagos de los otros Yos inferiores sus consejeros malignos serán "sus amigos" incluso lo invitarán a que todos celebren esos halagos y triunfos con sexo y más sexo, con cualquier placer insano o adicción placentera. Y él caerá en esta trampa. Pues en su mente limitada no alcanzará a mirar que los créditos no eran 100% de él y que además todavía le quedaba bastante camino que recorrer.

Por eso los Taoístas de la rama de Lao-Tzu, los Sufistas, los del Zen, los Budistas y otros buscadores de la verdad. Tienen bien presente lo del ahorro de energías. Ellos se han convertido en grandes ahorradores de energía, no desperdician sus energías en celebridades, en pausas largas, en indulgencias, en placeres insanos. Ellos conservan su energía lo más que pueden porque ya aprendieron a no alimentar a los consejeros malignos. Ellos saben que de la energía y de la atención se alimentan los Egos, entonces prefieren conservar esa energía en cada uno de sus 7 Chakras. En especial el 2do, 4to y 6to Chakra. Y dejan con hambre a todos sus deseos egoístas, pues de esta manera los debilitan y pierden fuerza. Y por el contrario su Yo inferior convertido ya en un Yo Superior de Luz agarra una fuerza increíble de Voluntad y Decisión.

La mejor solución para este Espíritu de baja luz de la inconsistencia es que el Yo inferior no pare de avanzar en su camino a la iluminación y que las pausas y celebridades que llegue hacer que sean cortas y que siga caminando.

Nota.

La palabra "indulgencia" la hemos utilizado y la seguiremos utilizando para describir todo tipo de placeres carnales, desde el sexo, adicciones, jactancia, comer en exceso y todo lo que tenga que ver con deseos egoístas y placeres insanos, esta palabra tiene que ver con la palabra en inglés "indulgence" y no tiene nada que ver con la palabra indulgencia del diccionario en español.

Su Segundo hijo de la Pereza será el Espíritu de Baja Luz de La Flojera.

Cuando el Yo inferior sea contaminado por este espíritu de baja luz de la flojera, su cuerpo físico también será contaminado e impregnado de esta esencia de flojera y le costará mucho echarle acción a las cosas, siempre tratará de evadir todo tipo de responsabilidades y dejará que otros lo hagan, en su trabajo llegará siempre un poco tarde y será el primero en querer salir pues no soporta la idea de regalar 5 minutos de su tiempo, tardará muchas semanas o meses para revisar su carro, al igual en hacerse un chequeo médico, cosas que se tengan que hacer en su casa como la yarda y arreglar el garaje tardará muchísimo tiempo en hacerlo, pues tiene una inmovilidad para hacer las cosas, prefiere encontrar una justificación para no hacer nada, deseará tener el éxito de los otros Yos inferiores que sí se han esforzado en lograr sus éxitos pero casi nunca se pone a pensar en todo el esfuerzo que ellos han hecho para obtener sus bienes materiales, por lo regular este Yo inferior vivirá en un mundo fantasioso siempre deseando tener y tener cosas materiales pero le espanta mirar todo el esfuerzo que se requiere para conseguir esos bienes materiales, por lo tanto pensará en caminos más fáciles de obtener esto.

Será un candidato perfecto para convertirse en un apostador compulsivo, en un delincuente, un vendedor de drogas, y de todo tipo de tranzas y robos pues le asusta la responsabilidad, el horario, el ponchar una tarjeta, el trabajar sus 40hrs, él tratará por todos los medios de evitarse esforzar físicamente, se molestará muchísimo si en su trabajo le aumentan el trabajo, o si en su casa le exigen que sea más cooperativo, sus grandes sueños es convertirse en millonario y que otros hagan el trabajo, de allí que le estará abriendo las puertas a las Entidades de la Avaricia y la Envidia. Pues se la pasará envidiando los éxitos de los demás. Comerá comida chatarra o rápida todo el tiempo pues le da flojera hacerse de comer y lavar los trastes, prefiere conseguir las cosas ya hechas, para él los trabajos pesados o en donde sí se trabaja será como un infierno, sufrirá muchísimo, en cambio buscará trabajos fáciles de hacer y de preferencia que no haya nadie que le diga lo que tiene que hacer. Será muy intelectual todo lo querrá resolver con el conocimiento, muy teórico pero muy poquita practica de todo lo que sabe. Será extremadamente desordenado, y muy descuidado con su apariencia personal, todo el tiempo estará viviendo en su mundo de ideas y filosofías, ese mundo si le agrada puesto que no necesita moverse para nada, solamente tiene que dejar correr la imaginación y listo. Le llamará la atención todo lo que tenga que ver con estar sentado. Televisión, manejar, computadora, cine, juntas de terapia grupal, todo absolutamente todo lo que tenga que ver con permanecer sentado, y querrá descansar en cualquier lugar, ya sea su casa o un lugar público, su manera de caminar muy despacio. Este espíritu será un gran obstáculo para su éxito material y su salud física.

Su Tercer hijo de la Pereza será el Espíritu de Baja Luz de La Vagancia.

Este Espíritu está compuesto de otros más y convertirán al Yo inferior en un acomodadizo, un holgazán, un vaquetón, un vago, un mantenido, un conchudo, una garrapata que se la pasa viviendo de los demás, un zángano y lo convertirán en un paria de la sociedad.

Este Yo inferior muy temprano buscará la vagancia con los amigos, estará muy metido en juegos electrónicos por horas y horas, buscará cualquier pretexto para salirse de su casa y dedicarse a la vagancia, por lo regular será presa fácil de la presión social de sus amigos y lo inducirán a los vicios a temprana edad, estará metido en todo lo que tenga que ver con gangas, grafiti, colores, tatuajes, señales de protesta, se convertirá en un irresponsable y por lo tanto demás grande no le gustará trabajar, así que se dedicará a manipular a sus Papás o sus hermanos y vivirá de casa en casa sin pagar renta, o permanecerá hasta los 40 años si puede en casa de sus Papás de mantenido, le digan lo que le digan no lo molestará puesto que ha recurrido al cinismo para hacer caso omiso de las críticas, se convertirá en un conchudo que todo le vale y mientras alguien lo mantenga no le importa ya sean sus Padres, hermanos o su esposa si es mujer se dejará golpear, humillar o violar de su esposo con tal de que la siga manteniendo, pues le aterra salir allá al mundo de afuera y trabajar como las demás mujeres o madres solteras, estos Espíritus de baja Luz y de oscuridad cada vez harán de este Yo inferior un inservible, un guiñapo, un paria de la sociedad y por ultimo lo pueden hasta convertir en un homeless, en un pordiosero. Alguien que viva de la caridad de los demás. Pues no tiene la capacidad de trabajar, se acostumbró adquirir todo de una manera fácil y cómoda que se convirtió en un zángano. Por lo regular estos Yos inferiores en su mayoría del tiempo se la pasarán cayendo a la cárcel seguido, pues no se hallan en la sociedad, o también caerán mucho a centros de rehabilitación en donde el gobierno paga por su estadía allí, buscarán todo tipo de albergue social, lugares en donde den de comer gratis, se la pasarán obteniendo ayuda del gobierno casi toda su vida y todo el tiempo estarán mirando la manera de meter demandas o de accidentarse para que les paguen dinero, cualquier oportunidad que tengan para conseguir dinero fácil no lo pensarán para hacerlo. Se pueden refugiar incluso en Ashrams fingiendo que les interesa la espiritualidad cuando en realidad solo buscan en donde vivir de gratis.

Estos Yos inferiores contaminados de todos estos espíritus de baja luz, les costarán mucho a su País y a sus familiares pues son de los que absorben más de su dinero y sus energías.

Nota:

Estos son ejemplos de casos extremos, por lo tanto no quiere decir que una persona se llegue a convertir en todo lo que existe en el primer plano del ego, cada Yo inferior tiene que descubrir que tanto se ha dejado influenciar por las vibraciones energéticas de baja luz de todos ellos, a la vez no se incluyen a todas las personas que usen tatuajes, únicamente a los que han sido controlados por este Espíritu de baja luz de la Vagancia.

Su Cuarto Hijo de la Pereza el Espíritu de Baja Luz de El Desánimo.

Aquí tenemos a un Yo inferior que en lugar de optar por la vagancia y la irresponsabilidad opto por ser trabajador y ser como las demás personas, pero le cuesta demasiado ser como los demás, siempre se siente muy cansado, con mucha fatiga, pues trae un desanimo profundo del Alma. Ya está muy desanimado de que trabajar y trabajar y no ha podido llegar a ninguna parte, al parecer el éxito material no es para él, además los problemas emocionales le han consumido toneladas y toneladas de energías que todo el tiempo él o ella está sin energías, es un cansancio crónico que tiene y no haya como quitárselo, ha perdido casi toda esperanza de continuar en esta vida, se siente agotado, desgastado, pues está lleno de frustraciones y decepciones y no se explica por qué a otros sí se les ha dado el éxito y al él o ella hagan lo que hagan no se les da. Más adelante ellos caerán a estados depresivos continuos. Pues es una tristeza profunda de ánimo que tienen. En este punto es cuando el Yo inferior esta por lo regular viviendo únicamente como con un 2% de Esencia Divina. Y el otro 98% es de Oscuridad, por lo tanto estos Yos inferiores se sienten cortados de la ayuda divina. Han tratado y tratado de hacer las cosas bien pero al parecer no han podido encontrar la clave que otros han encontrado con más facilidad. Ellos no quieren robar ni ser deshonestos. Ellos quieren hacer las cosas bien pero no pueden lograrlo y por esta razón siente un desanimo continuo con la vida, los pensamientos de quererse quitar la vida son muy normales en ellos, pues no le hayan ningún chiste a la vida, ningún propósito, el Dios en quien ellos creen siempre está a una distancia interminable o sienten que sus oraciones nunca son escuchadas, creen en Dios simplemente por tradición, o porque tienen miedo de que su Alma se pierda en un infierno, pero no llevan una relación con su Dios puesto que nunca les ha contestado o no lo han sentido. Estos Yos inferiores se sienten como extraños en este plano terrenal, se sienten desenchufados y simplemente no encuentran la puerta. Este Espíritu es como una gran losa pesada que se les sube a la espalda a estos Yos inferiores y no la suelta. Es por eso que el Yo inferior siente demasiado cansancio, mucha pesadez. Y por lo regular ninguno de sus trabajos les parece, todos se les hacen como vivir un infierno. Trabajan porque lo tienen que hacer pero no porque les guste. Asimismo esta pesadez junto con su negatividad empeoran las cosas cada vez más.

Lo que el Yo inferior desconoce a estas alturas es que él, inconscientemente ha formado un magnetismo y atracción a toda su miseria que esta le llega por todas partes, entonces por medio de este libro aprenderá a desmagnetizarse de toda esa negatividad y de todos estos espíritus pesados de oscuridad y baja luz. Pues su fortaleza de ellos está fundada en las creencias limitadas y pensamientos erróneos y negativos del Yo inferior. Él aprenderá a como dejar de alimentarlos, pues para ellos es mejor que el Yo inferior se mantenga en una completa ignorancia de cómo funcionan ellos, de cómo funciona el Reino de la Oscuridad.

Cuando se vive en ignorancia este es el resultado, la falsa información genera creencias limitadas, falta de fe y estas creencias limitadas son las que hacen posible este tipo de prisiones astrales, por ejemplo un Maestro iluminado puede estar en las peores de las cárceles o como un esclavo de alguien y no sufrir por ello, porque el Maestro iluminado es libre en espíritu, él no se identifica con el mundo objetivo, él mira esta vida tridimensional como algo temporal, además él está de acuerdo en vivir esa experiencia, porque confía tanto en las Leyes Divinas y las Leyes Kármicas que él sabe que si está en esa posición, es porque está eliminando algún Kárma de alguna vida pasada y que si alcanzó la iluminación antes de haber eliminado ese Kárma es porque su Verdadero Ser de Luz negocio ese faltante de D.kármica. Para un Maestro iluminado ya no existen los errores, los abusos, las injusticias, él ya se ha reconocido a sí mismo como un Verdadero Ser de Luz y de esa manera vive y piensa. En cambio un Yo inferior que se desconoce a sí mismo es víctima de todas las mentiras y engaños que le han vendido sus consejeros malignos, ellos son los que todos los días se la pasan diciéndole lo torpe que ha sido en sus decisiones del pasado, le han metido mucho resentimiento contra su Dios o la vida porque estos han estado favoreciendo a todos menos a él, le han envenenado su mente lo cual no le permite mirar la luz del día, no le permite mirar su situación presente con ojos de la fe, con ánimos o desde otra dimensión, por el contrario él mira su trabajo como una cárcel, como una condena que tiene que cumplir, pues el cansancio nunca está en lo físico, si no en la interpretación inconforme que lleva por dentro, el pensamiento o mantra que el lleva por dentro es el siguiente: "Yo no merezco este trabajo, odio este trabajo, odio mi situación económica, odio todas las injusticias que la vida y Dios han hecho conmigo, no es justo, porque la vida si favorece a los demás y a mí no?"

Este tipo de pensamientos son los que provocan todo el cansancio y el stress. Si por ejemplo el Yo inferior cambiara ese mantra mental y en lugar de repetir lo anterior se dijera lo siguiente:

"Yo merezco exactamente este trabajo, en realidad en la vida solamente me he preparado para este trabajo, por lo tanto buscaré alguna alternativa para seguirme preparando más y alcanzar otro mejor trabajo o quizás decida juntar un poco más de dinero y abrir mi propio negocio, por lo tanto daré las gracias de que tenga trabajo, pues en la actualidad hay millones y millones de personas que no tienen trabajo, continuare leyendo mis metas y mis sueños todos los días, para cada problema existe una solución y yo ya tengo mi solución, si en el pasado las cosas no me han salido como yo he querido, es porque desconocía el funcionamiento de las Leyes de la Abundancia y la Atracción, así como también desconocía lo de mi D.kármica, lo bueno que yo solito estoy quitándome esa condena y yo solito me estoy liberando de toda esa D.kármica, ya sufrí lo que tenía que sufrir y ahora me toca ir por los verdaderos sueños de mi Alma, pues estoy seguro que mi Verdadero Ser de Luz está disfrutando de todas estas experiencias pasajeras, estoy completamente de acuerdo en las Leyes Divinas, las Leyes Kármicas, la Vida misma y con Dios. En realidad no tengo ninguna queja el día de hoy, las quejas y las frustraciones se han quedado en el pasado a años luz de distancia"

De esta manera el Yo inferior estará cambiando la interpretación de la vida y con estas palabras eliminará las vibraciones negativas y pesadas del desánimo (Cada Yo inferior tiene que crear sus propias palabras y nuevas creencias que se ajusten a su forma de ser y pensar y si estas le ayudan también las puede utilizar) La nueva creencia positiva desplazará a la vieja creencia y así es como él estará liberando a las formas de su Alma que habían estado encarceladas en la prisión del desánimo, ya que estas formas estaban en forma de creencias erróneas y todo ese cansancio y stress que él había experimentado era porque estaba recogiendo parte de su D.kármica, estaba sintiendo lo que sienten las formas de su Alma que están prisioneras en esa prisión del desánimo y que mientras no las libere por medio de cambiar su forma de pensar y de creer, entonces el resultado seguirá siendo el mismo, mas stress, mas cansancio y más desanimo, nada cambia hasta que él mismo decida eliminar esa parte de su D.kármica y libere a esas formas de su Alma.

La Madre Pereza. (Demonio Belphegor)

Esta se compone de toda la energía negativa generada por todos estos espíritus de Baja Luz ya mencionados, atrapa al Yo inferior por medio de cualquiera de sus extensiones o brazos y no lo soltará, pues ella necesita de las energías del Yo inferior para mantenerse con vida. Este Demonio es un gran densificador de luz y energía del Alma. Por lo tanto por medio de uno de sus brazos se encargará de convertir a un Yo inferior en un paria de la sociedad, un homeless, un ser inservible. Esto será su máximo triunfo, pues ella sigue asegurando su estadía para la próxima vida del Alma, y mientras el Yo inferior no conquiste a este gran Demonio de la Pereza llamado Belphegor, su vida seguirá siendo gobernada por las vibraciones energéticas del Tamas y por lo tanto también se seguirá presentado como parte de la futura D.kármica de esta Alma.

Si el Yo inferior quiere librar esta gran batalla espiritual con la madre Pereza tendrá que echar mano de los Principios de la ACCIÓN, de la Disciplina, La Responsabilidad, la Salud, el Ejercicio, practica de bioenergética, desintoxicación de todo su cuerpo y sobre todo tendrá que comenzar a formarse nuevas metas en su vida, tener nuevos sueños y confiar en que La Ley de la Abundancia y la Atracción trabajarán a su favor. Por medio de su Conciencia Intuitiva comenzará a descubrir cuál es la primera misión de su Alma y una vez lo llegue alcanzar entonces se encaminará hacia su segunda misión.

El Centro Magnético de La Mala Salud.

Aquí este centro se comenzará a alimentar de todo lo que le haga daño al cuerpo físico, desde comidas, bebidas, falta de descanso, una vida sexual desordenada, falta de ejercicio, malos hábitos, adicciones, alergias o fallas genéticas que serían enfermedades con las que se nacen o hay grandes probabilidades de desarrollarlas.

Por ahora nos concentraremos en la mala alimentación que es por donde se alimentará este centro primordialmente, todo comienza con la mala alimentación que se le comienza a dar al niño, su cuerpo se comienza a adaptar a las azucares, las sales, los carbohidratos, las grasas, las sodas, los dulces, la comida rápida o chatarra y después se le convierte en un hábito el mal nutrirse y una vez adquiere este hábito de la mal nutrición entonces este centro energético magnético de la mala salud se comienza a expandir, esto dará vida a los espíritus de baja luz de la mala salud, ellos por lo regular tendrán dominados una parte de la mente sobre todo de la pantalla de la imaginación de la mente.

Esta pantalla será muy usada por los espíritus del Reino de la Oscuridad ya que esta es como una televisión que siempre está viendo el Yo inferior y según lo que más le guste eso acaba haciendo, esta pantalla se puede utilizar para buenos propósitos como para perjudicarlo, así que en esta pantalla cada vez que él se sienta cansado le pondrán escenas o anuncios de bebidas energéticas, de cervezas, de coca cola, de café, de todo lo que tenga que ver con azúcar, cafeína o alcohol, por otro lado los otros espíritus del segundo plano del ego le pueden poner escenas o anuncios de drogas, pastillas, antidepresivos, cigarros, escenas sexuales, para que recurra a la masturbación, en fin por cada emoción que sienta el Yo inferior en su cuerpo físico le serán enviadas infinidad de opciones y él acabará escogiendo la que más le guste, la que más sabor tenga, pues ese será su modo de vivir, guiarse por el gusto y por el sabor sin importar que lo que se va a comer o a beber le ayude a su cuerpo o no, a él solo le importará obtener placer de lo que coma o beba. Y esto es precisamente lo que a estos espíritus les conviene, que siga metiendo comida chatarra a su cuerpo, aguas negras, y todo lo que perjudique a su cuerpo, pues de esta manera ellos se siguen fortaleciendo y siguen debilitando a su Alma junto con su cuerpo físico, ha esto se le llama un suicidio lento, una autodestrucción que él no puede parar tan fácil, pues está sujeto a su sistema de ellos en un 95% del tiempo, es decir que para comer saludable, hacer ejercicio y hacer las decisiones correctas y más benéficas para su cuerpo solamente tienen un 5% de margen y como su Poder de Voluntad y Decisiones ha estado muy desgastado, acaba cediendo al sistema de ellos pues ya se le convirtió en un modus vivendi.

Para ilustrar esto un poco de una manera alegórica imaginemos que el Yo inferior logra bajar a ese centro energético magnético de la Mala salud y se encuentra con una gran residencia que se mira muy bonita por fuera, pero conforme entra allí, comienzan a salir olores pestilentes, putrefactos y él le pregunta a una de las formas de su Alma que esta por allí, "¿Hey de donde viene esa pestilencia? Y esta forma de su Alma le dice: sígame y le muestra unos 20 botes de basura y le dice de allí sale toda esa pestilencia y el Yo inferior pregunta" ¿Y por qué nadie la saca? Entonces la forma le contesta es lo que queremos, pero no nos damos abasto sacando otra basura que es demás emergencia, para esta basura se necesita un camión especial, además deje le enseño la Residencia por dentro y el Yo inferior se mete y está peor la cosa, los pisos pegajosos, las paredes con víboras y ratas que serían como los (bichos, parásitos y demás) y el Yo inferior pregunta, ¿Pero quién puede vivir aquí? ¿Además por qué están así los pisos? Y salen otras formas del Alma y le dicen, pues que se puede esperar si no nos mandan agua, solo recibimos sodas, cafés, jugos artificiales, bebidas energéticas, cervezas, alcohol, ¿Uds. cree que con esos líquidos se pueda trapear bien los pisos? Y con las paredes nos mandan puras comidas grasosas, mucho pan, muchísima carne roja, y muy poquitas verduras, frutas, fibra, o vitaminas.

Por lo tanto no podemos hacer milagros con lo que recibimos. No va a querer Ud. sacar basura con basura o mantener los pisos y las paredes limpias sin frutas y verduras ¿verdad? Así el Yo inferior se sale de esa Residencia interior, porque no aguanta tanta pestilencia y dice: Ojalá pronto reciban ayuda.

(Ya que este Yo inferior todavía está esperando que suceda un milagro y que de un de repente él amanezca un día deseando comer saludable y continuar todos los días así, pues este Yo inferior no conoce la disciplina y el sacrificio ya está acostumbrado a lo más fácil cómodo y placentero aunque esto le cueste su salud)

En este Reino de Oscuridad entre ellos los espíritus de baja luz, los de oscuridad, los malignos y todos los demás, tienen una lucha entre ellos mismos, pues su lucha es a ver quién consigue más atención del Yo inferior, mas energías, mas formas de su Alma, ya que estas les alarga más la vida a ellos. Ellos harán todo lo que sea necesario para engañarlo y adquirir más formas de su Alma en cada uno de sus centros energéticos. Para ellos, es como ascender a rangos mayores, si por ejemplo el Yo inferior se convierte en un glotón, un anoréxico, o comedor compulsivo entonces estos espíritus de la mala alimentación son los que tienen mayor poder para gobernar la vida del Yo inferior y tienen mayor poder sobre otros espíritus también, pero si por otro lado el Yo inferior se convierte en un alcohólico o drogadicto, entonces el gobierno de los espíritus del alcoholismo y drogadicción son los que obtienen más poder y por lo tanto la pantalla de imaginación de la mente tridimensional del Yo inferior mirará más anuncios de alcohol y drogas. Al final si el Yo inferior muere físicamente a causa del alcohol o las drogas estos espíritus son los triunfadores y hacen fiesta, su jerarquía crece y dicen otro más que cayó en nuestras redes, así ellos aseguran su existencia para la próxima vida física de su Alma. Pues esta queda endeudada con ellos. El Yo inferior se murió físicamente y dejó varias formas de su Alma con ellos, entonces va a ser necesario que el Alma regrese a rescatar a todas esas formas que quedaron atrapadas con ellos. Por esta razón cuando un Yo inferior en esta vida deja de beber para muchos se les hace muy difícil, porque no solo tienen que rescatar las formas de su Alma que quedaron atrapadas en el alcoholismo de esta vida sino que de una vez rescataran a todas las otras formas de su Alma que habían quedado atrapadas desde vidas pasadas, entonces el Alma del Yo inferior quiere aprovechar lo que más se pueda para pagar toda su D.kármica en referencia al alcoholismo y drogadicción. Para la ciencia un Yo inferior que va a ser alcohólico ellos dicen que ya lo trae en sus genes, para nosotros es que cuando un Yo inferior injiere alcohol y en poco tiempo se convierte en Alcohólico es porque simplemente se le ha regresado parte de su D.kármica, es decir el Alma tiene que rescatar a sus formas que quedaron atrapadas en sus vidas pasadas.

Es por eso la insistencia en que el Yo inferior una vez que descubra que tantas formas de su Alma han estado encarceladas o incomunicadas en el Reino de la Oscuridad aproveche todo el tiempo que más pueda para liberarlas a todas o a la mayoría de ellas y de esta manera ya no tendría que regresar a liberarlas en su próxima vida.

¿Esto se aplicaría a un Alcohólico o también a un bebedor social?

Esto se aplica a cualquier parte en donde se hayan quedado atrapadas formas del Alma, por lo regular se da en las adicciones fuertes y no en un bebedor social, ya que este controla el alcohol y no los espíritus del alcohol a él, de la misma manera sucederá con el que tiene una fuerte adicción al cigarro y no al que simplemente fuma de una manera moderada. Cada Yo inferior debe darse cuenta que es lo que realmente ya le está perjudicando a su Alma, por lo regular se comienzan a sentirse mal moralmente o consigo mismos, les viene la culpa o el arrepentimiento, cuando es un gusto placentero sin ser adictivo no sienten culpa o remordimientos por lo tanto esa sería una señal para darse cuenta que aun las formas de su Alma no se han quedado atrapadas en esos centros energéticos magnéticos de placeres insanos o de vicios.

Las formas del Alma que están atrapadas en la prisión de la mala salud, en esta ocasión están en forma de células biológicas y de la única manera de poderlas rescatar es cuando el Yo inferior cambie toda su alimentación, cuando desintoxique todo su cuerpo de toxinas y de parásitos, cuando haya recuperado su salud en más del 90% de esta manera estas formas de su Alma regresarán a su lugar de origen que es la Buena Salud. Alguna vez se ha preguntado el Yo inferior ¿Porque después de haber leído algunos libros de la salud, la buena alimentación y tratado tantos planes o dietas nutricionales no le han dado resultado?

Nosotros podríamos decirle que la responsabilidad no recae en ningún plan nutricional, en ningún libro, en ningún programa, el problema de estos Yos inferiores no se encuentra en obtener la información correcta, puesta esta información ya la tienen, ya la conocen, todo el problema está en la falta de disciplina, ya que este Pricipio Espiritual de la Disciplina será el único que rompa con las fuerzas malignas y destructivas de la mala salud, la gula, las adicciones, la pereza y todo lo que perjudique a su cuerpo físico, aquí el Yo inferior tiene que entender que está luchando con fuerzas Superiores a el mismo y sin la ayuda de los Principios Espirituales (de los Maestros de 7 Soles) el Yo inferior no logrará vencerlos, nuestro enfoque en esta área ha sido en cómo formular una estrategia en la cual los pueda vencer a cada uno de ellos por separado y cómo por medio de diferentes disciplinas y diferentes Principios Espirituales lo logrará, darle una información sobre la alimentación y sobre un plan nutricional perfecto no le ayudará nuevamente, pues el problema no está en la ignorancia o falta de información, ahora se trata de crear estrategias y disciplinas que den resultados. Una vez logre dominar todas estas disciplinas y estrategias que le mostraremos en el Primer Nivel de Conciencia, entonces ya podrá poner en práctica todo lo que le han sugerido sus libros o revistas que tiene sobre la salud y la nutrición.

¿Qué tiene que hacer el Yo inferior para rescatar a las formas de su Alma que han quedado atrapadas en este Centro magnético de la Mala Salud?

Las respuestas a esto se encuentran en el 1er Nivel de Conciencia en la Buena Salud.

Ahora nos enfocaremos en una de las Prisiones más grandes del Reino de la Oscuridad y es:

El Centro Magnético de LA DEPRESIÓN.

La Depresión es como una prisión gigante dentro del Reino de la Oscuridad. Allí serán mandas todas aquellas formas del Alma que comienzan a sentirse deprimidas. Por ejemplo: tenemos en el 2do plano del Ego al C.E.M.V. del Alcoholismo. Conforme el Yo inferior fue bebiendo más y más, parte de su Alma se fue quedando atrapada en este centro. Cuando finalmente el Yo inferior dejó de beber estas formas del Alma se comenzaron a sentir deprimidas por no obtener más alcohol y fueron magnetizadas hacia esta Prisión de la Depresión. Cuando el Yo inferior despues de algunas semanas, meses o años se mantuvo sin beber alcohol entonces progresivamente estas formas del Alma fueron regresando a su lugar de origen (a su Alma) y de allí fueron magnetizadas por el Principio Espiritual de La Sobriedad a la cual le hemos también llamado la Abstinencia Consciente. Fue allí cuando estas formas del Alma consiguieron su libertad tanto del Alcoholismo como de la Gran Prisión de la Depresión y cuando el Yo inferior cae en este Principio de La Sobriedad se contagia de la alegría de todas esas formas del Alma y él también se siente contento y alegre.

Esto mismo le ocurre al Yo inferior cuando cae a algunos de los C.E.M.V. del Reino de la Oscuridad. También se contagia de lo que sienten las formas de su Alma de ese centro. De allí que el Yo inferior aprendió a fugarse de todos sus Centros Negativos y de baja luz del Primer plano del Ego y para no experimentar o no sentir la soledad, la tristeza, el vacío existencial, la melancolía y todas esas emociones de bajísima luz, él comenzó a fugarse en todo tipo de adicciones, comenzó con las fantasías, los sueños de grandeza, el comer excesivo, la masturbación, todo tipo de placer insano sexual, apuestas, comprar en exceso, hablar en exceso (exteriormente e interiormente) luego la nicotina, cafeína, alcohol, drogas e infinidad de otro tipo de sustancias y adicciones. Con el tiempo comenzó a recibir consecuencias de todas sus adicciones y consecuentemente se le fue cerrando el camino a sus soluciones temporales. Por lo tanto cada vez comenzó a caer más seguido en diferentes centros energéticos negativos de los 7 planos del Ego y de allí él mismo fue a caer a esta gran Prisión de la Depresión, allí él ha experimentado en carne propia lo que algunas de las formas de su Alma experimentan y nuevamente él se tratará de escapar de esa prisión con fármacos, con drogas, con más adicciones, mas placer insano. Pues no quiere sentir lo que las formas de su Alma experimentan a diario. El yo inferior es un escapista que no quiere enfrentar esa realidad que vive su Alma. Su Alma en parte si quiere que el Yo inferior experimente la Depresión para que se dé cuenta de las condiciones en que se encuentra su Alma desintegrada, pero el Yo inferior no sabe escuchar este lenguaje de su Alma y mejor tratará nuevamente de escaparse de la realidad de su Alma y de cómo se sienten las formas de su Alma que están atrapadas en el Reino de la Oscuridad.

La Depresión la han estado sintiendo algunas de las formas del Alma desde una temprana edad, pero el Yo inferior desde que comenzó a descubrir maneras de escaparse de esos estados depresivos por medio de las adicciones, el placer insano, la televisión, la música, el trabajar en exceso, el mantenerse platicando todo el tiempo, e infinidad de actividades, entonces ha evadido enfrentar conocerse a sí mismo, conocer las angustias de su Alma. Pues el Yo inferior reside en el plano mental y allí él tiene muchas opciones de poderse escapar del dolor y el sufrimiento que viven las formas de su Alma diariamente. (Por lo menos se escapa en lo que le duran sus distracciones, ya que una vez estas se pasan, entonces si llega a sentir la depresión a veces en mayor escala y a veces en menor, pero en cualquier momento de descuido se le seguirá presentado lo que tanto está evitando sentir o evitando querer enfrentar)

Y no importa cuántos antidepresivos pueda estar tomando, esos antidepresivos solo tratarán de remediar los síntomas de la depresión pero no van directamente a la raíz, ya que la raíz de la depresión es el Alma que esta desintegrada en todos estos 7 planos del Ego, en todo este Reino de Oscuridad y mientras el Yo inferior no integre todas o la mayoría de las formas de su Alma que están perdidas, extraviadas o encarceladas, entonces le será casi imposible erradicar esta Prisión de la Depresión. Pues recordemos que cada vez que una forma del Alma que se encuentra encarcelada en cualquiera de los Centros Energéticos Magnéticos de los 7 planos del ego que se sienta deprimida su propia vibración la mandará a este Gran Prisión de la Depresión.

(De acuerdo a un documental de REDES)

"Al parecer son las hormonas producidas por el stress que cuando llegan al hipocampo hacen sucumbir a las neuronas, entonces el funcionamiento del prozac, el litio y todos los antidepresivos es que estimulan la producción de nuevas neuronas o crean nuevas conexiones neuronales en el hipocampo, a la vez estos medicamentos tratan de evitar la producción de hormonas del stress.

La ciencia está tratando de encontrar un método en donde por medio de una inmersión de virus modificados y que no sean cancerígenos o dañinos a los genes, estos virus con su habilidad se puedan mover entre las células y se conseguiría llegar estos genes a las neuronas, así que la información instructiva será cambiada a todas estas células y ante la próxima situación estresante van a liberar sustancias que la protejan de la muerte celular, de esta manera las células ya no tendrán un comportamiento perjudicial y protegerán a las neuronas y el espacio del hipocampo no se seguirá reduciendo.

Esto sería el ideal perfecto para que no se sigan utilizando antidepresivos que solamente estimulan la producción de nuevas neuronas pero que deja graves consecuencias como el que la persona sea demasiado lenta para reaccionar ante una situación de peligro o emergente"

Continuamos..

Al parecer el estrés vendría siendo el causante número uno de la Depresión y entonces se tendría que enfocar en cómo evitar todo tipo de situaciones de estrés.

¿Las preguntas clave para un Yo inferior sería preguntarse qué es lo que le causa el estrés?

Las respuestas variarán, pero una de ellas será la falsa interpretación que se hace de las diferentes situaciones de la vida, esta falsa interpretación ha sido todo el tiempo manejada por sus dos consejeros malignos. Si ellos desde un principio le hubieran dado la información correcta al Yo inferior este jamás hubiera juzgado a sus Padres, jamás se hubiera resentido con ellos, con sus hermanos, familiares, con la vida, con su Dios, con nadie, tampoco se hubiera sentido solo, triste, decepcionado, frustrado ni nada de esas reacciones negativas con las cuales ha vivido el 95% del tiempo, de su vida.

Si el Yo inferior pudiese encontrar la manera de cortarles la comunicación e interpretación de la vida a sus dos consejeros malignos, al parecer se solucionaría todo esto, pero recordemos que de todos modos ya es un hecho de que gran parte de su Alma esta desintegrada en todos estos 7 planos del Ego y por lo tanto la misión seguiría siendo la misma, rescatar a todas o la mayoría de las formas de su Alma que se encuentran incomunicadas en este Reino de Oscuridad. Eso sería la solución completa para erradicar todo tipo de depresiones, pues se estaría erradicando el problema de raíz y no solamente al estrés.

Por medio de este libro el Yo inferior seguirá aprendiendo métodos y técnicas de cómo acallar esas voces malignas de sus consejeros malignos, a la vez él mismo puede ir creando sus propios métodos y técnicas o decretos para apartarlos de su camino. Pues a estos dos consejeros malignos cuando se les reprende y se les dice con mucha autoridad de que callen sus voces y que no tienen el derecho de seguir guiándolo, ellos escuchan y entienden lo que está pasando, se dan cuenta que el Yo inferior ya está descubriendo su juego maquiavélico, que ya está despertando a su Yo Superior de luz y por lo tanto ellos tendrán que respetar las reglas del juego, mientras un Yo inferior desconoce cómo funcionan sus dos consejeros malignos ellos pueden engañar, tentar, incitar o provocar, fácilmente al Yo inferior, pues él desconoce sus derechos, al Yo inferior le han hecho creer que él es un arrimado en su Residencia interior. Más cuando él se dé cuenta de que él es y sigue siendo el dueño de su Residencia interior entonces él les podrá hablar con autoridad y podrá callarlos en el momento que él lo decida.

Una técnica sencilla que ya puede ir utilizando el Yo inferior es la siguiente.

Consejeros Malignos internos que viven dentro de mi mente, Ego y Súper Ego. De hoy en adelante hago la resolución de no querer seguir escuchando sus consejos, sus ideas, sus sugerencias, no necesito nada de Uds. y de hoy en adelante Uds., tienen que respetar mis derechos que tengo sobre mi propia mente y mi propia vida, pues sepan bien que es mi derecho el de DECIDIR y es mi derecho el de hacer uso de mi PODER DE VOLUNTAD. Por lo tanto hoy decido y bajo mi voluntad de que Uds. ya no sigan siendo los guías de mi vida, los consejeros de mi vida, Y por el contrario hoy he decidido que sea mi Yo positivo y mi Yo intuitivo junto con Mi Conciencia Intuitiva y Mi Conciencia Cristica Buddhica los que sean mis consejeros, los que me guíen en este caminar. Hoy no los escuchare, apártense de mí en el nombre de la Justicia Divina y del Poder del Amor. ¡Callen! ¡Callen! ¡Callen!

Nota. Si un Yo inferior (una persona) tiene un buen concepto de la palabra Súper Ego o Ego. Entonces que les ponga los nombres que más reflejen la idea de ser unos consejeros malignos. ¿A qué, él o ella, le llamarían consejeros malignos?

Por otra parte si el Nombre de Jesús, de Dios o de Magna Presencia Yo Soy o cualquier otro nombre tienen más significado para él entonces que cambie los nombres. Todo el Reino de la Luz, todos los seres de luz, conocemos las vibraciones de las intenciones de los Yos inferiores. Las palabras no son ningún problema. Lo que hay detrás de la palabra, eso es lo que cuenta, la creencia o fe que haya detrás de las palabras es lo que cuenta. pues ha eso que se le llama Dios, Todo Poderoso, Ser Supremo, creador de todas las cosas, God, Brahman, Allah, Tao, Justicia Divina o cuantos nombres se le hayan puesto jamás sea ofendido con nadie, no tiene ningún problema en que se le cambie su nombre.

Dicho sea de paso creemos que el nombre más próximo a definirlo sería el Impronunciable o el Incognoscible ya que tratar de definir la palabra Dios es como tratar de definir la palabra Universo, pues este Universo cubre todos los multiversos que puedan existir, este Universo es la colección de todo por lo tanto las palabras que se puedan utilizar para describir al Universo jamás podrán abarcar lo que encierra esta idea de Universo y lo mismo pasa con la Palabra Dios no hay manera de poderlo definir a lo mucho se puede llegar a sentir su presencia con más proximidad en un estado de iluminación y aun Los Maestros iluminados que han alcanzado esa proximidad no han podido explicarlo o descifrarlo, es por compasión de ellos que se ven en la necesidad de utilizar palabras con sus Discípulos, que si fuera necesario no las utilizarían, pero entonces sería imposible la comunicación entre ellos y sus Discípulos.

Después de este decreto el Yo inferior comenzará a sentir que hay menos pensamientos en su mente y que su conexión con su Yo positivo y Yo intuitivo se comienza a efectuar.

Mas el Yo inferior tiene que saber que una vez ellos son descubiertos entonces ellos dejarán de jugar damas chinas con él y comenzarán a jugar ajedrez. Pues ellos seguirán planeando ahora como podrán hacerle para seguir manteniéndolo en la Oscuridad. Pues al hacer este tipo de decretos es porque ya está listo para comenzar a dar su Primera Muerte. No se pueden hacer estos decretos a la ligera, el Yo inferior tiene que estar serio en sus decisiones y no seguir con indecisiones o ambivalencias.

Si todavía no se siente listo para hacer estos decretos entonces le sugerimos que lea primero todo el libro y después de que ya haya entendido de que se trata el Lila de la vida, el juego cósmico y sus reglas entonces que los comienza hacer.

La Fe, la esperanza, el tener sueños o metas es lo que mantiene al Yo inferior en un estado de levitación, o un estado de Gracia y por eso es que en esos momentos no siente la depresión, pero en cuanto cae un poco su Fe, o sus sueños y metas se ven amenazados. Entonces le viene la desesperanza y la fuerza magnética y gravitacional de estos 7 planos del Ego se encargan de bajarlo al primer plano del Ego en donde se encuentran todas estas emociones demás baja luz y se llena de inseguridades, de temores, de miedos, de mucha ansiedad y finalmente le viene una negra Depresión. La cual hará que repita ese mismo círculo vicioso de hacer uso de sus pseudo soluciones placenteras en donde se da de lleno a los placeres insanos y todo tipo de adicciones. De hoy en adelante aprenderá que no tiene que utilizar ningún tipo de adicción o fuga emocional para tratar de resolver su problema de depresión y por el contrario recurrirá a métodos y técnicas de Meditación, catarsis, terapia gestalt, ejercicios bioenergéticos, autoanálisis y sobre todo aprenderá a como contactar a su Conciencia Intuitiva que es la que lo sacará inmediatamente de cualquier estado de depresión. Cuando el Yo Inferior no sabe cómo utilizar estas herramientas entonces lo más sugerido es hablar con alguien de su confianza y que le cuente sus problemas, sus preocupaciones y también eso le puede ayudar muchísimo. Ya que el seguir recurriendo a las adicciones y las fugas emocionales solamente le ofrecen distraerlo de su mal espiritual y nunca le resolverán el problema de raíz.

Ver Los Principios Espirituales de la Pasión y la Aceptación del Primer Nivel de Conciencia.

El Centro Magnético de La Falta de Espontaneidad.

Los que se encargarán de opacarle su espontaneidad al Yo inferior por lo regular serán sus propios hermanos, sus primos, la gente con la que crezca, pues estas son una de las cosas que no toleran los consejeros malignos, el mirar a alguien ser espontaneo contento y feliz, esto es como reactivarles su envidia y su coraje, por lo tanto si la Madre, el Padre o algún hermano, hermana, primo o amigo son controlados por sus propios consejeros malignos y ellos están en una posición demás poder o autoridad que este Yo inferior entonces el Papá o la Mamá puede que le diga al niño "¿De qué te ríes?" "Ya deja de estarte riendo pareces un niño torpe o inútil" el Papá le dirá "Ya deja de llorar pareces niña, solo las mujeres lloran" "Párate bien" "Habla fuerte" "No digas estupideces" "No te hagas el chistoso" Así los Padres no se dan cuenta que progresivamente van cohibiendo a su hijo le van opacando su espontaneidad esa que todo niño tiene, luego si tiene un hermano o hermana a la par dominada también por sus consejeros malignos, entonces cada vez que mire contento a su hermanito o hermanita le va a pegar o hacer algo para que no sea feliz, o lo va acusar con sus Papás de alguna pequeña travesura que este haya hecho. A la larga este Yo inferior lo percibirá como una señal de que no es bueno ser alegre, contento y espontaneo, porque cada vez que él quiere demostrar lo que sabe hacer con su espontaneidad lo opacan, lo corrigen, no les parece y por lo tanto es mejor comenzar a ponerse las mascarás que les agrade mirar a los consejeros malignos de sus familiares, así este Yo inferior opta por la hipocresía, sonreirá cuando en realidad no tiene ganas de hacerlo y cuando quiera llorar se asegurará de hacerlo en donde no lo vean ya que no quiere meterse en problemas o que alguien se burle de él, tendrá ganas de cantar una canción pero no lo hará por miedo a las burlas, tendrá ganas de bailar pero tampoco lo hará por miedo a que lo juzguen, vivirá más preocupado por tratar de agradar a sus padres o sus hermanos que ser él mismo, sus posturas cada vez serán más rígidas, menos espontaneas y finalmente será presa del qué dirán los demás y utilizará aquellas mascarás que no lo metan en problemas, entonces acaba poniéndose la máscara del serio, del triste, pues descubre que poniéndose esas mascarás de triste, del serio, del enojado, del infeliz. Todo mundo está contento, o al menos los consejeros malignos, los Egos y Súper Egos de su familia lo estarán. Ya que con esas mascarás que se pone este Yo inferior, estos dos consejeros malignos que habitan en sus familiares no se sienten inferiores.

Esto con el tiempo repercute enormemente en las relaciones familiares, pues siempre habrá algo en aquellos Yos inferiores que les robaron su espontaneidad que no les quedará ganas de visitar a nadie de sus familiares que contribuyeron a opacarles su espontaneidad y por el contrario siempre desearán ir a visitar a todas aquellas personas que siempre los aceptaron tal y cual fueron, que siempre se reían de sus bromas o de su forma de ser, pues la espontaneidad es una de las formas más sanas que utiliza el Alma del Yo inferior para poderse expresar y hacerle saber a los demás quien es. Este es un deseo natural de todas las Almas demostrar a los demás quiénes son y que saben hacer, entonces lo primero que puede hacer un niño es demostrar quién es y que sabe hacer por medio de su espontaneidad, por medio de llamar la atención y le agrada recibir atención y halagos por sus acrobacias o trucos que hace, o sus caras, su forma de bailar, de cantar, en fin cada niño manifestará lo que sabe hacer su Alma, de diferente manera, pero al no poderlo hacer a plenitud es cuando nace la hipocresía, la falsedad y cuando este Yo inferior queda atrapado en el querer quedar bien con los demás, o el querer obtener la aprobación de los demás con los años reprimirá su espontaneidad pues tiene miedo al qué dirán y al ridículo y demás grande será aquel que cante a solas, que baile a solas, que de sus grandes discursos a solas, todo lo va hacer en su cajita cuadrada de espacio que tenga, pues cuando salga a fuera y haya un karaoke deseará cantar pero se quedará con las ganas por que tiene miedo a que lo juzguen, que lo critiquen, que le digan algún mal comentario y mejor opta por reprimir su espontaneidad, y reprimir a su Alma de demostrar lo que sabe hacer. Ésta también será una de las razones por las cuales una persona cuando pruebe el alcohol quedará encantado pues los complejos, los prejuicios, las represiones, las vergüenzas, todo eso desaparece, pues el alcohol lo desinhibe que lograra hacer que se muestre tal cual es, que saque para afuera a ese acomplejado, a ese bailarín, a ese cuenta chistes, a ese alegre, a ese niño espontaneo. De esta manera el Alma se puede expresar libremente y esto en parte es muy saludable para ella.

¿Qué tendría que hacer el Yo inferior para recobrar su espontaneidad o mostrar su espontaneidad de forma natural sin tener que recurrir a bebidas alcohólicas?

Cuando a un cuerpo se le desintoxica de todas las toxinas, de todas sus impurezas, se le hace un lavado intestinal al sistema inmunológico y se le comienza a tratar bien al cuerpo, a darle los alimentos que necesita, el descanso que necesita, el placer sexual o transmutación sexual que necesita, el deporte y ejercicios que necesitan, entonces el propio cuerpo manifestará su contentamiento de forma natural y espontanea al igual expresará su alegría, sus ganas de vivir, de saltar de correr de salir en bicicleta, esto ayudará mucho al Yo inferior para que él no tenga que esforzarse en esa área pues el cuerpo en forma natural expresará su agradecimiento, o podríamos decir que es el Alma la que se sentirá contenta y ese contentamiento lo siente cada una de las células del cuerpo físico, luego más adelante tendrá que hacer otros cambios psicológicos como el dejar de juzgar, dejar de criticar, dejar todo tipo de perfeccionismos, de complejos de inferioridad o de superioridad, liberarse de los temores al qué dirán los demás, en fin. Son varias cosas las que se necesitan hacer ya que su Espontaneidad natural quedo enterrada entre gruesas capas de complejos de inferioridad, de hipocresía, de fingimientos, de mascarás, y entonces gradualmente se irá liberando de todas esas capas que quedaron cubriéndola.

Otra cosa que le ayudará será juntarse con personas carismáticas, con sentido del humor, gente que no se toma la vida tan en serio, que disfruta de una buena fiesta, que es sociable y que no está dominada por sus temores, pues al verse rodeada más tiempo de gente así, esta gente aceptará su nueva forma de ser inmediatamente, pues es gente que no juzga, que no critica de manera negativa, entonces todo esto le ayudará a ser más expresivo, su Alma se sentirá más liberada pues como decíamos ese es un deseo natural que tienen todas las Almas expresarse ante las demás Almas quiénes son y que saben hacer.

La Espontaneidad le irá regresando sucesivamente conforme vaya liberando a las formas de su Alma que quedaron cautivadas en los 7 planos del Ego, su Alma se irá sintiendo cada vez más libre y más contenta, por lo tanto el Yo inferior será contagiado de este contentamiento y alegría de su Alma que llegará un punto en que simplemente perderá todo tipo de temores ante la crítica de los demás, pues entenderá que las Almas nunca juzgan y que los únicos que juzgan son los consejeros malignos el Ego y el Súper Ego. Ellos son los rígidos, los serios, los enojones, los irritables, los descontentos, y simplemente él ha sido contagiado de su esencia de ellos, pero conforme comienza hacer él mismo, ella misma, no les hará más caso a su consejeros malignos, ya sea que se quieran manifestar por dentro de su mente o se quieran manifestar por medio de la mente de otros, simplemente los hará a un lado.

Ahora pasaremos al Campo Energético del Miedo y Temor

Esta Energía del Miedo es la raíz, la esencia y sin duda es la más Poderosa de todo el Reino de la Oscuridad. Todo el primer nivel y segundo nivel de los planos Astrales conocido como el Infierno tiene como base esta Energía poderosísima del Miedo. Por lo tanto son ellos los que están llenos de miedo y para tratar de cubrir ese miedo harán uso de la ira, del odio, la violencia y también del engaño y las mentiras. Ahora en esta 3ra Dimensión el Yo inferior se ha contagiado tanto de ellos que ahora él también tiene miedo y para cubrir sus miedos él recurre a la ira, al auto engaño, las mentiras, adicciones, placer insano y todo aquello que le cubra el miedo.

Lo primero que un Yo inferior debe de aprender es que el miedo es la energía más baja que existe en el Reino de la Oscuridad y que por lo tanto su esencia de él, no pertenece allí, su 5% de Esencia Divina no pertenece al Reino de la Oscuridad, es por eso que ellos los espíritus de baja luz, de oscuridad y los malignos no pueden entrar a las dimensiones más altas, pues su baja vibración de luz los hace bajar a su lugar de origen y ellos ocupan habitar un cuerpo humano para poder absorber sustancia energética del Alma, porque allí ellos pueden gobernar con sus propias reglas y leyes y no pagar consecuencias con lo que consiguen del Yo inferior. Por ejemplo ellos tientan al Yo inferior para que consiga placer insano, consiga adicciones, para que a ellos les de vida y una vez él muerde el anzuelo entonces las consecuencias de esos actos las paga el su Alma, es decir las formas de su Alma que están prisioneras en el Reino de Oscuridad, son las que reciben las consecuencias de las violaciones, de la ley de Causa y Efecto y ellos todo el tiempo se lavan las manos diciendo que ellos no hicieron la última decisión, que no obligaron al Yo inferior, que simplemente lo motivaron, lo tentaron, lo incitaron, pero que fue él el que lo hizo y no ellos, por lo tanto el castigo a dichas violaciones de la ley de Causa y Efecto las reciben las formas del Alma del Yo inferior y ellos salen ganando.

Pero cuando un Yo inferior comienza a despertar y averiguar cómo es que funcionan todas estas leyes, en qué consiste el Juego Cósmico, en qué consiste este gran maya, que es el velo del olvido, cuales son las dos Misiones de su Alma, que es el Alma y cuál es la parte que él juega en todo esto, entonces el Yo inferior comienza a Jugar este juego cósmico de diferente manera y comienza a rescatar a todas las formas de su Alma que están prisioneras en su Reino de Oscuridad y esto hace temblar de miedo a todos estos espíritus malignos, de baja luz, porque ellos ya saben lo que se les espera, ellos apostaron a seguir densificando la luz de las Almas sin querer pagar consecuencias por ello, sin recibir los efectos, pero conforme el Yo inferior se va acercando a la Luz, ellos sentirán todo el peso de la Ley Karmica. Porque ellos no han querido pagar el precio que cualquier Ser Humano ha estado dispuesto a pagar, el Alma del Ser Humano ha tenido la valentía de regresar a esta 3ra dimensión una y otra vez a liquidar su D.kármica, pero ellos han escogido seguir habitando los cuerpos del Ser Humano y su mente para saciar sus deseos egoístas y no pagar las consecuencias. Por eso es que ellos son los que tienen mucho miedo y el Yo inferior se ha contagiado de su esencia.

Al igual las que tienen miedo son las formas del Alma que viven en el Reino de Oscuridad, pues ellas siguen esperando a su "Mesías" a su salvador que en este caso el Salvador de ellas es el Yo inferior, ellas han depositado su Fe en el Yo inferior, pero cuando miran que su Yo inferior sigue dormido, sigue distraído, lleno de adicciones, entonces ellas sienten mucho miedo, mucha inseguridad y temores por que si el Yo inferior muere físicamente entonces las que experimentarán un infierno temporal serán ellas, hasta que el Alma del Yo inferior venga nuevamente al plano tridimensional terrenal y recoja su D.kármica, al ir recogiendo su D.kármica estas formas del Alma que se habían quedado allí en los planos del Ego cuando murió físicamente, serán magnetizadas nuevamente a los planos del Ego, a su Reino de Oscuridad y una vez más el Yo inferior tendrá una nueva oportunidad de tratar de reintegrarlas o unificarlas con su Alma.

Por ejemplo: si el Yo inferior muere físicamente en esta vida con fuertes adicciones tales como heroína, cocaína, anfetaminas, spice, fármacos, cigarro, Alcoholismo, Juego compulsivo, depravaciones sexuales, pedofilia, asesinatos, robo, y demás adicciones o si también muere con grandes angustias, mucha soledad, mucha tristeza, culpabilidad, resentimientos, frustraciones. Entonces gran parte de su Alma llega a descansar al 4to plano astral pero otra parte es la que estará deambulando y será atraída por sus bajas vibraciones energéticas a los deseos más fuertes que dejó en la tierra.

Para poder explicar esto, es como si esta noche el Yo inferior se va a dormir y en lugar de tener sueños tiene fuertes pesadillas diabólicas, entonces su cuerpo físico está en la 3ra dimensión, más el cuerpo astral de su Alma, está en los planos bajos del astral, ya sea que este en el primer o segundo plano del bajo astral, experimentando un verdadero infierno, despierta y dice que bueno que era una pesadilla, así el Alma al llegar de este lado con su cuerpo astral, ella permanece dormida, pero otra parte de ella, que sería su cuerpo etérico es la que será magnetizada hacia los deseos fuertísimos que dejó de placer insano y adicciones, a estos deseos se les conoce como skandas, larvas o elementales astrales y son las que le roban su atención, esta parte de su Alma estará en el 3er plano astral conocido como Kama- loca, el Bardo o el Limbo, que está muy cerca del planeta tierra y en este campo astral esa parte del Alma se dará a todos los placeres insanos con los cuales murió, pues son tan fuertes esos deseos que la magnetizan hacía, los bares, prostíbulos, casinos, calles en donde hay violencia, centros de pornografía, de orgias y de todo lo que más le gustaba en el plano terrenal, hasta que esas formas se van desintegrando sucesivamente y él regresa a su Alma que estará descansando.

Por otro lado si fue una gran soledad con la que murió, entonces el Yo inferior vivirá adentro de esa forma de su Alma de soledad y experimentará mundos muy tristes, en donde sentirá la soledad muy real. Para darse una idea, él puede recordar aquellas pesadillas o sueños de tristeza y soledad que ha tenido, pues no es muy diferente lo que irá a vivir en los planos astrales, va a ir a experimentar lo que algunas de las formas de su Alma experimentaron en vida terrenal, pero ahora él vivenciará de forma directa lo que estas formas sentían y que muchas veces quisieron comunicárselo, quisieron también ser rescatadas, pero el Yo inferior decidió acallar esos sentimientos, decidió distraerse con los placeres, las distracciones y entretenimientos de la 3ra dimensión, por lo tanto esas serán las consecuencias de no haber querido despertar a tiempo, de no haber querido morir a todas las formas del Ego, por no haber querido darle vida a su Yo Superior de Luz. Lo único bueno que se puede rescatar de todo esto es que ese es un infierno temporal, en lo que el Yo inferior o Yo mental aprende lo que tuvo que haber aprendido y él solito aumentará las vibraciones de su luz, de su energía y así es como regresa a la luz, allí se reincorpora nuevamente con su Alma y después será llevado a los templos de meditación, de sabiduría, a los registros Akashicos y tendrá todo el tiempo que necesite para revisar su vida pasada y una vez que esta lista entonces esperará su turno para nuevamente regresar al plano terrenal tridimensional y recoger su D.kármica. Así que esas adicciones que no transcendió en su vida pasada (skandas o larvas), esos sentimientos de tristeza, de soledad que no transcendió, le serán incorporados nuevamente, pues es lo que dejó pendiente.

Cuando el Yo inferior comienza a reintegrar todas esas partes de su Alma en los Niveles Superiores de la Conciencia y llega a dar el salto al 4to, 5to o 6to Nivel de Conciencia entonces ya no tendrá que regresar a este plano terrenal de la 3ra Dimensión y él podrá seguir pagando su D.kármica en los Planos Astrales más elevados. Entonces es a ellos que se les viene el juicio final, es para ellos a los que se les cumplirá el apocalipsis. Serán lanzados al lago de fuego de azufre y allí se oirá el rechinar de dientes, pero para ellos, no para el Alma del Yo inferior, por eso es que ellos son los que tienen el miedo, porque esa energía es su raíz y de esa energía también se alimentan.

Los Maestros iluminados han enfatizado mucho la importancia de la Fe ya que esta hace enfocar al Yo inferior en su propia naturaleza, en su Verdadero Ser de Luz, el cual reside en la 8va Dimensión, este sigue estando allí como desde el comienzo y el Yo inferior es una extensión de él, es la parte más tosca o robusta de su Verdadero Ser de Luz. Y la que está en medio de Su Verdadero Ser de Luz y él es el Alma, la cual maneja el cuerpo emocional y sentimental, es la que siente el infierno y la que siente la gloria. Es la que experimenta la dualidad y su torre de control es el Yo inferior el que está a cargo de todas las decisiones y del Poder de la Voluntad. Y a pesar que ya hemos explicado esto anteriormente, si es necesario que el Yo inferior recuerde constantemente sus orígenes y el propósito de su Alma, para que ya no se siga dejando engañar por los malignos.

Cuando el Yo inferior comienza a reconocer su propia divinidad entonces su Fe se comienza a expandir y este principio espiritual de Fe lo saca de las bajas vibraciones energéticas del miedo. Para algunos Yos inferiores se les hace difícil los términos de la Fe y para ellos les funcionará mejor los términos de tener sueños, de hacerse metas, de enfocarse en lo que más desean alcanzar en esta vida y que finalmente les traiga casi los mismos beneficios que la Fe. Decimos casi por la razón de que el Yo inferior por lo regular se traza metas tridimensionales, que pertenecen al plano terrenal a mucho al 3er Nivel de Conciencia. Cuando un Yo inferior tiene noción de las diferentes Dimensiones y de lo que significa la iluminación, entonces sus metas serán enfocadas como la Fe. Pues serán metas o sueños espirituales que beneficiarán a su Alma.

Ahora la Fe también llega a un límite. cuando la fe llega a su límite que por lo regular estaríamos hablando de un 6to nivel de Conciencia, entonces allí de lo que se necesita hacer uso es del Principio de la Confianza, este es más difícil que la fe, porque la fe se enfoca en algún resultado en el futuro, más el Principio de Confianza se enfoca en el Ahora, en forma total, allí ya no hay lugar para las dudas, allí el Yo inferir ahora convertido en un Yo Superior de Luz tiene que confiar de forma total, ya no hay fe. Todo es una convicción, pero ahora estará a punto de pasar sus últimas pruebas para alcanzar la iluminación y es la confianza total, podríamos decir que la creencia es el principio, luego sigue la fe, luego la convicción y finalmente esta se convierte en Confianza.

Pero para contrarrestar los miedos y temores e inseguridades es la Fe la que más funciona y es la más práctica de adquirir.

Algo más sobre el Miedo. Estas energías de miedo ya han formado una Entidad Espiritual Poderosísima, es como un Dios y este se alimenta de estas energías de miedo, entonces cada vez que un Yo inferior experimenta el miedo esta Entidad Poderosa se sigue expandiendo, se sigue fortaleciendo y es increíble como tiene a la mayoría de la 3ra Dimensión dominada. Por todos lados hay noticias que incentivan las energías del miedo, crean inseguridad, si miramos bien este mundo tridimensional está controlado por estos 12 campos Magnéticos Energéticos

Los 3 campos Energéticos más Poderosos o las 3 Entidades más poderosas son

Los Campos Energéticos de Miedo y Temor

Aquí tenemos a gente víctima del crimen organizado, víctimas de la violencia, de asesinatos, de ser torturada, noticias negativas por todas partes, gente con enfermedades terminales, inseguridad económica, todo tipo de fobias, paranoias, mucha ansiedad, películas de terror.

Los Campos Energéticos de Ira y Odio

Gangas, crimen, cárceles, asesinatos, secuestros, delincuencia, guerras, violencia, neurosis, resentimientos, golpes, películas de acción, películas de terror, noticias negativas, racismo.

Los Campos Energéticos de Engaño y Mentiras

Pseudo líderes Religiosos, Políticos con mentalidad convenenciera, Pseudo Maestros, Pseudo verdades, Pseudo dioses, interpretaciones erróneas de los Libros sagrados o de las enseñanzas de los Maestros iluminados, dogmas, fanatismo, historias incompletas, consejeros malignos el Ego y el Súper Ego, y todo el Reino de Oscuridad está fundado en mentiras y engaño.

Luego tenemos a los otros 3 que le siguen

Los Campos Energéticos de Excitación y Placer insano

Alcoholismo, drogadicción, Lujuria, sexo perverso, filias, placer insano, masoquismo, sadismo, placer por matar, violaciones, violencia, píldoras, Gula, comedores compulsivos y todo tipo de adicciones.

Los Campos Energéticos de Poder y Control

Mafia en algunas religiones, mafia política, mafia de las drogas, carteles, corrupción, poder corrupto, fama sin bases espirituales, Avaricia, prestigio sin bases espirituales, policías corruptos.

Los Campos Energéticos de Jactancia y Presunción

Soberbia, personas presumidas, jactanciosas, vanidosas, narcisistas, cualquier pequeño logro lo divulgan, cualquier pequeña ayuda la echan en cara, buscan cualquier cosa para darse los créditos ellos mismos, para impresionar a los demás, se la viven ensenando a los otros que tantas cosas saben.

Los siguientes son:

Los Campos Energéticos Pensantes, Ruidosos y juzgamiento

Personas que se la pasan pensando todo el día, un constante pensar y pensar, personas que oyen mucha música, hablan mucho, se distraen mucho, todo el día juzgando, criticando, señalando, también son muy racionalistas y demasiado lógicos, su inteligencia no pasa de la 3ra dimensión y tienen mucha desconfianza de su propia intuición.

Los Campos Energéticos ilusorios y Fantasiosos

Personas que echan la imaginación a volar casi todo el día, esta es una forma de escaparse de la realidad, son personas que viven de sus sueños irrealistas, viven en su mundo de fantasías y se la pasan deseando cosas todo el tiempo, miran una mujer y quieren tener relaciones sexuales con ella, miran otra y lo mismo, solo miran a la mujer como un objeto sexual, miran a las personas como medios para ellos conseguir lo que quieren, todo lo miran con ojos de conveniencia o de avaricia.

Los Campos Energéticos de Pesimismo y Negativismo

Personas sumamente negativas y pesimistas, depresivas, a todo le ven lo negativo, su fe se centra en todo lo malo que les va a pasar, son muy envidiosos, muy avariciosos, viven de la queja, perfeccionistas y por lo tanto a todo mundo le hayan sus debilidades con facilidad, creen que el mundo les debe algo, que Dios no está al pendiente de ellos, que la vida les está jugando una mala partida o una conspiración.

Y finalmente

Los Campos Energéticos de Vacíos Existenciales

Personas muy conmiseradas, víctimas, sentimentaloides, dolientes, se sienten inseguras, solas, tristes, muy melancólicas, lloran por todo, se siente con mucha falta de amor y de atención, mucha autolástima de sí mismos, se sienten desprotegidas, abandonadas y con vacíos existenciales profundos.

Los campos Energéticos de Cansancio y falta de Energía

Personas que desarrollan enfermedades con facilidad, por lo regular diabéticas, hepatitis c, o cualquier otra enfermedad que les provoca cansancio crónico, sin ganas de vivir, muy depresivas, con mucha fatiga, perezosas, irresponsables, dependientes, holgazanas, desordenadas

Los campos Energéticos de Aburrimiento y ocio

Personas muy aburridas, descontentas, se la pasan jugando juegos electrónicos, o cualquier otra adicción como maquinas roba monedas, todo tipo de juegos de azar, para salir de su aburrimiento, beben mucho alcohol, son muy reprimidas, les cuesta mucho ser ellos mismos por miedo al rechazo, a la crítica, se encierran en su mundo, y son casi 100% introvertidas, insociables. Parece que alguien les robo toda su felicidad o alegría tienen la cara muy seria, muy opaca, sus ojos no brillan y su cara se mira triste.

De esta manera el Campo Energético del Miedo es el que encabeza la lista, luego le sigue La Ira u Odio y el Engaño o Mentiras. Los otros 9 se desprenden de estos 3 y de esta manera tienen controlado a todo el plano terrenal tridimensional, a este mundo y a la mente del Yo inferior, Cuando él aprenda a conocerlos a profundidad, entonces le será más práctico no volverlos alimentar de su Energía Espiritual y su Poder de Gracia que recibe a diario y que es un Poder de invaluable valor. Este Poder le llega a cada segundo de su vida, solamente que él no está consciente de este Poder de Gracia. Por ejemplo: si el Yo inferior comete un error y se siente culpable en cuanto se arrepiente de corazón, el sentirá este gran perdón o Poder de Gracia pues es un Poder que viene del Amor y este Poder lo irá sintiendo cada vez más que recupere alguna de las formas de su Alma que están perdidas en el Reino de la Oscuridad, por ahora solo siente este Poder de Gracia en un 5% de su tiempo, pero conforme vaya aumentando ese 5% de Esencia Divina, entonces también lo irá sintiendo cada vez con más fuerza y comprenderá claramente a que se han referido los Maestros Espirituales cuando dicen que Dios es Amor. O que el Amor lo cura todo. Y esto es así porque El Poder de Gracia viene directamente de esta fuente inagotable de Amor, de la Conciencia Divina o Madre Cósmica y que cuando se convierte en Poder de Gracia entonces se diría esta fuente inagotable de Amor y Perdón.

El curso de los milagros dice: El espíritu esta eternamente en estado de Gracia, tu realidad es solamente Espíritu, por lo tanto, estas eternamente en estado de gracia.

Aclarando esto que dice el curso de los milagros.

Esta declarando una verdad que es aplicable únicamente al Verdadero Ser de Luz, es decir al Espíritu. Mas el Yo inferior a perdido noción de esta verdad y acabo pensando como sus consejeros malignos como su Ego y su Súper Ego, por lo tanto esa verdad solamente será como algo teórico para él, mas no para su Espíritu o Verdadero Ser de Luz. Para esté si es una verdad y es algo que él si está viviendo de forma existencial. El yo inferior tiene otros Yos Superiores de Luz o Conciencias de Luz, paralelos a él, pero él no está consciente de ello, pero conforme vaya alcanzando los Niveles Superiores de Conciencia, va ir despertando todos sus Yos Superiores de Luz.

Revisemos El Centro Magnético de Las Inseguridades.

Estas vibraciones las estarán sintiendo todas las formas de su Alma que estén siendo magnetizadas, hacia los 7 planos del Ego. Pues ellas saben que si no son rescatadas en esta vida entonces irremediablemente tendrán que seguir regresando al plano terrenal de la 3ra Dimensión. Ahora las otras formas del Alma que está en el Reino de la Luz, estas formas también sienten esas inseguridades pero en una escala menor. Por qué también ellas saben que el Alma no ha cumplido con su Segunda Misión, no se ha unificado con su Verdadero Ser de Luz. Es por ello que todas estas formas están buscando su libertad total, el Moskha, pues en parte la mayoría de ellas no desea seguir en este gran sueño, este gran maya en donde es un laberinto sin salida.

Las inseguridades que siente el Yo inferior en el aspecto material y emocional son solamente los efectos más notorios de las inseguridades más profundas de las formas de su Alma. El Yo inferior podría hacer el siguiente ejercicio mental e imaginarse que tiene tres grandes negocios, su casa pagada, una cuenta de más de 3 millones de dólares a la vez podría imaginarse a su Esposa e hijos todos saludables, algunos en la Universidad y recibiendo mucho amor de parte de sus hijos, de su esposa, sus familiares y amigos. Y al parecer esto haría desaparecer todas sus inseguridades, sin embargo hay gente que efectivamente es millonaria y tiene otro tipo de inseguridades independientemente que reciba el amor de sus hijos, esposa o amigos, algo dentro de él le estará tratando de decir que no todo está completo que algo hace falta, su intuición se estará comunicando con él para hacerle saber de qué no extienda más esa larga pausa, pues hay más probabilidades de que caiga en fuertes adicciones tales como el Alcoholismo, la drogadicción, o perversidades sexuales, casino, y muchas otras más. Si este Yo inferior no hace caso a su voz intuitiva entonces se sentirá estancado aunque para el mundo exterior sea un Hombre de éxito y que nada le hace falta. Esta es la gran confusión que llega a tener este Yo inferior que por una parte a nivel tridimensional ha llegado a la cúspide, se encuentra entre los Hombres más exitosos a todos niveles pero todo esto aplica a la 3ra Dimensión. A lo mucho ha alcanzado a realizar los sueños de su 3er nivel de Conciencia y que todavía pertenecen a la 3ra Dimensión. Solamente que estos 3 primeros Niveles de Conciencia son la parte más elevada de la 3ra Dimensión. De allí el Yo inferior se tiene que encaminar al 4to, 5to, 6to y 7mo Nivel de Conciencia para alcanzar la Segunda Misión de su Alma. Y mientras esto no suceda las inseguridades seguirán sintiéndolas las formas de su Alma.

Ahora si comparamos a este Yo inferior exitoso que ha alcanzado su 3er Nivel de Conciencia con un Yo inferior que aún vive en los 7 planos del Ego. No hay comparación pues cuando un Yo inferior ha caído a este primer plano del Ego al centro magnético de las inseguridades, es un infierno el que él está viviendo, se llena de terror, de miedos, pierde la confianza casi total en el mismo y vive con una ansiedad constante. Pues económicamente debe dinero, o no tiene para la renta, en la salud presenta síntomas de enfermedades que no se va a examinar al médico por falta de dinero, hay muchas metas que quisiera conseguir pero la falta de dinero no se lo permite, se siente muy solo, que no recibe el amor y el cariño de su esposa o hijos y está muy alejado de sus familiares, al igual son muy contados los amigos que tiene, su concepto de Dios es meramente teórico nunca ha sentido su presencia y hasta duda sinceramente de que exista tal Dios, y de esta manera se estará agarrando de todo lo que encuentre para no sentir que se cae a un abismo. Por consiguiente este Yo inferior estará experimentando el infierno de las inseguridades, mientras que el otro que vive en el 3er Nivel de Conciencia, estará sintiendo las inseguridades levemente, las tendrá controladas, es algo que él puede esquivar fácilmente sin embargo es una gran oportunidad para que él se encamine hacia su Segunda misión de su Alma, pero él no mira la necesidad de cumplir dicho objetivo, incluso su estado de bienestar le hace a veces pensar que todos los Maestros Iluminados eran quizás personas faltas de amor, de atención y se inventaron unas filosofías que consolaban a las personas para que no se sintieran faltas de amor y de atención, quizás él no sea una persona arrogante ni mucho menos pero su bienestar no le permite mirar el segundo objetivo de su Alma. Para él, la vida es esa y él ya le gano al juego de la vida, él pensará que ya gano la gran batalla espiritual y en caso de que sea creyente solo creerá en Dios de una manera superficial o respetuosa pues es una religión o creencia que le inculcaron sus padres y él simplemente trata de tener respeto a eso, pero tampoco mira o siente la necesidad de un Dios. Por todos lados él mira que la gente está enajenada o confundida. Sin embargo este tipo de Yo inferiores/Superiores. Cuando les suceden algunas calamidades es cuando despiertan un poco y comienzan a valorar las cosas espirituales, comienzan a respetar más la fe de otros, las creencias de otros, pues descubren que su bienestar material y emocional no lo eran todo. Que en el terreno del Espíritu es un novicio y que realmente hay cosas que él desconoce y que no puede tomarlas más a la ligera pues ya descubrió que ante las calamidades que sufrió no pudo mantener su estabilidad emocional, toda su estructura de seguridad que él creía tener casi se le derrumbó.

Una calamidad o mala noticia es un gran momento para volver a comenzar, volver a enraizarse y seguir descubriendo que en esos momentos de duelo, de tristeza, de desesperación, de depresión. No acuden los consejeros malignos a rescatarlo, lo dejan morir solo o simplemente no saben cómo ayudarlo, por falta de luz, por desconocimiento de los Principios Espirituales. Entonces es allí cuando son los principios espirituales los que sí sacan a cualquier Yo inferior de sus problemas, es la Fe, la voz de su Conciencia intuitiva, su Yo Positivo y su Yo intuitivo los que sí lo asisten, los que sí lo apoyan, y también el Yo inferior si está dispuesto hacer los cambios necesarios para incrementar sus niveles de Conciencia sentirá el Poder de Gracia como quizás nunca antes. Lamentablemente en esos momentos los consejeros malignos no se presentan, ellos pretenden compadecer su dolor, pero en realidad están esperando a que el Yo inferior se llene más del Poder de Gracia para que se le olvide lo que le paso y nuevamente ellos sus consejeros le volverán a meter ideas egoístas, y todo seguirá como si nada hubiera pasado, el Yo inferior vuelve adormecerse y habrá dejado escapar una gran oportunidad que lo puedo haber lanzado hacia su Segunda Misión.

El Poder de Gracia se logra manejar bien cuando un Yo inferior alcanza el 4to Nivel de Conciencia, allí él aprenderá a convertirse en un ahorrador de energías vitales, de energías del Poder de gracia. Ya no seguirá alimentando a sus enemigos de su Energía Espiritual, ya habrá aprendido a no compadecerse de ninguno de ellos, pues estos enemigos le han tirado a matar, son incompasivos y crueles, ¿Entonces por qué seguir creyendo en sus mentiras? ¿Por qué seguir alimentándolos? ¿Por qué seguir permitiendo que ellos manejen la Residencia interior del Yo inferior?

¿Cómo se rescatan a las formas del Alma que están prisioneras en los Centros Magnéticos de las Inseguridades?

Alcanzando cada uno de los 7 Niveles de Conciencia Superiores, por ejemplo cuando el Yo inferior tenga dos años viviendo en su primer nivel de conciencia entonces habrá rescatado a gran parte de las formas de su Alma que estaban prisioneras en la inseguridad emocional, y cuando tenga dos años viviendo en su 3er nivel de conciencia entonces habrá rescatado a las formas de su Alma que estaban prisioneras en la inseguridad material, pero por cada nivel de conciencia que alcance, gran parte de esas formas de su Alma serán liberadas.

(Ver el Principio Espiritual de la Seguridad del Primer Nivel de Conciencia)

Centro Magnético de La Irresponsabilidad.

Un Yo Superior responde. Un Yo inferior reacciona sin pensar en las consecuencias. Por lo tanto responsabilidad es la habilidad de responder y la irresponsabilidad es la inhabilidad de responder cuerdamente.

Veamos de qué manera un Yo inferior desde una niñez va adquiriendo el hábito de ser irresponsable, cómo hemos visto parte de la irresponsabilidad se deriva de la Pereza, el desánimo, la indisciplina, el desorden, estos comportamientos los manifiesta un Yo inferior que esta desmotivado, frustrado y además desarrollo el arquetipo de víctima y de aquí surgirán las raíces de su irresponsabilidad, pues este es un Yo inferior que todavía está esperando que alguien lo venga a cuidar, en su interior sigue siendo un niño desprotegido incapaz de hacerse cargo de sí mismo, así que seguirá teniendo años cronológicos pero mental y emocionalmente seguirá siendo un niño desprotegido esperando que alguien lo ayude, que alguien se haga cargo de él, por lo tanto no querrá asumir cargos de gran responsabilidad. Si demás grande sale embarazada su novia la convencerá de que aborte pues no soporta la idea de hacerse responsable de dos personas, él se dice a sí mismo" si con dificultades puedo hacerme cargo de mí mismo entonces, cómo voy a poder hacerme cargo de dos personas más? mejor que aborte además ella tuvo la culpa no se cuidó" y buscará mil excusas para justificar sus actos de irresponsabilidad, en su trabajo no querrá ascender de puesto pues no quiere liderar con la presión de sus patrones, por todos lados estará rehuyendo a las responsabilidades, el Espíritu de baja luz de la Irresponsabilidad se esconde detrás de él para no querer enfrentar sus errores, sus negligencias, este es un Espíritu miedoso y cobarde que le aterra todo tipo de responsabilidades y el Yo inferior está contaminado de su esencia, todo se empeora si este Yo inferior tiene unos Padres que lo mantienen, o tiene medios de cómo conseguir dinero de una manera fácil, pues la irresponsabilidad es un modo de vivir, muchos prefieren vivir solteros que tener la responsabilidad de liderar con una esposa y unos hijos o seguir ganando el mínimo en lugar de llegar tener su propio negocio o de seguirse preparando en la vida para mejores oportunidades.

¿Cómo se puede erradicar esta irresponsabilidad?

El Yo inferior tiene que meterse bien en su mente que sin importar lo que le haya sucedido en una niñez, nadie tiene la responsabilidad de cuidar de él, de preocuparse por sus problemas, de alimentarlo, de amarlo, tiene que aceptar que Las Leyes Divinas no cambiarán por lo que le haya sucedido en su niñez, que sus Padres por mas culpables que se llegasen a sentir, tampoco podrán cuidar de él o ella toda la vida, que por mucho que desee alcanzar cosas en la vida estos deseos no se van a realizar simplemente porque él los desee o los quiera, él tiene que ir por esos deseos, él tiene que hacerlos realidad, él los tiene que materializar, él tiene que ir por las cosas, si desea una buena salud, él tiene que cambiar sus malos hábitos de comer y de no estar haciendo ejercicio. Todo cae sobre él, si desea que le den amor, él tiene que empezar a dar lo poco que tenga y no esperar a que se lo vengan a dar, él tiene que hacer que las cosas sucedan y no estar deseando que las cosas le sucedan a él. Él es un con-creador y por lo tanto él puede crear sus propios sueños, de aquí la importancia de comenzar a morir al Yo inferior irresponsable y comenzar a darle vida a su Yo Superior Responsable pues este Yo Superior se hará 100% Responsable de toda su D.kármica y dejará de echarle la culpa a Dios, a la Vida, a sus Padres, a su País, a la economía, a su abuso sexual, a su drogadicción, a su alcoholismo, a su manera de jugar compulsiva, al rechazo de las mujeres, a su pasado. Todo esto el Yo Superior lo echará fuera de la ventana, este Yo Superior de Luz es como alguien que se meterá a su Residencia interior del Yo inferior y hará tiradero de cosas inservibles y ni siquiera le preguntará ¿Si esto sirve o si no sirve?, pues el Yo inferior está muy apegado a su pasado, a todas las formas de su pasado, y se deja llevar todavía por el sentimentalismo, pero su Yo Superior corta de un solo todo lo que no sirve y se sigue moviendo. Es posible que el Yo inferior no crea todavía que existe esta fuerza dentro de él, pero conforme vaya conociendo a sus enemigos y cómo funciona su Reino de Oscuridad todo comenzará a tener sentido el por qué él ha sido el resultado de todas sus malas decisiones y del por qué fue víctima de toda esa falsa información que sus dos consejeros malignos le metieron. Tratar de echarles la culpa a los malignos tampoco sirve de mucho, ya que esa es su forma natural de actuar de todos ellos, lo único que se está intentando hacer es conocerlos a profundidad y una vez se obtenga este conocimiento entonces el Yo inferior comenzará a despertar de su ceguera espiritual y a la vez el Poder Espiritual que lleva su Yo Superior de Luz por dentro comenzará a manifestarse con más fuerza.

Esto sucederá de la siguiente manera. Es como si el Yo inferior estuviera bajo un sueño pesado y ya son las 10:00 am. Quizás todavía no sienta la necesidad de despertarse, pero cuando den las 12:00pm. Es posible que ya no tenga sueño pero todavía la pereza le gana y decide seguir recostado sin querer hacer nada, pero supongamos que así se la pasa todo ese día y toda la noche que sigue. Al siguiente día no podrá estar en cama después de las 11:00 de la mañana. Una fuerza dentro de él lo hará despertarse y salirse de la cama y por más que él quiera seguir de perezoso o seguir dormido no va a poder, pues esta fuerza estará lista para hacerlo que se bañe, que se arregle, que haga ciertas actividades. Entonces esto es algo parecido que le sucederá al Yo inferior conforme vaya descubriendo como funciona su propio Reino de Oscuridad y su Reino de Luz. Llegará un punto en que él ya no podrá seguirse engañando con estarse poniendo el arquetipo de víctima o de irresponsable, jamás le podrá echar la culpa a nadie, sabrá que le ha llegado su hora de despertar e ir por lo que le corresponde.

Ahora tenemos al Centro Energético Magnético de La Indecisión.

La indecisión tiene sus raíces en el miedo, el perfeccionismo, la Irresponsabilidad, la falta de carácter, la falta de confianza en uno mismo, la falta de fe y como resultado las ambivalencias.

El Yo inferior tarda en decidirse porque tiene miedo a equivocarse, tarda en decidirse porque busca la mujer perfecta o el Hombre perfecto o el trabajo perfecto, o quiere que sea la perfecta decisión, pues en su perfeccionismo no admite equivocarse, tarda en decidirse porque no se quiere hacerse responsable de los resultados de esa decisión, tarda en decidirse por que la falta carácter para asumir sus errores y decir "Si" Yo fui el que hizo tal cosa o el que autorizo ciertas acciones, le tiene miedo a su Esposa, Esposo, Papás, jefes o a alguien que ejerce autoridad por encima de él, tarda mucho en decidirse porque no se tiene confianza a si mismo ya que en el pasado ha hecho unas malas decisiones y hoy tiene miedo de equivocarse pues no quiere enfrentar las consecuencias, tarda mucho en decidirse porque no confía en su Dios, no confía en su Fe, no está seguro si lo que va a decidir le resultará, todavía maneja la mente convenenciera la que se asegura de que saldrá ganando y todo este mar de indecisiones lo convierten en una persona ambivalente, será presa fácil de los vendedores, de los que hablan elocuentemente, de los que venden la fe, de los que hablan de Dios de una manera muy convincente, de los que presentan un carácter más fuerte que él, este Yo inferior si es mujer la conquistará con facilidad un Hombre habilidoso, mentiroso y que se maneja con mucha confianza pues ella lo mirará como alguien más fuerte y seguro que ella, y si es Hombre se enamorará de Mujeres de hierro, de mujeres valientes, de mujeres agresivas, de mujeres que al parecer no le temen a la vida. Este Yo inferior indeciso terminará apoyándose en personas más fuertes de carácter que él y también dejará pasar muchísimas oportunidades que diez años más tarde descubre que hubiera sido mejor si hubiera aprovechado aquella oportunidad que dejó pasar, pues su gran reto será hacer las decisiones lo más rápido posible y asumir responsabilidad total por las consecuencias sin tener que echarle la culpa a nadie.

¿Cómo puede este Yo inferior erradicar este estado mental de las ambivalencias e indecisiones? ¿Se tienen que tomar rápidamente?

Es recomendable que se tomen las decisiones lo más rápido posible, solamente se tiene que asegurar de que si algo sale mal de esa decisión entonces él asumirá responsabilidad por ello, cuando sean decisiones que involucra a la pareja entonces se tienen que mirar todos los pros y los contras. Y una vez que se han mirado, entonces los dos estar de acuerdo en la decisión y si algo sale mal nadie va culpar al otro, eso sería caer al arquetipo de víctima, y del irresponsable. Hay decisiones que si ameritan tiempo razonable que pueden cambiar la vida de la persona para siempre, por ejemplo: si él tiene que decidir someterse a una operación la cual no hay garantías de que salga bien o seguir con su dolor y soportar lo que más pueda, entonces tiene que mirar cuál de las dos decisiones le conviene más y una vez la ha asimilado entonces que se decida y no lo siga posponiendo pues esa decisión llevara toda su fe, su confianza y se hará responsable de las consecuencias, la decisión de casarse o no casarse también implica tiempo, la decisión de convertirse a una religión o no, también necesita tiempo, la decisión de ir a las fuerzas armadas, en fin cada quien tiene que saber cuáles son las decisiones que implican riesgos y cuales se pueden hacer con facilidad, esas que se pueden hacer con facilidad el Yo inferior por lo regular les ha dado demasiada importancia como si fueran de gran riesgo y en esas decisiones que las alarga sale perdiendo, pues estará alimentando a sus Espíritus de baja luz de las indecisiones y las ambivalencias. Estos espíritus de baja luz de las indecisiones y ambivalencias se la pasan jugando con su mente, uno lo hace decidir una cosa y el otro pone en duda lo que él decidió y de allí traen lo traerán como una pelotita de ping-pong. Están jugando raquetas con él y él no se da cuenta. Es por eso la importancia de no seguirlos alimentando pues aunque se equivoque en sus decisiones él tiene que asumir total responsabilidad por esos errores y él sale ganando pues cada vez conocerá más al principio de la Responsabilidad y estará tomando su Poder de Decisiones de regreso. Pues este Poder de las decisiones es una herramienta muy poderosa que es una herencia que se le otorgo, su Verdadero Ser de Luz del Yo inferior tiene tanta confianza en él, que le heredo esa gran herramienta del Poder de las Decisiones, pero eso se verá en el 6to plano del Ego.

El Centro Magnético de La Preocupación.

Este como los demás se alimentará cada vez que el Yo inferior experimente preocupación por cualquier cosa, pero sus dos consejeros malignos se encargarán de meterle ideas negativas y de temor le dicen "¿Y qué tal si se llega a dar cuenta tu Mamá o tu Papá de la travesura que hiciste? ¿Y qué tal si descubren lo que te robaste? ¿Y qué tal si descubren tu mentira? Primero lo incitan a que haga las travesuras y le hacen creer que no va a pasar nada, pero en cuanto ya lo hizo entonces lo torturan con culpas y con preocupaciones. de allí que este Campo Energético magnético vibracional de las Preocupaciones seguirá expandiéndose cada vez con mayor fuerza y demás grande lo tendrá dominado con toda una cadena de preocupaciones, esto no le ayudará, puesto que esta será una fuerza magnética muy fuerte que atraerá para sí, experiencias negativas, ya que los miedos, los temores, las preocupaciones funcionan como la Fe, Si un Yo inferior tiene muy fuerte su Fe entonces cosas positivas le suceden en su vida, pero si él tiene muy fuerte este centro energético magnético de Preocupación, entonces cosas negativas le suceden en su vida. Pues él mismo bajo la ley de atracción y magnetismo está atrayendo para si todo lo que más le preocupa. De esta manera es que a este Yo inferior le será casi imposible realizar las metas que se hace en la vida, mira como a otros si se les cumplen sus metas o deseos y no a él. Y es por lo mismo que este centro tiene un magnetismo y una fuerza de atracción muy fuerte, por lo tanto él tiene que aprender a como dejar de preocuparse cada día más.

Él se tiene que dar cuenta que siempre ha existido una fuente inagotable de estabilidad emocional y espiritual dentro de él mismo y que él se había privado de experimentar esos estados de Conciencia puesto que sus dos consejeros malignos junto con todos estos espíritus de baja luz lo habían convencido de lo contrario, siempre lo desanimaron en todos sus proyectos de vida y en todas sus metas le sembraron mucha desconfianza que acabo desconfiando en el mismo, en su Dios, en la Vida, en las leyes de la Vida, en la Justicia Divina y el Universo y simplemente comenzó a pensar que tenía mala suerte, que alguien lo había embrujado, que la Vida o Dios lo estaban castigando, que todo le salía mal. Así el mismo se fue llenando de letreros en su mente que dicen cosas negativas y fue apartándose de la luz. Una vez que él aprenda a comunicarse con Su Conciencia Intuitiva y con su Conciencia Cristica- Buddhica. Descubrirá que tanto su Conciencia Intuitiva como su Conciencia Cristica -Buddhica siempre están tranquilas, serenas, y que no importa si al él se le muere un ser querido o si pierde su negocio, o si se divorcia, o si le detectan una enfermedad. Estas Conciencias permanecen tranquilas, con mucha calma y no se identifican con nada de la 3ra Dimensión, El Yo inferior tendrá primero que aprender cómo comunicarse con su Conciencia Intuitiva y mucho después por el Poder de Gracia es que podrá contactar a su Conciencia Cristica Buddhica, pero esta Conciencia Intuitiva es un abogado espiritual que él tiene, es alguien que siempre lo defenderá de los del Reino de la Oscuridad. Pues este abogado conoce perfectamente las reglas del Juego y siempre sacará la cara por el Yo inferior. Jamás lo deja solo. Cuando esta comunicación la logra el Yo inferior entonces este centro magnético de las Preocupaciones perderá mucho poder, pues ya no estará solo, por fin ha encontrado a su Maestro Interior, a la fuente de su Sabiduría, a su Guía Espiritual, a su Conciencia Intuitiva. A esta Conciencia Intuitiva algunas religiones la han llamado el Espíritu Santo o lo que Jesús les dijo a sus Discípulos No teman porque al irme Yo, les vendrá el Gran confortador, y es esta Conciencia Intuitiva. Otros la llaman la voz de Dios. Y la razón por la cual le llaman así, es porque le da respuestas al Yo inferior que sus consejeros malignos el Ego y el Súper Ego jamás le habían dado, entonces la persona dice este mensaje que me llegó tuvo que venir directamente de Dios. Y es por eso que algunos le llaman la voz de Dios. Nosotros la hemos llamado la Voz de la Conciencia Intuitiva y que es muy diferente a la voz del Yo intuitivo, pero el Yo inferior inexperto tendrá que empezar con su Yo intuitivo ya que este Yo intuitivo es una conexión con su Conciencia Intuitiva. Por medio de esta Conciencia Intuitiva hay Yos Superiores que han servido como medios o canales que consiguen información de los planos astrales y escriben sus libros de todos esos mensajes que reciben ya que son unos chanellings o mediums.

Descubrir esta fuente inagotable de estabilidad emocional, espiritual y de tranquilidad de las conciencias elevadas del Yo inferior es lo que le ayudará a contrarrestar cualquier preocupación. Pues todas las preocupaciones son inservibles, en primer lugar él no puede resolver nada en ese momento de preocupación. ¿O se preocupa o resuelve? Pero no puede hacer las dos cosas al mismo tiempo. Pero él ha optado por preocuparse y se olvida de resolver. ¿Ahora si no se puede resolver en ese momento entonces para qué preocuparse si la preocupación jamás ha solucionado ni un solo problema? Lo que siempre ha resuelto los problemas es la Acción esa es la que si resuelve. Si por ejemplo el Yo inferior se preocupa de que pueda tener una enfermedad por 'X' síntomas que presenta entonces su preocupación no arregla nada. Cuando él toma la acción de ir al médico examinarse y seguir las instrucciones es como si soluciona el problema, y en todo eso hubo Acción. Por lo tanto la preocupación es una adicción insana, un mal hábito, algo inservible. De vez en cuando hay preocupaciones que son enraizadas en la Responsabilidad pero incluso este tipo de preocupaciones se sienten diferente porque la persona no está invadida por el miedo o el temor. La persona que experimenta una preocupación por su sentido de Responsabilidad está lista para actuar, para Accionar en lo que se tenga que hacer.

Mas si es una preocupación inservible, allí es cuando sirve mucho contactar a su Yo intuitivo, a su Yo Positivo y si ya se ha logrado el contacto con su Conciencia Intuitiva pues es mejor, ya que esta en cuanto comienza a comunicarse con su Yo inferior desaparecen todas las preocupaciones, todos los miedos. Esta voz de la Conciencia es como cuando el Yo inferior tiene un grave problema y va a visitar al Amigo de más confianza que él siente que le puede ayudar y en cuanto su Amigo comienza a desenmarañarle todo el problema su preocupación pierde fuerza. De la misma manera él tiene una Conciencia Intuitiva que lo conoce muy bien y que está allí las 24hrs, al día y nunca se molestará con todas las preguntas que le haga. Pues estará allí para guiarlo, para comprenderlo, para aclararle todas sus dudas. JAMÁS LO JUZGARÁ. SIEMPRE LO COMPRENDERÁ.

El Centro Magnético de La Culpabilidad.

Antes de hablar de este Centro Magnético de la Culpabilidad, primero veremos la moralidad del Yo inferior y esta moralidad se basará en la programación que está registrada en su **Centro Colectivo Inconsciente (C.C.I.)** allí se encuentra una programación de todo lo que es "bueno" y lo que es "malo" entonces cada vez que el yo inferior cometa un acto "malo" se sentirá mal o se sentirá culpable. Esta programación la fue adquiriendo por medio de los temores y prejuicios de sus Padres, sus Hermanos, su Religión, su cultura y todo el medio ambiente en donde creció de esta programación le surgirán los Juzgamientos y las críticas.

Cuando los Yos inferiores se juzgan los unos con los otros ellos mismos van construyendo sus propios jueces internos, en este caso todo lo que sus Padres y su medio ambiente juzgaron como bueno o como malo. Todo eso se lo transmitieron a este Yo inferior y de esta programación se va a fundamentar su moralidad.

Ahora pasemos a unas de las reglas del juego. Ellos los malignos están funcionando en la causalidad sin recibir efectos de sus actos, ya que sus actos serán cometidos por medio del Yo inferior y los efectos los recibirá el Yo inferior junto con las formas de su Alma. Ellos no se sienten culpables de todo lo que hacen, no tienen Conciencia, si miran al Yo inferior sufriendo no sienten nada de compasión por su dolor, ni por el dolor de nadie más, no tienen nada de empatía. A ellos lo único que les importa es satisfacer sus deseos egoístas y para ello convencerán al Yo inferior de que haga las decisiones y acciones necesarias para ellos conseguir sus deseos. El Yo inferior como ya hemos mencionado, ha sido contaminado de su esencia y a veces utiliza su racionalización justificada o su cinismo para no sentirse culpable por las cosas que hace y esto a veces le funciona, pero la mayoría de veces no, ya que como él si tiene un Alma y una Conciencia entonces por su naturaleza misma no puede disfrutar haciendo el mal en un 100%. Ellos si lo disfrutan porque esas son sus vibraciones de ellos, ese es su mundo y de vez en cuando le permiten sentir parte de ese placer pero en la mayoría de veces no.

Por ejemplo: cuando un Yo inferior ha bebido alcohol por largos años y ya el médico lo amenazo con que se podría morir a causa de una cirrosis hepática o algo parecido o incluso ya haya conseguido información sobre el alcoholismo.

Entonces cuando vuelva a beber ya no se sentirá bien, ya no lo podrá disfrutar como cuando podía evadir sus sentimientos de culpabilidad o de malestar. En este caso su cinismo o racionalización justificada ya no le funcionan, es su moralidad la que no lo deja disfrutar de esa adicción. En cambio los espíritus del alcoholismo si lo disfrutan al 100% y el yo inferior por más que quiera disfrutar lo que ellos disfrutan no puede, porque su Alma ya no está a gusto, las formas de su Alma que están enclaustradas en ese centro energético del alcoholismo ya quieren liberarse de esa prisión, por lo tanto no importa que tan borracho se ponga el Yo inferior no puede disfrutar como antes y esto mismo le sucederá con todas las demás adicciones o actos inmorales que llegue a cometer.

Ellos por ejemplo: cuando el Yo inferior comienza con una nueva adicción o un acto inmoral le hacen sentir el placer de esa acción casi en un 100% hasta que se van asegurando de que ya se convirtió en un adicto entonces el placer de esa adicción la seguirán sintiendo ellos al 100% pero no él. Por el contrario cada vez sentirá menos placer en sus borracheras y más culpabilidad con su forma de beber.

La culpabilidad es como un semáforo en rojo que le indica al Yo inferior de que se ha salido de su propio camino y de que se vuelva a meter. Esta sería la culpabilidad natural y positiva. Pues su moralidad es como un banco de memoria que sabe lo que le conviene al Alma del Yo inferior y cada vez que se salga de los verdaderos deseos de su Alma de los propósitos de su Alma entonces surge esta luz roja la cual es una alerta que se manifestará como una culpabilidad. Entonces el Yo inferior cuando se comienza a encaminar por rutas espirituales sentirá con más fuerza esta culpabilidad la cual si él se llega arrepentir de corazón y esta sinceramente dispuesto a corregir su error entonces el Poder de Gracia limpiará todos sus errores por los que se haya sentido culpable y nuevamente vuelve a empezar de nuevo. Pues el Poder de Gracia es un regalo o un Don que ya se tiene y que los que están más despiertos espiritualmente sienten ese Poder con más frecuencia, los que están más dormidos no lo sienten por el contrario sienten la hostilidad, la soledad y todos esos sentimientos y emociones de bajísima luz.

Esta sería la parte positiva y natural de la culpabilidad es un sentimiento que le notifica al Yo inferior de que se ha salido del verdadero camino de su Alma y que sería mejor si corrige esa culpabilidad a tiempo para volver a sentir el Poder de Gracia ya que este Poder es la que lo baña y lo limpia de toda culpabilidad y sentimientos de baja luz.

Ahora pasemos a la parte de rebeldía de los Yos inferiores. Esta es una etapa en donde el Yo inferior se quiere desprogramar de toda esa programación que le transmitieron sus Padres y su Medio ambiente. Pues hay muchísimas cosas de las cuales él está en total desacuerdo y por eso es que esta en un estado de rebeldía y el mismo inconscientemente cometerá actos de inmoralidad para demostrar de que él ya no quiere seguir siendo parte de esa "maldita programación". Es cuando el Yo inferior está encontrándose a sí mismo y puede llegar a cometer actos inmorales para consigo mismo a manera de probar de que ya no tiene miedo a los castigos o ya no quiere seguir cargando a ese Pseudo Dios castigador que le metieron. Algunos Yos inferiores se han dado a prácticas de homosexualidad solamente para desquitarse de su Padre Machista o su Madre homofóbica, hay otros que educan a sus hijos de manera diferente para demostrarle inconscientemente a la Madre como se educa a los hijos, en esta etapa de rebeldía el Yo inferior logra desprogramarse de muchas pseudo moralidades que venía cargando, pero en la parte negativa puede convertirse en un cínico, un inmoral, alguien que caiga seguido a la cárcel simplemente porque él sabe que su mente fue corrompida por el sistema en donde le toco nacer y como no sabe cómo demostrar su desacuerdo con lo que le toco vivir entonces lo demostrará siendo un mal elemento de la sociedad, pues él dice en su mente, "Uds. fueron los que me contagiaron primero, corrompieron mi mente y por eso hoy yo soy como soy y ahora ha Uds. les toca pagar las consecuencias de sus actos" "por su maldita avaricia hay más pobreza y por la abundancia de pobreza hay más criminalidad si no hubiera tanta pobreza yo hubiera podido trabajar honradamente y salir a delante, pero como he crecido en un sistema corrupto entonces Uds. la sociedad es la primera culpable de yo estar encerrado y haciendo el mal allá afuera".

Esta sería agrandes rasgos la parte negativa de la rebeldía pues el criminal está tratando de desprogramarse de toda la información que le metieron, desde sus padres, hasta la sociedad y la religión y de la única manera que ha podido demostrar su rebeldía es cometiendo actos criminales e inmorales. La segunda parte que le convendría a estos Yos inferiores es demostrar su rebeldía pero a su Propio Reino de Oscuridad, ya que allí es donde reside el verdadero enemigo y no en la sociedad ya que la sociedad es el resultado directamente del Reino de Oscuridad que habita en cada Yo inferior del mundo.

Ahora pasemos a la parte negativa de la culpabilidad. Y la moralidad. Los consejeros malignos el Ego y el Súper Ego utilizarán su Centro Colectivo Inconsciente en donde está todo lo" bueno" y todo lo que es "malo" entonces de allí ellos agarrarán toda su información para que cada vez que el Yo inferior infrinja la "ley" lo condenarán, lo juzgarán, y por ultimo lo castigarán. Ellos por ejemplo saben exactamente qué idea o concepto de Dios tiene el Yo inferior y entonces utilizarán esa idea de Dios para castigarlo. Si por ejemplo él cree en un Dios que castiga el acto sexual antes del matrimonio y cada vez que llegue a cometer un acto sexual fuera del matrimonio o sin matrimonio se sentirá culpable pues en el 7mo Plano del Ego residirá una Entidad de Oscuridad que se hará pasar por Dios. Esta Entidad Espiritual de Oscuridad será un Pseudo Dios y este castigará al Yo inferior cada vez que viole sus leyes. Este Pseudo Dios que ha sido construido por las ideas inculcadas que le metieron al Yo inferior será un gran obstáculo tanto para él como para su Alma, pues lo convertirá en un gran reprimido y esto se empeora si este Yo inferior por naturaleza nació con temperamento introvertido pues reprimirá todos o la mayoría de sus deseos sexuales y será como una bomba de tiempo que cuando explota cometerá los actos de peor inmoralidad, por eso no es de extrañar que haya tantos casos de pedofilia, de violaciones a niñas menores de edad, sexo con animales y tantas filias que hay. Una de las razones es por tanta represión entonces llega un punto en que el Yo inferior ya no puede aguantar tanto y acaba convirtiéndose en un gran "pecador", y entonces si aun no sea liberado de su Pseudo Dios las cosas empeoran pues este Pseudo Dios lo castigará, mandará a sus verdugos a castigar a las formas de su Alma que estén encerradas en dicha prisión de la cual haya salido el acto inmoral. Si salió de la prisión o la cárcel de la masturbación entonces el castigo será para esas formas del Alma que estén allí, si salió de la cárcel de la infidelidad entonces el castigo será para las formas del alma que estén allí y lo mismo si son con las drogas, el alcohol, el cigarro. En fin, este Pseudo Dios traerá muy oprimido al Yo inferior y cuidadito que este leyendo otras escrituras sagradas porque este Pseudo Dios es totalmente celoso, no está de acuerdo en que haya otros haciéndole competencia, pues este pseudo Dios es un dictador en donde su gobierno es el que rige sobre este Yo inferior. Las confusiones que tendrá el Yo inferior es cuando el mismo se pregunte qué ¿por qué si su Dios es amoroso y compasivo, él mismo le tiene mucho miedo? ¿Además por qué nunca le contesta sus oraciones? ¿Por qué se esconde? ¿Por qué tanto misterio? ¿Y por qué sí lo castiga inmediatamente en cuanto comete cualquier falta?

Son muchas dudas que tendrá este Yo inferior con este Pseudo Dios, pero como sus consejeros malignos junto con esta Entidad Falsa lo conocen bastante bien, entonces le darán solamente falsos consuelos, lo mantendrán engañado todo el tiempo. Pues si el Yo inferior es honesto consigo mismo notará que este Pseudo Dios no es el mismo que presenta el Maestro Jesús. Son dos polos opuestos y sin embargo el Yo inferior no haya como liberarse de este Pseudo Dios pues tiene miedo que lo mande al infierno.

Cuando él descubra por el mismo de que su Alma jamás se perderá en el infierno es cuando se va a deshacer de este Pseudo Dios. Pues como lo va a mandar al infierno, si el infierno es un estado temporal psicológico que a nivel astral si es real, pero no es eterno y para los únicos que puede sentirse como eterno es para los Yos inferiores que decidieron vivir en la oscuridad y cometer todo tipo de crímenes, que se dejaron utilizar por las fuerzas del mal todo el tiempo, pero aun esas Almas o Yos inferiores tienen sus propio abogados de luz, sus Conciencias intuitivas, tendrán asistentes de luz que velarán por ellos, pero de allí en fuera nadie que no sea un asesino, un criminal de lo más bajo. Podrá ir al infierno por una eternidad, así como tampoco estos criminales estarán en ese infierno por toda una eternidad, que a ellos se les llegue hacer como una eternidad es debido a sus vibraciones bajas de luz e ignorancia y no es por otra cosa.

Si este Pseudo Dios fuera real entonces las Almas no tendrían derecho a ser perdonadas, no sentirían el Poder de Gracia que desciende todos los días a creyentes y no creyentes. Este Poder de Gracia es como el Sol. Sus rayos llegan a todos, su calor llega a todos. De la misma manera es este Poder de Gracia y así es el amor del Verdadero Dios, del Ser Supremo su amor es igual para todos, creyentes o no creyentes a todos se les da la oportunidad de volver a su camino.

Por lo tanto esta es la culpabilidad negativa que se basa en un juzgamiento sin bases, por ejemplo las Conciencias Superiores no juzgan, en el Reino de la Luz no existe el juzgar, el criticar, el castigar. Todos los Seres de Luz (Nosotros Incluidos) son comprensivos, orientan, guían, asisten y a nadie forzan, no están detrás de nadie queriendo convencer, ellos son muy respetuosos que no interfieren con la voluntad y las decisiones de nadie. Ellos no dicen ven síguenos te conviene nuestro camino. Ellos jamás utilizan esas palabras. Pues ellos ven a todas las Almas como unos Maestros de Luz, como seres igual que ellos de luz. En cambio los seres de baja luz, ellos si utilizan todo tipo de artimañas para convencer al Yo inferior de que su camino es el mejor que el de los demás, ellos si incitan, se promueven y tratan de reclutar al Yo inferior.

¿Cómo puede un Yo inferior comenzar a liberarse de la culpabilidad negativa?

Primero es recomendable que se convierta en un amoral. Que no maneje ni bueno ni malo. Ni moral ni inmoral, que el primero descubra cuales son los verdaderos deseos de su Alma, él mismo irá sintiendo que es lo que realmente desea su Alma y partiendo de allí, se comenzará a sentir culpable cada vez que los actos que cometa no lo estén acercado a los verdaderos deseos de su Alma, pero incluso esta culpabilidad no es aquella que castiga, esta culpabilidad es un sentirse mal consigo mismo pero nadie lo está castigando simplemente él sabe que no está haciendo lo que le corresponde y se está evadiendo o está cayendo en comportamientos que no le sirven, entonces este tipo de culpabilidad es positiva porque no se le está juzgando o castigando solamente él está haciendo un examen de conciencia, de allí que él mismo forjará su nueva moralidad la cual estará basada en los ideales de su Alma y no en lo que dicen las religiones. Esto es empezar a independizarse de todas las ataduras de sus consejeros malignos pues ya no les estará dando armas para que lo sigan castigando. Cuando el Yo inferior logre independizarse de su falsa moralidad, de ese Pseudo Dios y logre apartar las voces de sus consejeros malignos (Ego y Súper Ego) entonces es casi seguro que comenzará a escuchar la voz de su Conciencia Intuitiva y si el Poder de Gracia lo favorece es posible que escuche la voz de su Conciencia Cristica Buddhica.

Cuando esto suceda este Espíritu de baja Luz de la Culpabilidad negativa perderá mucha fuerza y el Yo inferior ya no caerá en la trampa de este tipo de culpabilidad negativa que nunca resuelve nada y que solamente lo atormenta emocional, moral y espiritualmente, en cambio su Conciencia intuitiva lo apoyará constantemente le dará la mano para levantarlo de cualquier culpabilidad de cualquier estado de depresión o soledad.

Cuando un Yo inferior no se libera de la culpa entonces es casi seguro que esta culpabilidad no liberada es la que trazará su próxima misión en la tierra cuando regrese su Alma. Si un Yo inferior por ejemplo: por alguna negligencia no cuidó a su hijo de dos años y se lo atropellaron entonces él va a caer a un abismo de culpabilidad. Ahora si no lograr salir de allí entonces cuando él muera y aun allá no libere esa culpabilidad entonces es casi seguro que él mismo escogerá morir atropellado para liberar su culpabilidad pues en vida no lo pudo hacer y tampoco de este lado, por falta de luz, por no haber despertado a su Conciencia intuitiva la cual le hubiera quitado esa culpabilidad en vida, pues le explicaría que seguramente su Hijo decidió recoger su D.kármica a los dos años y que esa era la mejor opción que tenía para que en su próxima vida le fuera más tolerable su D.kármica, o quizás le hubiera explicado que estos niños a veces son Maestros de la 5ta Dimensión que vienen a regresarle parte de su D.kármica al Padre del niño, para que si logra aceptar esa muerte lo más rápido posible como parte de la voluntad de su Dios o parte del Principio de la Aceptación, entonces este Padre logrará reducir inmensa cantidad de D.kármica, muchos Maestros de 4 o 5 Soles hacen este tipo de misiones, para ayudar a las Almas a reducir su D.kármica lo antes posible y tengan oportunidad de aniquilar el 50% de esa D.kármica y de esta manera, ya no tendrían por qué regresar en su siguiente vida al plano terrenal, todas las tragedias o calamidades tienen su lado positivo y espiritual, guardan su propia sabiduría, pero para descubrirla el Yo inferior tiene que tener su Yo Intuitivo o su Conciencia intuitiva despierta de otra manera, será presa fácil de las voces negativas de sus consejeros malignos, los cuales lo harán que se resienta con su Dios, con la Vida y con todo mundo o lo pueden hacer que se hunda en la culpabilidad, todas estas emociones de bajísima luz, son síntomas claros de que existe una falsa información en la psique del Yo inferior, en ese Centro Colectivo Inconsciente, o simplemente son las voces de sus dos consejeros malignos los que le están dando toda esa falsa información.

Mas cuando él aprenda a contactar a su Conciencia Intuitiva esta le quitará mucha falsa información que carga el Yo inferior, esta le alumbrará el camino, la Conciencia Intuitiva es la luz a la cual se refería el Maestro Buddha cuando en sus últimas palabras dijo: Appa Deepo Bhava (Be a light unto yourself) Se una luz tú mismo o descubre tu propia luz dentro de ti mismo.

¿Por qué Conciencia Cristica Buddhica y no simplemente Conciencia Cristica?

Porque si el Yo inferior está más inclinado a las enseñanzas Crísticas entonces que utilice únicamente el termino Conciencia Cristica y si está más inclinado a las enseñanzas Budistas entonces que utilice el termino de Conciencia Buddhica y si no tiene ningún prejuicio con la palabra Cristica Buddhica entonces que utilice la Conciencia Cristica Buddhica. Lo mismo si está más inclinado a las enseñanzas del Bhagavad Gita entonces que utilice el término Conciencia Krishnica. O si son las enseñanzas del Corán será la Conciencia Mahomética.

Este estado de Conciencia solamente es para indicar que el Yo inferior en su esencia es un Maestro iluminado, pero primero tendrá que conocer a su Conciencia Cristica Buddhica, antes de él mismo alcanzar la iluminación y convertirse en un Cristo, en una Buddha o en un Maestro iluminado.

Ahora pasemos a la gran prisión de La Ansiedad.

Esta Prisión es como la prisión de la Depresión con la única diferencia que en la Prisión de la Depresión son magnetizadas todas aquellas formas del Alma que tienen vibraciones de bajísima luz como las del stress, la frustración, el cansancio, el desánimo, la perdida de fe, la tristeza, la soledad, el vacío existencial, la melancolía. Y en la Prisión de la Ansiedad serán Magnetizadas las formas del Alma que sus vibraciones sean de mucho miedo, inseguridad, temores, incertidumbre, angustia, confusión, la mayoría se relacionará con el futuro incierto.

Desde el comienzo cuando el Yo inferior va adquiriendo su D.kármica, su Alma se comienza a desintegrar en el Reino de Oscuridad y esto es lo que originará los primeros síntomas de la Ansiedad, pues un presentimiento le comienza a surgir de que las cosas no se miran muy bien en el futuro y este presentimiento lo tendrá por que él desconoce su D.kármica y desconoce cómo funciona su Reino de Oscuridad, desconoce a sus enemigos no sabe con qué fuerzas negativas de oscuridad se enfrenta, conforme vaya descubriendo cómo funcionan sus enemigos, contra qué exactamente está luchando y cuál sería la solución para todo su conflicto existencial, entonces gran parte de la Ansiedad será reducida a su tamaño.

La Ansiedad se fue expandiendo conforme las formas del Alma se fueron perdiendo en el Reino de la Oscuridad por ejemplo si su D.kármica del Yo inferior inicialmente era de unas 10,000 unidades espirituales así de ese tamaño seria su Ansiedad pero conforme fue violando ciertas Leyes Kármicas de causa y efecto su deuda fue aumentando que hoy ya debe como unas 95,000 unidades espirituales, y de este tamaño es su Ansiedad. Cuando se comience acercar al primer objetivo de su Alma gran parte de la Ansiedad se reducirá, pero cuando se encamine a su segundo objetivo, las formas del Alma harán fiesta pues ahora sí ya tienen la seguridad de que el Yo inferior ha despertado y que ya se está encaminando a su Segunda Misión de su Alma, por lo tanto todas estas formas que aun queden en el Reino de la Oscuridad recobrarán sus esperanzas, su fe, y esto también lo sentirá él, ya que a estas alturas será un Yo Superior de luz.

Cada vez que las formas del Alma no sientan que hay una salida a su situación se llenan de mucha ansiedad, de mucha incertidumbre y cuando esto empeora se puede llegar hasta convertir en fobias, en este sentido el Yo inferior siente precisamente lo que algunas de las formas de su Alma llevan años sintiendo pero que no le había llegado con tanta fuerza y él descubre cómo se han estado sintiendo estas formas. Como encerradas sin poder salir y sin esperanzas de que alguien las salve de ese infierno, es por eso que el Yo inferior se llena de pánico y pierde toda estabilidad emocional y mental, que si va en un avión y le entra la aerofobia querrá romper una ventana y salirse del avión sin importarle morir pues él no soporta tanto encierro, o si va en un elevador y de repente se para podría hasta darle un ataque al corazón. Y sin embargo gran parte de las formas de su Alma llevan años sintiéndose de esa manera, pero él no lo había experimentado por ser un escapista, alguien que se fuga de la realidad de mil maneras.

Lo que tendrá que ir haciendo para contrarrestar todo tipo de ansiedades es ir reprogramando todo su sistema de creencias negativas, tiene que deshacerse de todas aquellas ideas que generen miedos, inseguridades, temores, miedo al futuro. Si por ejemplo los malignos le meten ideas de temor acerca de su trabajo él tendrá que enfrentarlos con buenos argumentos para demostrarles que en el pasado él ya ha salido de peores circunstancias de las que hoy en día se le presentan, que no es la primera vez que llegue a dejar un trabajo o lo lleguen a correr y que además sus consejeros malignos nunca lo han ayudado, aquí en esta parte es importante que él comience a enfrentarlos directamente haciéndoles saber de su ineptitud para apoyarlo, para ayudarlo, para guiarlo, les tiene que hacer saber de su hipocresía y su falsedad, para que de esta manera, ellos lo comiencen a respetar y se den cuenta de que él ya está despertando y que ya los está conociendo cada vez más, pues ya no estarán tratando con un ciego y un sordo, ahora estarán tratando con alguien que estará a punto de convertirse en un Yo Superior de Luz, así es como él tiene que aprender a defenderse de sus voces negativas con que lo bombardean.

Si un Yo Inferior siente mucha ansiedad es porque no conoce a su Dios, porque no conoce su Verdad, porque no conoce cuál es la solución a todos sus problemas existenciales, porque no sabe cuál es la verdadera salida y no importa cuánto conozca su libro sagrado, llámese Biblia, Corán, Bhagavad Gita, Dhammapadas, Tao Te Ching, I Ching, Libro Grande de A.A. o el Libro que sea, porque el conocimiento no es la solución a la ignorancia o ceguera espiritual, si así fuera millones de eruditos ya hubieran alcanzado la iluminación, el conocimiento es simplemente información y esta información incrementa las posibilidades de encontrar la salida, pero es solamente posibilidades lo único que le dará la salida verdadera al Yo inferior es el darle vida a todos Los Principios Espirituales todos los días, estos Principios Espirituales son los que aniquilarán todas sus ansiedades y miedos, porque estos son los únicos que han podido liberar a las Almas de ese Reino de Oscuridad, de ese Infierno emocional, no hay otra salida y nunca la ha habido, todas las disciplinas del Yoga, todas las disciplinas Budistas o moralidades Cristianas, llevan a lo mismo, transcender los Niveles de Conciencia ya que cada vez que un Alma incrementa sus estados de Conciencia el Yo inferior se desintegra más en su Verdadero Ser de Luz, en sus Yos Superiores de Luz y esto lo hace mirar esta 3ra Dimensión como lo que es, una 3ra Dimensión nada más, poco a poco sus vibraciones energéticas estarán vibrando a una velocidad más rápida y entonces pasará a la 4ta Dimensión, en donde podrá mirar y escuchar cosas que no se miran y no se escuchan en la 3era Dimensión, porque ahora sus vibraciones son más rápidas, estará más en contacto con las demás Dimensiones y se contagiará de todo el ambiente que vivimos nosotros los Seres de Luz en todas estas Dimensiones, llegará un día en que mirará la 3ra Dimensión como un campo perfecto en donde su Alma tiene las mejores oportunidades para aniquilar toda su D.kármica, pues comprenderá que son millones y millones de Almas de diferentes planetas que están esperando su oportunidad de venir a este planeta tierra a reducir gran parte de sus Deudas Kármicas, hay otras razas de otros planetas que tienen muchos celos y envidia de los Seres Humanos, porque estos tienen lo que estas razas no tienen, que es una Alma.

A estas razas no se les ha permitido desarrollar una Alma porque no han querido ajustarse a las Leyes Divinas, en cambio los Seres Humanos deberían de sentirse dignos de que ellos si han querido hacer las cosas bien, y es por ello que se les ha otorgado una Alma, no todos tienen este privilegio, si estas razas quieren entrar a las Dimensiones más altas de luz tendrán que comenzar desde la primera o segunda dimensión y así cuando lleguen a la

3ra Dimensión se convertirán en Seres Humanos con una Alma y entonces ya podrán seguir transcendiendo, pero mientras quieran hacer trampas, no les será posible entrar de este lado, así el Ser Humano que tiene Alma tiene que aprovechar todo lo que más pueda su estadía en la tierra y desechar todas sus creencias que no lo han ayudado a incrementar sus Niveles de Conciencia y que no se engañe, pues caro pagará su auto engaño, ya que cuando vienen de este lado, descubren que en realidad ellos trataron de engañar a las Leyes Divinas, jamás quisieron conocer su verdad, por el contrario se agarraron a creencias fáciles y cómodas de llegar directamente a la luz, por medio de prácticas ritualistas fáciles y cómodas las cuales no conllevaban morir a las formas del Ego y del Súper Ego, y todas esas prácticas rituales las hacían incluso con Ego y con mentalidad convenenciera, tampoco se dieron a la tarea de verificar que tanta de verdad había en cada una de sus creencias, todo el mensaje de Jesús Cristo, de Krishna o de Mohammed lo mal interpretaron y se dejaron engañar por las interpretaciones de sus consejeros malignos, es por ello que los Yos inferiores tienen que hacer todo lo posible para despertar lo antes posible, ya muchos han estado despertando y seguirán despertando cada vez más, pues las Conciencias intuitivas estarán tratando de despertar a su Yos inferiores con más continuidad. Las vibraciones planetarias están cambiando y aquellos Yos inferiores que aún se sigan aferrando a su viejas ideas y creencias quedarán estancados en la 3ra Dimensión y quizás en 2 o 3 vidas mas ya no les corresponda regresar a este planeta tierra, pues este planeta está a punto de cambiar de vibraciones y por lo tanto aquellas Almas que decidieron no despertar les tocará convivir con todas aquellas otras Almas de otros planetas que están en las mismas vibraciones.

El Campo Energético de la Ira y el Enojo.

El Centro Magnético de La Hipersensibilidad.

Este es el primer aspecto de este campo el Yo inferior está ya muy dañado y demasiado acomplejado que en su mente caótica está esperando que le suceda lo peor, a la vez se toma todo muy personal pues como ha vivido en un mundo de miedos, de inseguridades, de culpabilidad lleva una vida demasiado rígida, ha perdido su espontaneidad y mira al mundo como una amenaza entonces cualquier cosa que se comente acerca de él y que no le parezca se resentirá por años, le será casi imposible saber perdonar pues sus consejeros malignos tampoco saben perdonar, ellos también han sido muy duros con él y lo castigan a cada rato por cualquier error que comete, entonces él será demasiado exigente consigo mismo y con los demás, una de dos o será muy extrovertido para querer demostrar valentía y falta de miedo ya que con estos comportamientos él pensará que puede cubrir todos sus complejos, sus carencias emocionales y su hipersensibilidad o será muy introvertido que hasta le de miedo socializar, pero las dos caras son para cubrir sus temores, e inseguridades, pues tiene miedo de que le descubran sus vacíos existenciales, por eso es que no se acerca mucho a los demás, mantiene una distancia, si alguien le hace alguna burla la cargará por largos años y sobre todo si alguien le dijo que era un tonto o que no sabía pensar bien, entonces su hipersensibilidad le hará leer demasiados libros, llenarse de conocimiento a manera de demostrarles a esos que le dijeron que era un tonto que eso no es verdad, si le dijeron que era una niña fea entonces hará todo lo posible por convertirse en una mujer atractiva y sensual solo para demostrarles a todos esos que le dijeron que era un niña fea que no es verdad. El Hipersensible guarda sus resentimientos casi por toda una vida, no los suelta tan rápido se le hace un imposible perdonar., ¿Porque cómo se atrevieron a decir eso de mí"?

Si una mujer lo rechazó no descansará hasta que no encuentre otra más bonita que ella, no querrá andar con alguien menos atractiva que aquella que lo rechazó, si sus Padres no fueron buenos Padres y él siente que por su culpa él ha sufrido demasiado entonces le costará muchísimo perdonarlos, pues sus consejeros malignos lo han convencido tanto que cada vez que él sinceramente los quiere perdonar entonces sus consejeros malignos le dicen. "¿CÓMO PUEDES PERDONAR LO IMPERDONABLE, QUE NO TE DAS CUENTA QUE SI ELLOS TE HUBIERAN DADO TODO LO QUE LES CORRESPONDÍA TU JAMÁS HUBIERAS SUFRIDO? NO, NO LOS PERDONES TAN FÁCIL QUE SIGAN PAGANDO SU ERROR TAN GRAVE QUE COMETIERON CONTIGO".

Y estas son las mentiras que le son casi imposible detectar al Yo inferior y sobre todo deshacerse de esas mentiras, ya que son verdades a medias. Si es verdad qué si sus Padres le hubieran dado todo lo que le correspondía a este Yo inferior él no hubiera sufrido como le ha tocado sufrir, pero lo que ellos no le dicen es que sus Padres nada tienen que ver con la D.kármica que él en sí ya debe y que además el Universo se tenía que valer de alguien para poderle regresar dicha D.kármica y en este caso se agarró de sus Padres. Unos Padres en los cuales su propia Alma estuvo de acuerdo en que ellos fueran.

Entonces esta parte es la que hace falta, además los Padres fueron "malos" con él, pero su maldad tiene sus raíces en la falta de espiritualidad de ellos, ya que si hubieran sido unos Padres altamente espirituales hubieran hecho todas las cosas diferentes, en cambio los Consejeros Malignos (el Ego y el Súper Ego) le han hecho más daño al Yo inferior con tanta negatividad y tantos recuerdos negativos del pasado que le traen a diario y tanta falsa interpretación de la vida, por lo tanto si se pudieran pesar los daños entonces los daños que han hecho los dos consejeros malignos pesan más que el daño que toda la gente junta le ha hecho al Yo inferior. No hay comparación, pues una persona hizo un comentario negativo sobre el Yo inferior y ese comentario lo hizo en 5 o 10 segundos y los consejeros malignos le han traído ese comentario más de 10,000 veces, entonces ¿Quién hace más daño? ¿El que le dijo al Yo inferior que era un tonto una sola vez? ¿O los consejeros malignos que llevan más de 30 o 40 años recordándoselo?

¿Para qué tanto recordar una gran mentira? es aquí en donde se estanca el hipersensible en recordar una cadena de mentiras por tantos años. Él debería de poner a prueba a sus consejeros malignos y decirles Ok. Uds. dicen que esa gente me hizo daño, ahora díganme ¿Cuál es la solución a todo eso? ya sé que me hicieron daño pero eso a mí ya no me sirve lo que si me sirve es como perdonar a toda esa gente y Uds. supuestamente están de mi lado, son mis consejeros, entonces díganme soluciones. El Yo inferior notará que cuando se trata de soluciones sus voces ya no aparecen, con esas preguntas los mata, pues a ellos no les interesa el bienestar del Yo inferior o de su Alma a ellos lo que les interesa es que él siga viviendo engañado y echándole la culpa a los demás, pues ellos saben que mientras él mantenga la vista enfocada en los demás como sus enemigos ellos se mantienen escondidos sin que él los detecte, ellos se auto protegen. Cuando el Yo inferior siga descubriendo sus trampas y todos los engaños que utilizan entonces comenzará la verdadera Batalla Espiritual entre su Reino de La Luz y su Reino de la Oscuridad. Ganará aquel Reino en el cual el Yo inferior tenga su atención puesta, aquel al que decida entregarle sus Energías. Pues recordemos que es de Energía que ellos se alimentan y cuando él les deje de poner atención, de dar de su tiempo y energía ese Reino de Oscuridad se estará debilitando cada vez más y su Alma se fortalecerá más.

¿Cómo se trabaja la Hipersensibilidad?

Por medio de la desidentificación, cada vez que alguien lo ofenda directa o indirectamente, entonces antes de reaccionar debe primero observar ¿Que parte de él está tratando de defender?, pues reconocerá que se la ha pasado defendiendo a todos ellos, él tiene que dejar de identificarse con ese 95% de esencia de ellos, pues cuando el Yo inferior se toma algo personal es porque son ellos los que se ofenden y el Yo inferior siente las emociones de ellos, pues algo que no soportan los consejeros malignos (Ego y Súper Ego) es que se les exponga su ignorancia, su falta de inteligencia, su tozudez, sus limitaciones, no soportan ser expuestos y mucho menos hacer el ridículo, entonces le llenan la mente al Yo inferior de ira y resentimiento y lo hacen planear venganzas, desquites y allí es cuando se ha identificado con ellos, pero si él llega a reconocer a tiempo de que todas las ofensas o burlas fueron para ellos y no para él, entonces es así como se comienza a liberar de la hipersensibilidad y de estarse tomando todo muy personal, aun mas si el Yo inferior felicita a su agresor por haberle dicho una verdad que muy pocos se han atrevido a decirle, estas gracias se las puede dar en su mente, lo que cuenta es que él ya no se siga identificando con ellos, él debe de empezar a reconocer que él vive en la 3ra Dimensión más él no pertenece a la 3ra Dimensión, solamente está aquí de paso, él está para transcender y no para quedarse a vivir en este plano terrenal tridimensional por más vidas. (Se continuará dando más información en el Primer Nivel de Conciencia.)

El Centro Magnético de La Reactividad.

Esta es una reacción que le saldrá en automático al Yo inferior pues como está totalmente identificado con su 95% o 98% de Negatividad entonces esas serán sus principales reacciones su manera de responder ante cualquier situación de la vida, si por ejemplo una situación o noticia no le favorece a su 95% de negatividad, reaccionará con enojo, con ira, con despotismo, soberbia, arrogancia y buscará el desquite inmediatamente pues esa situación o noticia amenaza sus deseos egoístas, amenaza su forma de ser, entonces se defenderá, será agresivo o tratará de escapar de esa situación, se acobardará ante esa situación y correrá. un Yo inferior que es reaccionario por lo regular carga pensamientos o creencias de que "Así soy yo" "Así nací" "Esa es mi forma de ser" él solito se auto limita cierra las puertas a las posibilidades de ser una persona diferente, y para no cambiar sus malos hábitos, sus defectos de carácter, su forma negativa de reaccionar él solito quiere convencer a los demás de que él nació así, o de que esa es su forma de ser, de esta manera él evade la responsabilidad de ser diferente, de alcanzar sus Niveles de Conciencia Superiores, de cambiar su alimentación, su actitud. Le es más fácil seguir siendo como es y que los demás lo acepten tal y cual es. Esto no sería ser autentico esto sería ser conformista, un Yo inferior reaccionario es hijo de las circunstancias, ellas son las que dirigen sus emociones, si las circunstancias lo favorecen, reaccionará positivamente más si las circunstancias no le favorecen, reaccionará negativamente, estará en una constante tensión defensiva pues no sabe qué mala noticia se aproxima, y estará escamado y solo deseará que le lleguen "buenas noticias". Si es algo que satisface sus deseos egoístas entonces será buena noticia, pero si es algo que no satisface sus deseos egoístas entonces es "mala noticia". Lo curioso es que esa mala noticia solamente se aplica a su 95% de esencia negativa y no a su 5% de Esencia Divina. Pues para este 5% de Esencia Divina no existen las malas noticias, únicamente existen los hechos y los afronta con aceptación y sin quejarse de nada, en cambio en su 95% de esencia negativa si existen las malas noticias y las enfrenta con ira, con actitud negativa, con inseguridad y miedos. Mientras él no cambie su forma reactiva de actuar jamás podrá expandir su 5% de Esencia Divina.

¿Qué debería de hacer?

Comenzar a mirar todas las cosas desde el centro de su 5% de Esencia Divina, desde su Conciencia Intuitiva, imaginarse como respondería su Ser Crístico Buddhico Interno, Su Maestro iluminado interior, incluso como actuaria su Yo Superior de Luz ya sea desde un Primer Nivel de Conciencia un Segundo Nivel o un Tercer Nivel de Conciencia y descubrirá que ninguno de sus Yos Superiores de Luz actúa de una manera reaccionaria, todos Responden haciendo uso de los Principios Espirituales, esa es una forma natural de responder de sus Yos Superiores. Así como en la parte negativa el Yo inferior reacciona negativamente de forma natural, así sus Yos Superiores de Luz responden positivamente ante cualquier situación de forma natural. (Se continuará dando más información en el Primer Nivel de Conciencia.)

El Centro Magnético de La Impulsividad.

Esta es la parte extrema de la hipersensibilidad y el ser reactivo. Pues en esta parte el Yo inferior hace a un lado su racionalización, habla y actúa sin cautela, sin reflexionar en lo que va decir o hacer, se dejará llevar por sus impulsos, sus imaginaciones, interpretaciones, o impresiones y esto le costará meterse en muchos problemas tanto en su trabajo, como con su pareja, hijos, amigos y todo su medio ambiente pues después le viene un arrepentimiento de sus malas acciones impulsivas.

Estas reacciones de impulsividad es el resultado de tantísimas frustraciones y resentimientos que ha acumulado durante el trayecto de su vida entonces en su enojo y frustración está empecinado en que el mundo se ajuste a sus deseos, a sus demandas, pues él todavía piensa que la vida le debe algo, y que por lo tanto los demás se tienen que ajustar a sus expectativas, este Yo inferior querrá las cosas ya, se desespera con facilidad haciendo línea en las grandes filas de Target o cualquier otro súper mercado, si le agarra el trafico siente que se asfixia y busca salidas más fáciles, su vida está llena de prisas y de mucha indisciplina.

Él no tiene la capacidad de quitarse esta fuerza de impulsividad que se apodera de él, este es un Espíritu de Baja luz que se le mete y no lo suelta tan rápido, en esos momentos él puede llegar a cometer actos de locura que le pueden costar largos años en la cárcel, pues se le manifestará esto más cuando este bajo la influencia de alguna droga, del Alcohol o la Lujuria. Allí su compulsividad lo cegará y puede cometer actos de insanidad total, pues en esos momentos se deja llevar más por sus deseos compulsivos que por su racionalización, esta actitud impulsiva lo mantendrá aún más apegado la hipersensibilidad y el ser reactivo.

¿Cómo puede el Yo inferior parar esta impulsividad?

Nota. Todas las respuestas aparecerán en los 7 Niveles de la Conciencia, solamente hemos estado dando unos tips de como el Yo inferior puede ir trabajando todo esto.

En este aspecto de la impulsividad la mejor opción es que primero cambie su manera de respirar, hay una anécdota que puede ilustrar esto de mejor manera.

Es un Sage (Hombre Sabio) que camina desnudo por el pueblo y lleva consigo una bandeja de madera para pedir su limosna, la hija del Rey lo admira mucho y le pide que si por favor le pudiera cambiar su bandeja de madera por la suya que es de oro y diamantes y él la mira y le dice; está bien y se la cambia, la Hija del Rey se alegra pero a la vez se entristece pues ella pensaba que los Sages renunciaban a todo lo material, lo que ella no entendió es que para el Sage la madera y el oro es lo mismo. Total sale del pueblo y se refugia en unas ruinas de un templo que hay en las afueras de ese pueblo, un ladrón lo persigue y cuando el Sage se va a recostar nota que el ladrón está esperando que se duerma para entrar y robarle su bandeja de oro con diamantes, el Sage agarra la bandeja y la arroja hacia donde está el ladrón escondido y le dice: si estas esperando a que me duerma para llevártela, es mejor que te la lleves de una vez, ya que tu presencia me incomoda y no puedo dormir y dormir es más importante para mí que el valor de esa bandeja, el ratero avergonzado entra y le pide disculpas, luego le pide que si le puede enseñar algún tipo de meditación y el Sage le dice está bien, y el ladrón se alegra y le dice pensé que me dirías que no puedo, hasta que no deje el mal hábito de robar ya que en el pasado otros monjes y sages me han dicho eso y este Sage le dice, entonces no saben nada de meditación. Bueno tu primer misión será que harás de tu hábito de robar tu meditación, próxima vez que entres a una casa a robar, camina despacio, y esta será tu manera de respirar, estarás consciente del prana que inhalas y del que exhalas, no descuides tu respiración por nada y no camines rápido además quiero que disfrutes lo que estás haciendo al máximo sin excitarte. Total el ladrón regresa a la semana y el Sage le pregunto ¿Cómo te fue? Y él le dijo. la primera vez hice todo lo que me indicaste y sentí un cambio, la segunda vez también lo hice y ya no le hallé mucho chiste el robar, en la tercera ocasión lo hice todavía con más experiencia y no pude, pues entre muy despacio vigilando mi respiración, mis pasos, todo lo fui disfrutando entonces cuando agarre las joyas no sentí ninguna emoción excitante la cual había sentido por muchos años, y simplemente se me hizo algo estúpido lo que estaba haciendo y las joyas dejaron de tener el valor que antes tenían para mí, por eso he venido a que me inicies porque mi vida ya no podrá ser la misma. Y de esta manera este Maestro Sage lo inicio.

Los Campos Energéticos Ilusorios y Fantasiosos.

Aquí tenemos al Centro Magnético de la Fantasía.

Esta Prisión será la primera adicción de la que se agarrará el Yo inferior para poder escapar de sus estados continuos de miseria, recurrirá a este mundo de la fantasía en donde encontrará un falso consuelo para todas sus tristezas, su soledad, sus angustias, sus estados depresivos, sus ansiedades, sus temores y todas las emociones que viene experimentando en este Primer plano del Ego. Pues como todavía no ha probado el alcohol, las drogas y no conoce la masturbación entonces utilizará la mente fantasiosa para escapar de su triste realidad, se hará castillos en el aire, y no le importará saber que se está engañando pues por lo menos las fantasías le hacen sentir una alegría pasajera, este comportamiento es muy natural para cualquier Yo inferior que no esté enraizado.

En la mente esta su Pantalla Fantasiosa esta será utilizada el 95% del tiempo por los Espíritus de baja luz, y en un 5% del tiempo por los Espíritus de Luz, pero cuando sea utilizada por el Yo Positivo o Yo Intuitivo esta pantalla ya no se llamará pantalla de las fantasías, ahora se llamará La Pantalla de la Visualización. Ahora el Yo inferior desde una niñez se ha refugiado en esta sala interna cinematográfica en donde se la pasa viendo películas ilusorias y fantasiosas al principio es un aliciente pues es mejor que caer a las demás prisiones o Centros Magnéticos de baja luz, pero con el tiempo este Centro Magnético de la Fantasía aumentará su Poder y se seguirá expandiendo pues bastantes formas del Alma llegarán allí, ya que él ha depositado bastante tiempo, atención y energías en estar mirando su pantalla fantasiosa e ilusiones falsas.

Cuando pone demasiada atención a una fantasía allí es cuando una forma del Alma se desprende de su Alma y es magnetizada por este centro, entonces esa forma del Alma llevará como objetivo de su vida llegar a realizar esa fantasía y si después de algunos años el Yo inferior no realiza esa fantasía entonces esta forma del Alma comenzará a sentirse frustrada o fracasada y será entonces magnetizada por el Centro Energético Magnético de las frustraciones o del fracaso. Por lo tanto las fantasías si son muy dañinas pues seguirán magnetizando formas del Alma a ese Centro Magnético de las Fantasías y si no son realizadas esas fantasías, serán magnetizadas a otros centros del mismo Reino de la Oscuridad, de esta manera el Yo inferior está cooperando para que le sigan densificando la luz y la energía a su Alma.

Las fantasías tienen muchas desventajas una de ellas es que cuando él se encuentra ante una situación frustrante o desagradable su mente fantasiosa no le ayuda a enfrentar esas frustraciones, esas situaciones incomodas, cuando su Esposa le exige más gasto o más cooperación en la casa o sus hijos le reclaman cosas de su pasado entonces su mente fantasiosa no le ayuda a enfrentar esas realidades de la vida y mejor tratará de escaparse por medio del alcohol, las drogas, el casino, el sexo ilícito, o cualquier otra pseudo solución.

Si él ha alimentado esta mente fantasiosa por largos años, le será cada vez más difícil vivir en su realidad, en su día de hoy, pues lo único que pasa con la mente fantasiosa es que él está rechazando el momento presente, el aquí y él ahora lo está haciendo a un lado, le está diciendo al momento presente "No eres bienvenido, no te acepto y por eso es que prefiero recurrir a mi pantalla fantasiosa e imaginarme muchas fantasías, pues ellas son mejores que tu maldita realidad". Así el Yo inferior no deja meter al presente a su mente, ya que este Presente o este eterno ahora siempre que se quiere meter a su mente, la encuentran ocupada o él esta triste por el pasado o está ansioso y excitado por el futuro, que no hay lugar para el presente y **el eterno ahora** mejor opta por no molestarlo, pues él está siempre muy ocupado con su pantalla de imaginación, y fantasías permitiendo que los espíritus de baja luz le pongan escenas ilusorias.

En la torre de control del 6to plano del Ego (Mente Tridimensional) se encuentra el Yo inferior junto con sus dos consejeros malignos planeando que harán la próxima hora, o el próximo momento, mirando todas las 8 pantallas mentales y sobre todo la de las fantasías, de esta manera el 95% al 98% del tiempo se la pasa viviendo en otros planetas astrales, en otros espacios, fuera de este mundo. Tanto sus consejeros malignos como su adicción a fantasear lo han hecho creer que el tiempo del ahora no tiene nada que ofrecer, no tiene nada de interesante, que es una realidad muy cruel, muy injusta y mejor lo convencen de que él siga en sus mundos alegóricos, fantasiosos, e ilusorios y opta por seguir escuchando a sus dos consejeros malignos. Los cuales se encargarán de mandarlo al futuro o al pasado, pero el Yo inferior no puede mirar el ahora, está demasiado dormido, de noche duerme 8 horas, y de día con sus pensamientos y su pantalla de imaginación sigue soñando otras 16hrs, quizás de sus 24hrs al día únicamente logre una hora dándole la bienvenida al ahora, y de esta hora cuando está dormido llega a un punto en que por 20 minutos o más deja de soñar y entonces estará en el momento del ahora pero en forma inconsciente, Patanjali le llamaba a este estado de no soñar un estado de Samadhi inconsciente y la diferencia con un Maestro iluminado es que el experimenta un Samadhi consciente.

¿Cuáles serían unas de las fantasías más comunes de un Yo inferior?

Se pasa mirando en la calle a una Mujer que vaya caminando muy guapa y atractiva que le haga una señal y entonces él va y la Mujer le dice, Ud. tiene algo que no puedo explicar y me gustaría que tuviéramos sexo porque algo me dice que Ud. puede ser mi Alma Gemela o el Hombre de mi vida.

Compra scratch tickets o boletos de lotería soñando en que si le pega a esos 300 millones entonces abrirá un orfanatorio y le dará de comer a miles de niños y también ayudará a muchísima gente a que acaben sus estudios, o habrán sus negocios y de esta manera se hablará muy bien de él por todos los medios de comunicación diciendo recuerdan al que se sacó los 300 millones, miren todo lo que ha hecho, es una gran persona, altamente espiritual.

Si lo invitan a una participación ya sea de las agrupaciones de los 12 pasos, o de algún taller motivacional o de su compañía de multiniveles o una mesa directiva entonces desea que cuando acabe de dar su discurso le digan qué bárbaro, que gran tema te aventaste, tu participación le ayudará a muchísima gente a cambiar sus vidas, nadie había hablado de ese tema como tú.

Si mira una película de acción él se mira adentro de esa película siendo el protagonista principal y se imaginará que la gente que lo hizo sentir de menos ahora si lo respetarán y las mujeres lo buscarán.

Si oye una canción que le gusta él se imagina cantando esa canción siendo ese artista o alguien parecido con esa fama y que las mujeres que no lo aceptaron o lo rechazaron o lo cortaron estarán muy arrepentidas de su ceguera y se arrepentirán de haberse perdido la gran oportunidad de sus vidas.

En el lado sexual siempre esta imaginándose todo tipo de actos sexuales en donde puede llevar a cabo sus más bajas perversiones.

Si es una Mujer se imagina casándose con alguien de mucho dinero que le dará casa, hijos y la amará muchísimo para toda su vida y se imagina siendo muy respetada en todas partes por el gran marido que escogió.

Se mira a si misma comprándose infinidad de ropa, zapatillas, pinturas, artículos de cocina, con un cuerpazo y un buen marido.

Si es un cristiano se imagina que Jesucristo se le aparece y le revela ciertos secretos los cuales él hará saber a sus demás hermanos creyentes y de esta manera él será el siguiente Discípulo más cercano de Jesús.

Si es un místico se imagina siendo un Maestro iluminado muy respetado a nivel mundial y muy solicitado en todas partes.

Si es un perezoso se imagina encontrarse un beliz lleno de dinero o lleno de joyas, o recibir una herencia.

Si es un apostador estará fantaseando con encontrar la clave para ganarle a la ruleta, a las maquinas o aprender a jugar póker y ser un money maker, o ganar seguido jack pots.

Estas fantasías no tienen límites, y cada vez se siguen expandiendo las únicas que pagan las consecuencias de todo esa imaginación fantasiosa son las formas de su Alma que se quedan atrapadas en ese Centro de fantasía pues descubren que nada de lo que hay allí es verdad y que todo es ilusorio y falso. El Yo inferior no siente mucho este dolor por que él simplemente se dedica a seguir fantaseando y ya, Pero tarde o temprano la Realidad le dará una cachetada en la cara para que despierte un poco y entonces experimentará un infierno el cual será el mismo infierno que han venido experimentando las formas de su Alma pero que él no había estado consciente de ello.

En este caminar a la iluminación el Yo inferior hará conciencia de la importancia de cortar con todo pensamiento fantasioso pues concientizará que seguir alimentado sus fantasías retrasa el alcanzar el primer y segundo objetivo de su Alma. Y a la vez este mundo de fantasías, esta mentalidad alegórica e ilusoria no le permite distinguir entre el Verdadero Dios y el Pseudo Dios, entre saber que es fantasía, que es Fe, que es imaginación positiva, y cuál es el funcionamiento de esa pantalla imaginatoria.

¿Cuál es la diferencia entre todo eso?

La pantalla de imaginación es como un internet en la mente del Yo inferior y en esa pantalla podrá mirar imágenes muy positivas como también imágenes muy negativas, él aprenderá hacer un buen uso de su pantalla de imaginación, por ejemplo trazará los verdaderos sueños de su Alma y se encaminará hacia ellos, si parte de esos sueños es tener una residencia que cueste más de un millón de dólares, entonces allí tendrá a su pantalla de imaginación para proyectar esa imagen, pero tiene primero que demostrar que plan tiene para conseguir eso, pues si no muestra su plan o proyecto entonces eso es fantasía y no sueños reales de su Alma. Por otra parte a los Espíritus de Baja Luz fantasiosos nunca les interesa alcanzar lo que desea el Yo inferior, solamente les interesa desear y desear, pero nunca se fijan en lo que se tiene que hacer para lograrlo, pues si el Yo inferior se centrará en los planes para conseguir eso que el fantasea entonces ya no sería una simple fantasía ya se convertiría en un verdadero sueño una verdadera meta. Esto es algo real y valido. La fantasía siempre quiere un milagro fácil, rápido y sin esfuerzos, quiere que ocurra algo mágico, en parte, esté Espíritu de Baja Luz Fantasioso trata de "ayudar" al Yo inferior a no caer a estados depresivos, de ansiedad e inseguridad y el Yo inferior ha venido aceptando esa pseudo ayuda que no le cuesta absolutamente nada alimentar, pero ya cuando revise bien su vida descubrirá que esa mentalidad alegórica y fantasiosa que ha venido alimentando solo lo ha convertido en una persona escapista y miedosa que no tiene la capacidad de recibir y aceptar el momento presente tal y cual es. Esta es una de las tantas formas de baja luz a las que tendrá que ir muriendo si es que le interesa la libertad de sí mismo y de su Alma. Pues de no morir a todas o la mayoría de sus formas de su Reino de Oscuridad, no podrá vivir en la 4ta Dimensión de la existencia y que esperar de las otras Dimensiones.

Ahora el Centro Magnético de Los Enamoramientos Erróneos.

Las carencias emocionales y los vacíos existenciales harán que el Yo inferior trate de llenar todos eso vacíos existenciales por medio de la mujer que se llegue a enamorar, depositará toda su fe en esa mujer y claro si es Mujer depositará toda su fe en ese Hombre. Los resultados serán catastróficos pues esa mujer no sabe nada de todos esos vacíos que viene cargando ese hombre y lo único que ella sentirá será una fuerza repelente hacia este hombre ya que lo único que transmitirá será toda su miseria que trae consigo, esta misma miseria es la que ahuyentará a cualquier mujer de la que se enamore erróneamente.

¿Qué es enamorarse erróneamente?

Enamorarse de alguien sin que aún sea su novia, sin que aún se hayan dado un beso y que solamente son amigos, ahora si son novios o están saliendo juntos pero él sabe que ella no lo quiere y él opta por engañarse y meterse en la mente que con el tiempo eso cambiará entonces también eso es enamorarse erróneamente, si es mujer y ella sabe que el hombre con el que anda solo la quiere para tener sexo y que todo su romance que le muestra es nada más para él seguir teniendo relaciones con ella, pues ella intuye que si no hay sexo no hay romance o simplemente no quiere irse a vivir con ella o casarse con ella, no quiere nada serio, el solamente quiere una aventura y ella lo sabe, pero ella opta por engañarse y pensar que con el tiempo él cambiará de parecer, todo esto es enamorarse erróneamente pues las señales son claras, la persona a la que se ama no siente lo mismo por este que la ama y él/ella hace oídos sordos a eso y prefiere montarse en una nube rosa en donde él sueña que será muy feliz cuando ella acepte su amor.

Los consejeros malignos entusiasman al Yo inferior con todo aquello que es casi imposible conseguir, le venden el sueño de que en cuanto consiga el amor de esa mujer entonces él será inmensamente feliz, jamás le hacen ver que esa mujer también tiene su Reino de Oscuridad consigo misma y que también carga en su mente a sus dos consejeros malignos y que también tiene deseos egoístas y que cuando vivan juntos todo eso saldrá a la luz.

Todo eso no se lo hacen saber, solamente le hacen ver la mitad de todo el panorama la otra mitad se la ocultan pues ellos ya tienen su plan maquiavélico. Por ejemplo en caso de que esa gran mujer le llegue a entregar su amor entonces ellos le cambiarán todo el espectáculo, le comenzarán a decir." Bueno al parecer esta mujer no era todo aquello que tu proyectaste, mírala bien, ya tiene tantos años de edad, es avariciosa, muy fijada, muy controladora, no quiere tener sexo muy seguido contigo, no sabe hacer bien de comer, te cuida como si fueras su hijo grande, se me hace que te hubieras esperado conseguir a otra mejor, mira por ejemplo esa que va caminando, o esa otra, o esa otra." y así traerán al Yo inferior buscando afuera lo que él ya consiguió y que precisamente ellos sus consejeros malignos le dijeron que él seria inmensamente feliz con esa mujer al lado, pero todo eso se lo dijeron y lo convencieron de esa idea porque ellos apostaban a que no la conseguiría y entonces lo mantendrían en un continuo sufrimiento por no haber conquistado a la mujer de sus sueños, a su Soul Mate (Alma Gemela), pero como si le hizo caso esta mujer entonces ellos utilizarán su segundo plan. Le estarán haciendo la vida imposible por no haber escogido bien y todo el tiempo lo estarán desanimando para que se arrepienta y deje de mirar bonita a su novia o su esposa.

Con la mujer trabajarán de la misma manera si por alguna razón la mujer llega a andar con el hombre de sus sueños una de dos la mujer demostrará todo su amor hacia este hombre y los consejeros malignos del hombre la mirarán de menos y lo desanimarán, pues ella en su honestidad y sinceridad demuestra todas sus carencias emocionales y los Egos de su prometido descubren sus puntos emocionales débiles y de allí se agarrarán para chantajearla, usarla, y pisotearla, por otro lado la mujer puede también desanimarse de haberse casado con su prometido y sus voces le dirán: "Mira con quien te casaste, es un irresponsable, mantenido, no come bien, no arregla su carro, debe mucho dinero, tiene muchos malos hábitos, solamente piensa en eso y cuando no se lo das le sale lo neurótico, es insoportable, arrogante, soberbio" y todas estas cosas le dirán al Yo inferior de la mujer total la mujer deja de ver a su galán como galán y mejor quisiera ya divorciarse pues al parecer escogió mal.

Estos consejeros malignos tienen otro tercer plan.

Si se llegan a separar le dirán al Yo inferior "Mira que tonto fuiste dejaste ir a esa gran mujer, no te encontrarás otra como ella, ella si te quería y ahora otro es el que estará aprovechando su amor, eres un mal agradecido, un soberbio, arrogante". Y le dirán todo los errores que cometió y lo convencerán que ha dejado ir a una gran mujer pero cuando vivía con ella le decían todo lo contrario.

Al igual con el Yo inferior de la mujer después de la separación le dirán "Te dejó por ser una controladora, una perfeccionista, no lo pudiste satisfacer sexualmente y ahora él encontrará a otra que si lo llene, además ¿Que otro hombre te había demostrado su amor como él?". En fin le dirán a este Yo inferior de la mujer todo lo contrario que le decían cuando vivía con su marido.

Todo esto encierra los enamoramientos erróneos es una negación de la realidad, es creerles a las voces de estos consejeros malignos cuando lo hacen creer que si alcanza lo imposible será inmensamente feliz y si lo llega alcanzar lo desanimarán haciéndole saber que ella no era la gran mujer que él pensaba, pero no le dicen que no fue él, el que creyó eso, que fueron ellos que lo convencieron de que agarraría a una gran mujer, pero como el Yo inferior no distingue las voces de sus consejeros malignos (Ego y Súper Ego) entonces piensa que esas voces fueron de el mismo, finalmente cuando viene la ruptura le tratarán de recordar todos sus errores que cometió a manera de hacerlo sentir culpable y miserable.

¿Cómo podría un Yo inferior prevenir un enamoramiento erróneo?

Primero es reconocer que nadie le llenará esos vacíos existenciales, nadie pagará su D.kármica, esa le corresponde a él pagarla él deberá de encontrar los medios o métodos de cómo pagarla pero esa es una responsabilidad totalmente de él, esos vacíos existenciales serán llenados conforme vaya liberando a las formas de su Alma que se quedaron prisioneras en el Reino de la Oscuridad, el Yo inferior continuamente irá comprendiendo que la parte de su Esencia Divina su Ser Verdadero de Luz está completo lleno de las energías del Amor puro, el Amor Verdadero y que todo el tiempo desde el comienzo de su existencia esa parte Divina de él se ha mantenido igual, el Yo inferior está viviendo en la 3ra Dimensión la cual no le permite experimentar esa Divinidad en su totalidad, pero cuando alcance su 4to Nivel de Conciencia notará que gran parte de sus vacíos existenciales han desaparecido y experimentará el Poder de Gracia, la Energía Vital como nunca antes, se sentirá lleno del Amor de su Dios, entonces estas cosas son esenciales que tendrá que recordarse para no cometer el error de enamorarse erróneamente de la figura exterior de la mujer, también es de suma importancia que se dé cuenta que él no puede agarrar a la mujer como una base en la cual echará sus raíces, pues al echar sus raíces en ella echará también sus deseos y expectativas y cada vez que esta mujer no actué conforme a sus deseos egoístas o sus expectativas entonces él estará en un continuo desbalance emocional, pues toda su estructura emocional dependerá de cuanto lo quiera esta mujer, de que tanto actúa ella conforme a sus deseos y esto lo seguirá retrasando en el camino a la transcendencia, la posición de soltero en este caso es una gran oportunidad para cualquier Yo inferior que esté buscando alcanzar las dos Misiones de su Alma. Pues esta vez se dedicará a rescatar a las formas de su Alma que están prisioneras y cada vez sentirá que no tiene la necesidad de ningún ser humano a su lado que por fin se está encontrando a sí mismo, por consiguiente cuando llegue a conocer a una mujer que le guste y se lleve bien con ella no pondrá ningún deseo en ella o ninguna expectativa simplemente aceptará de buena gana lo que la vida o el universo le está poniendo en su caminar, si ella se llega a interesar por él y el interés es mutuo, entonces ya podrá irse enamorando sucesivamente pues también la mujer está contenta con él, de esta manera sería un enamoramiento más sano, y si por algún motivo se llega a romper ese noviazgo él ya no caerá en depresiones, puesto que él no descuido el seguir trabajando con él mismo, en seguir liberando a mas formas de su Alma y también esta vez no cometió el error de echar todas sus raíces en ella, pues en el primer Nivel de Conciencia aprenderá a como enraizarse y ya no tendrá necesidad de poner expectativas ni montando sus deseos egoístas en nadie.

El Centro Magnético De La Falta De Autenticidad.

El Yo inferior en la búsqueda de su verdad, de conocerse a sí mismo de querer ser aceptado por los demás de querer recibir atención, respeto y cariño de los demás, su atención será magnetizada por todas aquellas personas que han logrado la primer Misión de su Alma, se convertirá en fanático de los artistas que más le reactivan su propia autenticidad adormecida, pues por medio de la mente fantasiosa él se proyectará a sí mismo cantando como tal artista y se imagina un público que le aplaude y que por fin lo aceptan, lo admiran, lo respetan y le mandan mucho cariño como suele sucederle a ese artista, entonces el Yo inferior intuye vagamente que ser como ese artista es bueno, que eso sería un gran sueño, lo que no alcanza a comprender es que simplemente sucedió una sincronicidad entre la canción del artista y su autenticidad adormecida, pues cada vez que escucha esa canción una parte se identifica fuertemente con el artista, estas notas de canción expresan una verdad en la cual el Yo inferior está de acuerdo en ese momento, en ese tiempo, ya que pasando los años habrá canciones o letras de las canciones en las cuales él ya no esté de acuerdo o simplemente su resonancia no se reactiva con esa canción, pues lo que sucede es que el artista cuando está grabando esa canción es su Alma la que se expresa por medio de esa canción. Su Alma dice" Hey mírenme esta soy Yo, esto es lo que sé hacer, esta es mi forma de pensar, en esto estoy de acuerdo y esta es mi manera de ser "y lo expresa por medio de las letras de la canción y esta expresión del Alma del artista es la que se comunica con el Alma del Yo inferior fanático o aficionado allí sucede un puente de comprensión un puente de resonancia esa es la conexión subliminal entre la expresión del Alma del artista y su admirador, pero como el Yo inferior no alcanza a discernir todo esto, entonces su mente fantasiosa lo proyecta en un escenario cantando igual que ese artista y él se queda pegado a esa forma. Lo que él ignora es que esa forma quedará prisionera en el Reino de la Oscuridad. Pues esa forma de su Alma querrá ser como ese artista, deseará tener la fama de ese artista y como el Yo inferior jamás podrá ser como ese artista entonces esa forma de su Alma quedará allí atrapada, hasta que él muera a todas esas formas. Recordemos que a veces el Yo inferior podrá rescatar a las formas de su Alma y en otras tendrá que morir a esas formas, para el caso conseguirá la libertad a esas formas de su Alma de una o de otra manera.

Cada vez que el Yo inferior quiera o desee ser como alguien más, entonces él solito se estará alejando de su Propia Autenticidad, se convertirá en un imitador, cambiará el convertirse en él mismo, en encontrar su propia originalidad y optará por querer parecerse a los que ya han realizado su primera misión.

¿Cuántas autenticidades hay?

Una sola AUTENTICIDAD. La cual se manifestará en tres partes. La primera parte será cuando el Yo inferior sea un niño espontaneo, que llora cuando tiene que llorar y ríe cuando tiene que reír sin preocuparse del qué dirán, cuando todas sus acciones son espontaneas, sin malicia allí se reflejará la primera cara de su Autenticidad, la segunda cara de su Autenticidad se reflejará cuando alcance La Primer Misión de su Alma, esta se alcanza por lo regular en el 5to plano del Ego o el 5to Nivel de Conciencia.

Si se alcanza en el 5to plano del Ego entonces tendrá muchas probabilidades de descender a los planos más bajos del Ego, como las adicciones y todas las emociones del primer plano del Ego, en cambio si esta segunda Autenticidad la alcanza en el 5to Nivel de Conciencia no caerá tan fácil pero si puede mantearse allí el resto de sus días, mas si hace la decisión de dar el salto a su 6to Nivel de Conciencia y encaminarse a su 7mo Nivel de Conciencia entonces allá alcanzará su Autenticidad original, pues haya se abra unificado en forma total con su Verdadero Ser de Luz. Él, su Alma y su Verdadero Ser de Luz se unificarán y serán uno solo.

¿Cómo puede el Yo inferior hacerle para acercarse a su autenticidad original?

Hará una lista de todos aquellos personajes que admira, de todos los Maestros Espirituales que admira, de todos aquellos que lo han inspirado y tendrá que comenzar a morir a todos esos deseos, a todas esas formas, de hoy en adelante tendrá que ser respetuoso con la Autenticidad y Originalidad de cada artista, de cada líder, de cada Maestro Espiritual, de todos sus ídolos o gente que admira demasiado, tendrá que derrotarse a esa idea de algún día llegar a ser como ellos, entonces cada vez que cante una canción en su mente o en voz alta no se proyectará él cantando esa canción con un gran público, es mejor que él mismo se invente sus propias canciones, que le de vida a su propia creatividad y respete la creatividad de los demás.

Esto de ninguna manera se aplica a los imitadores profesionales ya que ellos lo hacen por profesión, o porque tienen el don de imitar de una forma muy idéntica entonces esto también sería un arte, mas si el imitador realmente quiere ser como ese artista al cual está imitando entonces hay posibilidades que él mismo este rechazando a su propia Autenticidad que incluso si la descubre y le da vida es muy posible que ahora el artista al que estaba imitando se convierta en su próximo admirador.

Pues todas las Almas son Auténticas y Originales y el trabajo del Yo inferior es descubrir su propia originalidad y dejar de ser copia de los demás, esto también incluye dejar de querer imitar o querer ser como los Maestros iluminados, jamás va a haber otro Gautama Buddha, otro Jesucristo o Yeshua Hamashiaj, otro Rasul Mohammed, Krishna o Patanjali. Y tampoco ellos desean que alguien quiera ser como ellos, sus deseos de ellos es que sus discípulos descubran su Buddha interno, su Cristo interno, su Mohammed interno, su Krisna interno y dejen de ser seguidores de ellos toda su vida.

Resumiremos en qué consiste el Primer Plano del Ego.

Este es un Yo inferior dominado por su Ego Reactivo el cual tendrá los siguientes comportamientos: es muy hipersensible se siente muy solo, todo el tiempo le está echándole la culpa a los demás, busca el amor de su Madre y de su Padre en las mujeres, o en los hombres, pone sus expectativas y deseos en los demás, esta sin raíces que las circunstancias o las acciones de las personas le mueven sus emociones, se siente rechazado, abandonado, siente mucha ausencia de su Dios, le espanta la vida, no sabe cómo enfrentarla, no sabe cómo hacerse de comer, le aterra la soledad, seguido se siente cansado, fatigado, sin fuerzas, a veces no tiene ganas de vivir, ha planeado mejor suicidarse, pues no aguanta esas terribles depresiones que le vienen seguido, siempre esta deprisa, con mucho miedo, inseguridades, un estado continuo de ansiedad, cuando mira a un grupito de personas hablando piensa que están hablando de él, se ofende de cualquier cosita, no aguanta las bromas, todo lo toma muy personal, es muy reactivo y se defiende de todo, no le gusta reconocer sus errores, tiene muchos complejos de inferioridad y de grandiosidad, se la pasa fantaseando todo el día, siempre quiere ser como alguien más, no se acepta a sí mismo y piensa que la vida o Dios lo quieren hacer enojar, piensa que su Dios lo ha castigado más que a ningún otro ser humano, su alimentación es pésima, come comida chatarra, casi no bebe agua, no le gusta hacer ejercicio y se enamora con facilidad de personas de carácter más fuerte, o personas que sean opuestas a todos sus complejos de inferioridad, si es bajita de estatura tratará de conseguirse un hombre muy alto, si es un hombre que se siente feo tratará de conseguirse una mujer extremadamente guapa, pues quieren balancear sus deficiencias. Vivir bajo la esencia de esta Entidad de Baja Luz es un verdadero infierno pues las energías que abundan aquí son las energías de Miedo, Energías de vacíos existenciales, de ira, de fantasía y por ultimo un cansancio insoportable mucha falta de energía y sin ganas de vivir.

En este primer plano del Ego también miramos un Centro Energético de Deseos.

De la manera que funciona este Centro Energético de deseos es que todos estos deseos del primer plano llegarán al epicentro de deseos que hay en la mente tridimensional del 6to plano y cuando llegan allá, se manifiestan en forma de pensamientos o de imágenes, si son deseos de fantasías, de falta de autenticidad, de enamoramientos erróneos por lo regular llegan en forma de imágenes y los seres de baja luz que están a cargo de la pantalla de la imaginación proyectarán esas imágenes para que el Yo inferior las mire y les ponga atención ya que por medio de la atención ellos logran densificar su energía. Ahora bien los deseos que más llegarán allá serán de los campos energéticos magnéticos vibracionales que estén más fuertes, que estén más expandidos, pues ellos tienen la preferencia, si el Yo inferior lo que ha experimentado más en su vida es el vacío existencial entonces le llegarán pensamientos que le hacen sentir esos vacíos existenciales.

Si por ejemplo de lo que más ha padecido es del rechazo entonces los deseos de este Espíritu de baja luz del rechazo manda sus deseos a este centro energético de deseos del primer plano y este los envía al epicentro de deseos del 6to plano y allí llegan esos deseos en forma de pensamientos y entonces el Yo inferior si alimenta o pone atención a las vibraciones de esos pensamientos o deseos entonces se sentirá rechazado y de esta manera el Espíritu de baja luz de rechazo obtiene su alimento del día y se mantiene fuerte y con más señoría sobre los otros espíritus de baja luz, entre todos ellos compiten haber quien tiene más poder sobre el Yo inferior y el que tenga más poder entonces gobernará más la vida de este junto con sus decisiones y su poder de voluntad.

Luego miramos una abertura.

En la parte de abajo y del medio que dice: **ENERGÍAS DE AUTO DESTRUCCIÓN** y más abajo dice: **FUERZA MALIGNA MAGNÉTICA.**

Esta fuerza Magnética Maligna es una fuerza gravitacional, absorbe todo para abajo, lo que se encuentra abajo son los planos astrales más bajos conocidos en la Religión como el limbo, el purgatorio, el bardo y hasta más abajo está el infierno estos son estados psicológicos y se manifiestan por medio de las pesadillas o ataques espirituales, es cuando la persona está dormida y siente la presencia horrible de criaturas infernales de bajas vibraciones y no se puede mover o despertar, entonces allí la persona ha caído en forma temporal a esos planos bajos infernales del astral y siente mucho terror al despertarse, lo que quiere decir es que algunas de las formas de su Alma han caído a esas profundidades y se le han manifestado por medio de pesadillas, ahora cuando el Yo inferior comience a rescatar las formas perdidas de su Alma también estas formas que han caído allá serán liberadas. Cuando una persona llega a morir físicamente y no libero a ninguna de estas formas de su Alma entonces él o ella serán magnetizados por estas formas que están en los planos bajos astrales y experimentarán un infierno temporal (no eterno) obviamente vivir allí una hora equivaldría a todo un día pues entre más sufrimiento se experimente el tiempo suele detenerse. Por lo regular los Yos inferiores que van a experimentar este infierno temporal son personas que en esta vida hicieron mucho daño a otros o a ellos mismos y nunca lograron transcender sus formas de baja de luz, en este caso estaríamos hablando de asesinos, miembros de sectas satánicas, gente con fuertes adicciones tanto de alcoholismo como drogas, perversiones sexuales, casino, pues son los deseos fuertes de estas adiciones que llevan consigo la fuerza gravitacional. Lo importante es recordar que es un infierno temporal y no permanente, cuando estos Yos inferiores se van acercando a la luz entonces estarán listos para dejar esos estados bajísimos del plano astral y serán despertados en la 4ta Dimensión. La mayoría de Yos inferiores que hayan muerto físicamente pero que hayan transcendido Niveles Superiores de su Conciencia entonces pasarán por el bardo o el limbo que es el tercer plano astral de una manera transitoria y pasajera e inmediatamente serán llevados hacia la luz. Haya podrán tener la opción de seguir pagando su D.kármica allá o regresar al plano terrenal tridimensional.

Si una persona murió físicamente y sufrió mucho de soledad, culpabilidad, miedos u otras formas de baja luz entonces estos sentimientos de mucha soledad, culpa, o miedos no les permitirán elevarse, será una fuerza gravitacional magnética que los bajará a estos planos bajos astrales y su Yo inferior experimentará en carne propia lo que algunas de las formas de su Alma ya habían experimentado mientras él tenia vida física, allí el Yo inferior experimentará el sentirse muy solo sin que nadie lo ayude. Después de sentir el infierno de su soledad, poco a poco comprenderá que en vida siempre se sintió así y que no es nada diferente, la diferencia será cuando él aprenda aceptar su propia soledad, su propia culpabilidad, sus propios miedos, cuando les dé la bienvenida y se diga Ok. Estoy listo para lo que sigue ya no le tengo miedo a mi soledad entonces él solito se habrá acercado a la luz, cambiando su actitud, aceptando su soledad, su culpabilidad, lo importante es no tenerle miedo a estos planos de oscuridad, pues el Yo inferior y su Alma jamás se quedarán allí por una eternidad, su abogado de luz estará siempre viendo por él, que sería su Conciencia Intuitiva y su Conciencia Cristica Buddhica. La razón por la que ellos dejan que su Yo inferior experimente este infierno temporal es porque es el mismo Yo inferior el que tiene que decidir vivir en los planos Superiores de luz, él mismo tiene que desear alcanzar sus niveles superiores de conciencia y la mejor manera de que le broten estos deseos es que él mismo experimente en carne propia lo que ha experimentado su Alma, que él mismo renuncie a toda esta 3ra Dimensión y no se siga dejando engañar. La 3ra Dimensión es el campo en donde todas las Almas tienen la gran oportunidad de trascender y alcanzar su 4ta Dimensión, su 5ta Dimensión y así.

Otra cosa que debe de saber el Yo inferior en su parte esencial ya ha vivido en el Reino de la Luz por eternidades y él mismo decidió conocer las partes opuestas ya que a pesar de que ya conocía estas partes de oscuridad no las había experimentado directamente sin tener la Conciencia despierta de un verdadero Ser de Luz, es por eso que ninguna Alma se puede perder para siempre, pues allá hay leyes, abogados de luz, asistentes de luz, todo esto es parte del gran juego cósmico, de la gran película Cósmica, al Alma del Yo inferior se le asignó un papel y cuando vino al plano tridimensional nació nuevamente con el velo del olvido y lo único que recuerda su Yo inferior es el papel que se le asignó y es el que está viviendo, pero ahora él ya puede ir cambiando su propio papel que se le asigno y escoger uno nuevo, pues mientras está en ignorancia juega su papel de víctima, de conmiserado, de perdedor, pero en cuanto descubre que no tiene por qué seguir viviendo o actuando ese papel entonces él mismo puede ir cambiando los roles de su papel asignado y comienza a desidentificarse de su papel asignado, esta asignación fue de acuerdo a su D.kármica y no por capricho de nadie, su Alma estuvo de acuerdo, no hubo trampa.

En donde dice: ENERGÍAS DE AUTO DESTRUCCIÓN.

Es porque esta fuerza magnética gravitacional lo jala para abajo junto con las formas de su Alma por eso es que él tiene la tendencia a caer en depresiones, miedos, inseguridades, tristezas, soledades, cansancio, porque es magnetizado con facilidad por estas Energías Autodestructivas.

Es por eso la importancia de la fe ya que esta es una poderosísima herramienta y Principio Espiritual que le permitirá alzar su mirada hacia los Niveles de Conciencia Superiores, hacia su Verdadero Ser de luz, su Conciencia Cristica Buddhica y cuando él aprenda a convertirse en un ahorrador de energías vitales, de energías del Poder de Gracia entonces él mismo irá desmagnetizándose y por consiguiente será jalado para arriba por la fuerza levitacional, esa fuerza que da el Poder de Gracia. Pues ya no permitirá que los espíritus de baja luz y de oscuridad sigan robándole toda su energía espiritual, sigan sustrayéndole su Poder de Gracia. Él habrá aprendido a como conservar ese Poder dentro sí mismo y esto es lo que le ayudará a expandir su 5% de Esencia Divina.

En donde dice: CENTRO DIRECTIVO DE LAS FUERZAS OSCURAS.

Estos son los guardianes del Reino de la Oscuridad, o Potestades de Oscuridad, son los que custodian todo ese plano del Ego, entonces ellos se aseguran que las formas del Alma no sean liberadas si el Yo inferior no ha hecho las cosas como debe de hacerlas, por ejemplo un Yo inferior no quiere sentirse solo o triste o rechazado pero nunca ha hecho un examen de conciencia adecuado para liberar esas formas de su Alma y solamente ha deseado no sentirse así o ha optado por pedirle a su Dios que lo ayude y entonces nada sucede y estos custodios no dejarán salir de estas prisiones a estas formas de su Alma, pero todo cambia cuando el Yo inferior hace su examen de conciencia con una nueva información, con conocimiento de sus derechos, conocimiento de Las Leyes Espirituales, con el Poder de su Conciencia intuitiva y su fe, entonces allí es cuando los Seres de Luz nos encargamos de liberar a todas esas formas del Alma que estaban prisioneras allí. Ya que el Yo inferior esta vez sí está limpiando bien su casa y está haciendo todo de la manera correcta o efectiva, entonces estos custodios del Reino de la Oscuridad ya no se opondrán, esto se puede comprobar con facilidad si el Yo inferior revisa cuantas veces le ha pedido a su Dios que lo libere de ciertos comportamientos, de ciertos sentimientos, o malos hábitos y al parecer tarda muchos años en que se oigan sus peticiones, pero en cuanto él descubre nuevos decretos, la importancia de la fe, la importancia de su creencia, entonces comienza a decretar de manera diferente y bajo su nueva creencia es que también él puede ir liberando a todas esas formas de su Alma. Hay diferentes métodos de poderlo hacer y él tiene que ir descubriendo los que más le pueden servir, pero todos requieren de un esfuerzo de un sacrificio no hay lugar para los perezosos, para los que quieren todo de una manera fácil y rápida.

La otra manera de liberar a todas estas formas del Alma es dándole vida a todos sus 7 Niveles de Conciencia esta opción es en caso de que no le guste hacer mucho examen de conciencia o se le haga todo esto muy tedioso y sea de esos Yos inferiores que están listos para la acción. Entonces que se dediquen únicamente a darle vida a sus Niveles Superiores de Conciencia y con eso es suficiente, sus Seres de luz harán lo demás.

Todos los Yos inferiores que se encaminen a la iluminación tendrán que darle vida a todos sus Niveles Superiores de Conciencia eso es como base, pero la recomendación de nosotros es que se vayan haciendo las dos cosas a la vez, liberando a las formas de su Alma del Reino de la Oscuridad y al mismo tiempo ir dándole vida a sus 7 Niveles Superiores de Conciencia.

SEGUNDO CAPÍTULO

Ahora pasaremos al 2do plano del Ego.

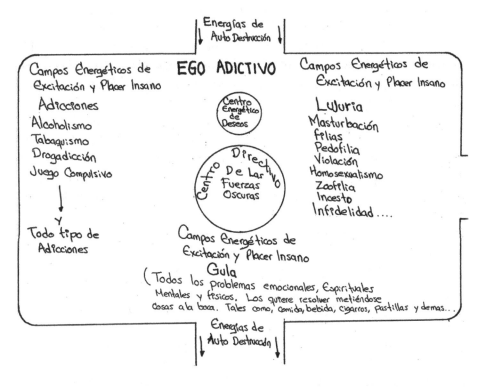

EL EGO ADICTIVO

Este plano será el gran consuelo para el Yo inferior por fin habrá encontrado la "solución" a todos sus estados de depresión, de soledad, de ansiedad, de tristeza, de melancolía, de cansancio, de complejos de inferioridad, por fin bajo el efecto del alcohol se podrá desinhibir, ser alegre, bailador, platicador y espontaneo. Por medio del onanismo podrá realizar sus sueños fantásticos de "tener" relaciones sexuales con quien quiera, por medio de la comida y la bebida, va a querer tapar sus vacíos existenciales sin importarle descubrir después que esto también será un falso aliciente.

Mencionábamos antes de que cada uno de estos espíritus de baja luz compiten entre ellos y tratan de ser cada uno de ellos el más poderoso, tratarán de "solucionarle sus problemas" al Yo inferior por medio del placer que ofrece cada uno de ellos, este morderá el anzuelo y una vez que se aseguran de tenerlo bajo su poder entonces ya no experimentará el placer que inicialmente experimentó cuando apenas comenzaba ese Espíritu de excitación a expandirse por medio de reclutar formas de su Alma, para su Centro Energético Magnético Vibracional, entonces una vez que él se adicta al placer insano ellos aseguran su estadía en su Reino de Oscuridad por largos años y si pueden tratarán de que cuando el Yo inferior muera físicamente se los lleve con él y lo que sucederá es que el Yo inferior no podrá entrar a las Dimensiones más altas porque para entrar allá se entra sin la presencia de los Espíritus de baja luz, estos son regresados a su lugar de origen, así que él aprenderá que si quiere transcender y alcanzar las dimensiones más elevadas tendrá que dejar a todos estos Espíritus de baja luz en donde pertenecen, en la 3ra Dimensión terrenal, junto con todos los placeres que ofrece su mundo de ellos, el Alma del Yo inferior ha quedado atrapada en sus placeres y el Yo inferior junto con las formas del Alma han pagado un precio muy caro por estarle arrancando placer a la vida de una manera fácil, cómoda por la puerta falsa.

Revisemos el:

Campo Energético de La Excitación y el Placer Insano.

Centro Magnético de La Lujuria - Lascivia (Demonio Asmodeus.)

Para poder describir de mejor manera este Centro Energético el Yo inferior se tendrá que imaginar que adentro de su Reino de Oscuridad hay una Residencia interior la cual está habitada por La Madre Lujuria y todos sus Hijos.

Aquí ellos tienen su centro de comunicación directamente con la mente tridimensional, sobre todo con la Pantalla de la Imaginación

Así que el Yo inferior esta cómodamente en su silla de la mente tridimensional, mirando la realidad por medio de sus ojos físicos y por otro lado arribita de sus ojos tiene a su gran pantalla de imaginación la cual en más del 95% del tiempo lo mantiene alejado del presente y del ahora. Pues él ya se acostumbró tanto al placer que esa será su primera opción y si el momento presente no le ofrece placer inmediato entonces él recurre como segunda opción a mirar sus pantallas mentales de la imaginación, de las fantasías, de los placeres insanos o de las obsesiones, las cuales ellos los Espíritus de excitación ya saben que escenas ponerle para que se excite y sienta placer. Lo primero que le pondrán en sus pantallas, si es un hombre son imágenes de mujeres desnudas, lo cual lo mantendrá excitado y posteriormente recurrirá a la masturbación, ésta la utilizará como un antidepresivo, será la pseudo solución a sus frustraciones y a todos sus deseos reprimidos también será una válvula de escape para todo problema emocional que experimente.

¿Qué es lo que ocurre con el onanismo o masturbación?

Será lo siguiente, cada uno de estos espíritus conocen todos los movimientos del Yo inferior, entonces cuando tiene hambre son los espíritus de la mala salud y de la Gula los que aparecen para ponerle escenas de comida rápida, bebidas toxicas y todo lo que le perjudique a su salud, si por ejemplo está solo en su casa o su cuarto y se siente aburrido o esta de ocioso entonces allí es buena oportunidad para que los hijos de la Lujuria que son Espíritus de excitación pongan imágenes excitantes en cualquiera de las 4 pantallas mentales, la primera escena o imagen se proyecta en la pantalla de la imaginación, allí esa pantalla está conectada directamente con el Centro Colectivo Inconsciente (**C.C.I.**) y con el Epicentro de Deseos del 6to plano del Ego, una vez él le pone atención a esa pantalla por más de un minuto, entonces él mismo por decisión propia traslada esa imagen a su pantalla mental de las fantasías y comienza a vivir un sueño de fantasía con esa imagen, después de un minuto la pasa a la pantalla de los deseos o placeres insanos y se imaginará teniendo sexo casi de forma real y allí cae preso de las energías atmosféricas del placer insano y la excitación que ahora la imagen será trasladada a la pantalla mental de las obsesiones y esta pantalla es tridimensional, la mujer desnuda se sale de la pantalla y él se mira de manera real teniendo sexo con esa mujer, por lo tanto tiene un 95% de probabilidades de masturbarse, de violar o de cometer algún acto insano.

A nivel astral y mental trataremos de explicar en detalle lo que sucede, allí en el segundo plano del Ego el cual está muy conectado con el segundo plano astral, se encuentra esta Residencia de citas de la Madre Lujuria la cual hace sus invitaciones a todas las formas del Alma para que disfruten de todo el placer que ellas quieran, de allí que cuando el Yo inferior está sentado en su silla del 6to plano, recibe invitaciones y comerciales a cada rato de mujeres desnudas, mientras tenga su atención puesta en su trabajo, familia, deporte u otras actividades, entonces no le presta mucha atención a estas imágenes, pero como estamos hablando de un Yo inferior de baja autoestima, que se siente solo, frustrado, cansado, resentido y todas las bajas vibraciones energéticas del primer plano del Ego, entonces es el candidato perfecto para convertirse en cliente de la Madre Lujuria o (Demonio Asmodeus). La cual le estará ofreciendo placer sexual para solucionarle sus problemas emocionales y existenciales y él comienza aceptar sus invitaciones, al principio esto sucede, él mira sus primeras imágenes de mujeres desnudas (objetivamente estará mirando revistas pornográficas o películas) así como también le será suficiente su imaginación. Sus consejeros malignos lo animarán, le dirán: "Hey no desperdicies esa gran oportunidad" y el Yo inferior como desconoce todo acerca de la energía sexual y de la verdadera espiritualidad, simplemente se deja llevar por su instinto sexual y para pronto, se mete a esa Residencia de citas y tiene sexo con esa mujer que él mismo escogió, al pasar los días y se sienta triste, cansado, aburrido y con esas bajas vibraciones emocionales, entonces allí estarán sus consejeros malignos para darle consejos de seguirse metiendo a su prostíbulo interior y casa de citas privada y también ellos lo invitan porque los que se benefician también son ellos, el Yo inferior jamás experimentará un placer insano sin que ellos sean participantes, después de algún tiempo el Yo inferior le permitirá la entrada al Demonio Obsesivo y este le dará muchísima fuerza al Espíritu Excitante Masturbador y si esta adicción es la que más llegue a practicar, entonces la Madre Lujuria es la que estará dominando el 2do plano del Ego, ya que es la que lleva más formas del Alma como prisioneras, cada una de estas mujeres imaginarias ya residen en esa Residencia de citas y cada vez que él se mete allí a su Residencia interior, se encuentra con diferentes escenas sexuales que se están llevando acabo, esto sucede así. De momento tenemos a todas estas mujeres desnudas que ha metido allí, luego el comienza a mirar diferentes tipos de películas pornográficas y acaba mirando escenas de incesto, de sexo con animales, violaciones y progresivamente él mismo decide ir abriendo la mayoría de puertas que están en su prostíbulo interior y al caminar por allí, va mirándose a sí mismo teniendo sexo como con 3 mujeres o 10 mujeres, en otro cuarto él se mira participando en una orgia, en otras mira unas escenas en donde se lleva actos de sadomasoquismo, en todos los cuartos él se mira teniendo sexo de diferentes maneras.

Lo que él ignora es que por medio de la masturbación excesiva, los actos de placer insano, la pornografía, las aberraciones, el complejo de Edipo mal encausado y todo lo que tenga que ver con perversidad sexual estará abriendo puertas del 7mo plano del Ego por el cual se infiltrarán entidades de muy baja luz, que pertenecen al 2do plano astral o del mismo 3er plano astral conocido como el Bardo o Kamaloca., también se les conoce como skandas, larvas o elementales artificiales, parásitos del bajo astral y estos serán formados por todos los deseos inconclusos de las Almas de aquellos Yos inferiores que murieron físicamente con fuertes adicciones sexuales y estas formas contaminadas del Alma buscan un cuerpo en donde satisfacer sus deseos perversos, entonces cuando un Yo inferior deja abiertas estas entradas de su mente, o su residencia interior en donde gobierna la Madre Lujuria les permitirá la entrada a estas entidades perversas y cada vez las tentaciones irán aumentando a tal punto que se le hará fácil llegar a convertirse en un pedófilo, en un violador, llevar a cabo prácticas de homosexualidad sin ser él homosexual, puede llegar a tener sexo con animales, llegar a abusar de su propio cuerpo, cometer incesto y todo tipo de filias tales como las siguientes, algunas en realidad no son dañinas, pero otras si lo serán.

Agorafilia: Atracción por la actividad sexual o el exhibicionismo en lugares públicos.

Agrexofilia: Excitación producida por el hecho de que la actividad sexual sea oída por otras personas.

Algofilia: Excitación producida por el dolor.

Alopelia: Experimentar un orgasmo sólo viendo a otros teniendo una relación sexual.

Amomaxia: Excitación sólo al realizar una relación sexual dentro de un automóvil estacionado.

Asfixiofilia: El estímulo es estrangular, asfixiar o ahogar a la pareja durante el acto sexual, con su consentimiento y sin llegar a matarla.

Autopederastia: Encontrar sólo placer introduciendo el pene en su propio ano.

Candaulismo: Excitación al ver a la pareja copulando con otra persona.

Cinofilia: Excitación al tener relaciones sexuales con perros.

Ciprieunia: Excitación sexual sólo con prostitutas.

Consuerofilia: Coserse zonas de la piel con aguja e hilo para obtener placer sexual.

Cyesolagnia: Excitación sexual sólo con embarazadas.

Dipoldismo: Excitarse propinando golpes en las nalgas a niños.

Ecdiosis: La excitación sólo se produce al desnudarse ante desconocidos.

Erotofonofilia: Excitación al realizar llamadas telefónicas, utilizando lenguaje erótico.

Estigmatofilia: Excitación ante tatuajes, agujereamientos (piercing) sacrificios o cicatrices.

Falofilia: Atracción por los penes grandes.

Ginemimetofilia: La excitación sólo se producirá si la pareja es un travesti.

Hibristofilia: Excitación al fantasear con tener relaciones con un violador.

Homiliofilia: Excitación sexual producida por predicar una religión a una persona sencilla

Y fácil de convencer de cualquier cosa.

Masoquismo: Placer ligado a la propia humillación o sufrimiento físico. (Cachetadas, latigazos y golpes)

Microfilia: Atracción sexual por las personas pequeñas o enanas.

Necrofilia: Atracción sexual por los cadáveres.

Partenofilia: Atracción sexual por las vírgenes.

Pediofilia: Atracción sexual desmedida por las muñecas.

Pedofilia: Excitación sexual por los menores, principalmente en niños de8 a 12años.

Pigofilia: Excitación por el contacto con el trasero.

Quinunolagnia: Excitación sexual por ponerse en situaciones de peligro.

Rabdofilia: Excitación al ser flagelado.

Sadismo: Experimentar placer erótico al provocar dolor físico o humillación en la pareja.

Triolismo: Excitación por mirar a la propia pareja teniendo relaciones sexuales con una tercera persona.

Polyiterofilia: Personas que necesitan tener diferentes parejas consecutivamente antes de conseguir el orgasmo.

Zoofilia: Realización del acto sexual entre un ser humano y un animal.

Si observamos todas estas filias nacen de las Energías de excitación provenientes de la ira, así veremos que también otro tipo de excitaciones nacen de las energías del miedo, principalmente las que tiene que ver con el comer compulsivamente y otras excitaciones nacerán de las energías del engaño y las mentiras tales como el alcoholismo y drogadicción, las fobias que son contrarias a todas las filias nacen de las energías del miedo. Cuando un Ser Humano desarrolla una fobia o una filia, estas quedan registradas en la Mente Universal Tridimensional, esta mente Universal, no es la misma Mente Universal de todo el Cosmos, cada diferente Dimensión tiene su propia mente Universal, en la 4ta Dimensión existe una mente que guarda toda la información de las mentes de la 4ta Dimensión, a esta le podríamos llamar la Mente Universal Astral y así le podríamos poner el nombre a cada una de estas Mentes Universales las cuales van representando cada una de las diferentes Dimensiones, hasta llegar a la Mente de la 10ma Dimensión que sería la Mente Universal Cósmica o la Mente de La Conciencia Dios y esta es una de las razones por las cuales las personas que viven con una mente tridimensional, no pueden bajar información de la 4ta Dimensión, para ellos la cuarta Dimensión es un mundo fantasmagórico o alucinante, en cambio para los que viven en la 4ta Dimensión, las cosas son tan reales como lo son para los de la 3ra Dimensión.

Así como todas las enfermedades residen en el cuerpo y en cualquier momento se pueden manifestar, así estas filias se le pueden disparar a cualquier persona si esta las reactiva ya que esos deseos ya existen, a alguien más le han causado placer, también los placeres de los planos bajos astrales que en este caso hablaremos del 2do plano astral, allí los placeres de excitación son mucho más fuertísimos que en la 3ra Dimisión, ya que cuando un Alma de bajas vibraciones, se da a ese tipo de placer insano, entonces experimenta ese placer casi al 100%, de la misma manera que los Espíritus de oscuridad los experimentan, el Yo inferior únicamente experimenta parte de ese placer, pero los que en realidad disfrutan más de ese placer son los Espíritus de oscuridad, que de eso se alimentan, ya que estos Espíritus no cuentan con una Alma como si cuenta un Yo inferior.

El Alma no maneja ninguna moralidad, la moralidad es algo que maneja el Yo inferior y la moralidad es un código de valores que ayuda al Yo inferior como una guía a seguir y tratar de respetar lo que más pueda porque ese código de valores muestra todas aquellas acciones o actitudes y formas de pensar que benefician al Alma a realizar su primer y segundo objetivo de su existencia. La moralidad es como una lista de requisitos que tendrá que cumplir el Yo inferior si es que espera obtener ciertos resultados espirituales, pero esta moralidad tiene que ser escogida o creada por él, ya que si no es de esta manera, hay muchas probabilidades de que, sea una Pseudo Moralidad y esto a la larga no le sirve de mucho, porque no es suficiente dejar de hacer cosas "malas" para luego tener comportamientos "buenos" basados en esa moralidad. Estos actos no cuentan mucho, porque detrás de todos ellos por lo regular aparecerá la mente convenenciera, esa que se porta bien para ganarse un paraíso, en realidad no se porta bien, por Conciencia de ello, sino que lo hace por conveniencia y allí esos actos se convierten en Pseudo Espiritualidad, de la cual hablaremos más en detalle en el 4to plano del Ego.

¿Allí qué pasa con las formas del Alma?

Ahora el Alma es meramente emocional y puesto que no carga ninguna moralidad, para ella la vida es una aventura, algo excitante en donde ella quiere experimentar todo lo que ve, pues ella sabe que es eterna y que no es la primera vez que viene a este plano terrenal. Para dar un ejemplo es como cuando alguien llega a un programa de recuperación de alcoholismo o drogadicción y esta persona no sabía que había una solución a su problema de alcoholismo o drogadicción, pero descubre que sí existe una solución a su problema y tendrá el dilema de no saber si ir aprobar todas esas drogas o mejor pararle allí.

Algo parecido pasa con un Yo inferior que cuando muere físicamente descubre que hubo muchas cosas que hubiera querido hacer pero que no las hizo por miedo, por prejuicios, porque su pseudo moralidad no se lo permitió, por miedo a su Dios, por represión y descubre que su represión le cuenta de la misma manera que aquel que descoyunto sus instintos y se arrepiente y dice: para la próxima vez le daré rienda suelta a mi instinto sexual, hare lo que me plazca con mis deseos sexuales, pero cuando regresa al plano terrenal no cuenta que quizás va a nacer en un hogar o en una cultura en donde le meterán tabús contra lo sexual y lo harán ver como algo pecaminoso y esto nuevamente no lo dejará darle vida a sus deseos reprimidos que ha tenido por varias vidas, por eso es que la masturbación se convertirá como en un hábito muy difícil de romper para él, porque por medio de la masturbación puede llevar a cabo sus perversidades más bajas y oscuras.

Ahora el Alma guarda ciertos recuerdos de todo eso que se dijo el Yo inferior que haría para la próxima vez y algo la hace desear todo tipo de perversidades y como no mira mucho peligro en llevarlas a cabo a nivel mental y a nivel astral, entonces ella se presta para participar de las tentaciones de los enemigos y lo que sucede es que parte de ella deseará seguir experimentando ciertos placeres sexuales y esos deseos vibracionales se convertirán en formas del Alma que irán a caer a la Residencia interior de la Lujuria, a la casa de citas y allí permanecerán prisioneras.

En un principio como de costumbre las formas del Alma gozan del placer que ofrecen los Espíritus de excitación, pero cuando el Yo inferior ya se convirtió en un adicto a ese placer y aun peor ya le permitió la entrada a los Demonios de la Obsesión, entonces las formas del Alma que quedaron atrapadas en esa Residencia interior ya no gozarán de los mismos placeres que gozaban al principio cuando eran visitantes, ahora los que gozarán de todos esos placeres insanos en forma total serán los Espíritus excitantes de baja luz, junto con las entidades de oscuridad. Todos ellos gozarán a plenitud de ese placer que consiga el Yo inferior por medio de la masturbación o cualquier acto sexual depravado o de placer insano ya que esa ha sido su apuesta de ellos, el Padre de las mentiras les ofreció gozar de todo tipo de placeres insanos sin recibir consecuencias y cuando ellos residen en las residencias interiores de los Seres Humanos, entonces a ellos se les cumplen las promesas de su Padre de las mentiras y alegres dicen: "Nuestro Dios tenía razón, su Reino es mucho mejor que el de los Seres Humanos, ya que estos nunca gozan del placer como nosotros lo hacemos, para ellos si existe un castigo, su Alma sufre todas las consecuencias, su Dios los tiene muy bien controlados, mientras que nosotros gozamos y gozamos sin tener que pagar consecuencia alguna tal y como lo dijo nuestro Padre y dueño de la oscuridad" aquí las formas del Alma son las que recibirán migajas de esos placeres insanos y recibirán los castigos fuertes de la culpabilidad.

Y este es el aprendizaje que tiene que registrar el Alma en su memoria etérica, tiene que entender que las tentaciones de ellos los malignos son engañosas y que así como ellos cayeron en la trampa de su Padre de las mentiras, así también ellos quieren que el Alma siga cayendo.

Ahora las Almas más viejas ya conocen todo este Juego cósmico y ya no se dejan engañar tan fácil, porque ya han aprendido su lección, estas Almas en su mayoría de veces ya han estado viviendo en los planos bajos del Astral y ellas mismas fueron testigos de toda la farsa y engaños del Padre de las Mentiras, ellas descubrieron por experiencia propia que en el Reino de Oscuridad, en el Infierno no hay nada que valga la pena, ya que todo es engañoso, ficticio y está lleno de injusticias, de todo eso que el Padre de las mentiras acuso a la Conciencia Dios, es lo que él mismo es, pero incluso varios de sus seguidores se niegan rotundamente a mirar sus engaños y algo muy similar sucede con los Yos inferiores, por más que sufran y sufran las consecuencias de sus adicciones, ellos continúan experimentándolas y defendiéndolas y eso mismo ocurre con la mayoría de Espíritus de oscuridad y da baja luz, por más que ellos miran que, en realidad no todo es placer y felicidad en el infierno, ellos prefieren optar por engañarse a ellos mismos y mejor se dedican a engañar a los Yos inferiores y a seguir densificándoles su energía espiritual y su luz, se dedican a seguir encarcelando más formas de su Alma, en su Reino de Oscuridad, y a vivir de gratis en los cuerpos y mentes de los Seres Humanos, es por esa razón que a todos ellos les conviene mantener al Yo inferior en una continua ceguera y sordera espiritual, para que este nunca descubra como ellos lo utilizan como un instrumento de placer insano y cuando se hartan entonces el Pseudo Dios lo castiga con latigazos de culpabilidad y vacíos existenciales profundos, ellos tienen todo bajo control en su Reino de Oscuridad del Yo inferior y mientras este no logre despertar durante su estadía en la 3ra dimensión, entonces ellos lograrán su propósito y su existencia queda asegurada para la próxima vida del Alma del Yo inferior y aquí en la 3ra dimensión lo seguirán esperando y ellos pasarán hacer parte de su nueva D.kármica.

¿Cómo funcionan esos castigos?

Mientras el Yo inferior está alimentando a todos estos Espíritus excitantes de baja luz, ellos no lo castigan mucho, pues es parte de su equipo, está cooperando con ellos y al parecer todos felices, robándose placer de la vida a manos llenas, el problema se presenta cuando el Yo inferior comienza a buscar la espiritualidad, cuando comienza hacer conciencia de los daños que ha hecho a los demás, como a sí mismo. Entonces allí vienen los tiempos de tribulación para las formas de su Alma, porque cada vez que él se masturbe o caiga en actos ilícitos de acuerdo a su moralidad y su concepto de Dios, entonces después del acto ilícito en un 95% del tiempo se hará presente la Entidad del Pseudo Dios y lo castigará. Por decirlo así. Recordaremos cómo funciona la pantalla de la imaginación en donde él se excita y sus consejeros malignos el Ego y el Súper Ego lo convencen de que regrese otra vez a tener sexo con esa mujer desnuda, que es un elemental artificial y él cae en un exceso de masturbación y cuando se comienza a sentir culpable aparece el Pseudo Dios y lo castigará y sus consejeros malignos (Ego y Súper Ego) se lavarán las manos como todo el tiempo lo hacen y lo señalarán a él, diciendo "Bueno nosotros solamente lo motivamos a que tuviera sexo con esa mujer, pero él fue el que decidió" y las que pagarán las consecuencias serán las formas del Alma que están encarceladas allí, las castigan con latigazos de culpabilidad, de vacío existencial, y es por eso que ha ellas ya no les conviene estar allí, pues los únicos que se han beneficiado desde entonces es el Yo inferior, junto con los espíritus excitantes de baja luz y las entidades de afuera. Las formas del Alma solamente adquieren migajas de ese placer y reciben todas las consecuencias.

(Parte de estas consecuencias también las llega a sentir el Yo inferior, con la diferencia de que él se escapara por medio de otras adicciones o fugas emocionales mientras que las formas de su Alma se quedarán allí encerradas recibiendo el castigo completo de la culpabilidad)

En un principio las formas del Alma entraban a ese prostíbulo interior o casa de citas y todas tenían sexo con todas estas mujeres y todo era placer y más placer, pues aún eran visitantes y La Madre Lujuria las trataba muy bien, las animo a que se quedarán allí y con el tiempo todo cambio, como ya son residentes de esa casa de citas, ahora solo les toca mirar como son ellos los Espíritus de excitación y las Entidades de baja luz los que tienen relaciones con estas mujeres astrales y las formas del Alma simplemente se la pasan mirando, deseando participar pero solamente les toca quedarse con sus ganas, esta es una de las razones por las cuales el Yo inferior se queda pegado a las adicciones por qué no logra satisfacer a estas formas de su Alma en su totalidad y esos deseos de ellas son los que a él lo hacen imaginar sexo a cada rato, así que el Yo inferior está atrapado, porque cuando se aleja de esos actos sexuales ilícitos, pasando algunos días o semanas él siente esas ansias de deseos de las formas de su Alma y tratará de llenarlas pero cuando haga dichos actos ilícitos de placer insano descubre que no se llenaron y por el contrario experimenta en carne propia el vacío espiritual que ellas sienten, la culpabilidad y el remordimiento.

Aquí lo que le ayudará más al Yo inferior es darse cuenta que si quiere sentir satisfacción de la misma manera que al principio o con la misma intensidad que lo sienten esos Espíritus excitantes de baja luz, entonces tendrá que olvidarse de todo lo que tenga que ver con Espiritualidad, Conciencia, Dios, Ascensión, de toda referencia al Reino de la Luz y que se dé de lleno al placer insano. Esa sería una opción, la otra seria que tendrá que formular un plan de como rescatar a esas formas de su Alma que se quedaron atrapadas allí y que ya no experimentan ningún placer con intensidad como al principio.

Una de las cosas primordiales que debe de saber el buscador de la Verdad es que puede transmutar su Energía sexual ya sea que este casado o que este soltero. Si está casado podrá aprender ciertas técnicas tántricas en las cuales tratará de no derramar semen en cada acto sexual que llegue a tener con su esposa, pues la energía sexual es una sustancia espiritual de mucho valor y el Yo inferior aprenderá a como no seguir cooperando para que le sigan densificando la energía de su Alma, pero de esto se hablará más en detalle en el 2do y 4to Nivel de la Conciencia.

¿Que hay sobre la pedofilia, la violación, el homosexualismo, el lesbianismo, el sexo con animales, el incesto, la infidelidad, como mira Dios el sexo, que es sugerido hacer y qué no hacer?

En la siguiente respuesta se podrán cubrir todas las demás preguntas que pudieran surgir en referencia a otro tipo de filias o adicciones sexuales, pues sería muy extenso contestarlas todas por separado lo que se tratará de hacer es dar una respuesta lo bastante amplia para que se aclaren la mayoría de dudas.

El Alma ha vivido en diferentes cuerpos y por lo tanto no adopta una moralidad en particular, si en este mundo de la 3era dimensión se quitará la idea de Dios y de todo tipo de moralidad y tabús contra el sexo, es posible que casi nada fuera pecaminoso excepto el violar los derechos de decisión de otro Yo inferior.

Por lo tanto cada Yo inferior tendrá que descubrir que es lo que le ayuda a su Alma a transcender y que es lo que no le ayuda en el aspecto sexual. Cuando un Yo inferior muere físicamente entonces lo que más le cuenta al Alma es la transcendencia y no precisamente las experiencias o las vivencias, los actos que haga el Yo inferior en el plano terrenal tridimensional tienen que ser actos totales y existenciales, pues cuando es un acto totalitario de forma existencial eso es lo que le ayuda al Alma a transcender y de esta manera esos deseos que realizo de forma existencial ya no los tendrá que realizar en su próxima vida, pero si el Yo inferior cuando llega con su Alma a los registros Akashicos y no lleva consigo experiencias de transcendencia, de experiencias existenciales totales y solamente lleva experiencias repetitivas sin ninguna existencialidad en ella, entonces esas experiencias a medias o en estado adormecido no le cuentan, pues no están transcendidas.

En este caso es muy posible que un Yo inferior argumente que no es justo y que él se abstuvo de cometer perversiones sexuales o de cometer una infidelidad a su esposa por el concepto moral que le impuso su religión y ¿Por qué ahora le salen con que no le cuentan? Entonces le mostrarán que la única razón que no le son validadas esas represiones es que en su corazón él quería serle infiel a su esposa y de hecho lo fue a nivel mental y emocional, pero no físicamente, por lo tanto su fidelidad no fue fundada en el Amor o una verdadera moralidad con convicción, fue una pseudo moralidad la cual lo hizo mirarse bien ante esa sociedad a la cual él quiso agradar y ganarse su respeto, pero él nunca comprendió el Principio Espiritual de la fidelidad, creyó que con haber practicado un pedacito del Principio de la fidelidad, le contaría como una verdadera fidelidad en todas las áreas, y al llegar de este lado descubre que ha eso se le conoce aquí como una Pseudo fidelidad o falsa fidelidad. Y es por eso que no le cuenta, ya que el otro que fue infiel ni siquiera va alegar nada, él sabe que no tiene el derecho a reclamar, en este caso uno fue infiel y el otro fue pseudo fiel, los dos están en la misma posición.

Cuando un Yo inferior se reprime de cometer actos de insanidad sexual por miedo, por una pseudo moralidad, por una represión entonces eso le perjudica gravemente porque los actos exteriores de pseudo moralidad no lograron quemar todos sus deseos internos, esos se los llevó hasta la tumba y entonces se reduce a una pseudo espiritualidad, pseudo moralidad, sus resultados serán "NO TRANSCENDENCIA". Por consiguiente tanto él cómo su Alma tratarán de escoger para su próxima vida nacer en un hogar más liberal en donde no se condene o se le metan prejuicios contra los actos sexuales. Lo que se mira seguido es que cuando llega un Yo inferior que le dio rienda suelta a su "inmoralidad" a la mayoría de sus deseos sexuales por lo regular muchos de esos actos fueron existenciales y esos son los que le cuentan, de allí que el que se reprimió se enoja muchísimo de que el "pecador" haya logrado más transcendencia que él, pues lo que es bueno en las leyes de los hombres a veces no lo es a nivel existencial, esto suena como algo que favorece a los "pecadores" pero en realidad no lo es.

A los únicos que favorece esto es a los que están despiertos, a los que llegan a comprender que no se aceptan las represiones y que por eso tienen mucho tiempo en la tierra para transcender esas represiones, esto se verá con más detalle en el 5to Nivel de Conciencia en donde para dar el salto al 6to Nivel de Conciencia el Alma tiene que saciar todos sus deseos terrenales tridimensionales, pues una vez se da el salto al 6to Nivel de Conciencia es únicamente para acabar de pagar toda la D.kármica de otras vidas.

Las represiones sexuales no necesariamente se tienen que llevar a cabo, por eso está la opción de la transcendencia, de la purificación. Supongamos que un Yo inferior tiene deseos de tener sexo con un animal, es una fantasía, pero en realidad es algo que no le gustaría hacer, simplemente miro una película pornográfica y se le metió ese deseo, o quizás miro una película en donde un adulto tuvo sexo con una muchachita de 12 o 13 años y a él se le despertó ese deseo sexual insano. Entonces él tiene este dilema por un lado desea con muchas ganas llevar acabo esos actos sexuales insanos y por otro lado es más fuerte el deseo de entregárselos a la Divinidad y transcenderlos sin necesidad de tener que realizarlos, entonces allí es cuando él puede bajo su Poder de Decisión y su Poder de Voluntad pedirle a los Principios del Sano Juicio, del Poder del Amor, a su Conciencia Cristica Buddhica interna que por favor lo ayuden a deshacerse de esos deseos que en realidad no siente que le ayuden a su Alma ha transcender y que simplemente a él se le metieron esos deseos pervertidos, más él está dispuesto a entregárselos al Universo o a su Dios y que hará todo lo posible por no alimentarlos, entonces él con el tiempo sentirá como el poder del Amor se hará cargo de ellos, serán desintegrados y ya jamás le volverán a su mente, pues él pago un precio por renunciar a ellos, así como los dejó entrar por medio de la vista así también los está entregando por medio de su Poder de Voluntad, en este caso miramos como este Yo inferior realmente está buscando la transcendencia y no simplemente engañar a su Dios o la Divinidad con actos de represión inconscientes.

Si por ejemplo es un Yo inferior de una Mujer y desea con todas sus ganas tener sexo con otra mujer pero por prejuicios no lo lleva acabo o por miedo a su Dios, entonces tendrá que hacer lo mismo, entregar ese deseo a la Divinidad y pagar el precio de la muerte a esa forma de deseo, ahora bien si realmente descubre que en realidad tanto ella como su Alma si quieren tener sexo con otra mujer y que además sienten que a nadie hacen daño con ese acto sexual, entonces le sería más conveniente que tenga ese acto sexual con esa mujer y que lo goce a plenitud, para que se deshaga de ese deseo reprimido fundado en una falsa moralidad o un temor a su Dios.

Lo mismo aplicaría para un Yo inferior de un hombre que desea intensamente tener sexo con otro hombre, si siente en su corazón que a nadie daña con ese acto y encuentra a la otra parte que también lo desea entonces le es más conveniente tener esa relación y de esa manera ese deseo ya no se lo llevará al otro lado, la siguiente etapa será la transcendencia y que no se le convierta en adicción, ya que por un lado se habrá liberado de la represión, pero por el otro quedaría pegado a esos placeres, toda la clave está en disfrutar de lleno de los placeres insanos que aun tenga y en los cuales se asegure de no dañar a nadie, de no crear karma negativo y que todos sus actos sean en común acuerdo con la otra parte y entonces una vez los haya gozado, que no se quede pegado a ellos, que les agradezca interiormente por el placer que le concedieron y que se despida de ellos, de esta manera, cuando su Alma llegue de este lado, le aparecerán esos deseos insanos como transcendidos, ahora la palabra insanos es por él, nunca por nadie de los Seres de Luz de este lado, les hemos llamado deseos insanos, porque a él o a ella son a los que los hacen sentirse moralmente mal, o porque su Dios los mira como pecados, o la sociedad los mira como crímenes, si por ejemplo en una sociedad o países fuera un delito comer carne de puerco y también lo fuera para todas las religiones, entonces nadie comería carne de puerco, porque por un lado será tratado como un criminal, por otro lado su Dios lo castigará y por lo tanto habrá un 99% de probabilidades de que nadie coma carne de puerco, entonces

¿Quién decidió que eso era un delito o un pecado? Y como no lo han decidido todos los países o todas las religiones, entonces los que comen carne de puerco hoy en día no sienten nada de culpabilidad o de preocupación ya que ese acto no está registrado en la Mente Universal Tridimensional, como pecado o como delito, más si lo está en las mentes tridimensionales de esos Yos inferiores en donde su religión si condena el acto de comer carne de puerco.

Acá de este lado todos los actos se analizan desde la intención, las ideas que tenía la persona al hacer esos actos, todo eso pasa a revisión y ya de allí se sabe si sus actos fueron de verdadera Espiritualidad y moralidad o si fueron actos de pseudo espiritualidad y pseudo moralidad. En realidad las Almas llegan a darse cuenta por ellas mismas qué tanto se engañaron y qué tanto le dieron vida a la Verdadera Espiritualidad.

En algunas ocasiones será la transcendencia y en otras será simplemente eliminar las represiones aunque estas no tengan una experiencia existencial, pues estas experiencias no existenciales sirvieron para deshacerse del deseo reprimido únicamente, pero las experiencias existenciales totales esas son las que le servirán al Alma para ya nunca tener que vivir esas experiencias, pues en su memoria etérica estará registrado que ese deseo ya quedo transcendido por medio de la experiencia existencial.

Bueno ahora iremos con las preguntas sobre, **la Pedofilia.**

Hay Yos inferiores que fueron violados en vidas pasadas por gente adulta y esto les causo mucho trauma y retraso en la ascensión de sus Almas, entonces a ellos se les dio la oportunidad de perdonar a su agresor pero prefirieron no hacerlo y en su deseos de venganza ellos decidieron tomar venganza de la misma manera, entonces en esta vida ahora a ellos les ha tocado ser los pedófilos, los agresores y sus víctimas son los que en alguna vida pasada fueron los pedófilos, los agresores, los violadores, y de esta manera las dos partes concordaron en arreglar ese asunto de esa manera.

Más no todas las veces concuerda el agresor con la víctima, lo que es más común es que si un Yo inferior cometió actos pecaminosos en una vida y no alcanzó a reparar sus daños físicos, morales, o emocionales entonces parte de su D.kármica será recoger parte de todos esos daños que causo aunque esos daños no vengan precisamente de las personas a quienes daño en aquella vida, los daños le pueden venir de alguien más, pues el Universo utiliza a las personas como conductos para entregarle a las Almas su D.kármica, más el Universo no forza a nadie a actuar de cierta manera, es la persona la que reúne todas las características y requisitos para ser utilizada por el Universo y de esta manera las Almas reciben su D.kármica.

Pero no todos los casos son de causa y efecto, a veces la víctima sufre por primera vez la causa y el efecto aun lo tiene que recibir el agresor, por lo tanto lo que más le convendría a la víctima es cortar con la rueda de la vida, con el ciclo kármico por medio del perdón, para que así no tenga necesidad de que en la próxima vida él sea el agresor y el otro tenga que ser la víctima, en otras palabras el Ser Humano se tiene preso uno con el otro por la falta de perdón, por los deseos de venganza, pues a ningún Yo inferior pueden obligar en el Reino de la Luz a perdonar a nadie, eso no se maneja de este lado, el Poder de decisión y el Poder de la Voluntad todavía siguen siendo manejados por él aun del otro lado. La importancia y la ventaja de ir despertando en esta vida es que el Yo inferior se podrá liberar más rápido de sus enemigos los Espíritus de baja luz por medio de la comprensión y el perdón, por medio de la trascendencia y la aniquilación de las represiones.

Quizás esta información se mire como buenas noticias para los agresores y malas noticias para las víctimas o los Padres de la víctima, lo cierto es que el abuso del agresor ya se llevó acabo y ahora se tiene que resolver ese trauma y si no se resuelve en esta vida ni en el otro lado, entonces irremediablemente la victima optará por tomar la venganza en sus manos y dejará pasar una oportunidad para la transcendencia. Los Padres deberían de entender que ese asunto es entre su hijo, el agresor y la Divinidad. Y si los Padres de la víctima logran confiar en la Justicia Divinidad entonces ellos también habrán avanzado en su Fe, en su Principio de la Confianza y ya solamente faltaría que el hijo o victima logre entender la importancia del perdonar a su enemigo para que su Alma se siga acercando a la Luz.

Otro detalle de los agresores, si ellos han cometido más de un abuso infantil y no se han arrepentido de corazón lo más probable es que ellos mismos cuando les sea revisada su vida, allí ellos harán conciencia de todo el daño que hicieron y va a ser tanto ese dolor, que no soportarán continuar viendo el sufrimiento que vivía y sentía la víctima y cuando ellos llegan a cegarse tanto en su culpabilidad, entonces ellos mismos se meten adentro del dolor de sus víctimas y experimentan un infierno. Son trasportados a los planos bajos del astral y allí viven en carne propia esos estados emocionales que sentía su víctima, entonces allí se les da la opción de continuar pagando parte de su Deuda kármica allí en esos planos bajos infernales o regresar a la 4ta Dimensión y acabar de revisar su vida, si deciden regresar a continuar revisando sus vidas, entonces, ellos mismos escogerán para sus próximas vidas ser abusados sexualmente ya sea en un cuerpo de mujer o de niño, pero ellos mismos se sentencian, su mismo nivel de Conciencia los acusará, ellos serán sus propios jueces y verdugos y no importa que tanto se les haga saber que la otra parte ya los perdono, su dolor de sentirse culpables lo van a calmar únicamente cuando ellos sientan en carne propia su maldad que hicieron y esto mismo se aplicará a todos lo que han matado de una forma cruel a sus víctimas, no hay un Dios que los juzgue, ellos mismos son los que se juzgarán y se sentenciarán que irremediablemente pedirán ser muertos de una manera trágica.

La Violación.

Esta por lo regular sucede cuando al Yo inferior se le ha metido una Entidad de Oscuridad que desea ardientemente llevar sus deseos perversos acabo, el Yo inferior deja abiertos los canales del 7mo. Plano del Ego y ellos se le meten a su 6to. plano y se le meten a él directamente, entonces el Yo inferior queda poseído por esta fuerza diabólica y ya no es él, simplemente fue poseído por esta otra Entidad o "demonio" de la Obsesión y no pudo contenerse que llegó a violar a su víctima, esto de ninguna manera le disminuye los efectos de la Ley Karmica, este acto se le añade a su D.kármica y él tendrá que responder por ello, la única señal que pudiera tener si es que fue una deuda pendiente que ya se tenía entre la víctima y el agresor en una vida pasada es cuando la víctima logra perdonar a su agresor inmediatamente, es decir que en menos de un año ya lo ha perdonado de todo corazón y ni siquiera le desea ningún mal, a la vez si el agresor siente que simplemente no fue él y que una fuerza maligna se posesiono de él, pero que realmente él no tenía planeado hacer eso y se arrepiente de corazón, entonces allí se puede ver claramente que las dos partes vivieron algo que tenían pendiente y las dos partes quedaron en paz, algo les hace sentir que aprendieron muchísimo de esa experiencia.

Ahora todo es diferente si el agresor se ha dedicado a violar a sus víctimas infinidad de veces, allí también se puede ver como este Yo inferior ha perdido toda conexión con su propia Esencia Divina y por el contrario esta como sirviente de las fuerzas del mal, por lo tanto este también ira a experimentar un infierno temporal en el 2do plano astral.

La recomendación para la victima seguirá siendo la misma, el Perdón, y dejar de alimentar al Espíritu maligno de la Venganza.

El Homosexualismo y el Lesbianismo.

Hay homosexuales en este plano terrenal tridimensional que ya tienen marcado en sus códigos energéticos de su Alma el llevar una vida de homosexualidad, por lo regular son hombres que en vidas pasadas llegaron a matar a homosexuales o llegaron a ser homofóbicos o también desearon ser penetrados en una vida pasada y reprimieron esos deseos, entonces sus deseos de represión los hizo escoger en esta vida desfogar todos esos deseos reprimidos, quizás porque el homosexualismo haya estado muy satanizado en su época y llegaban a matar a los homosexuales de una manera cruel que ellos decidieron en esta vida vivir a plenitud su homosexualidad, este tipo de homosexuales por lo regular no sienten nada de culpa de ser homosexuales, hay algo adentro de ellos que los hace sentirse más unificados con su Propia Alma, incluso se sienten más cerca de la espiritualidad, a la vez les ha servido para deshacerse de ese Pseudo Dios Homofóbico, en otras palabras ellos se están descubriendo a sí mismos por medio de su homosexualidad, en algunas ocasiones algunos de ellos realmente llegan a sentir y a experimentar que en realidad en alguna vida pasada fueron una mujer y que ahora les toco nacer en un cuerpo de hombre es por eso que algunos recurren a convertirse de una vez en travestis pues ellos sienten que se han encontrado con alguna de sus vidas pasadas, esta sería la parte "blanca o transparente" del homosexualismo o lesbianismo.

La parte confusa es la siguiente:

Hay hombres que nacieron heterosexuales pero que fueron abusados sexualmente, entonces ellos lo que vivirán será una rebeldía contra la sociedad, contra el sistema, contra la moralidad, contra Dios, su lucha de ellos es que ellos no pidieron ser abusados y no hubo nadie que los rescatará de su agresor por eso es que ahora su homosexualismo es una forma de protesta, contra Dios y contra todo, para ellos no existe la Justicia Divina, Dios hace

preferencias, la religión es una hipócrita, la sociedad es falsa, su agresor
debería de estar en el infierno, en fin ellos viven en la parte de la venganza,
de la protesta, del enojo pero en particular en la rebeldía, a ellos lo que más
les convendrá es perdonar a su agresor, no para quitarle cargas a él, sino para
que ellos puedan vivir una homosexualidad con menos rebeldía, con menos
deseos de venganza, y es posible que más adelante se les despierte el deseo
de alcanzar el 2do propósito de sus Almas y este fuerte deseo por alcanzar
la iluminación hará posible que hagan a un lado su homosexualidad, pues
ya no la ocuparan, ya les dio el aprendizaje que les tenía que haber dado, y
es tiempo de seguirse moviendo. pues lo único que están buscando ellos es
que la vida sea más justa, que su Dios no los castigue por haber decidido
ser homosexuales después de una violación, ellos lo que más anhelan es
acabar con esa guerra interna, en donde ellos sienten que no les tocaba
ser homosexuales pero no fue su culpa haberse convertido en tales, pues si
alguien hubiera detenido esos abusos a tiempo todo fuera diferente, en fin
aquí lo que más ayudaría es que este tipo de homosexuales comprendan
bien cómo funciona la D.kármica y saber que si fueron violados es por que
posiblemente en una vida pasada su agresor no logro perdonarlos, aunque
ellos quizás fueron los agresores en esa vida pasada se arrepintieron de
corazón y pensaron que ya esa D.kármica había sido saldada y resulto que
no, que la que fue su víctima de su última vida pasada no los quiso perdonar
y ahora sus víctimas les toco en esta vida ser su agresor, es allí en donde se
pueden encontrar atorados, pues el pensamiento de sentir que si alguien
los hubiera rescatado a tiempo o si ese agresor jamás los hubiera molestado
posiblemente ellos estarían felizmente casados con una mujer y no haber
tenido que sufrir todo tipo de rechazos por parte de la familia y la sociedad.
Este tipo de pensamiento es lo que puede darles una pista de que ellos
sienten que el Universo se equivocó con ellos, o la Justicia Divina no fue justa
con ellos, entonces su problema básico es que no han podido confiar en la
Justica Divina, en su Dios, ni en la Vida. Pero a todo buscador de la verdad
se le dará la oportunidad de resolver su pasado si está dispuesto a morir a las
formas del Ego.

Nuevamente el agresor la mayoría de veces no es la misma victima que fue
en su vida pasada, simplemente que en esta vida su sed de venganza que
tuvo en su vida pasada quedo registrada en su códigos genéticos o átomos
permanentes de su Alma y por lo tanto cuando se presentó la oportunidad
precisa de saciar sus deseos de venganza de su vida pasada, allí descargo
su desquite con su nueva víctima desconocida y él mismo hizo justicia

con sus propias manos y como hemos mencionado, las Almas que llegan de este lado como víctimas de un abuso sexual o de haber sido asesinados cruelmente, en su sed de venganza ellos no quieren escuchar que la llave de sus resentimientos y sed de venganza es hacer uso de la Ley del Perdón, es más fuerte su sed de venganza que ellos mismos le quieren demostrar a la Justicia Divina como se hacen las cosas y por lo tanto en esta vida presente, serán los próximos agresores, los próximos pedófilos y criminales, pues no quisieron hacer uso de la Ley del Perdón y ahora las cosas estarán volteadas, sus víctimas cuando lleguen de este lado desearán tomar represalias contra sus agresores y nuevamente el ciclo se repite, las Almas se tienen atrapadas unas con las otras. Ahora las Almas que entienden el poder de la Ley del Perdón escucharán y abandonarán ese círculo o rueda de la vida en donde la victima quiere hacer justicia con sus propias manos, estas son las Almas más espirituales o más inteligentes y pasarán la prueba y una vez que pasen la prueba del perdón entonces se les hace ver sus vidas pasadas y se alegran de que hicieron la decisión correcta, ellos rompieron con ese ciclo y por lo tanto para sus próximas vidas podrán escoger misiones diferentes que no tengan nada que ver con sufrir daños como víctimas o como victimarios, por lo tanto el saber hacer uso de las Leyes Divinas y los Principios Espirituales, siempre pondrán en ventaja a las Almas para seguirse encaminando en su transcendencia.

Ahora entramos a la parte oscura del homosexualismo.

Aquí tenemos algunos que nacieron con más hormonas femeninas y que por medio de la presión social o de sus Padres se fueron inclinando más al homosexualismo, luego tenemos al que fue abusado sexualmente que no pidió ser abusado pero quizás su propio hermano, tío o padrastro lo violaron, luego tenemos al que de tanto penetrar a homosexuales, él acabó convirtiéndose en uno de ellos, o al que de tanto andar con mujeres y más mujeres le dejaron de llamar la atención y después les resurgió una sed de experimentar el placer que sienten las mujeres, a la vez tenemos a los que cayeron en exceso de masturbaciones, de pornografía y dejaron entrar a todo tipo de Entidades de oscuridad y se llenaron de deseos perversos de todo tipo. Entonces aquí hablamos de Yos inferiores que fueron permitiendo la entrada de Entidades de Oscuridad, de Espíritus de excitación, perversión y Parásitos del bajo astral. Todos estos Yo inferiores están esclavizados a la Madre Lujuria a la Lascivia o Demonio Asmodeus, su homosexualidad es basada en la perversión, el morbo, incluso el "Demonio" de la obsesión los llega a poseer tanto que el pene se llega a convertir en su dios, lo llegan a venerar tanto que para ellos él es su amo y están dispuestos a entregarle la mayoría de las formas de su Alma a este Espíritu Poderoso Homosexual. Que únicamente estarán deseando ser penetrados, esta será una adicción tan fuerte como la drogadicción, el tabaquismo, el Juego, el Alcoholismo, en este tipo de homosexualidad no hay nada de espiritualidad, ni nada de transcendencia por el contrario se estará cayendo a un abismo infernal, pues si algún Yo inferior que ha sido posesionado por este Poderoso Espíritu Homosexual de Excitación, llega a morir físicamente con estos deseos de homosexualidad, entonces sus deseos obsesivos lo mantendrán por largo tiempo en el Kamaloca Astral que es el 3er Plano astral, como una Alma en pena o Elemental humano y estará buscando lugares en donde haya prácticas de homosexualidad, para él sentir esa penetración, incluso se le puede meter a una prostituta, o alguna mujer ninfomaníaca o una mujer que de entrada a todos los deseos de bajas pasiones, de allí que últimamente haya cada vez más mujeres que recurran al sexo anal, algunas de ellas es porque se les ha metido uno de estos Elementales humanos homosexuales, otras simplemente lo hacen para desprogramarse de todos los tabús de la sociedad, cada Yo inferior a este punto ya sabrá cual es su posición en referencia al aspecto sexual. Ahora estos elementales humanos no son 100% Almas, sino más bien es un deseo intenso de su Alma original que está queriendo saciar sus deseos de homosexualidad y estos elementales humanos se meten en la mente de los Yos inferiores por medio de los deseos a la penetración anal. Y mientras no sean echadas de esa nueva casa que están habitando, de ese nuevo Reino de Oscuridad, entonces seguirán allí hasta que la persona se muera y nuevamente tendrán que buscar un nuevo hogar, si no lo encuentran porque ya estén ocupados los otros hogares, entonces estas "Almas" en pena estarán en prostíbulos, en orgias tratando de encontrar una oportunidad de habitar un nuevo cuerpo en donde puedan experimentar excitación y placer insano, de tanto estar deambulando se cansarán y no les gustará estar en presencia de otras Almas demás bajas vibraciones, por lo tanto harán todo lo posible por acercarse a la luz y estarán de acuerdo en acabar de pagar su D.kármica de diferente manera, cuando estas Almas llegan al 4to plano astral de la 4ta Dimensión, todo ese recorrido que hicieron se les hace como una pesadilla que tuvieron, esto es comparado como cuando una persona se pone muy borracha por toda una semana y no recuerda exactamente a todos los lugares que se metió y todas las cosas que hizo en su borrachera, algo similar sucede con estas Almas, cuando se les aclara más su mente y se les está dando una orientación, entonces van recordando lentamente en qué consiste el Juego de la vida.

Así que de estos tres diferentes tipos de homosexualidad el Yo inferior debe de saber a cual pertenece si es que practica la homosexualidad, tiene que ser honesto y no engañarse a sí mismo, ya que por lo regular el tercer tipo es el que más se engaña pues tratará de convencer a los demás de que él nació afeminado, de que ya lo tenía en su ser, y no se da cuenta que su insistencia en querer convencer a los otros como a él mismo es la evidencia de todo lo contrario, que se siente mal y que no haya como justificar el estar poseído por la Madre Lujuria y su Hijo Homosexual.

En referencia al Lesbianismo la explicación es la misma, que hemos dado en la homosexualidad.

El sexo con animales.

Aquí el Yo inferior que pertenece a la 3ra Dimensión estará intercambiando sexo con los seres de la 2da Dimensión estos actos aberrantes si se llevan a cabo en una pubertad, por lo regular no hay mucho karma que pagar pues todo fue circunstancial, esto se da mucho en los pueblos, en los ranchos, basta con que el Yo inferior ore por estos seres de la 2da dimensión y que pida perdón por esos daños y él solito sentirá ese Perdón otorgado por el Poder de Gracia. Esto es únicamente si fueron juegos pre sexuales, de una niñez. Mas todo cambia si ya es una práctica continua de un adulto y llegue a tener relaciones sexuales por bastante tiempo, pues el karma que le llegue a crear a estos seres de baja luz de la 2da Dimensión los retrasará para su transcendencia, pues si es una yegua que se llegue a obsesionar con él, entonces una parte de la yegua lo seguirá todo el tiempo, será como un fantasma o una forma tipo elemental artificial de la yegua que lo seguirá a donde sea y querrá seguir con ese romance, pues para la yegua él será como su caballo o su macho y entonces él tendrá que hacer quizás un tipo de ritos e ir con un curandero o un Shaman para que lo libere del espíritu del animal, ya sea que haya sido una yegua, una perra, o cualquier otro animal. Pues este Yo inferior interfirió con el proceso natural de estos seres de la 2da dimensión y él mismo estará propenso a descender a esa Dimensión si no se limpia de todas esas larvas que lleva con él, pues debe de tener presente que en la muerte física es posible que los animales con los que llego a tener sexo de forma continua lo estén esperando para seguir con esas prácticas, por eso la importancia de dejar todas esas formas o elementales artificiales aquí en el plano terrenal tridimensional.

Esto mismo tendrá que hacer aquel Yo inferior adulto que ha matado a los animales de una forma cruel, tendrá que hacer reparaciones de daños con estos animales, pues estos animales por su bajísima conciencia es posible que quieran tomar venganza en el mundo astral cuando él muera físicamente, si fueron muertes por parte de su trabajo o necesidad y a la vez no fue de manera cruel, entonces aquí no hay kárma su Conciencia intuitiva lo podrá defender fácilmente, más si fue por placer insano por gozar del dolor del animal, esto ya es otra cosa, aquí si hay kárma y se tiene que añadir a su D.kármica.

El incesto.

Pondremos el caso de un Hermano abusando de su hermana más pequeña. Si la hermana llega a perdonar de Alma y corazón a su hermano y ella no llevó una vida muy sufrida por ese abuso o esos abusos, entonces ya nada más falta que el hermano reciba ese perdón y trate de reparar su daño con su hermana dándole todo el amor que le corresponde de hermano y allí queda saldada esa parte de D.kármica.

Mas si la hermana quedo afectada emocionalmente y le quedo una gran culpa, un sentimiento de sentirse sucia, abusada, avergonzada y que haya sentido que perdió su dignidad, o que lleve arrastrando una gran tristeza en su Alma a causa de la decepción, o ganas de suicidarse, entonces esto si se le convierte en Deuda kármica a su hermano, pues aunque la hermana lo quiera perdonar, el daño fue profundo y muchas veces ese daño el cómo hermano lo sentirá incluso a distancia, muchos de ellos acaban su vida con un alcoholismo crónico, inyectándose heroína, cayendo a la cárcel a cada rato, pues las voces acusadoras de sus consejeros malignos y los espíritus de baja luz, junto con su Pseudo Dios lo estarán castigando seguido, le recordarán lo ruin que fue con su hermana, pues aquí el hermano tendrá que encontrar una forma de como liberarse de sus verdugos internos, de sus jueces internos, pues ellos son los que lo están castigando, independientemente que la hermana ya lo haya perdonado, lo que pasa es que a estos espíritus de baja luz no se les escapa nada y lo responsabilizarán por todo ese sufrimiento que le hizo pasar a su hermana, por esta razón es que se estará alcoholizado todos los días o drogado. Pues no puede con las voces increpadoras y atormentadoras de estos espíritus que no lo dejan en paz. Incluso se le manifestarán por medio de pesadillas casi reales en donde algún incubo o elemental artificial se le suba y lo viole ha él seguidamente, ya que esa es una de las maneras que ellos cobran sus castigos.

Este tipo de reparaciones, no son nada fácil pues hay un daño casi irreversible, la mejor opción para este Yo inferior es dedicarse de lleno a la vida espiritual y no alimentar a los espíritus de baja luz, para nada, ya la Divinidad se encargará de ponerle a gente con quien trabajar, a quien ayudar, él se tiene que convertir en un guerrero de luz y darle corte parejo a todos los espíritus de baja luz, pues de esta manera él estaría convirtiendo su debilidad más devastadora en su base espiritual por la cual edificará su nueva vida espiritual, en otras palabras ya no le queda otra opción más que divorciarse de todos ellos los del Reino de La Oscuridad, pues él tiene que reconocer que él Ya no es como otros Yos inferiores que todavía pueden posponer el cambio, que todavía la están pensando en donde quedarse a vivir. Para él, ya no le queda esa opción, pues si él sigue operando en el Reino de la Oscuridad lo seguirán atormentando el resto de sus días, aun a pesar de que su hermana lo haya perdonado, ellos no lo perdonarán y si él muere físicamente bajo los castigos de ellos, incluso en el campo astral lo seguirán atormentando hasta que él se decida de una vez por todas ponerles un alto y ya no creer nada de sus mentiras, de sus calumnias, de sus castigos, pero para eso él tendrá primero que perdonarse a sí mismo para agarrar ese valor y no permitirles más abusos, mas castigos, mas engaños. ¿Entonces si él puede perdonarse a sí mismo en el Plano terrenal, porque tener que esperarse a morir físicamente?

La Infidelidad.

Esta es una de las más engañosas de todas pues a nivel existencial, la infidelidad física, la mental, y la emocional casi equivalen a lo mismo, todo se pesa en daños por ejemplo: si un marido engaña a su esposa pero ella no lo sabe y ella es muy feliz con él, a la vez con la que la engañó también quedo contenta, entonces aquí no hay "delito" que perseguir todas las partes quedaron contentas. Esta será la medida para la mayoría de parejas que la felicidad del otro es la que determina si hay o no kárma. Incluso si la mujer se llega a enterar de que el marido le es infiel pero a ella lo sigue amando igual y ella a pesar de saber de su infidelidad decide seguir con él y amarlo de una manera incondicional, aquí tampoco hay kárma. (Aquí por supuesto solo estamos indicando el kárma negativo que pueda surgir de la infidelidad y no que esta pueda pasar por fidelidad, ya que son dos cosas muy diferentes)

El peor kárma es andar con alguien a quien ya no se ama, a quien ya no se le hace sentir feliz y que solo se está con ella por alguna conveniencia, por algún interés, por costumbre, por miedo a quedarse solo, allí si se crea bastante kárma negativo, la D.kármica aumenta, pues la otra persona está sufriendo mucho y el otro por su egoísmo no la deja ir, o también puede ser que ella por su egoísmo no lo deja ir y quiere seguir controlándolo, manipulándolo, está con él por conveniencia financiera o por costumbre. Entonces aquí solo se estará creando kárma negativo haya o no infidelidad.

Ahora regresando con el infiel, si él es infiel y aparte de eso cada vez, ve a su esposa más fea, menos atractiva, la ofende mucho, se burla de ella, la golpea, entonces este tipo de infidelidad crea también bastante kárma negativo, pues el marido en su egoísmo engaña a su mujer, quizás a la otra le hecho mentiras de que no era casado o de que ya se estaba separando y todo ha sido una falsedad de él, pues a ninguna de las dos ama, solamente las utiliza como objetos sexuales, como medios para él satisfacer sus deseos egoístas y una vez hace uso de ellas, las ofende o las hace de menos, todos estos comportamientos si dañan y crean bastante resentimiento en las partes afectadas, al igual si es una mujer que su marido la quiere demasiado y ella le es infiel pero ella sabe que con esa infidelidad hasta su marido se pueda quitar la vida o pueda llegar a matar al otro entonces aquí también se crea kárma.

Pues son infidelidades que causan mucho dolor al conyugue, por lo tanto la persona que haga cualquier tipo de infidelidad en donde salgan perjudicados terceras personas aumentará su D.kármica y con esto retrasará muchísimo su progreso espiritual.

Aquellos que son infieles con el pensamiento viven en un autoengaño, pues ese tipo de infidelidad demuestra que no se es feliz con su pareja y por eso es que añora tener sexo con otras mujeres, aquí el problema con esta infidelidad es que el marido no ha encontrado la satisfacción sexual con su esposa y por eso se la pasa deseando a otras mujeres, para el caso esto no le contará como si hubiera sido fiel, no importa que él diga que nunca engaño a su mujer físicamente, en el campo existencial esta infidelidad le cuenta casi igual que una infidelidad física, pues a pesar de que fue fiel físicamente su infidelidad mental lo descalifica y lo pone en las filas de los infieles, luego tenemos al infiel emocional, por lo regular esto se da más en las mujeres cuando ya han perdido casi toda comunicación verbal con su marido y mejor lo comienzan a engañar emocionalmente con alguien del trabajo o un amigo pues después de la infidelidad emocional no tardará mucho en que se dé la infidelidad física.

Un aspecto de la infidelidad es que tanto el hombre como la mujer en su naturaleza no fueron creados para vivir toda una vida juntos, esto fue algo que tanto la sociedad como la religión optaron como algo conveniente y se formó el acuerdo matrimonial, pero la naturaleza original de las Almas es ser y estar libres, y solo se convive por una vida con otra Alma para conseguir el aprendizaje que se tenga que conseguir y se siguen moviendo. A veces no es necesario convivir toda una vida con una pareja, basta unos años, para conseguir el aprendizaje y seguirse moviendo. En su recorrido de las Almas todo es un aprendizaje continuo, ahora el propósito primordial de una pareja es que los dos alcancen a descubrir a su Soul Mate o Alma Gemela por medio de su cónyuge.

Esto es así. La Alma gemela ya vive en cada ser humano, el Verdadero Ser de Luz del Yo inferior vive en la unicidad y no necesita de nadie para vivir en forma total, en el amor. Entonces el Alma del Yo inferior como si vive en el mundo de la dualidad siempre va a tener esa hambre de querer vivir en la unicidad y cuando se junta con una mujer es cuando siente esa unicidad, pero esa unicidad que siente con su mujer no es la original, esa unicidad con su mujer es como si se tratará de unir a dos árboles y después se despegan. Es por eso que las parejas se abrazan, se besan, se compenetran, porque quieren unificarse, pero al final el Alma sigue tan separada como de costumbre y lo que se consigue es un apego emocional a la otra persona. Este apego es dañino por que entra el control, los celos, lo posesivo, el no tener un verdadero amigo del sexo opuesto por miedo al enojo o celos de la pareja, y finalmente la pareja acaba esclavizándose uno del otro y ante la sociedad mostrarán que son felices para sentir la aprobación de los demás.

El propósito de una pareja es que él descubra a su Alma Gemela en ella y ella en él. Entonces una vez él descubre a su Alma Gemela en ella, esta Alma Gemela le despertará su Verdadero Amor hacia todos los seres humanos y aquí es donde viene la trasformación que su amor se expande a hacia todos y no nada más hacia su esposa, entonces cuando este amor se expande él estará listo para encaminarse a la segunda misión de su Alma y claro primero esperará a que su mujer también descubra a su Soul Mate en él. Por qué también le sucederá lo mismo, en otras palabras ellos ya no estarán operando en el plano mental, sus Yos inferiores o mejor dicho sus Yos Superiores de

Luz estarán operando en el Chakra del Corazón, en el Centro Energético del Amor. Por ejemplo una vez ellos realicen esto, es posible que ella sienta que su misión será ir al África y ser de utilidad a todos esos niños que necesitan asistencia, también él puede sentir que su llamado está en el cristianismo, en el Buddhismo, o algun monasterio, o se puede ir de misionero, o ayudar a mucha gente de la manera que él sabe o simplemente los dos pueden optar por seguir juntos y dedicarse a ayudar a muchísimas parejas, pero todo será en base a ese sentimiento de Amor y Gratitud que sienten hacia todos los seres humanos, hacia la vida misma simplemente ellos desearán ser vehículos de la Divinidad.

Este es el propósito de una pareja ayudarse entre los dos a despertar ese Amor verdadero que se tiene hacia la humanidad en su totalidad, ya que cuando se vive desde este centro del amor entonces se habrá alcanzado la 4ta Dimensión de la existencia. Pues de que le sirve a una pareja vivir 20,30 o 40 años juntos si lo único que han conseguido es resentirse, alejarse, estar por costumbre, solaparse sus infidelidades y el esposo todavía queriendo andar con jovencitas de 20 o 30. Y ella todavía añorando a su primer novio, es decir los 2 han vivido 40 años sin descubrir a su Alma Gemela, sin despertar su Verdadero Amor.

De allí que por eso se da mucho la infidelidad porque aún se sigue queriendo encontrar al Soul Mate. Para encontrar al Soul Mate se darán más detalles en el 2do o 4to Nivel de Conciencia. Ya que para esto los dos necesitan pagar un precio y el precio será la muerte a su Yo inferior y a todas las formas del Ego.

¿Cómo mira Dios el sexo?

La Conciencia Dios le ha permitido a las Almas que sean ellas mismas las que se juzguen, que se castiguen, que se reconstruyan así mismas, que se acerquen a la luz, o que se alejen de la luz, que alcancen niveles más altos de conciencia o dimensiones por ellas mismas, que vayan construyendo su propio dharma o camino, que vayan encontrando su propia verdad, que vayan descubriendo su propio concepto de Dios, que creen sus propios cielos e infiernos. Ese regalo La Conciencia Creadora Dios, le ha dado a su creación, que ellas mismas creen su propio Universo, que ellas mismas conozcan el Reino de Dios por ellas mismas. Esta Conciencia Dios nunca ha interferido con la voluntad de nadie, con los pensamientos de nadie, con el camino de nadie. Con las decisiones de nadie. Esta Conciencia siempre ha estado disponible para todo aquel que lo busque, pero lo más difícil de explicar es que esta Conciencia Dios no ha hecho nada, porque la esencia del Yo inferior sigue con él, en otras palabras el Yo inferior se ha perdido a sí mismo para volverse a encontrar a sí mismo, pero por otra parte jamás sea separado de Dios, la Esencia del Yo inferior que es su Verdadero Ser de Luz o Espíritu, sigue en la Unicidad y simplemente el Yo inferior se está experimentando en una 3ra dimensión junto con todas las reglas y leyes del juego de la 3ra dimensión, así cuando llegue a la 4ta Dimensión tendrá otro concepto totalmente diferente de esta Conciencia Dios y también aprenderá a jugar el Juego Cósmico con las reglas y Leyes que gobiernan la 4ta Dimensión y cuando llegue a la 5ta Dimensión nuevamente su concepto cambiará y cada vez que vaya alcanzando diferentes Dimensiones sus conceptos van ir cambiando. Por eso Buddha optaba mejor por no mencionar nada de la palabra Dios. No porque no supiera que es eso, o quien es Dios. El rehusó hablar de Dios porque él sabía que es algo eterno de conocer, es algo que se tiene que seguir experimentado en las diferentes Dimensiones.

Por lo tanto esta Conciencia Dios nunca ha tenido ninguna opinión en referencia al sexo ni a muchísimas cosas. Han sido los hombres que han dicho que es lo que dice esta Conciencia Dios. Lo más insólito que lo que dijo esa Conciencia Dios ha dichos hombres se los dijo en ese tiempo y a esos hombres en particular, pero a cada uno le diría algo diferente ya que no todos entienden las mismas cosas, por eso la importancia de que el Yo inferior descubra lo antes posible el contacto con su Conciencia Intuitiva y su Conciencia Cristica Buddhica, porque estas Conciencias le revelarán cosas únicas y originales. Que le ayudarán acercarse a su concepto verdadero de Dios, a la Conciencia Dios.

Esta Conciencia Cósmica no puede juzgar la conducta sexual del ser humano puesto que para eso están la leyes Kármicas y estas leyes Kármicas están regidas en un común acuerdo de todas las Conciencias de cada una de las diferentes Dimensiones, de todas las Mentes Universales de cada Dimensión. Son todas las Conciencias de cada una de estas Dimensiones las que han determinado las Leyes y reglas del Juego Cósmico y esta Conciencia Dios simplemente las sostiene, las protege, pues todo ha sido un común acuerdo entre todos juntos.

Por ejemplo las leyes van variando un poco en cada Dimensión, en esta 3ra Dimensión hay muchas variedades, muchas improbabilidades ya que se ha tenido que llegar a ciertos acuerdos entre las leyes de la luz y las reglas de la oscuridad. Ellos los del Reino de la Oscuridad se rigen por ciertas leyes o reglas y los del Reino de la Luz por otras. Por ejemplo: algunas que ya hemos mencionado, de que las Conciencias no están detrás del Yo inferior tratándolo de convencer de nada, no están diciéndole que hacer y qué no hacer, no le dicen, mira eso no te conviene, mira esa muchacha si te conviene. Las Conciencias no opinan así. En cambio los consejeros malignos son como garrapatas que tiene el Yo inferior a su lado y le están metiendo ideas negativas a cada rato, lo ponen en contra de los semáforos, de las personas, de la vida, y lo traen con un mar de pensamientos todo el día. Ellos buscan distraer al Yo inferior y siempre le presentan las cosas a medias, las tentaciones a medias. En cambio las Conciencias le dicen al Yo inferior las cosas completas y le contestan sus preguntas de tal manera que el Yo inferior se queda satisfecho con esas respuestas.

En síntesis. Esta Conciencia Dios se sigue experimentando a través de su propia creación y su propia creación sigue experimentando a Dios desde sus diferentes niveles de Conciencia y sus diferentes Dimensiones.

¿Qué es sugerido hacer y qué no hacer?

Lo sugerido es seguir descubriendo quiénes son ellos, los malignos, cómo funcionan, cómo es que densifican la energía del Alma, cuáles son sus reglas, y cómo puede el Yo inferior comenzar a liberar a todas las formas de su Alma que han quedado atrapadas en el Reino de la Oscuridad.

Entonces se trata de salirse del Reino de la Oscuridad para vivir en el Reino de la Luz. ¿Y allí ya no habrá dualidad?

La dualidad se acaba en el 7mo Nivel de Conciencia, Allí el Alma junto con el Yo inferior/Superior y su Conciencia Cristica Buddhica se unificará con su Verdadero Ser de Luz, entonces y solo entonces se saldrá del mundo de la dualidad. Lo único que se intenta con salirse primero del Reino de la Oscuridad y rescatar estas formas del Alma de allí, es que el Yo inferior alcance sus niveles de Conciencia más elevados, pues aunque seguirá viviendo en el mundo de la dualidad y a veces seguirá cayendo al Reino de la Oscuridad lo cierto es que no es lo mismo experimentar una depresión o soledad con un 5% de Esencia Divina a experimentarlas con un 50% u 80% de Esencia Divina. Esto es lo que hace la diferencia.

Por decirlo así, no es lo mismo ser limosnero por fracasado y sin tener nada. Que si fueras millonario y de repente te pusieran una semana a ser limosnero, solamente para vivenciar esa experiencia. Se te haría una aventura pues sabrías que solamente serás limosnero una semana pero después de esa semana te bañarás, podrás ponerte tu ropa nueva, Manejar tu carro del año y vivir todos esos lujos.

Así los Maestros de Luz disfrutan de sus depresiones o soledad o tristeza que les llega en raras ocasiones. Disfrutan de eso puesto que recuerdan cuando sentían todo eso como un infierno y ahora lo sienten como si fueran de visita a un lugar o un hogar un poco desagradable pero que ellos saben que no viven allí, que en su nuevo hogar se respira paz, tranquilidad y libertad.

Por lo tanto como habíamos dicho todas estas respuestas habrán cubierto la mayoría de otras preguntas en referencia a la Lujuria y sus Hijos. Cualquier otra duda en referencia a este 2do plano del Ego por lo regular se aclarara con la explicación del 2do Nivel de Conciencia.

El Campo Magnético de La Gula (Demonio Belcebú.)

Este Espíritu Poderoso placentero de la Gula se irá expandiendo cada vez que el Yo inferior se meta cosas a la boca para calmar su hambre, su ansiedad, sus vacíos existenciales ya sea que ingiera comida, bebidas, cigarro, drogas, Alcohol, bebidas energéticas, café, pastillas y todo lo que le calme su ansiedad, poco a poco este poderoso Espíritu placentero de la Gula irá apoderándose de su cuerpo y tendrá controlado en gran parte sus manos, su boca, su pantalla de imaginación por la cual utilizará todo tipo de comerciales para despertarle sus antojos, pues este Demonio en apariencia tratará de resolverle todos sus problemas emocionales y espirituales, convenciéndolo de embutirse cosas a la boca y no le importará nunca si las cosas que ingiera le perjudiquen a su salud física o no, o si le perjudican a su Alma, a él lo único que le importa es que el Yo inferior le siga dando vida, y para que este se mantenga con vida el Yo inferior tiene que seguir tratando de solucionar sus problemas emocionales con ese método falso.

Este Demonio Poderoso y placentero de la Gula, llamado Belcebú ha logrado mandar al Hospital a millones y millones de Yos inferiores pues es una fuerza incontrolable que le es casi imposible a un Yo inferior luchar con esta fuerza mano a mano es un gran gigante, el Yo inferior ha utilizado este método de meterse cosas a la boca para calmar sus ansiedades por bastantes años y por lo tanto este es como un gran gorila que lleva adentro y que solo piensa en meterse cosas a la boca, la única manera de combatir a este Poderoso Demonio Placentero es cuando él se decida a darle corte parejo a todas sus adicciones que le hacen daño sobre todo que tengan que ver con la Salud física, él debe de seguir un plan de nutrición, una dieta controlada a modo de debilitarle las fuerzas, pues mientras no se discipline a comer bien, a darle únicamente a su cuerpo físico lo que necesita, entonces no le podrá ganar la batalla a este Demonio, ya que este se alimenta de todos los excesos, si un cuerpo físico recibe únicamente lo que necesita este Poderoso Demonio no podrá alimentarse, pero si el Yo inferior sigue dándole cosas a su Cuerpo físico que no necesita entonces es cuando este Poderoso Gorila se fortalece, en otras palabras el cuerpo físico no es el problema, tampoco ninguno de los instintos naturales que son inherentes al Alma, pues los instintos naturales cuando se les cubren sus necesidades básicas el cuerpo físico y emocional se mantienen en armonía, son estos Espíritus de Excitación que se alimentan de todo aquello que perjudica al cuerpo físico, al cuerpo mental y emocional, de todo aquello que le perjudica al Alma. Ellos se alimentan de todas las energías negativas y dañinas y necesitan de alguien que les supla esas energías y ese será el Yo inferior el que los esté alimentando de por vida, pues si él de repente se decidiera a no alimentar a ninguno de ellos, entonces estaría encaminándose directamente a la iluminación, pero en teoría se oye todo esto muy fácil y sencillo, en la práctica no lo es, puesto que ellos no van a estar dispuestos a perder su Poder, su Gobierno, su control, ellos ya han fincado sus propios gobiernos junto con sus gabinetes dentro del Reino de la Oscuridad del Yo inferior y no permitirán que entre el nuevo Gobierno de Luz, que entren sus Conciencias más elevadas a gobernar y cambien toda la estructura de ellos, a esto se han referido la mayoría de escrituras sagradas, a la Gran Batalla Espiritual que se está llevando a cabo entre estos Dos Reinos y que al parecer la mayoría de Yos inferiores la llevan perdiendo.

En el Bhagavad Gita Arjuna le dice a Krishna

Bg 1.26 Ahí, Arjuna pudo ver en el seno de los ejércitos de ambos bandos, a sus padres, abuelos, maestros, tíos maternos, hermanos, hijos, nietos y amigos, y también a sus suegros.

Bg 1.27 Cuando el hijo de Kunti, Arjuna, vio a todas esas diversas clases de parientes y amigos, se llenó de compasión y dijo lo siguiente.

Bg 1.28 Mi querido Krishna, al ver a mis amigos y familiares presentes ante mí con tantos ánimos de pelear, siento que los miembros del cuerpo me tiemblan y que la boca se me está secando.

Bg 1.29 Todo el cuerpo me tiembla y tengo el vello erizado. Mi arco Gandiva se me está resbalando de la mano, y la piel me arde.

Bg 1.30 Ahora me siento incapaz de permanecer aquí por más tiempo. La razón se me está ofuscando y la mente me da vueltas. Sólo veo cosas que serán causa de infortunio, ¡oh, Krishna, destructor del demonio Kesi!

Bg 1.31 No veo cómo puede resultar nada bueno del hecho de matar a mis propios parientes en esta batalla, ni puedo desear, mi querido Krishna, ninguna victoria, reino ni felicidades subsecuentes.

En esta parte Arjuna ha mirado a sus enemigos que son, los Espíritus de oscuridad y de baja Luz, como sus parientes, familiares, abuelos, y amigos. Esto es lo que está tratando de dar a entender esta sagrada escritura, cómo el Yo inferior después de haber vivido en su Reino de la Oscuridad por varias vidas ahora mira y siente a sus enemigos, como sus familiares, y por eso es que a la hora de la batalla se siente nervioso, que el cuerpo le tiembla con la boca seca, esto le pasará a los Yos inferiores cuando comiencen a pelear su Batalla Espiritual de una forma seria.

Ahora Khrishna que representa a su Dios de Arjuna y que le va hablar por medio de su Conciencia Intuitiva. Le dice lo siguiente.

Bg 2.30 ¡Oh, descendiente de Bharata!, aquel que mora en el cuerpo nunca puede ser matado. Por lo tanto, no tienes que afligirte por ningún ser viviente.

Bg 2.31 Considerando tu deber específico como ksatriya, debes saber que no hay mejor ocupación para ti que la de pelear en base a los principios religiosos; así que, no tienes por qué titubear.

Bg 2.32 ¡Oh Partha!, dichosos los ksatriyas a quienes se les presentan semejantes oportunidades de pelea sin buscarlas, abriéndoles las puertas de los planetas celestiales.

Bg 2.33 Sin embargo, si no cumples con tu deber religioso de pelear, entonces ciertamente que incurrirás en pecado por desatender tus deberes, y, en consecuencia, perderás tu buena reputación como guerrero.

Aquí en esta parte Krishna su Dios lo está tratando de despertar y que se deje de sentimentalismos, pues a esos que él llama familiares y amigos en realidad han sido sus peores enemigos, pero como Arjuna representa al Yo inferior que no distingue a sus enemigos de manera clara, entonces Krishna como la Voz de su Conciencia Intuitiva lo anima para que no titube en su Gran Batalla Espiritual, cuando un Yo inferior despierta a la voz de su Conciencia Intuitiva y sobre todo a su Guerrero Espiritual de Luz, (que se encuentra en su 3er Nivel de Conciencia) alentarán al Yo inferior a que continúe con su Batalla Espiritual, la cual todavía no ha ganado pues si ya la hubiera ganado entonces ya hubiera alcanzado la iluminación que muchos Maestros Espirituales han alcanzado.

En Resumen este Demonio Poderoso de baja Luz de la Gula tienen como propósito acabar con la vida física del Yo inferior, para él es un triunfo convertir a un Yo inferior en adicto, en un comedor compulsivo, con bulimia, o anorexia con todo tipo de desórdenes alimenticios, este Demonio Poderoso logra su objetivo de vida y asegura su existencia para la próxima vida del Alma, pues este será parte de la nueva D.kármica que se le adjudicará al Alma en su próxima vida. Es decir si no derrota a su enemigo en esta vida lo tendrá que hacer en la siguiente pero esta será la Gran Batalla Espiritual que tiene que ganar el Yo inferior, los seres de Luz, su Dios y sus Conciencias solamente están allí para asistirlo, para ayudarlo en lo que ellos puedan, pero realmente la Guerra Espiritual es del Yo inferior, él se tiene que convertir en un Guerrero Espiritual de Luz y estar dispuesto a morir a todas las formas del Ego, algunas de estas formas él las siente como sus amigos y familiares y es por eso que siente mucho dolor al morir a ellas, pero no hay de otra manera que por medio de una muerte espiritual continua a todas estas formas de baja luz, pues de no hacerlo cuando deje su cuerpo físico estas formas se irán con él y no lo dejarán entrar a los planos Dimensionales más altos, sus bajas vibraciones de luz lo mantendrán pegado a la rueda de la vida.

Nota. En la anorexia el Espíritu de Baja Luz que controlará al Yo inferior será el de la Mala Salud y este Espíritu de baja luz de la Mala Salud es uno de los tantos Hijos del Demonio de la Gula.

El Centro Magnético de Las Adicciones.

Se puede considerar droga a toda sustancia que altere los estados mentales y emocionales. Como el café, el cigarro, el Alcohol, las drogas o las pastillas. A la vez hay infinidad de comportamientos, hábitos o conductas que también pueden producir casi los mismos efectos que las sustancias mencionadas y a todos estos comportamientos se les conoce como adicciones.

Estas las usará el Yo inferior como antidepresivos, como un escape a sus ansiedades, inseguridades, miedos, sentimientos de tristeza, de soledad, de angustia y de todo lo que tenga que ver con emociones bajísimas de luz. En otras ocasiones recurrirá a las adicciones como auto gratificación, meramente por el gusto de sentir placer y más placer.

El Yo inferior estará buscando la felicidad como un deseo inherente que es muy natural en él, por lo tanto por los únicos medios que la puede experimentar es por medio de los placeres que sienta a través de sus instintos naturales y sus 5 sentidos. Estos serán las fuerzas dirigentes de sus intenciones de casi todas sus acciones, a la vez tratará de huir de todo sentimiento de dolor como algo también muy natural en él, entonces el Yo inferior que ha sido arrojado a este plano terrenal tridimensional nuevamente tendrá la desventaja de no comprender muchas cosas que le estarán pasando desde su niñez debido al velo del olvido y sus consejeros malignos le mal interpretarán todas las cosas. De esta manera él utilizará todo tipo de adicciones como parte de la solución a todo tipo de problema emocional y existencial, estos comportamientos adictivos le serán muy difícil llegar a vencerlos, puesto que entre más vida les haya dado más fuertes ellos crecerán y cuando los quiera echar fuera de su Residencia Interior no se lo van a permitir, pues esta Residencia Interior ha sido compartida con ellos por tantos años que ahora ellos piensan que también es suya y que les corresponde una parte de ella.

Es por ello que le será casi imposible echarlos para afuera, pues cada que echa a uno de ellos, los otros se encargan de meter a otros más.

Mateo 12:43

Cuando el espíritu malo sale del hombre empieza a recorrer lugares áridos buscando un sitio de descanso y no lo encuentra. Entonces se dice: Volveré a mi casa de donde salí. Al llegar la encuentra desocupada, bien barrida y ordenada. Se va, entonces y regresa con otros 7 espíritus peores que él, entran y se quedan allí. La nueva condición de la persona es peor que la primera y esto es lo que le va a pasar a esta generación perversa.

Esta será su Segunda Batalla Espiritual que tiene que ganar si es que quiere llegar alcanzar su 2do nivel de Conciencia. Llamada La Batalla Espiritual de las adicciones al placer insano. (La Primera Batalla Espiritual es vencer a todos los enemigos del Primer Plano del Ego, por lo tanto son 7 Batallas Espirituales que tiene que vencer y todas estas 7 Batallas juntas forman la Gran Batalla Espiritual o La Guerra Espiritual, que todas las Almas han estado llevando por varias vidas)

¿Qué es placer insano?

Todo aquello que le cause placer y que sin embargo le perjudica al cuerpo físico, al cuerpo emocional (Alma) y al cuerpo mental (Yo inferior). Al cuerpo espiritual (Verdadero Ser de Luz) nada le perjudica, ya que nada que no sea de la luz puede infiltrarse de su lado.

Ahora si el Yo inferior tuviera la capacidad de simplemente disfrutar de una buena taza de café, de un buen cigarro, de una buena copa de licor, de un buen cigarro de mariguana y usar de vez en cuando cualquier otra droga, así como usar las pastillas antidepresivas de forma temporal y por recomendación de doctor así como otro tipo de pastillas. Entonces él podría ganar esta Batalla Espiritual con más facilidad puesto que no habría permitido despertar a los espíritus adictivos de excitación y él estaría al control de todo lo que entrase por su boca.

Pero resulta que él no tendrá esta capacidad en su mayoría de gustos placenteros, puesto que descubrirá que el placer que le da la cafeína, el cigarro, el alcohol y lo demás le calma sus ansiedades, lo saca de sus depresiones y entonces es allí cuando él inconscientemente recurrirá a sus viejas soluciones y por consiguiente estas se le convertirán en adicciones que gobernarán gran parte de su vida y tendrán dominada a gran parte de su Alma.

Lo primero que tiene que tener en cuenta un es que ninguna adicción podrá jamás resolverle un problema existencial, y que a lo mucho le puede brindar un placer temporal y una pseudo felicidad ficticia y pasajera, al Alma le es permitido gozar de los placeres de la 3ra dimensión, más si el Yo inferior trata de querer solucionar todos sus problemas emocionales y existenciales por medio de estos placeres entonces se estará engañando a sí mismo y estará cooperando para que los espíritus adictivos de baja luz le sigan densificando la energía vital a su Alma.

Cada vez que se haga adicto alguna sustancia, habito o comportamiento entonces las formas de su Alma que comenzaron a disfrutar de esos placeres en un principio quedarán atrapadas en esas prisiones de las adicciones y mientras él no muera a sus adicciones entonces no podrá liberar a esas formas de su Alma y seguirá pasando lo que ya hemos mencionado.

Si él murió físicamente bajo una fuerte adicción y obsesión al alcohol o las drogas entonces esos deseos obsesivos se encargarán de no dejarlo entrar a las dimensiones más altas del Reino de la Luz. Sus bajas vibraciones lo harán mantenerse en la 3ra dimensión del plano astral y andar metiéndose en bares y en todos los lugares donde se consuma alcohol o drogas pues él necesitará de un cuerpo para saciar su sed de alcohol, en esta etapa él se convertirá en un Elemental humano o un Alma de ambulante y utilizara su cuerpo etérico como vehículo.

Este caso se aplicaría únicamente a los Yos inferiores que murieron físicamente con fuertes adicciones y que además estaban adormecidos en el campo espiritual, mas es diferente para aquellos que tuvieron una noción clara de todas las cosas que existen en el mundo astral, tanto en los planos bajos como en los planos altos, pues su conocimiento será su mejor defensa y no se dejarán engañar tan fácil de los espíritus de baja luz, en este caso el conocimiento si puede ser de bastante ayuda aun, a los que hayan muerto físicamente con alguna fuerte adicción pues ellos sabrán que su infierno que vivirán es temporal.

Las sustancias de Cafeína, Alcohol, pastillas y todo tipo de drogas. En cuanto ellos entran a un cuerpo ellos tratarán de que el Yo inferior los siga consumiendo, ya que dependerán en un 100% de él y sus decisiones y por eso es que lo recompensan con placer, en este caso él intercambiará placer por formas de su Alma. De esta manera ellos funcionan como una prostituta, ya que la prostituta cambia placer por dinero, así ellos cambian placer por Energía Vital del Alma y que por consiguiente una vez que el Yo inferior se convierta en un adicto de esa sustancia entonces ya no será únicamente Energía Vital del Alma, ya serán formas del Alma las que habiten en esos Centros Energéticos del Alcohol, de la droga, de las pastillas, de la cafeína, o del cigarro. Y estas serán las prisiones de las formas del Alma.

¿Qué pasa por ejemplo con las que están en la prisión del Alcohol?

En un principio el Yo inferior descubrió una solución a todas las bajas emociones de su primer plano del ego y por fin el Alcohol lo desinhibe y le ayuda a ser espontaneo, alegre, platicador, bailador. En fin él se sentirá liberado y el Alcohol se convertirá en su gran amigo, en su gran ayudador, en alguien que si lo comprende y que además lo hace sentirse alegre. Mas lo que no sabe es que eso experimentará, porque aun el Rey Alcohol todavía no tiene en su Poder a las formas de su Alma, aun la entidad demoniaca de la obsesión no ha entrado y por eso es que, como es visitante, tanto él como a las formas de su Alma los tratarán de lo mejor, les brindan mucho placer y el Yo inferior junto con las formas de su Alma se sienten en un mundo mágico donde todo es fiesta y alegría. Las cosas comienzan a cambiar cuando el Espíritu adictivo del Alcohol ya tiene en su Poder al Yo inferior y también a cierta cantidad de las formas de su Alma, además la Entidad poderosísima de La Obsesión ya ha entrado y con esta Entidad demoniaca el Rey Alcohol tiene su estadía en ese cuerpo asegurada.

Es cuando el Yo inferior se le desata una sed por el alcohol que no la puede llenar, por más que tome no logra calmar o satisfacer esa sed, pues en toda la semana estará pensando en el fin de semana en donde emborracharse y para estas alturas ese C.E.M.V. del Alcohol, estará habitado por muchos más espíritus de muy baja luz que son los que gozarán a plenitud de todo el Alcohol que ingiera, de allí que la sed por el Alcohol es insaciable, por más alcohol que beba parecerá insuficiente, pues los que estarán bebiéndose ese alcohol serán los espíritus de baja luz de ese centro y las formas del alma son las que únicamente recibirán las migajas, las sobras, pero a la hora de pagar las consecuencias de esa borrachera, serán las formas de su Alma que paguen todo lo que hizo el Yo inferior, toda la resaca emocional es la que estas formas de su Alma estarán experimentando y ellos salen avantes de todo eso, para ellos no existen las resacas emocionales, las crudas morales, la culpa, nada de eso. Pues ellos se lavan las manos y todas las consecuencias serán para el Yo inferior y las formas de su Alma.

Llega un punto en que las formas de su Alma ya no desean seguir allí como prisioneras puesto que ellas ya no son las que gozan de todo el Alcohol que se toma el Yo inferior, ahora son los enemigos los que se quedan con la mayor parte y en cambio a la hora de las culpas y las consecuencias ellas son las que tienen que pagar por todo el desastre, por todos los ridículos que hizo la noche anterior. A ellas se les manda a cobrar y allí en esos momentos es cuando el Yo inferior siente su dolor y a él le nacen los deseos de ya no seguir tomando alcohol, pues las formas de su Alma le alcanzan a transmitir su dolor y su sufrimiento, pero los espíritus adictivos de baja luz, tienen su plan. Ellos por ejemplo no se le aparecen inmediatamente, ellos esperan a que el Yo inferior se sienta más fortalecido sin tanta culpa y como a los 2 o 3 días. Se le aparece su gran amigo el Rey Alcohol y lo comienza a seducir y a preparar para el fin de semana y por más que este se resista a la hora de decidir entre beber o no beber solamente aparecerán en su pantalla de imaginación escenas placenteras y todo ese placer que va a sentir cuando se beba la primera y la segunda copa o cerveza. Ellos no le presentarán los resultados, esos nunca se los muestran. Eso es algo que ellos tienen muy bien controlado y es parte de sus reglas y de su juego.

Por lo tanto el Yo inferior vuelve a caer en este círculo vicioso una y cada vez serán más cortos los días, hasta llegar a beber todos los días si es posible, aquí el Rey Alcohol junto con su Gobierno tendrán dominado este 2do. Plano del Ego.

Y lo mismo ocurrirá con el crack o crank (la Piedra). las anfetaminas, los ácidos, la mariguana, el L.S.D. el ángel dust, las tachas, la cocaína, el cristal, la heroína, los barbitúricos, metadona, éxtasis, anfetaminas, P.C.P, Benzodiacepinas, esteroides, tabaco, inhalantes, etc.

Cada una de estas drogas luchará por expandir su territorio, lo único que necesitan es que el Yo inferior les de la primera invitación y de allí ellas harán todo lo demás, la presentación será la misma, primero se harán pasar como sus grandes amigos, los que le darán consuelo a su sufrimiento emocional y espiritual, y le harán creer que tienen la solución a todos sus problemas al principio lo recompensarán con mucho placer y una vez que ya lo tienen en sus garras castigarán a las formas de su Alma con todo el peso de su ley.

Por ejemplo: con la piedra quizás en un principio el Yo inferior sienta un orgasmo cerebral y que ha encontrado la solución a todos sus problemas depresivos y demás, y al comienzo no sentirá los delirios de persecución, ni tampoco las ganas de querer seguir fumando piedra, pero conforme avance el consumo llegará un punto en que en cuanto se le acabe su dosis de piedra andará a gatas buscando piedritas por todos lados, se estará asomando a la ventana a ver si no lo está persiguiendo el F.B.I. o los narcos, se le despertarán unos miedos horribles y estará con los nervios de punta esperando a ver a qué horas lo agarran pues su culpabilidad lo hará sentir como si hubiera matado a alguien, en esos momentos es que las formas de su Alma están siendo acosadas por esos espíritus adictivos de baja luz y él esta simplemente reaccionando a todo lo que está sucediendo en su Reino de Oscuridad, lo que están experimentando las formas de su Alma a nivel astral y emocional. Por eso es que se está escondiendo de sus verdugos, pues todos sus miedos internos se manifestarán por fuera y cuidado si se tarda en conseguir más dinero para la próxima dosis de piedra por que los castigos los estarán recibiendo las formas de su Alma y el Yo inferior sentirá parte de estos castigos, le vendrán unos estados depresivos infernales, una soledad espantosa, un vacío existencial muy profundo que para no sentir nada de eso robará o hará lo que tenga que hacer para ir a conseguir más piedra, en poco menos de unos meses será esclavo a tiempo completo de esa sustancia y ahora ya son dos gobiernos poderosos que Reinan allí en ese 2do plano del Ego.

Y si contáramos a la cafeína, a la nicotina, a la Gula, a la Madre Lujuria entonces ya serían más de 6 o 7 Gobiernos Poderosos que estarán teniendo dominio sobre el Poder de las decisiones del Yo inferior y sobre el Poder de su Voluntad.

Recordemos que estos son los Dos Dones más poderosos que tiene el Yo inferior, el Poder de las Decisiones y el Poder de la Voluntad. Estos 2 poderes jamás serán arrebatados de él, jamás se los pueden quitar. Mas lo que sí pueden hacer ellos es seguirlo tentando, seguirlo incitando, seguirlo hostigando, seguirle presentando bajo su pantalla de imaginación el placer que experimentará con unas cervezas, un cigarro, una taza de café, un cigarro de mariguana, una piedra, un jeringazo, unas pastillas, placer insano sexual, bebidas energéticas, comida rápida.

Esto es lo que sí pueden hacer seguirle presentando sus productos por medio de su pantalla de placeres y como no ha podido resolver sus problemas emocionales, sus traumas, sus complejos, sus ansiedades, depresiones, fracasos, decepciones, frustraciones, resentimientos, sus dudas con la vida, con Dios, con su Alma, con el propósito de su vida. Así que el placer que más se le antoje y que le traiga menos sufrimiento será el que elija.

En cada una de estas prisiones las formas de su Alma experimentan diferentes sufrimientos, todas ellas fueron engañadas, pensaron que todo ese placer que experimentaron al principio era de gratis y su sorpresa fue que ahora están en el 95 - 5. Primero experimentaban un 95% de placer y un

5% de consecuencias y eso era soportable, valía la pena pagar con un poco de dolor un máximo de placer, pero ahora es un 5% de placer y un 95% de sufrimiento.

Para el Yo inferior es diferente, para el primero fue un 95% de placer y un 5% de consecuencias negativas, pero cuando ya se convirtió en adicto o en cliente, entonces ya nada más le permiten experimentar 50% de placer y 50% de dolor, de esta manera él queda confundido todo el tiempo, porque se llega acostumbrar a su dolor que se convierte en masoquista y si su baja autoestima esta por los suelos esto empeora. A los malignos no les conviene que él sienta un 5% de placer y un 95% de dolor, porque por más "idiotizado" que se encuentre o más masoquista que sea, no podrá soportar únicamente 5% de placer y 95% de dolor, no tardaría mucho en pedir ayuda y salir de ese infierno, es por eso que solamente le permiten un 50% de placer a las que ya se le convirtieron en adicciones, a las que todavía no son adicciones entonces si le permiten experimentar hasta el 98% o 99% de placer y un 1 o 2% de consecuencias, y nuevamente una vez se convierte en adicto a la nueva sustancia toxica, entonces ellos manejan todo a su antojo, eso también es parte de sus reglas, ellos saben exactamente cuánto placer lo dejarán sentir y cuanto no. Para las formas de su Alma es diferente, porque ha ellas si las castigan dolorosamente, ya que saben que el Yo inferior para no sentir el dolor de las formas de su Alma recurrirá inmediatamente a mas placer adictivo, esto es como si las formas de su Alma fueran sus hijas y las tienen secuestradas y le piden dinero a cambio de la vida de sus hijas, y este Yo inferior como el Papá, va y les consigue más dinero, pero nunca le regresan a sus hijas y este Yo inferior todo el tiempo está tratando de negociar ese secuestro pero ellos tienen todas las de ganar, la gran ventaja que ahora tiene el Yo inferior es que ahora se dará la oportunidad de conocer todo su Reino de Oscuridad y mirará exactamente como todos los malignos tienen controladas a la mayoría de las formas de su Alma, ellos han estado gobernando este Reino de Oscuridad en un 95% del tiempo y únicamente él puede hacer la diferencia, si se decide a empezar hacer buen uso, de su Poder de decisión y de su poder de Voluntad.

En el mundo espiritual de la 4ta Dimensión de los planos Superiores no se puede hacer trampa, en el mundo tridimensional si se puede hacer trampa, ellos si pueden hacer trampa y les es permitido, ellos si pueden mentir, engañar, incluso vender ideas de Dios, vender espiritualidad, vender pseudo verdades, todo eso ellos si lo pueden hacer, pero para entrar al Reino de la Luz no se entra con trampas, con engaños, con mentiras o pseudo verdades.

Acá de este lado solamente entran las vibraciones de luz altas, acá todo se ve con claridad, de este lado se detectan los Pseudo Maestros espirituales con facilidad, todo es transparente. Por ejemplo:

Alguien no puede entrar con una pseudo creencia y decir que porque acepto a Jesucristo como su salvador ya está salvo, esas son trampas de los malignos, pues si ese Yo inferior revisa bien su vida se dará cuenta que nunca quiso hacer verdaderos cambios en su vida porque de una manera engañosa se quiso agarrar a una creencia fácil y de una manera engañosa intentará poner cara de buena gente, de buen cristiano y decir Yo acepte a Jesús como mi salvador, pero lo que se le va a mostrar es lo siguiente:

"Por eso, si tu ojo derecho te está haciendo caer, sácatelo y tíralo lejos; por que más te conviene perder una parte de tu cuerpo y no que todo tu cuerpo sea arrojado al infierno.

Y si tu mano derecha te lleva al pecado, córtala y aléjala de ti; porque es mejor que pierdas una parte de tu cuerpo y no que todo tu cuerpo sea arrojado al infierno."

Para la mente sagaz y fanática es posible que alguien si se llegue acortar alguna parte de su cuerpo y sin embargo tampoco le contará pues es obvio que la enseñanza solo indica que el Yo inferior tendrá que cortar con sus adicciones tanto a la pornografía, al robo, a la masturbación, a la drogadicción y a todo aquello que mantenga a su Alma aprisionada y el dolor que sentirá por cortar sus adicciones es casi comparado con el dolor que puede sentir físicamente si se sacará un ojo o se cortará una mano, hoy con anestesias y todo el avance científico no sería tan doloroso quitarse una parte del cuerpo, pero si sigue siendo doloroso cortar una adicción que es a la que se está refiriendo el Maestro Jesús. Que llegar allá con fuertes adicciones mandará a la persona a vivir un infierno temporal, a manera de que deje esa energía densa de baja luz en el 3ra plano astral (Kamaloca) y en su siguiente vida vuelva a recoger su D.kármica.

También se le dirá al que se haga pasar como cristiano y que en realidad fue un Pseudo cristiano.

"¡Aquel día muchos me dirán! ¡Señor!, ¡Señor! hemos hablado en tu nombre y en tu nombre hemos expulsado demonios y realizado muchos milagros.

Entonces yo les diré clarámente Nunca les conocí. Aléjense de mi Uds. que hacen el mal.

Jesús fue claro en esta enseñanza, acá de este lado todo se mira con transparencia. No hay entradas gratis no se valen creencias fáciles y engañosas las cuales jamás ayudaron al Yo inferior a morir a la mayoría de sus formas bajas de luz.

Y es claro que no estamos incluyendo a todos los cristianos, únicamente a los que tratarán de entrar de manera fácil y engañosa lo cual los delatará como pseudo cristianos, a la vez esto aplica a los mahometanos, a los hinduistas y a todas las religiones, no solamente a los cristianos. De este lado no se aceptan a los pseudo creyentes o pseudo buscadores de la verdad.

¿Puede una adicción hacer regresar a un Alma al plano terrenal tridimensional?

Todo depende, acá lo que cuenta es el grado de Conciencia despierta que tenga la persona, lo que más cuenta son los actos existenciales que haya hecho la persona en la 3era dimensión, ¿Que tanto él estuvo "vivo"? ¿Qué tan rápido fue para perdonar a los que lo ofendieron? ¿Qué tanto amor tuvo para con los demás como para sí mismo? ¿Qué tanta vida les dio a los Principios Espirituales? ¿Qué tantos sacrificios hizo para no darle vida a los espíritus de baja luz? Todo esto es lo que más cuenta. A qué tantas personas logro ayudar de una manera incondicional, ya que si se estuvo vanagloriando por toda la ayuda o servicios que hizo eso no le cuenta, pues su recompensa la recibió en su jactancia, en hacerle saber a los demás que tan buena gente fue. Todo es revisado y si la persona logro pagar más del 50% de su D.kármica entonces se le da la oportunidad de acabar de pagar el resto de su D.kármica de este lado.

¿Qué hay de la adicción al Juego o las apuestas?

Es casi lo mismo que la adicción al Alcoholismo o la drogadicción el Yo inferior está tratando de solucionar sus problemas emocionales y existenciales por medio del placer que produce el ganar, ya que el ganador sentirá que está llenando sus vacíos existenciales, su falta de importancia, sus carencias de atención, en esos momentos de haber ganado sentirá que él llena todos sus vacíos existenciales y por consiguiente le brota una alegría y felicidad inmensas, es como si estuviera un poco ebrio todo es alegría le brotan sus buenas cualidades, su positivismo.

A la vez el Juego es como una técnica de meditación que utiliza el jugador para sentirse más vivo en el aquí y en el ahora, pues está muy atento para el siguiente movimiento, toda su atención estará en un solo punto y esto es meditar. Allí él sentirá una conexión con sus Conciencias más elevadas, y esto también lo hace que siga jugando de manera compulsiva, aunque realmente no necesite dinero, pues puede ser un empresario o un millonario por lo tanto no es tanto el deseo de ganar dinero si no la conexión que ha experimentado con sus Conciencias más elevadas, él se siente más vivo, más despierto. Lamentablemente todo cambia y no se logra mantener en su punto más alto meditativo puesto que como ya está invadido por espíritus adictivos de baja luz y a estos no les importa la meditación, ni sentirse más vivos, a ellos lo que les importa es ganarle al rival, ese sentimiento es el que a ellos les agrada, sentirse más inteligentes que todos los demás espíritus de baja luz, son ellos los que en realidad están jugando por medio del cuerpo y la mente del Yo inferior y son ellos los que se enojan cuando pierden, los que hacen regresar al Yo inferior por el desquite, lo hacen regresar para continuar con esa competencia que traen entre ellos y entonces ellos buscan ese placer, mientras que el Yo inferior contagiado de su esencia busca lo mismo y a la vez busca la parte meditativa esa que lo hace sentir más despierto, más en el momento presente.

De igual manera todas las consecuencias la seguirán pagando las formas del Alma cuando se le acabe su dinero y no pueda seguir jugando, pues mientras tenga dinero y siga jugando allí no hay nada de consecuencias pero en cuanto deja de jugar por falta de dinero o por responsabilidades. Entonces las formas del Alma recibirán todas las consecuencias. Por lo tanto ellas con el tiempo quedarán bastantes desgastadas, pues mientras él continua apostando sus espíritus de baja luz también están en la fiesta pero las formas de su Alma serán como los sapos. Ellas solo estarán conformándose con algo de todo ese placer, con las migajas de todas esas jugadas. Por eso en cuanto deja de jugar el Yo inferior sus espíritus adictivos de baja luz se esconden en su C.E.M.V. del Juego y las que reciben el castigo de la culpa, de la preocupación y de todas esas emociones y sentimientos de baja luz serán las formas del Alma. Ellas experimentarán el infierno emocional de todas las pérdidas, mientras que ellos los de baja luz experimentarán todo el placer insano de seguir jugando y apostando.

Ahora cuando el Yo inferior para de jugar y lleva años sin jugar entonces las formas de su Alma paran de sufrir y los que estarán sufriendo serán ellos, pues andarán como sapos en los casinos mirando a quien se le meten, pues el Yo inferior ya los ha echado de su Residencia interior.

Mas el Espíritu más fuerte de ellos, aun seguirá escondido esperando un momento para reactivarse en cualquier apuesta que haga el Yo inferior, este no lo dejará hasta que muera físicamente y entonces si el Yo inferior no volvió a darle vida a este Espíritu Apostador este experimentará un infierno, pues fracaso en su misión no hizo caer al Yo inferior.

Es por eso que mientras ellos tengan un cuerpo en donde habitar, ellos disfrutan de todo el placer insano y las formas del Alma son las que reciben las consecuencias, pero cuando él muere a todas esas formas entonces a ellos se les viene el castigo, pues ellos por eso pertenecen a los planos bajos de oscuridad, en donde reciben castigos fuertes cada vez que fracasan. Ellos son como una mafia espiritual en donde no se pueden zafar tan fácil y por eso seguirán buscando más cuerpos y mentes en donde seguir habitando. Cuando los seres humanos comiencen a despertar cada vez más y más rápido, entonces ellos se les estará aproximando su fin y entonces se mirará como se les meterán en cantidades enormes a los que estén más dormidos, a los que estén en más ignorancia, pues ninguno de ellos se quiere quedar afuera, ya que cuando se quedan afuera, ni ellos mismos soportan la Ausencia de la Divinidad. La Ausencia de la Luz.

¿Y el de la heroína?

El Yogi, Rashi, Sufista, Sage, Budhhista, Sannyasin o cualquier otro buscador de la verdad, le cuesta trabajo alcanzar sus estados meditativos de Satori o Samadhi ya que son disciplinas muy rigurosas, mientras que el adicto a la heroína ha encontrado un camino corto de como experimentar un satori o un samadhi sin necesidad de ninguna disciplina o sacrificio, simplemente estira el brazo y se inyecta. Entonces este Yo inferior se está robando los resultados de una experiencia espiritual, de una manera engañosa, el Espíritu Adictivo de la heroína ha engañado a este Yo inferior vendiéndole una Pseudo Espiritualidad y como a él inconscientemente algo lo hace sentir que está en contacto con su Conciencia Cristica Buddhica o su Verdadero Ser de Luz, entonces queda pegado a la heroína porque encontró un camino fácil y cómodo.

Las formas de su Alma que quedaron engañadas y recluidas allí, sentirán algo de esa experiencia pero en su mayoría de tiempo experimentarán el infierno que reciba el Yo inferior cuando no tenga esa sustancia en sus venas, allí el castigo será doloroso, pues él no tendrá la capacidad de ver su realidad, detestará la realidad de la 3ra Dimensión, él deseará profundamente seguir en su "6ta y 7ma dimensión", no se haya en la 3era dimensión, él sentirá que no pertenece a este mundo y que su mundo está allá en aquellas dimensiones. Mas gradualmente descubre que el mundo espiritual no funciona así, no hay caminos fáciles ni cómodos, ni tampoco nadie vendrá a pagar su D.kármica. Pues esto también lo intuye pero está atrapado. No quiere pasar por el proceso doloroso que le espera el dejar de consumir esa sustancia, algunos Yos inferiores optan mejor por doblarse inconscientemente y morir en medio de su sobredosis, lamentablemente a los mundos astrales que van a caer estos Yos inferiores son totalmente desalentadores, pues allí irán a experimentar lo que tanto estaban tratando de evadir y esconder. Allá es donde vivirán en carne propia todos esos sentimientos y emociones que sentían las formas de su Alma y que ellos cobardemente no quisieron o no supieron como liberar a todas esas formas de su Alma. Su infierno durará hasta que ellos aprendan aceptar todo lo que estén viviendo, tendrán que sacar valor para hacerse responsables de su escapismo y entonces por medio de hacerse responsables de todo eso es como se podrán acercarse a la luz y nuevamente tendrán otra nueva oportunidad de regresar al plano terrenal y continuar con su D.kármica.

Todas estas adiciones ofrecen ciertos placeres y sus consecuencias también serán diferentes tipos de infiernos para las formas del Alma.

Un ejemplo más el cigarro, las consecuencias de estas formas del alma es que ellas estarán viviendo el infierno de la falta de respiración, su sueño más grande de ellas es algún día poder respirar aire puro, respirar el Prana de la vida. Pues ya están cansadas de seguir respirando tanto humo, de sentirse asfixiadas, sofocadas a veces se han comunicado con su Yo inferior por medio de pesadillas en donde el Yo inferior no puede respirar, en donde le hace falta oxígeno y él se despierta casi ahogándose, pero solo para salir afuera de su casa y fumarse un cigarro por el susto y se le olvida que en esa pesadilla él quería un poco de oxígeno y lo primero que hace es seguir sofocando a las formas de su Alma. Para este poderoso espíritu adictivo del cigarro todo es gloria, todo es ganancia, pues él asegura su existencia para la próxima vida del Yo inferior, su seguro de vida son las formas del Alma que están atrapadas en su prisión, para él, el humo del cigarro es oxígeno puro, mientras que para las formas del Alma es veneno puro.

Así que cada forma del Alma está viviendo su propio infierno y todas siguen esperanzadas a que algún día sean liberadas.

El segundo plano del Ego, el centro del placer insano y las adicciones han hecho regresar al plano terrenal tridimensional a billones y billones de Almas, ya que este plano terrenal es como si fueran unas vegas pero en grande. En donde se les permite a las Almas divertirse todo lo que quieran, más el Alma queda pegada a todo este placer insano de este 2do plano del Ego y no quiere sufrir el dolor de morir a sus formas adictivas, no quiere morir a las apuestas, a ser un comprador compulsivo, un masturbador, un drogadicto, un promiscuo, un ratero, un violador, un fumador, un mujeriego, a su homosexualismo pervertido, su alcoholismo, sus corrupciones, su avaricia, su adicción al poder, al prestigio, en fin. Las Almas regresan porque sus fuertes deseos a sus adicciones las hacen regresar o porque sus represiones tampoco les permiten ascender a los planos más elevados, entonces la única salida es disfrutar de todos estos placeres en donde no se le haga daño a los demás y que no se conviertan en adicciones, ya que si se convierten en adicciones se tendrán que transcender y si se convierten en represiones, también se tendrán que transcender. El Yo inferior tendrá que aprender a como tener dominio sobre todos sus placeres insanos y convertirlos en placeres sanos y saludables, por cada adicción que trascienda tendrá que encontrar un nuevo hobbie, una nueva diversión sana, una nueva manera de poderse divertirse sin tener que dañar a nadie ni tampoco a su cuerpo o su Alma.

La mejor recomendación es que se enfoque en alcanzar los niveles más altos de su Conciencia y de esta manera todo lo que pueda ofrecer el 2do plano del Ego, el placer insano dejará de llamarle la atención, esto sería como si le invitarán un cigarro a una persona que ya lleva más de 20 años sin fumar, sin pensarlo rechazará esa invitación al igual si invitan a una persona que ya lleva más de 20 años sin beber alcohol o sin usar drogas dirá rápidamente NO GRACIAS. Sin ningún dolor y sin ningún titubeo pues ya no hay nada en el mundo del Alcoholismo o drogadicción que llame su atención, ya se tomó las que se tenía que haber tomado, ya uso las drogas que tuvo que haber usado y por lo tanto le queda claro que su Alma ya no necesita repetir la misma experiencia a esto se le llama transcendencia pues el nivel de conciencia de esta persona está más elevado que cualquiera que aún es esclavo del Alcoholismo o la drogadicción.

¿Cómo se pueden transcender las adicciones?

Hoy en día existen miles de agrupaciones de los 12 pasos y esa sería la mejor opción, para trabajar con cualquier adicción, ya que la persona cuando asiste a esos lugares se sentirá identificada en un 100% y esto la ayudará a saber que no es la única o el único que ha pasado por eso y cuando escuche a los que ya llevan años y que ya no batallan con esa adicción entonces le surgirán nuevas esperanzas de que eso también le puede suceder a él, la persona puede ir a diferentes grupos hasta que encuentre aquel en donde se sienta más a gusto, en donde encuentre mensajes de recuperación que le sean atractivos o motivantes, si no se siente a gusto en ninguno de estos grupos que intente la religión, dianética, la psicologia, algún Ashram, el Yoga, técnicas de meditación, la clave es encontrar un grupo de personas que tienen algo que el anda buscando, este Libro le servirá como una guía para encontrar su propio camino y ojalá que así sea.

Resumiremos en qué consiste el Segundo Plano del Ego y como es su forma de actuar de esta entidad de baja Luz.

EL EGO ADICTIVO

Esta Entidad Adictiva de Baja Luz convertirá al Yo inferior en una persona que, coma demasiado para sentirse llena, así que cada vez que la persona se sienta sola o triste o depresiva utilizará la comida para compensar sus carencias emocionales y afectivas, por otro lado puede ser una persona que se mal pase, que no quiera hacerse de comer, que haga unas dietas rigurosas a tal extremo que pueda caer en la anorexia o la bulimia, en el lado del sexo será una persona adicta a la masturbación, siempre que este a solas y que lleve una semana o dos sin tener sexo recurrirá a la masturbación para calmar sus estados depresivos o de ansiedad, utilizará el sexo como una autocomplacencia o auto gratificación, ya que su nivel de conciencia se basa en sentir placer y más placer, para esta persona entre más placer sienta pensará que es más feliz, será un esclavo del placer insano, recurrirá a la pornografía y tanto su compulsión por la masturbación como su pornografía le abrirán otros canales, que cada vez se le antojarán diferentes perversidades, deseará tener relaciones con algún familiar o con algún animal a la vez puede también llevar todos esos deseos insanos a la práctica pues todo depende si la persona por su temperamento es introvertido o si es extrovertido, si es extrovertido más del 80% de sus deseos de placer insanos los llevará a cabo y si es una persona introvertida más del 80% de sus deseos de placer insano los llevará en su mente, toda su lujuria será mental y esta es peor, pues allí en esa mente se ocultarán todo tipo de perversiones, por fuera demostrará ser una persona muy espiritual y muy buena y sin embargo cuando está a solas le gusta ver películas pornográficas, le gusta ver películas de acción violenta, de masacres, de terror, de todo tipo de placer insano, este lleva una doble personalidad, ante los ojos de las demás personas será alguien bien equilibrado, pero en su interior puede estarle cortando la cabeza a alguien, puede desearle la muerte a sus propios familiares, se le pueden ocurrir infinidad de locuras y el pensará que como son solo pensamientos y que no los ha llevado a cabo entonces sigue siendo una buena persona, mas no se da cuenta que a nivel astral si ha matado, si ha violado, si ha hecho infinidad de crímenes y esos deseos lo perseguirán en todo el transcurso de su vida, pues estarán esperando el momento de que sean materializados y estos deseos le traerán bastante perturbación mental y emocional, por lo menos el extrovertido caerá a la cárcel pagará su condena y quizás ya no cometa esos actos pecaminosos en cambio en reprimido introvertido estará en su prisión interna y cuando muera físicamente esos deseos reprimidos lo jalarán para abajo, pues les debe algo, él los creo y ahora ellos esperarán que los materialice.

En este sentido el extrovertido se convertirá en un pedófilo, un homosexual, un criminal, un asesino, un violador, un perverso y el otro lo será pero a nivel mental, astral y espiritual lo cual será más hipócrita pues carga una pseudo moralidad, una pseudo espiritualidad llena de perversidades.

Esta persona también se convertirá en Alcohólica, en fumadora, adicta a la cafeína, a las compras, al casino, a las drogas, a las tarjetas de crédito, se convertirá en ayudador insano, se auto recetará sus pastillas antidepresivas, cambia de una adicción a otra con facilidad, pues seguirá pensando que las adicciones y el placer insano resolverán sus problemas emocionales y existenciales, gran parte de su Alma estará prisionera en todas estas cárceles que están en el 2do plano del Ego, pues todo el tiempo quiere estar sintiendo placer y cuando deja de sentir placer comienza a experimentar sufrimiento o aburrimiento y nuevamente para no sentirse ni aburrido ni miserable pensará en el placer insano y cuando logre algún pequeño triunfo pensará en la auto complacencia o la auto gratificación sus dos consejeros malignos le dirán "Ya te mereces sentir placer insano" y él les dirá que sí, que como ya se portó bien una semana o dos semanas, entonces tienen razón, dirá ya me lo merezco y acaba comprando más cosas de las que necesita, acaba apostando más de lo que no tiene, acaba masturbándose, o acaba en una infidelidad o drogándose o alcoholizándose pero acaba recurriendo al placer insano. A veces recurre por no sentir su miseria y a veces recurre para festejar, y nunca descubre que está desperdiciando su Poder de Gracia por medio del Placer insano, está tirando su Energía Vital, y está cooperando para que los malignos le sigan densificando la energía vital a su Alma y a que las formas de su Alma sigan internadas.

TERCER CAPÍTULO

Ahora pasaremos al 3er plano del Ego.

EL EGO SOBERBIO

Una introducción.

En este plano del Ego, el Yo inferior vivirá en los extremos o se inclinará hacia los estados del Sentimentalismo y el Negativismo o se inclinará hacia los estados de La Grandiosidad o Soberbia pero todo el tiempo estará en este ciclo pendular, no podrá mantenerse en el punto medio, en el camino del medio. Sus egos y espíritus de baja luz, lo mantendrán en el pasado que es una fuerza gravitacional muy pesada y que lo bajan a experimentar emociones muy densas de baja luz o lo mantendrán en el futuro que es una fuerza pseudo levitacional en donde él será víctima de las fantasías, los sueños de grandeza y se estará sintiendo por encima de los demás, todo el tiempo vivirá en el mundo de la comparación y obviamente siempre se comparara con los más fracasados para él sentirse exitoso, siempre estará buscando que lo admiren, que se piense bien de él, que se crea dé el que es una persona sumamente inteligente, buscará muchísimo el liderazgo pues toda su felicidad se basará en absorber atención y energías de los otros Yos inferiores, él querrá seguir siendo el protagonista principal de la película y desechará los segundos papeles ya que su idea es siempre estar en la cima de los demás, esto con el fin de robar más atención, si no logra sus objetivos de liderazgo egoísta entonces se sentirá el peor de los fracasados y su péndulo se moverá al otro extremo del sentimentalismo y el negativismo.

Este sería el lado del Sentimentalismo y el Negativismo.

Revisemos el Campo Energético del PESIMISMO Y NEGATIVISMO.

Comencemos con:

El Centro Magnético de La Ingratitud.

Aquí tenemos a los centros energéticos magnéticos vibracionales los cuales son sus Hijos.

El Renuente, El Mal Agradecido y El Inconforme.

La Ingratitud.

Cuando un Yo inferior no ha sido feliz es imposible sentir gratitud hacia la vida o hacia Dios puesto que no tiene nada de que estar agradecido, la gratitud no es algo que se enseña, es algo que se siente, hay Yos inferiores que "aprenden" a ser "agradecidos" pero por lo regular ese agradecimiento es un Pseudo Agradecimiento pues no les brota de su corazón, les sale de su mente, alguien les dijo que le deberían de dar gracias a Dios por estar vivos o porque hay otros que no tienen que comer o porque él sí tiene a sus dos

Padres o porque está bien de salud, en fin les han enseñado a dar las gracias por infinidad de cosas y él aprenderá a dar las gracias de boca para afuera sin sentirlas, entonces esta es una de las trampas del engañador y de los dos consejeros malignos.

La verdadera Gratitud es un sentimiento que nace desde lo más profundo del Ser de la persona, desde lo más profundo de su corazón, cuando esto sucede entonces el Yo inferior experimentará lo que realmente es el Poder de Gracia, se sentirá muy contento por el hecho de estar vivo, de que realmente se le haya dado una oportunidad de regresar al plano terrenal tridimensional a seguir pagando su D.kármica y como ha tenido la "suerte" de saber cómo pagarla, entonces él estará sintiendo como su D.kármica va disminuyendo y por lo tanto su Centro de Esencia Divina se va expandiendo, entonces aquí estaríamos hablando de un Yo inferior que de haber estado viviendo en un 2% de su Esencia Divina, ahora estará experimentando un 5% un 8% o un 10% de su Esencia Divina y esto es lo que le hará sentir un sentimiento de gratitud verdadero, esta gratitud no es enseñada, esta gratitud es una experiencia existencial, él no necesita que nadie le haga saber el por qué debe de estar agradecido, él lo siente y lo vive con más intensidad y por consiguiente en su sentimiento de gratitud estará listo para servirle a su creador de la mejor manera y lo hará con mucho gusto, para él será un privilegio que la Divinidad lo utilice como un instrumento para ayudar a los demás, para compartir con los demás, para ser de utilidad. Esto es una Gratitud más real.

Ahora regresemos con este Yo inferior que en su vida no ha experimentado otra cosa que puro sufrimiento y estados de depresión continua, entonces él no sentirá agradecimiento hacia nada, a la vez como no se alimenta bien, ni tampoco duerme bien su cuerpo estará con mucho enojo, de esta manera le será más difícil sentir la gratitud, pues lleva una vida muy sufrida y con un cuerpo físico enfermizo o debilitado.

Si observamos cuando a un cuerpo físico se le trata bien, se le alimenta bien, se le cuida bien, descansa bien, hace ejercicio y quema todas las toxinas, ese cuerpo manifiesta contentamiento, alegría independientemente de que el Yo inferior no se haya liberado todavía de su pasado, pero si a un cuerpo físico se le trata mal entonces no podrá manifestar ninguna gratitud, pues este cuerpo no tendrá nada que lo haga expresar su alegría o contentamiento con la vida. Aquella persona que ante los demás muestra su gratitud, pero a su cuerpo lo mantiene enfermo, solito se engaña pues su cuerpo no vive en armonía y una gratitud sin armonía, sin unicidad es una gratitud falsa.

Cuando el Yo inferior les ha dado mucha vida a sus Espíritus de Baja Luz, de la Víctima, de la tristeza, el abandono, la conmiseración y todos estos espíritus de baja luz, entonces él vivirá en un continuo estado de Ingratitud y este estado le dará vida al Poderoso Espíritu Arrogante de baja luz llamado La Ingratitud. Y con el tiempo aunque él encuentre algunas cosas que le hagan sentir algo de gratitud, aparecerá la voz ingrata de este espíritu para opacarle su alegría, para convencerlo de que no tiene nada de que sentirse agradecido y le recordará todos los sufrimientos que ha pasado en su vida y el Yo inferior acabará por no experimentar ni un grado de gratitud, por el contrario este Espíritu de Baja Luz lo ha convencido el por qué es más razonable que él se mantenga con cara de enojado, lo convencerá de que la vida no ha sido justa con él, que Dios realmente no lo ha ayudado como debería, de esta manera el Yo inferior se mantiene en un estado de continua ingratitud y de enojo con la vida por ser tan injusta con él y tan favorecida para otros.

Esta actitud le abre las puertas al Espíritu Negativo.. El Renuente.

Aquí el Yo inferior se la pasará renegando de todo, nada le parecerá, a todo le encontrará lo negativo, nada será suficiente, nada tendrá gran impacto en su vida, este Espíritu carga sus propios axiomas y pensamientos, dice: **"Yo no pedí nacer" "¿Por qué no nací en un hogar diferente? ¿Por qué me tuvieron que tocar estos Padres? ¿Por qué me toco nacer en este lugar o este País? ¿Por qué me toco nacer como mujer y no como Hombre?" "Odio tender mi cama" "Odio tener que levantarme temprano" "Odio tener que hacer quehaceres en la casa" "Odio ir a la escuela" "Odio hacer las tareas" "Odio ser pobre"** y así se la pasa odiando todo lo que hace, donde vive, la suerte que le toco, y todo el enojo de este Yo inferior se debe a que tiene la idea de que a él le correspondía haber nacido en una mejor familia y le correspondía otra suerte, otro destino, es decir no está conforme con la vida que le toco.

Mientras él siga quejándose de la vida que le toco y se siga quejando de todo, entonces jamás se independizara de este Espíritu Renuente, ya que este se seguirá alimentando de todo lo que odie hacer el Yo inferior.

La Gratitud no es algo que se tenga que aprender, pero lo que sí se puede aprender es a como dejar de darles vida a estos Espíritus Negativos, en este caso él tendrá que recordarse que cada vez que reniegue de algo se estará alejando de experimentar el Poder de Gracia, el Poder de la Gratitud.

¿Alguna técnica?

La mejor opción será descalificar los pensamientos negativos de este Espíritu Renuente, cada vez que el Yo inferior

Se diga "odio hacer esto o aquello" que se recuerde que ninguna de sus Conciencias Superiores odia nada, que en la parte esencial de él, nadie se queja, todos viven en la aceptación y la gratitud y que el que está quejándose de todo es ese Espíritu Renuente, por lo tanto el Yo inferior comenzará a darse cuenta que efectivamente él ha estado viviendo muy identificado con su Espíritu Renuente y que desde hoy decidirá separarlo de él, entonces cada vez que él se diga inconscientemente "odio hacer tal cosa" que descubra en ese momento que no es cierto, que él no odia hacer eso y que es ese Espíritu Renuente al cual él le dio vida y que nada le parece, por lo tanto lo confrontará y le dirá: "El hecho de que tu odies todo lo que yo hago, no quiere decir que yo también lo tenga que odiar, así que de hoy en adelante yo dejare de odiar esas cosas que tu odias y mejor le pediré a la Divinidad que me enseñe a como darle la bienvenida a todo lo que yo haga, a como darle su lugar y su respeto a todas las cosas que yo haga, pues de hoy en adelante me pondré en la mente que todo lo que yo hago es importante y por lo tanto aprenderé a tener respeto a todas las actividades de la vida. Así que "ALÉJATE DE MI. VOZ QUEJOSA, VOZ RENUENTE, NO TE NECESITO MAS EN MI CORAZÓN O EN MI MENTE, TU VOZ SERA CANCELADA DE HOY EN ADELANTE, EN EL NOMBRE PODEROSO DEL PRINCIPIO ESPIRITUAL DE LA GRATITUD."

Entonces para próximo pensamiento renuente que quiera manifestarse él podrá decir con toda autoridad "CANCELADO, CANCELADO, CANCELADO o TU ODIAS HACER ESO PERO NO YO,. TU NO ERES YO Y POR LO TANTO ALÉJATE ESPÍRITU INFELIZ NEGATIVO Y RENUENTE."

También lo que sí puede aprender el Yo inferior es pedirle al Principio de Gratitud que por favor venga a su vida, que le da la bienvenida y que él seguirá haciendo todo lo necesario para que sea parte de su vida pues ya está cansado de estar renegando de todo y quejándose de todo.

Cuando comience a darle muerte a sus formas de ingratitud y le pida al Principio de Gratitud que venga a su vida entonces él comenzará a experimentar una Gratitud real en su vida. Pues primero pasará por la muerte a esas formas de baja luz y le dará la bienvenida a las formas de Luz. En otras palabras las formas de su Alma que están prisioneras en la prisión de la ingratitud se pasarán al lado del Principio de la Gratitud y el Yo inferior experimentará lo que vayan experimentando las formas de su Alma que estarán viviendo en el Principio de la Gratitud.

Luego tenemos al Espíritu Negativo de baja luz.. El mal agradecido.

El Maestro Jesús hace mención de este Espíritu de baja luz en aquella parábola del Rey que le perdono 10,000 monedas de oro a uno de sus empleados, mas este cuando miro a uno que le debía 100 monedas lo agarró del cuello y casi lo ahogaba exigiéndole que le pagará su dinero y no conforme lo mando a la cárcel, entonces el Rey supo de esto y le dijo: siervo miserable yo te perdone toda la deuda cuando me lo suplicaste" ¿no debías tú también tener compasión de tu compañero como yo tuve compasión de ti? y tanto se enojó el Rey que lo puso en manos de los verdugos hasta que pagará toda la deuda.

Esta es la actitud de este Espíritu mal agradecido cuando ha contagiado al Yo inferior lo convierte en una persona que no da las gracias por lo que recibe todo lo que le viene lo toma como si nada, primero le pide a su Dios que encuentre trabajo y cuando lo encuentra ya no hace bien su trabajo y hasta se la pasa renegando de todos los demás trabajadores y de todos los errores que encuentra en ese trabajo, se le olvido que hace unos meses atrás no tenía ni para la renta y hoy ya no soporta su trabajo ni a su jefe, pide una novia porque está soltero y cuando esta le llega después de unos meses la empieza a mirar fea o defectuosa y ya la quiere cambiar. Le detectan una enfermedad quizás incurable y le suplica a su creador que lo ayude y en cuanto sale de ese apuro reniega de las pequeñas consecuencias de esa operación olvidándosele que estaba a punto de perder la vida, este Yo inferior se la pasará buscando cosas fuera de él y cuando las consiga le dejarán de llamar la atención pues tristemente descubre que aparte de estar infectado del mal Agradecimiento también está contaminado del Espíritu negativo de la perfección, de allí que vale la pena recordar esa frase que dice:

El problema no es recibir o no recibir lo que se está pidiendo, o lo que se desea, la pregunta verdadera es saber si se está o no preparado para recibirlo.

Si observamos la parábola con detenimiento no solamente señala el perdón, pero también la actitud de ese empleado que estaba contaminado del Espíritu del Mal Agradecimiento y la falta de agradecimiento fue lo que le hizo cobrar de manera salvaje al que le debía, pues si hubiera tenido agradecimiento por la gran deuda que se le perdono entonces hubiera hecho lo mismo con su compañero, ahora su castigo fue que el Rey mando a los verdugos a cobrarle toda su deuda, estos verdugos internos seguirán existiendo para todos aquellos Yos inferiores que sean mal agradecidos, la Divinidad deja de mandarles sus bendiciones o de favorecerlos puesto que todo lo que les arrima no lo saben aprovechar y no saben ser agradecidos, entonces aquí se cumple la otra ley de que al que tenga más se le dará más y al que tenga poco aun lo poco que tenga se le quitará y se le dará a los que si sean agradecidos que si sepan valorar todas las cosas que se les dan.

Si recordamos la Ley de la Felicidad dice que: No es lo que eres, lo que haces, lo que tienes lo que determina la felicidad, sino cómo te sientes con quien tú eres, lo que haces y lo que tienes. Y el Mal Agradecido no se siente prácticamente feliz con nada, porque él piensa que se merece más, que la vida le debe más, que la gente debería de hacer más por él, pues su mentalidad está en ¿qué me van a dar? ¿qué puedo sacar de esta situación? si me conviene lo hago si no, no, está apunto de mandarle un dinero a sus Padres y no lo hace, está apunto de comprarle un ramo de rosas a su esposa y no lo hace, está apunto de abrazar a sus hijos y decirles cuanto los quiere y no lo hace, está a punto de hacer una limpieza en su trabajo y no lo hace, está a punto de hacer un servicio en su comunidad y no lo hace, está a punto de darle gracias a la vida y no lo dice, está apunto de mandar una donación algún centro caritativo y no lo hace, está a punto de darle la gracias a la vida antes de dormirse o enseguida de despertarse y no lo dice,. Todo el tiempo está apunto de demostrar su agradecimiento o de expresarlo pero este Espíritu Negativo y de Baja Luz del Mal Agradecido lo previene, le ata la boca, le inmoviliza el cuerpo, le corta sus buenas intenciones, y el Yo inferior acaba haciendo únicamente las cosas que más placer egoísta le producen.

Luego tenemos al Espíritu Negativo.. El Inconforme.

Este es el hijo de la Ingratitud y el Perfeccionista. Pues a todo le haya un pero, a todo le haya la imperfección, nada llena sus expectativas, el Yo inferior tiene que darse cuenta que este Espíritu Negativo de baja luz Inconforme jamás será satisfecho, por su propia naturaleza él vive en una constante negatividad, entonces cuando se le mete al Yo inferior este queda indefenso y simplemente mira todas las cosas de la manera que este Espíritu Inconforme mira el mundo, ellos funcionan así, por ejemplo: cuando al Yo inferior se le mete el Espíritu de la Lujuria o el Masturbador, entonces mira a las mujeres con ojos lascivos y a las que más le gustan les quita la ropa y está teniendo sexo con ellas en su mente, pues solamente piensa en el placer. Y mira a la mujer como un objeto sexual. De la misma manera cuando al Yo inferior se le mete este Espíritu de la Inconformidad entonces él se siente inconforme con lo que tiene, con la persona que es, con la esposa que le toco, con el trabajo que tiene, con el sueldo que gana, con su País, con los gobiernos, por todos lados que mire es un inconformismo.

Si por ejemplo por arte de magia a él o ella se le dieran todas las cosas que él piensa que lo van hacer feliz, por unos meses él será inmensamente feliz mientras este Espíritu de baja luz no se le meta, pero en cuanto lo deje entrar hasta allí llego su felicidad, pues ahora comenzará a mirar todas esas cosas que lo hacían sentirse inmensamente feliz como insuficientes, este Espíritu junto con la Ingratitud le dirán: "Bueno, bueno, no es para tanto, en verdad a ti te ha costado todo lo que has tenido nadie te dio nada de gratis, fíjate en todo lo que te tuviste que esforzar para lograr esto, entonces es normal que todas estas cosas se te hayan dado en cuestión de meses. Además, ¿Por qué tanta alegría si lo que tienes millones y millones de personas lo tienen? ¿Ahora si te fijas bien esa Mujer que llego a tu vida está contigo por interés, ¿A ver por qué no apareció cuando no tenías en donde caerte muerto? ¿Por qué ahora que ya lograste el éxito ya aparecieron infinidad de amigos? todos ellos son unos barberos, solamente quieren tu dinero o a tu mujer, además tu casa no pienses que es una gran casa hay otras más caras y más bonitas, a tu novia le faltan ciertas cosas, tu dinero son centavos en comparación con los más millonarios" (Estas voces silenciosas no son para que el Yo inferior obtenga más humildad, si no para que pierda su entusiasmo y alegría). Y total en menos de un mes seguirá siendo igual de miserable que unos meses atrás, pues estos Espíritus de Ingratitud destruyen todo a su paso, acaban con la felicidad de quien sea y si él no sabe o no aprende a detectar su lenguaje y sus mentiras entonces no se podrá librar de ellos, los inconformistas.

Ninguno de los Espíritus del Reino de la Oscuridad conocen la Gratitud, si la conocieran harían todo lo posible por acercarse a la luz y regresar a su lugar de origen, mas como ellos fueron perdiendo noción de su originalidad y ya se acostumbraron a sentir placer en el dolor del ser humano entonces de eso viven, lo que a ellos les causa placer, éxtasis y felicidad, el Alma del Yo inferior lo paga con dolor y sufrimiento, y de igual manera lo que al Alma le causa felicidad y contentamiento a ellos les causa enojo y rabia.

La Ingratitud mantendrá a cualquier Yo inferior en un constante estado miserable de negatividad, además él jamás podrá mirar la vida de la manera que la miran sus estados de conciencia más elevados, jamás conocerá como se mira la vida desde una 4ta Dimensión, pues con la Ingratitud en él, seguirá mirando injusticias por todos lados, imperfecciones por todos lados, negatividad por todos lados, nada del por qué sentirse alegre o contento, nada del por qué dar gracias.

¿Alguna otra técnica o ejercicio contra la Ingratitud?

El Yo inferior tiene que seguir aprendiendo a enraizarse, darse cuenta que a él, en su Esencia como un Verdadero Ser de Luz no le hace falta absolutamente nada y que él simplemente está experimentando una vida pasajera, una vida llena de distracciones, de ignorancia, de placeres mundanos, pero que en su Esencia él lo tiene todo, y que de él depende cuanto tiempo él decida permanecer dormido, permanecer en una continua ignorancia, seguir alimentando a sus espíritus de baja luz que lo único que seguirán haciendo es que él siga experimentando un infierno emocional y mental. Todo está en él que quiere hacer, si decide mantenerse dentro de su 5% de Esencia Divina descubrirá que cada vez sentirá más y más el Poder de Gracia y a través de este sentirá mucha alegría de todas las acciones que haga, que realice, su creatividad se le activará y podrá crear cosas que estaban muy guardadas en su interior, por fin podrá disfrutar de todos los placeres sanos, una paleta de hielo la disfrutará bastante, una película, manejar, bañarse, comprar cosas, ahorrar, en fin cualquier actividad será buena para experimentar el Poder de

Gracia y con esto la Gratitud, pero él tiene que ir descubriendo que nada está muerto, que en todas las cosas está, esta Energía del Poder de Gracia, por lo tanto cuando escriba en su computadora se relacionará con su computadora, cuando lea un libro sentirá el peso y la energía vibratoria de ese libro, todo lo que toque sentirá que está vivo y aprenderá a darle su respeto a todo lo que toque o lo que haga, algunos han optado por escribir una lista de gratitud y también es válido, pero la gratitud es un estado de conciencia, la gratitud es como la Meditación es algo inherente en la Esencia del Yo inferior, y él tiene que descubrir bajo que técnicas meditativas o de reflexión él puede mantenerse más en esos estados de gratitud.

Una cosa si es prioritaria mientras el Yo inferior no rescate a las formas de su Alma del Reino de Oscuridad le será muy difícil o casi imposible vivir permanentemente en su 5% de Esencia Divina, él tiene que hacer todo lo necesario para expandir ese 5% de su Esencia Divina pues allí está toda la clave de su libertad espiritual.

Centro Magnético de la falta de carácter.

De este Centro Magnético se manifestarán los siguientes Espíritus de baja luz, allí tenemos al

Controlado. (Se deja manejar, controlar, manipular, chantajear,)

Cobarde. (Se deja golpear, humillar, es tímido y miedoso)

Falta de carácter.(Este es permisivo, inexpresivo, retraído)

Este Centro Energético de la Falta de Carácter a pesar de que esta en este Campo Energético de Negativismo y Pesimismo también estará Energizado por las Energías de Miedo y Temor, pues toda la falta de carácter que presente el Yo inferior se deberá a que en una niñez creció con muchas inseguridades, muchos temores, entre personas que lo golpeaban. castigaban, juzgaban, criticaban, no se le permitía expresarse libremente y tampoco ser él mismo, prácticamente se castrará psicológica y emocionalmente a este niño y demás grande sus inseguridades emocionales y temores darán entrada a todos estos Espíritus de baja luz, mas es importante tener todo el tiempo en cuenta que las Almas en su regreso únicamente recogen lo que sembraron en vidas pasadas, de tal manera que todo lo que recibe un niño, son las consecuencias del tipo de persona que él fue en una vida pasada y esto no redime de culpa a sus agresores, ya que los agresores tendrán también que reparar todos sus daños a manera de no quedar pegados a la rueda del kárma.

Podríamos comenzar con el primero, con el **Espíritu de Baja Luz llamado..El Controlado.**

Desde un inicio los que normalmente controlarán al niño/a será su propia Madre Neurótica o llena de temores y prejuicios o su Padre Alcohólico, machista e irresponsable o quizás alguno de sus Hermanos, por lo tanto este Yo inferior en un cuerpo de niño registrará en su mente que en esta vida le toco ser controlado por alguien más fuerte que él y que así es la vida, de esta manera el C.E.M.V. del Controlado se reactivará y se le dará vida a este Espíritu que se alimentará cada vez que el Yo inferior se sienta controlado, este es un Espíritu masoquista que está acostumbrado al dolor, está acostumbrado al esclavismo y tratará por todos medios de convertir al Yo inferior en un esclavo, en alguien que se deje controlar y esta será la lucha que lleve el Yo inferior a lo largo de su vida, pues él se resistirá con todas sus fuerzas a esta energía, a este Espíritu que lo quiere convertir en un esclavo y falto de carácter. De allí que cuando busque quererse encontrar así mismo, le brotará una rebeldía contra estos Espíritus controladores, pues es importante también hacer notar que la Madre, el Padre, el Hermano, o quien fuera el controlador, todos ellos también estaban posesionados por el Espíritu Controlador. Entonces el Yo inferior en esa rebeldía que caerá más adelante se revelará contra sus controladores internos, contra los Espíritus controladores de sus Padres, sus Hermanos y los demás. Pues estos Espíritus de control lo seguirán queriendo controlar y él como no los detecta y no sabe exactamente como despojarlos de su ser, entonces su rebeldía se manifestará por afuera, acabará haciendo casi todo aquello que no le gustaba a sus Padres, a sus Hermanos o a quienes lo hayan controlado o a quienes lo hayan golpeado. En su rebeldía acabará haciéndose mucho daño a si mismo pero eso no le importará, lo que más le importa es demostrarle a sus Padres y a todos aquellos que lo controlaron que no les tiene más miedo y que ahora nadie lo podrá detener de su autodestrucción, de su vagancia, de su rebeldía contra Dios o la iglesia.

Otra cosa es que aparte de ser controlado por gente de afuera será controlado por sus Consejeros Malignos y por ese Pseudo Dios que le inculcaron, entonces tiene esta gran lucha interna, liberarse de los controladores humanos y liberarse de los controladores psicológicos internos, pues estos lo seguirán tratando de controlar toda la vida, así que aunque el Yo inferior ya no viva con sus Padres, Hermanos o alrededor de toda esa gente que lo controlo en su pasado, de todos modos sus controladores internos no lo dejarán en paz.

De allí la importancia de tratar de conocer a todos ellos, para saber contra quien se está peleando y también aprender a separar a las personas de los Espíritus de baja luz los cuales los estuvieron controlando y manipulando para hacer los daños que hicieron, esto es de suma importancia para que al Yo inferior no le cueste mucho trabajo llegar a perdonar de alma y corazón a todas esas personas.

Así que la lucha por liberarse de estos controladores se complica todavía más puesto que este Espíritu masoquista y permisivo que le gusta ser controlado se alimenta de todos los controladores del Yo inferior, es decir si el Yo inferior (femenino) tiene un esposo controlador entonces este Espíritu está a gusto, si es un esposo celoso o golpeador mejor todavía, aquí el Yo inferior de la Mujer puede escoger seguir luchando contra sus controladores o convertirse en una adicta al dolor, a ser controlada y golpeada y finalmente abandonará esa lucha o levantarse nuevamente y no permitir más control de ellos, esto también se da mucho en los Yos inferiores de los Hombres cuando se dejan controlar por su Esposa.

A los Espíritus Malignos Controladores les gusta someter a las Almas, pues eso les hace sentir un Poder muy grande, los hace sentirse como semi dioses, ellos sienten un placer deformado cuando controlan a alguien, cuando lo someten, lo esclavizan, pues por medio del control ellos absorben muchísima Energía del Alma del que están controlando, ellos succionan toda esa energía y se hacen poderosos, por esa razón cuando una persona es contagiado por los espíritus controladores se llegan a convertir en, violadores, abusadores, golpeadores, dictadores, manipuladores, ellos son muy Poderosos y mientras el Yo inferior no descubra su juego y su forma de actuar no les va a poder ganar la Batalla espiritual.

Este placer insano que experimentan estos Espíritus controladores al tener controlada a una persona o a varias también lo siente el Yo inferior y es un pseudo consuelo para el Yo inferior no sentirse tan acomplejado o inseguro ya que desde una niñez alguien lo tenía sometido, alguien le hacía bulling, alguien lo golpeaba o lo humillaba, alguien lo tenía controlado o miedoso y entonces ahora si tiene una posición en su trabajo de Jefe o dueño de negocio o algún puesto político o de mando, entonces tratará de controlar a todos los que más pueda para tratar de liberar sus temores e inseguridades de una niñez, si es una esposa será dominada por este espíritu y cada vez que tenga chanza este espíritu mantendrá a su esposo sometido y lo manipulará o chantajeará en este caso tanto los espíritus controladores como la esposa sienten ese placer insano del dominio, las consecuencias serán que si el esposo súpera a sus Espíritus que les gusta ser controlados, sometidos y esclavizados, entonces toma la determinación de separarse de la esposa controladora pues no estará más dispuesto a que le sigan succionando más de su Poder de Gracia y al igual si ha sido una madre controladora también los hijos se apartarán de ella y entonces ella tendrá que lidiar con sus Espíritus controladores, los cuales le harán una vida miserable, pues estos Espíritus al ver que toda esa gente que ella mantenía controlados se fueron, entonces se desquitarán con ella, pero esto mismo se aplica al esposo machista y abusador. Pues cuando los Espíritus agresores ya no tienen con quien sacar su agresión y su abuso acaban abusando y agrediendo al Yo inferior que les dio vida, lo abusarán de una y mil maneras, ellos dicen entre sí." Bueno ya no tenemos a quien seguirle robando más de su Poder de Gracia, por lo tanto abusemos psicológicamente a este Yo inferior, hagámoslo sentir culpable, pongámosles todas las escenas en donde cometió errores, para que de esta manera él en su ignorancia acepte toda esta culpa y nosotros ahora lo castigaremos con latigazos de culpa, al fin y al cabo que él pensará que su Dios es el que lo está castigando y por lo tanto recibirá con gusto su castigo y nosotros con gusto lo castigaremos. JAJAJAJAJAJAJJAJAJA.

Por el lado del esclavo, del sumiso. Si una raza ha sido sometida o esclavizada lo que ocurre es que todo ese resentimiento que sintió esa gente por haber sido esclavizada, golpeada y sometida si no liberan ese resentimiento a tiempo, entonces se lo transmitirán a sus hijos genéticamente y estos a sus· nietos y así seguirá pasando por algunas generaciones hasta que se llegue a liberar todo ese resentimiento, los Yos inferiores más débiles siempre serán afectados y ya desde una niñez serán unos niños que nacerán con esa rebeldía hacia la sociedad, ellos intuyen que tienen un enemigo pero no lo pueden descubrir ya que el resentimiento profundo de sus abuelos o bisabuelos será transmitido a ellos y por eso es que ya nacen con esa rebeldía, ese resentimiento, ese odio que sus bisabuelos y abuelos no transcendieron, esto sería por el lado genético y psicológico, pero por el lado existencial eso es simplemente recoger parte de su primera misión aunada a su D.kármica y por eso es que es recomendable que se nazca en esa familia o raza, pues estas Almas tampoco lograron perdonar a sus agresores en su vida pasada y ya nacen con una sed de venganza, hacia la sociedad, en muchas ocasiones las Almas que nacen nuevamente en los cuerpos de los bisnietos, son los mismos bisabuelos o los mismos abuelos.

En el Reino de la Oscuridad principalmente en este plano están los Poderosos, los controladores, los Jefes y por el otro lado están los sometidos, los esclavos, los controlados, los sumisos, los falta de carácter. Y recordemos que a estos espíritus sumisos les gusta ser sometidos y controlados. Por eso la Batalla espiritual se hace más difícil porque el Yo inferior queda en medio de todos ellos y como estará contaminado de toda la esencia de ellos en un 95% de su Ser, entonces una parte de él estará luchando contra la parte agresora, pero otra parte de él estará a favor de seguir siendo agredido, abusado, o lastimado. Se encuentra atrapado en la personalidad sado-masoquista.

Conforme va despertando el se dará cuenta que no les permitirá más que lo sigan utilizando como un vehículo de ellos, como una pelotita de ping pon en donde los que más se divierten y ganan son ellos, el Yo inferior les pondrá un alto total y no se prestará más a sus comportamientos y sobre todo dejará de ver a todos los seres humanos como sus enemigos, descubrirá que en realidad son sus hermanos en espíritu y que simplemente están siendo dominados por sus enemigos internos, por sus propios Reinos de Oscuridad. Ojalá este libro logre alumbrar lo que más se pueda este Reino de Oscuridad Engañoso.

¿Cómo se puede ir parando todo este control?

Los procedimientos son diferentes para todos, por ejemplo algunos Yos inferiores tendrían que optar por la separación con su pareja y una vez hayan aprendido a dejar de controlar a su pareja o aprendido a no dejarse controlar por su pareja, entonces ya podrían regresar, pues ellos comprenderían que los dos están tratando de dejar de darle vida a estos espíritus controladores malignos de baja luz y que de esa manera en una separación temporal podrían irse respetando el uno con el otro he ir acabando con toda esa lucha de poder y de estar siendo medios de conductos para que sus enemigos sigan succionando Energías del Alma tanto de uno como del otro.

Luego se tendría que trabajar en las expectativas, no seguirle poniendo expectativas a la Vida, a Dios, al Universo y a ninguna persona, pues las expectativas son manifestaciones de los Espíritus controladores, ellos quieren controlar las leyes de la vida, incluso a veces hasta quieren controlar las luces de los semáforos o el tráfico del freeway, en todo quieren controlar y para ir descubriendo que tantas cosas un Yo inferior quiere controlar tendrá que hacer un pequeño inventario de todas las cosas y de las personas que ha querido controlar en su vida y también de todas aquellas personas de las que se dejó controlar y de todas las circunstancias que se sigue dejando controlar, una vez descubra todo lo que lo controla sin su consentimiento, entonces podrá comenzar con las 5 principales cosas de las cuales no seguirá permitiendo seguir siendo controlado, al último dejará aquellas que le costarán más trabajo dejar, pues por lo regular serán la Esposa, los Hijos, el Patrón y su Pseudo Dios. Pues en esto del Pseudo Dios el Yo inferior tendrá que separar a su Pseudo Dios de su Verdadero Dios. Ya que los dos son totalmente diferentes y no tendrá que vacilar, ni ser deshonesto en cuanto descubra a su Pseudo Dios. Pues si no está dispuesto a deshacerse de su Pseudo Dios estará dejando con vida al mayor de todos los controladores, no podrá morir a su Yo inferior y por lo tanto le será muy difícil darle vida a su Yo Superior de Luz.

El buscador de la verdad tiene que estar dispuesto a morir a todas las formas de oscuridad que tenga que morir, pues tiene que darse cuenta que al deshacerse de su Pseudo Dios es de la única manera que podrá conocer a su Verdadero Dios el cual, el todavía no sabe con qué nombre lo va a identificar, si con el de la palabra Dios o Mi Verdad, Mi camino, la Verdad, El camino, la Luz, La Divinidad, El todo Poderoso, el Ser Supremo, o cualquier otra palabra que lo ayude a definir la Dimensión Inicial, la Conciencia Dios, la Ley Uno o La Unicidad.

De estos Espíritus malignos de baja Luz Controladores seguiremos hablando a lo largo de estos planos del Ego.

Luego tenemos al Espíritu de baja luz de.. El Cobarde.

El cual convertirá al Yo inferior en una persona permisiva, manipulada, tímida, retraída, inexpresiva, y que se deja golpear. Todo esto lo permitirá por diferentes razones, por ejemplo; se dejará manipular porque depende emocionalmente, económicamente o sexualmente de su manipulador, entonces en esas deficiencias él se deja manipular, pues si no obtuviera algo de su manipulador probablemente no se dejaría manipular, ya que si se deja manipular de una persona de la cual no optime ningún beneficio, entonces será por falta total de carácter, por cobarde o miedoso.

Este es un Enemigo acérrimo y poderoso. Hay Almas que únicamente han venido en una de sus vidas a vencer a este enemigo y no les importa de qué manera lo hagan, por lo regular son Almas que vienen dispuestas a todo con tal de vencerlo, cuando los Yos inferiores de estas Algunas Almas escogerán profesiones de trabajos peligrosos, sobre todo serán muy atraídos a meterse a las fuerzas armadas, pues están dispuestos a vencer a su enemigo interno y el pelear en una guerra en donde la vida pende de un hilo o cualquier otra actividad qué les permitirá deshacerse de gran parte de la cobardía de sus vidas pasadas y enfrentar todos sus temores, de esa manera estos Yos inferiores sienten mucho gusto dar su vida a cambio de liberarse de sus enemigos internos de cobardía y temores. Cuando estos Yos inferiores mueren físicamente allá descubren que lo que en apariencia es malo para la sociedad para el campo Astral fue bueno, pues liberaron gran parte de su D.kármica por medio de esa misión, se pudieron demostrar a sí mismos que había una parte valiente dentro de ellos mismos y que al haber dado su vida los libero de la mayoría de sus Espíritus cobardes internos. Si en su matazón que hicieron se llevaron a gente inocente, entonces en su próxima vida es posible que ahora escojan ser servidores de la humanidad, desde que nacen nuevamente serán atraídos hacia el Amor Incondicional, hacia las misiones altruistas, el servir a los demás, y lo harán con mucho gusto pues estarán dispuestos a dedicar gran parte de sus vidas en esta misión. Sentirán que ayudar a otros incondicionalmente nunca es suficiente, pero al igual si llegan a morir físicamente descubrirán que también han eliminado gran parte de su D.kármica y llegará un punto en que lleguen a tener la opción de continuar eliminando el resto de su Deuda de este lado.

Cuando a un Yo inferior le detectan una enfermedad incurable o peligrosa y este acepta de alma y corazón su enfermedad y le da la bienvenida a su muerte física entonces habrá reducido bastante de su D.kármica pues lo que le conto fue su valentía, el Principio de la Aceptación, de la Humildad, de la Confianza, en todas estas virtudes y principios creció espiritualmente, pero si se la pasa renegando, echándole la culpa a la vida, sin reparar sus daños a los demás, sin haber hecho una limpieza interior, entonces estos Yos inferiores posiblemente hayan acumulado más D.kármica a la hora de partir, pues todas sus quejas y resentimientos fueron producto de su falta de luz, de su falta de conocimiento espiritual, de sus bajas vibraciones energéticas.

Un Yo inferior pudo haber vivido como un cobarde gran parte de su vida, pero si a la hora de morir físicamente o a la hora de que alguien lo vaya a matar él demuestra valentía, esa valentía es la que le contará más y no todos los años que vivió como un cobarde, las actitudes que demuestre una persona antes de morir son las que más le cuentan, pues allí estaría demostrando que en todo el lapso de vida que tuvo antes de morir pudo conquistar sus temores, sus inseguridades, su falta de fe, por eso las Almas tienen un lapso de tiempo para transcender y ese lapso es hasta que dejan el cuerpo físico.

Al igual si una persona mostro valentía a los demás, pero a la hora de morir mostro cobardía esto también le perjudicará pues lo que sus enemigos van alegar es que toda su valentía que demostró antes de su muerte fue fingida, ellos (los Espíritus de baja Luz) son los que juzgan las obras del Yo inferior y ellos son los que mostrarán el por qué él no debe de acreditarse cosas que no le corresponden, pues ellos presentarán las pruebas que ellos tengan en su contra, pero si el Yo inferior tiene mucho contacto con su Conciencia Intuitiva y está al tanto de todo este Juego Cósmico, entonces él se podrá defender bien de sus enemigos, podrá explicar el porqué de sus acciones y no demostrará miedo por las consecuencias que tenga que pagar.

Una de las mejores herramientas que pueda tener un Yo inferior para defenderse de sus enemigos es saber sus derechos y descubrir todas las mentiras de ellos, ya que entre más conozca a sus enemigos, menos miedo les irá teniendo, incluso llegará un punto en que realmente les perderá el miedo tanto a ellos como a la muerte y a ese Pseudo Dios castigador.

Ahora todo es diferente para los que han dado muerte física a otros Yos inferiores (seres humanos) de manera cruel, esto experimentarán. El sufrimiento que pueda experimentar un Alma en el plano terrenal tridimensional jamás se podrá comparar con el castigo que allá se pueda recibir, no hay comparación, ya que aquí en la tierra en la 3ra dimensión los castigos infernales que recibe un Alma son como visitas al infierno, más en el 1er y 2do plano astral los castigos se sienten de forma permanente, ellas/os. Sienten la separación del Reino de la Luz en forma permanente y por eso es que suplicarán una oportunidad, un perdón de aquella gente que dañaron, pues a ellos mientras las personas a las cuales dañaron cruelmente no los perdonen, entonces tendrán que seguir sufriendo los latigazos de sus enemigos, les estarán insertando los castigos y el dolor que ellos hicieron a cada una de sus víctimas y no lo podrán soportar. De esta manera cada Alma bajo el consentimiento de su Yo inferior decidió su propio destino.

Pero recordemos que a las Almas se les ha dado infinidad de oportunidades para transcender y se les seguirá dando más oportunidades bajo la Ley de la Oportunidad y el Perdón. De las Almas que mencionamos que experimentarán un infierno casi permanente (o al menos así es como ellas lo alargan por sus bajas vibraciones de luz) son únicamente aquellas que se dedicaron hacer mucho daño a la humanidad por decisión propia, por sentir placer insano, placer diabólico, esto no se aplica a los que tuvieron que matar a otros seres humanos, por parte de su trabajo, por estar en medio de una guerra, o por algún accidente, en defensa propia o aborto, no todas las muertes se cuentan de la misma manera, el ejemplo que dimos fue exclusivamente de aquellos Yos Inferiores que mataron por estar sirviendo a las fuerzas del mal.

¿Cómo se puede empezar a cortarle la vida a este Espíritu Cobarde de baja luz?

Recordándose que su Ser Verdadero de Luz no conoce el miedo o no se ve afectado por este en lo más mínimo, su V.S.L. Puede bajar al mismo infierno y no tener miedo, ya que él lleva consigo el Poder de Dios, Él y La Conciencia Dios son lo mismo, por eso es que Jesús Dijo: El Padre y Yo somos Uno. Refiriéndose al Padre interno y él como un Verdadero Ser de Luz.

Este Verdadero Ser de Luz, está adentro de todos los Yos Inferiores y de todas las Almas. Mas por Leyes Divinas el Verdadero Ser de Luz no puede rescatar a su Yo inferior o a su Alma por capricho o decisión de él, el Alma decidió experimentarse a sí misma, en el mundo de la Dualidad, quería conocer lo que hay en la 3ra dimensión y se le concedió, con una condición, de que ella solita se fuera acercando a la luz con ayuda de su cuerpo mental que es la ayuda de su Yo inferior. Entonces de la manera que se encuentre un Ser humano hoy en día es muestra del adelantamiento que lleva su Alma, al igual puede demostrar, su retraso ya que en esta 3ra dimensión hay Almas que van encaminadas a la transcendencia y hay otras que van encaminadas al descenso.

Para un Verdadero Ser de Luz el tiempo no existe, para ellos todo es un solo instante continuo, no distinguen entre el pasado el presente y el futuro. Todo es un solo instante. Por más que miren a su Yo inferior sufrir ellos no lo miran como sufrimiento, ellos lo miran como uno de sus tantos sueños, es el Yo inferior el que tiene la responsabilidad de Despertar de este Maya, de este Lila o Juego Cósmico lo antes posible, para dejar de sufrir por un sufrimiento creado por su estado adormecido, por sus bajas vibraciones de luz, el Yo inferior tiene que realizar los sueños de su Alma lo antes posible para que una vez realice esos deseos entonces se vaya despidiendo de la 3ra dimensión y se encamine a la 4ta, 5ta y 6ta Dimensión. Pues él debe de darse cuenta que mientras se mantenga en la 3ra dimensión no podrá despertar.

Esto es como si el Verdadero Ser de Luz se mete a su sueño y le dice al Yo inferior que despierte, pero el Yo inferior no lo puede escuchar, porque esta sordo y ciego espiritualmente, es casi un imposible. De allí que lo que es más práctico de Despertar es su Conciencia Intuitiva ya que esta Conciencia es la que sabe lo que hay en todas estas Dimensiones y tiene acceso a esa información, una cosa importante de las Conciencias Intuitivas. Ellas jamás le darán una información a su Yo inferior que no necesite y que además pueda perjudicarle a él y por el contrario los que salgan beneficiados sea el Ego y el Súper Ego.

Por eso si ellas ven que es mejor darle un poquito a su Yo inferior es lo único que le darán, ya que hay Yos inferiores que han llegado a bajar información de sus Conciencias Intuitivas o de los Seres de luz (Nosotros) y les ha perjudicado bastante, pues no le habían dado vida a los Principios Espirituales del Anonimato, el Amor Incondicional y sobre todo no habían sabido cómo trabajaban sus enemigos. De allí que ahora ellas tienen más precaución de que decir y a quien decírselo pues lo que estas Conciencias Intuitivas intentan es ayudarlo y no perjudicarlo.

Revisemos a Este Espíritu de Baja Luz el de Falta de Carácter.

Convertirá al Yo inferior en una persona permisiva, inexpresiva, retraída y manipulada.

Aquí tenemos a un Yo inferior que permite abusos de su Esposo, permite que le digan que es una tonta, que no es buena para cocinar, que no es buena para el sexo, se dejará golpear mental y físicamente de su agresor pues seguramente creció en un hogar en donde eso fue lo que miro o simplemente tiene el autoestima tan dañada que no siente que un buen hombre se llegue a fijar en ella, este abuso seguirá incrementando pues estos Espíritus agresores y permisivos han encontrado el hogar ideal para ellos seguirse fortaleciendo, tanto el marido contaminado de la esencia negativa de ellos, como la mujer que también está contaminada por sus Espíritus permisivos de baja luz, ellos también sentirán un placer insano de toda esta violencia doméstica, por ejemplo los Espíritus de baja luz a través de ella sentirán el placer de ser los mártires, de tener que cargar con su cruz y el marido en sus resentimientos y frustraciones no resueltas, sentirá un placer por desquitarse de su mamá, de sus ex novias, de aquella gente que lo hizo sentir de menos, que lo humillo, entonces el remedio para sacar todas sus frustraciones será su propia esposa.

Aquí también lo que sucede es que este Yo inferior agresivo se odia tanto a si mismo que acaba odiando todo lo que le pertenece, todo lo que es de él, así como se trata a si mismo así tratará lo que él piensa que es de él, tanto a su mujer como a sus hijos, lo curioso que por lo regular estos Yos inferiores son abusivos con sus mujeres, pero son muy amables con los de afuera, allá fingen una cara de buenas personas, allá hasta su voz es tranquila pero en su casa las palabras altisonantes salen sobrando.

Cuando se está dominado por este Espíritu Permisivo el Yo inferior permitirá todo tipo de abusos y es por eso que en su trabajo hasta la persona que acaba de entrar le ordenará que hacer o abusará de su confianza, este Yo inferior mirará la vida como un mundo cruel en donde no respetan, en donde todo mundo abusan de ella o de él, pero la realidad es que es este Espíritu de baja luz el que le crea todo tipo de situaciones para que la sigan abusando ya que de eso se alimenta.

Aquí también pasa algo, que ellos solamente se enfocan en una sola cosa y es por eso que a ellos las leyes espirituales los favorece, porque por ejemplo: este espíritu permisivo no pide otra cosa en su vida más que le lleguen al Yo inferior situaciones en donde lo abusen, en donde le sea muy difícil sacar su valentía y como él ya está acostumbrado a ser permisivo entonces optará por la conducta vieja y permitirá esos abusos mentales, emocionales y físicos, su manera de pensar creará situaciones que alimenten a sus pensamientos de baja luz.

De allí también se desprende el Espíritu inexpresivo, es aquel en donde no le permitirá expresar al Yo inferior lo que quiere decir, esto en gran parte se debe a que desde una niñez le hicieron saber que sus opiniones no son importantes o de que opina puras tonterías o que no sabe pronunciar bien las palabras, por lo tanto con los años se le hará muy difícil superar esta barrera, esto empeora si se sigue juntando con sus criticones, con las personas que le señalan sus errores de expresión, estos Yos inferiores por lo regular se encontrarán platicando consigo mismos todo el tiempo, cuando van manejando estarán cantando en voz alta, se imaginarán dando grandes conferencias, todo lo hacen con su mente, pero a la hora de pasar a cantar a un Karaoke no lo harán, a la hora de expresar sus puntos de vista no los dirán, optarán por mantenerse callados pues son víctimas del qué dirán? de no hacer el ridículo, el mayor conflicto con su pareja es que serán muy callados, mucha falta de comunicación, el no llegar a saber expresarse ha causado enfermedades de cáncer en la garganta, tiroides, acumulan mucho resentimiento y mucha represión.

Se retractan mucho de lo que han dicho por miedo a las consecuencias. Son manipulados con facilidad, pues las personas que los manipulan son aquellas personas de las que dependen emocional o económicamente. Al mirar la debilidad de estos Yos inferiores entonces los manipulan pues si no acceden a lo que el manipulador está pidiendo entonces lo castigarán retirándoles su amor, su afecto, su amistad, les dejarán de hablar, o no les seguirán dando la ayuda económica que reciben, de allí que se dejarán manipular debido a sus carencias emocionales y económicas.

No tendrán el carácter para enfrentar las situaciones de la vida, todo el tiempo dependerán de alguien más fuerte emocionalmente y económicamente que ellos, estos Yos inferiores son unos niños indefensos encerrados en un cuerpo de adulto, pues su cuerpo es una fachada nada más, y aunque por afuera se miren como Hombres fuertes por dentro su Esposa y sus Hijos los manipulan, los controlan, y ellos viven con muchas inseguridades de perder a su Esposa a sus Hijos, a sus Amigos, pues están sin raíces, sus raíces las han echado en su Esposa, sus Hijos, sus Amigos, su trabajo y cualquier cosa de estas que les falle, entonces ellos sufren una perdida terrible y se llenan de miedos, le tienen un miedo terrible a la soledad, pues sus Consejeros Malignos seguido los atormentan con su pasado o los preocupan demasiado con lo que vendrá en el futuro.

¿Qué se puede hacer?

Cuando hablemos de la primera muerte, explicaremos con claridad cómo será esta muerte del Yo inferior la cual le dará vida a su Yo Superior y este se va a encargar de cortar con todas las formas de baja luz, ya que no tolerará más indecisiones o ambivalencias de su Yo inferior. Así que darle vida a este Yo Superior será la clave principal para dejar de darle vida a todos estos espíritus de baja luz de la falta de carácter. Si ha de quedarse solo el Yo inferior para rescatar a las formas de su Alma entonces eso tendrá que hacer, pero vale más salvar a su Alma que seguir siendo controlado por los espíritus malignos de sus seres queridos, pues mientras el Yo inferior con falta de carácter no muera a sus formas de baja luz, entonces no podrá lograr que lo respeten, ni que lo valoren, ya que él no se quiere empezar a respetar y a valorar así mismo.

El Centro Magnético de La Mediocridad.

Revisemos primero al **Conformista.**

Este Espíritu de Baja Luz del conformismo es el que siempre va a desalentar al Yo inferior a que siga adelante, le estará recordando el por qué no vale la pena seguirse esforzando, ya que este espíritu también esta contagiado de energías vibracionales de la pereza, entonces para él es más cómodo no hacer nada o hacer lo más fácil y cómodo, pero no le permitirá al Yo inferior que se esfuerce por salir adelante, este Espíritu Conformista tiene sus propios axiomas y dichos. Por ejemplo: le dice al Yo inferior "El dinero es la raíz de todos los males, ¿por lo tanto para que esforzarse?" "De que le sirve al Hombre tener mucho, si cuando se muera nada se llevará y por el contrario otros disfrutarán de lo que deje" "para que ser tan avaricioso si con lo que tienes otros serían muy felices" "Para que seguir estudiando si los que estudian también tienen problemas emocionales y espirituales además para que tanto estudiar si la vida es sencilla" "deberías de estar contento con estar bien de salud ya lo demás es ganancia"

Asimismo, convencerá al Yo inferior a que no siga estudiando, a que no se siga superando, a que no se siga instruyendo, a que no se siga esforzando lo convertirá en una persona comodina y conformista, pero por otro lado el Yo inferior tendrá que batallar con el Poderoso Espíritu de la Envidia. Ese que se la pasa envidiando el éxito de los demás, ese que también carga su propia filosofía o dichos de la vida y que constantemente le estará reclamando al Yo inferior lo mediocre y conformista que ha sido, entonces volvemos a lo mismo, el Yo inferior seguirá siendo el centro de atención de todos ellos, pues unos Espíritus de baja luz introvertidos y fracasados le estarán diciendo una cosa, mientras que los Espíritus Malignos extrovertidos y avariciosos le estarán diciendo otras.

¿Cómo saber si se está cayendo al conformismo o a la Aceptación?

Cada Alma decidió regresar al plano terrenal tridimensional para realizar deseos que ha dejado a medias en la 3ra Dimensión, entonces su Alma quiere realizar esos deseos, pues si no los realiza inevitablemente tendrá que regresar al plano terrenal, porque tanto los deseos no realizados como el Kárma Negativo son los que hacen regresar a las Almas una y otra vez. Los deseos que ya trae el Alma consigo misma, se tienen que realizar o transcender y su D.kármica se tiene que reducir o acabarse de pagar.

Por lo tanto es trabajo del Yo inferior descubrir cuáles son los deseos y sueños de su Alma y asegurarse que al realizarlos no vaya a crear más kárma negativo, pues si en sus deseos va a dañar a otras personas entonces es mejor esforzarse en deshacerse o morirse a esos deseos perversos o malignos.

Para explicarlo con más claridad. Esto es así.

Supongamos que un Alma en una de sus vidas realizo el deseo de ser un actor de cine muy famoso y por lo tanto cuando dejó su cuerpo físico lleva registrado en su memoria etérica esa experiencia de haber sido un gran artista de cine, de tal manera que para su próximo regreso a la 3ra dimensión ya no querrá ser un artista de cine, ahora quiere ser un gran político o presidente de su nación y si lo llega a lograr, entonces cumplió con su primer objetivo o su primera misión, en otra vida llega a ser un gran millonario, en otra un gran conquistador de mujeres y tuvo más de 500 mujeres de todos sus gustos, en otra fue un delincuente, en otra un gran pastor o ministro religioso, en otra un gran pintor. Y así ha realizado innumerables sueños y deseos. Entonces en esta vida habrá muchísimas profesiones que ya no le llamen la atención, porque en su memoria etérica estará registrado que esos deseos de artista ya fueron realizados, esos deseos de ser un gran político ya fueron realizados, de esta manera por medio de su Yo intuitivo o su Conciencia Intuitiva, intuirá que realmente no necesita alcanzar ciertas metas o ciertas profesiones, porque eso no es lo que le servirá a su Alma. Por lo tanto esto no es conformismo, esto es Intuición, es aceptación de su condición actual, y lo único que tendrá que seguir haciendo es seguir incrementando su Intuición a manera de no perder el tiempo en cosas o profesiones que ya no necesita su Alma, por eso nuestra recomendación es que el Yo inferior primero se enfoque en alcanzar su 5to Nivel de Conciencia por que hasta allí se dará cuenta de una manera clara cuál es el primer objetivo o primera misión de su Alma y una vez realice ese primer objetivo, entonces comprenderá la importancia de encaminarse a su segunda misión ya que si lo logra alcanzar, habrá alcanzado lo más valioso que se pudo haber alcanzado en mil vidas juntas.

Adentro de este Centro Magnético de la Mediocridad y del Conformismo se encuentran todas estas formas del Alma que tienen un potencial de salir adelante y que están prisioneras y por eso es que no pueden explotar todo ese potencial. Estas formas del Alma quisieran comunicarle a su Yo inferior de que él/ella puede, y que tan solo con que se esfuerce en abrir un poquito más la mente, un poquito más los ojos y oídos espirituales, entonces descubrirá que en realidad si tiene ese potencial escondido esperando ser reactivado ya que en otras vidas ha desarrollado todas esas habilidades y destrezas para materializar sus sueños y deseos más profundos..

Por eso los Enemigos a vencer del Yo inferior en este caso serán el conformista y el mediocre. Ellos tratarán de mantenerlo con una actitud conformista. Pues de esa manera ellos se alimentan y aseguran su existencia.

Por ejemplo: el Espíritu de Baja Luz del Mediocre, este convencerá al Yo inferior de que deje todo a medias y entre más cosas deje a medias esto a la larga lo convertirá en una persona mediocre, una persona que se conforma con su miseria, con lo que su pseudo Dios le ha dado, el Yo inferior confundirá Espiritualidad con mediocridad, creerá que la pobreza económica es sinónimo de Espiritualidad, que el conformismo es sinónimo de humildad o aceptación y a veces pensará que es gratitud y que por eso no desea cosas demás, pero esto normalmente será un autoengaño de él, pues si aún envidia a las demás personas por cosas que él desea o si su avaricia le está reclamando seguido su fracaso, entonces esas son indicaciones de que su mediocridad y conformismo no tienen nada de espiritualidad, pues no es realmente feliz con su esposa, con su trabajo, con su carro, con su casa y para justificar sus fracasos entonces optará por poner una cara de espiritual ante los demás y tratará de convencer a los de más de que él no es una persona envidiosa, ni avariciosa, por lo regular tienden mucho hablar de Dios en todas partes, para que se piense que efectivamente si son espirituales, pues hablan de Dios todo el tiempo y ponen una cara de gente buena y pasiva. Ellos se sentirán muy incómodos cuando conozcan a una persona que tenga muy desarrollada su intuición y que entienda perfectamente lo que es la espiritualidad verdadera, pues sentirán que a ellos no los pueden engañar y optarán por alejarse de estas personas que los exponen o los descubren.

El Yo inferior Mediocre por lo regular suele hablar mucho, pues piensa que de esta manera no se notará su mediocridad, también suelen demostrar todo su conocimiento para que por medio de la impresión que obtengan de los demás no se note su mediocridad, o su vida llena de fracasos. Se ofenderán inmediatamente cuando alguien les haga saber que son unos fracasados conformistas, se irritarán con facilidad, entonces echarán toda su "espiritualidad" a la basura pues fueron delatados.

Una Persona o un Yo inferior que realmente está enfocado en las cosas espirituales no se ofendería por esos comentarios, pues sabría que él no tiene necesidad de justificar sus "fracasos económicos" él sabe su juego y sabe y tiene noción clara de su condición espiritual, por lo tanto sus objetivos de la vida son otros y simplemente no le interesan las cosas que a otros les interesan.

Aquí podríamos encontrar a gente que realmente se sienten satisfechos con lo que tienen y con lo que no tienen. Pues para ellos su arte, su poesía, sus libros, su meditación, su devoción, su religión, su relación con su Dios es más importante que lo que la gente pueda pensar de ellos.

Por lo tanto esta gente no sería mediocre, esta gente ha encontrado su inspiración en la vida, en su arte y es la que seguirán y no les importa si acaban en la pobreza o como vagabundos, pero su primer objetivo de su Alma ya lo han descubierto y presienten que una vez lo realicen es posible que descubran el segundo, por lo tanto saben hacia donde se dirigen.

Cuando un Yo inferior se comienza a encaminar en sus Niveles Superiores de Conciencia entonces todos estos espíritus de baja luz, irán perdiendo fuerza y el camino se le alumbrará cada vez más.

Estos dos Espíritus de baja luz de Mediocridad despertarán a un tercero que se llama el Espíritu de baja luz del AUTOSABOTAJE.

Aquí tenemos a los 3 enemigos que le han impedido salir adelante al Yo inferior.

El Primero que es el Espíritu del **CONFORMISMO** se encargará de desanimar al Yo inferior antes de que emprenda el viaje y hará que se conforme con lo que ya tiene o como ya es. En caso de que este no triunfe, entonces entrará el segundo enemigo en acción.

El Espíritu de baja luz de **LA MEDIOCRIDAD**. Este se encargará de que cuando el Yo inferior ya vaya a mitad de su viaje, lo convencerá de que deje las cosas a medias y que no vale la pena acabarlas. Mas si también fracasa, entonces tenemos al tercer enemigo.

Al Espíritu de baja luz del **AUTOSABOTAJE**. Este dejará que el Yo inferior ya lleve más del 90% de su viaje y entonces a partir de allí, lo comenzará a desanimar y a convencerlo de que deje las cosas allí, pues finalmente eso no era lo que realmente quería en su vida, entonces lo tratará de convencer de que aun si lo logra eso que se propuso no le dará la felicidad verdadera que anda buscando, entonces si le dirá que es lo que puede hacer sentir a su Alma contenta y feliz. Allí es cuando el Yo inferior puede enfrentarlos y descubrir parte de su juego engañoso, lleno de trampas. Pues el Yo inferior podría confrontar a este último Espíritu de Auto sabotaje y preguntarle. ¿Por qué ya que estoy a punto de conseguir lo que tanto me ha costado, me sales con que eso no me va a dar realmente la felicidad? ¿Que no sería más lógico que me lo dijeras desde antes de empezar el Viaje? ¿Y si tú lo sabías porque no me lo dijiste? entonces ¿Por qué ahora te presentas como aparentando ser un buen consejero, un buen amigo? Así que como tu solito te estás dando a conocer Yo tengo el poder para no escucharte y decirte. ¡Apártate de mi Espíritu Inútil!, que solamente te apareces cada vez que estoy a punto de realizar alguno de mis deseos o metas. ¡FUERA ESPÍRITU ESTORBOSO DE BAJA LUZ. AUN SI ESA META NO ME DIERA LA FELICIDAD ES MEJOR REALIZARLA QUE DEJARLA A MEDIAS O CASI TERMINADA PUES NO VOY A PERMITIR QUE TODO ESO QUE QUEDE A MEDIAS O CASI TERMINADO, SEA LA RAZÓN POR LO CUAL TENGA QUE REGRESAR OTRA VEZ AL PLANO TERRENAL, A FINALIZARLO. ASÍ QUE. ¡FUERA ESPÍRITU MEDIOCRE E INÚTIL!

Llegar a conocer a todos ellos es la mejor herramienta que pueda tener para poder defenderse de sus engaños, mentiras y trampas. El Maestro Jesús en sus enseñanzas se refiere a todos ellos como unos fariseos, engañadores, e hipócritas. Que ante los demás querían mostrar una cara pero en su interior tenían intenciones perversas. De esta misma manera son estos espíritus de baja luz. En especial el Ego y el Súper Ego. Ellos le han vendido una cara falsa al Yo inferior se han hecho pasar por sus grandes amigos cuando en realidad han sido y seguirán siendo sus peores enemigos, pues nunca le dirán la verdad, siempre tratarán de mantenerlo en la oscuridad, en la ignorancia. Ya que ellos saben que cuando el Yo inferior se esté acercando a su propia verdad entonces se estará acercando a su propia libertad la cual los excluye a todos ellos, a eso también se refería Jesús cuando decía: "Adonde Yo voy, Uds. no pueden ir."

El Centro Magnético de La Mente Cerrada.

Una de las principales razones por las que el Yo inferior aprenderá a cerrar su mente, es porque sus consejeros malignos el Ego y el Súper Ego lo han convencido de que todo lo que él sabe en realidad lo sabe, entonces él no sabe distinguir entre el verdadero conocimiento del pseudo conocimiento. El verdadero conocimiento viene de la experiencia personal, ese conocimiento es verdadero para el que experimentó dicha experiencia. Por ejemplo si una persona no sabe que es una Garcina Cambogia y en su mente quizás piense que es una ciudad o una cantante, pero luego viene otra persona y le dice que es una medicina y le da una información de todas las propiedades que contiene la Garcina Cambogia y finalmente este Yo inferior que recibió dicha información acabara creyendo que él ya sabe exactamente lo que es una Garcina Cambogia De allí que el Yo inferior ha sido confundido con facilidad, pues su consejero maligno el Súper Ego todo el tiempo es el que le da las palmadas en la espalda y lo está alabando de lo mucho que él sabe, de las grandes obras que ha hecho y esto le agrada escuchar y sentir al Yo inferior y por lo tanto acaba creyendo que todo lo que ha leído ya lo sabe, que todo lo que ha escuchado ya lo sabe, es por eso que cuando alguien cuenta una anécdota el Yo inferior en su mente asume que ya conoce esa anécdota y ya no le pone atención, su Súper Ego le dice: "Uhmmm esa anécdota ya la conocemos desde hace unos 20 años." Cualquier cosa que escuche o que lea y que él ya la haya escuchado o leído antes, asumirá que eso ya lo sabe, que eso ya lo había escuchado, en realidad casi ya nada lo impresiona, pues él asume que ya lo sabe.

El pensará que ya sabe lo que es un ateo, lo que es un creyente, lo que es un agnóstico, lo que es ser un estudiante, un discípulo, un Maestro, son cientos y cientos de palabras que él ha pensado que ya conoce.

Regresemos con lo de la Garcinia Cambogia. Si una persona jamás ha comido esta fruta y lo único que sabe de esta es lo que ha leído, lo que le han dicho acerca de ella, entonces esta persona debería de tener muy en cuenta que solamente conoce una parte de lo que es esta fruta y no estar tomando posturas de que él ya sabe lo que es la Garcinia Cambogia (G.C.) en su totalidad y que por lo tanto ya para que se molesta en conocerla a nivel experimental o existencial.

Aqui miramos que una persona que ha comido las Garcinias Cambogias tiene un conocimiento empírico de lo que es la G.C., pues es un conocimiento directo y personal, más el otro es un conocimiento teórico, pero supongamos que llega otra persona que aparte de que tiene un conocimiento teórico y que las ha comido, también las ha plantado, las ha vendido y conoce en que partes de su país se venden más. Aquí tenemos a una persona que conoce más de la Garcinia Cambogia que los dos primeros.

Y Luego tenemos a otra persona que ha hecho todo lo de los otros tres y aparte se ha ido a vivir unos 3 años en un campo de Garcinias Cambogias, las ha estado observando detenidamente, ha logrado sentir parte de su esencia, ha estado allí las 4 temporadas del año y en esos tres años no ha hecho otra cosa más que leer y leer sobre las diferentes G.C.'s. que existen en todo el mundo y sabe cómo crece cada diferente fruta de estas ya que en ese campo están todas las diferentes Garcinias Cambogias del mundo y todo tipo de frutas raras. Aquí entonces tendríamos al experto en las G.C.".s, pues al parecer las conoce al revés y al derecho. Ya que este último tiene un conocimiento teórico, empírico, personal, practico, experimental, existencial y espiritual. Por lo tanto este si pudiera llegar a pensar que sabe de primera mano lo que es una Garcinia Cambogia.

Pero el Yo inferior ha sido engañado por su consejero maligno el Súper Ego que le ha hecho creer que él conoce, toda la información que hay en su mente y por eso se le hace fácil asumir que él ya sabe y por lo tanto cierra su mente, allí es donde le da vida a este Espíritu Poderoso de la Mente Cerrada. Pues este no dejará que entre nuevo conocimiento a la mente del Yo inferior, este

Espíritu se encargará de que el Yo inferior deje de aprender, deje de crecer, deje de preguntar, deje de entusiasmarse por aprender cosas nuevas.

Si revisamos el ejemplo de la Garcinia Cambogia, podríamos observar que es todavía más complicado saber de primera mano que es un Principio Espiritual, que es la palabra Aceptación, la palabra Humildad, la palabra Disciplina, la palabra Obediencia, la palabra Amor, la palabra Integridad y mucho más difícil la palabra Dios.

Todas estas palabras para que un Yo inferior diga que las conoce primero tiene que tener una experiencia existencial y vivencial de cada una de ellas, además ¿Que tan frecuente forman parte de su vida? ya que como son palabras multidimensionales podríamos decir que aquel Yo inferior que le dé más vida a la palabra Aceptación es el que la conoce más y por lo tanto él sí podría tomar actitudes de que ya conoce esa palabra. mas aquel Yo inferior que se la pasa renegando de todo lo que le pasa, no debería pensar que conoce la palabra aceptación ni de cercas, pues de allí es que ese Pseudo Conocimiento que tiene de las palabras multidimensionales lo mantiene en una perpetua ignorancia, lo mantiene como un Yo inferior. Por eso es que es un Yo inferior por que asume cosas que no conoce, porque su conocimiento que tiene no le sirve para enfrentar las diferentes situaciones de la vida, en cuanto se le presenta una situación que le agrada a sus deseos egoístas entonces es "feliz y alegre" pero en cuanto se le presenta una situación en la que no le agrada a sus deseos egoístas entonces "es infeliz y descontento".

¿La pregunta sería que entonces si él ya conoce la palabra Aceptación y la palabra humildad porque no les da vida? si él sabe que al darle vida a esas palabras él cambiará su estado emocional desequilibrado.

Así que para la próxima vez que su consejero maligno el Súper Ego le diga: "Esa anécdota ya la conoces, o esa enseñanza ya la conoces, o la palabra Aceptación y la palabra Humildad ya las conoces" allí el Yo inferior podría hacer una pausa y decirle. "Te equivocas, yo había pensado que conocía la palabra Aceptación, la palabra Humildad, la palabra Fe, pero el otra vez no tuve la capacidad de darle vida a ninguna de las tres palabras y sabes ¿Por qué? Porque no he convivido lo suficiente con ellas, por el contrario he convivido más con Uds. los espíritus de baja luz, Uds. los consejeros malignos y cuando me veo en fuertes dificultades Uds. no aparecen, Uds. no tienen la capacidad de resolver problemas existenciales y emocionales. Eso sí, cuando se trata de discutir sobre un tema, Uds. me hacen pensar y creer que yo soy todo un experto en hablar de la Espiritualidad, en hablar de la palabra Dios, en hablar de los Principios Espirituales y yo les he creído, pero a la hora de la verdad, es que lo único que conozco de esas palabras de luz, de esos Principios Espirituales es un 5% o menos y Uds., siempre me habían hecho creer que yo las conocía en más del 90% o 95%. Así que de ahora en adelante me limitare a pensar que solamente conozco esas palabras en no más del 5% y por lo tanto aún tengo un 95% de ignorancia en lo que se refiere a todas las palabras multidimensionales, palabras de luz, de Espiritualidad. Puedo darme el lujo de pensar que conozco las palabras de una sola dimensión, tales como las frutas o verduras, pero no así con las palabras multidimensionales, existenciales.

De esta manera el Yo inferior puede ya empezar a dejar de creer que conoce todas estas palabras, enseñanzas y anécdotas espirituales.

Por ejemplo: Alguien comenta sobre la enseñanza de 1ra de corintios 10:13

De hecho, Uds. todavía no han sufrido más que pruebas muy ordinarias, pero Dios es fiel y no permitirá que sean tentados por encima de sus fuerzas. En el momento de la tentación se les dará fuerza para superarla.

Y Aquí está un Yo inferior creyente pero con mente cerrada y dice en sus adentros. ¡Ohh sí, ya conozco esa enseñanza.! Más a la hora de las pruebas de ácido que le llegan lo primero que piensa entre sí, dice ¿Por qué a mí, Dios? ¿Por qué Yo? ¿Qué he hecho para merecerme esto? Y se agarra a dudar de su Fe, se le olvida esta enseñanza, cae en depresión por semanas o meses, vuelve a beber o a drogarse y hasta se resiente con su Dios, y sin embargo cuando vuelva a escuchar esta enseñanza seguirá pensando que ya la conoce, que ya sabe lo que dice y hasta en qué libro y capitulo esta, pero siempre que le llega una prueba un poco fuerte pega el grito al cielo, reclama, se queja, y cae en depresión.

Luego tenemos a otro Yo inferior que escucha esta enseñanza y no dice ya la conozco, simplemente tratará de comprenderla más y cuando le llegan pruebas de ácido de lo primero que se acuerda es de esta enseñanza y antes de hacer un reclamo o caer en depresiones, primero abre su libro sagrado lee esta enseñanza y le pide a su Dios que le dé entonces esa fortaleza que él en su fidelidad le dijo que le daría y confiará en que se la dará, y aunque de momento siente todo con dolor y sufrimiento se mantendrá en su creencia y a la semana estará mucho mejor, sabrá que efectivamente esa enseñanza contiene mucho de sabiduría y de verdad que le dio la fortaleza necesaria para sobre pasar esa calamidad y se mantiene firme.

Pero luego tenemos a un Yo Superior de Luz que en cuanto le llega la mala notica o la calamidad se acuerda que en todas las situaciones difíciles de la vida ha salido adelante y que en esta ocasión le será más rápido salir pues su Fe ha crecido y por lo tanto le dará la bienvenida a todo lo que le pase, tendrá la capacidad de mirar esa situación desde el punto de vista de su Conciencia Intuitiva o su Conciencia Cristica Buddhica, también entiende muy bien lo de la D.kármica, lo de la Batalla Espiritual y simplemente él lleva a cabo sus propias creencias o sus enseñanzas, pues a pesar de que están escritas en un Libro sagrado él ya las hizo suyas. ¡Y por consiguiente cuando escuche a alguien hablar de esas enseñanzas no dirá! "Ohh eso ya lo sé"" simplemente estará de acuerdo en esa enseñanza porque siempre que la ha puesto en práctica le ha resuelto dificultades que antes con su Yo inferior no podía resolver, ya que antes esa enseñanza era un Pseudo conocimiento de su Yo inferior y ahora es un verdadero conocimiento de su Yo Superior de Luz, por lo tanto el Yo inferior cuando está dominado por este Poderoso Espíritu de la Mente cerrada tiene la tendencia a decir en sus adentros "Eso Ya lo sé o eso ya lo había escuchado antes."

Ahora cuando un Yo inferior está muriendo a sí mismo para darle vida a su Yo Superior de Luz pensará en sus adentros esa enseñanza ya la había escuchado antes o leído antes pero ahora sé que de todo eso únicamente conozco el 5% o menos y que aún me falta por conocer esa enseñanza en más de un 95% por lo tanto cada vez que tenga oportunidad le daré más vida.

Cuando un Yo Superior escucha esa enseñanza nunca pensará" ¡Ohh ya lo sé'! solamente reflexionará en que tanta vida le ha dado a esa enseñanza e incluso puede pedirle a la Divinidad que aquellos que aún no le han dado vida que ojalá que también ellos en sus futuras dificultades le puedan dar vida de la manera que él y otros ya lo han estado haciendo y que también él aún sigue estando dispuesto a seguir haciendo a esa enseñanza parte de su vida.

Es decir el Yo Superior de Luz de ninguna manera juzgará al que está platicando de esa enseñanza, por el contrario deseará que el que está hablando de ella la esté viviendo pues de no ser así, la persona se estará poniendo en desventaja, la razón es que cada vez que alguien enseña algo o asume que ya lo sabe, le está pidiendo al Universo y a la Divinidad que le manden pruebas para demostrar que lo que dice es verdad y el Universo les envía parte de su D.kármica por adelantado a todos esos Yos inferiores que toman posturas y actitudes de que ya lo saben, porque ellos mismos están abriendo la boca, ellos lo están decretando.

Por eso es que un Yo Superior deja de tomar posturas de sabedor y mejor se mantiene con la mente abierta siempre lista para seguir aprendiendo. En el campo espiritual las posturas de: "Eso ya lo sé", son veneno.

Aun los Maestros iluminados no se dan ese lujo de cargar dichos pensamientos, pues en realidad lo que hay después de la iluminación es una continua "ignorancia" (Esta continua ignorancia es conocida como una mente totalmente abierta todo el tiempo y se dice ignorancia porque todo el tiempo se está listo para continuar aprendiendo) algunos Maestros han declarado que en realidad después de la iluminación es cuando empieza el verdadero aprendizaje no antes.

Sin embargo aquellos Maestros iluminados que han dicho que si conocen la verdad o si lo saben, lo tienen que decir por aquellos Yos inferiores con mentes dudosas que necesitan de afirmaciones o de otra manera serian presas fáciles de la duda y la falta de fe.

Pero en lo que se refiere a la actitud, entre más espiritualidad tenga o viva un Ser humano, más dispuesto estará a seguir aprendiendo. Para ellos es claro que existen tres cosas.

Las cosas conocidas.

Las cosas desconocidas (y que en un futuro serán conocidas)

Y las cosas incognoscibles (esas que jamás se llegarán a conocer sin importar el grado de espiritualidad que se tenga.)

Las actitudes negativas que se manifestarán en un Yo inferior con mente cerrada serán las siguientes, será una persona, **obstinada, prejuiciosa, perezosa mental, inculto, analfabeto.**

El espíritu de La Obstinación.

Se apoderará del Yo inferior cuándo alguien diga algo que contradice su sistema de creencias, de lo que él ha aceptado como la verdad, entonces todo lo que ponga en tela de juicio dichas creencias o dichas "verdades" las tomará como amenazas y simplemente sin razonar en lo que ha escuchado se defenderá con una actitud obstinada en querer convencer al otro de que no es así y que lo que a él le ensenaron como verdad eso es y citará versículos de la Biblia que avalen sus interpretaciones, la actitud será "Mi religión es la verdadera y la tuya la falsa" o "Mi Dios es el verdadero y los demás dioses son obra del hombre". Cuando un Yo inferior toma estas actitudes sin realmente escuchar a la otra persona con calma, entonces son claras indicaciones de que esta poseído por el Espíritu de baja luz de la Obstinación y este con el tiempo le abrirá las puertas al Espíritu Fanático. Este Espíritu Fanático ha conseguido un pedacito del pastel pero en su mente él cree que tiene todo el pastel, entonces el Yo inferior si no se deshace de su Espíritu de obstinación acabará por convertirse en un fanático de su religión y condenará a todas las demás, pues él mismo está creando su propia idea de un Dios celoso, de un Dios exclusivo que solamente salvará a los que piensen y crean como él, ya que tiene miedo de que quizás esté equivocado y para cubrir este miedo permitirá que su Espíritu de Obstinación lo defienda. Su actitud de este Yo inferior es la siguiente "Yo conozco a Dios de tal forma y Yo asumo que es la correcta, por lo tanto cualquier otra cosa que sea diferente es mentira o viene del diablo."

Aquí el Yo inferior ya se ha cerrado a todo lo nuevo, y a la vez ya ha "encerrado a su Dios en una caja separada de los otros dioses" o quizás él pensará que los demás dioses están encerrados en una caja y su Dios está por encima de los demás, que lo que él cree como verdad está por encima de lo que otros creen como su verdad.

Aquí es importante mencionar que los consejeros malignos el Ego y el Súper Ego siempre apoyarán al Yo inferior en cualquier idea de Dios o cualquier idea de la verdad que los incluya a ellos, es decir, ellos dicen entre sí. "Hay que apoyar a este Yo inferior en todas sus creencias, que tiene acerca de la verdad y de su Dios al cabo que él quiere vivir una espiritualidad con nosotros, él quiere entrar al Reino de Dios con nosotros, todo lo quiere hacer incluyéndonos, por lo tanto apoyémosle en todas esas creencias, en toda su religión y todo lo que él cree de su Dios, pues él nos está incluyendo y eso es lo que a nosotros nos sirve, preocupémonos cuando en su concepto de su Dios o de la verdad no nos incluya, cuando esté pensando en liquidarnos, entonces si hay peligro, pero mientras su espiritualidad y su Dios nos incluya todo está asegurado para nosotros. Así que cada vez que él escuche algo que lo ponga a pensar o lo haga dudar tantito de su creencia de su Dios, convenzámoslo de que son cosas del diablo, del enemigo, hagámosle pensar que todo lo que contradiga a sus creencias viene del enemigo y de esta manera nos seguiremos auto protegiendo"

Así que el Yo inferior mientras no esté dispuesto a morir a todas su formas de baja luz, esto incluye a su concepto de baja luz que tenga de su Dios, entonces no podrá liberarse de este Espíritu Obstinado de baja luz, pues él tiene la mente cerrada y cree que él conoce a Dios, y que conoce la Verdad.

En este caso sería como el ejemplo anterior de la Garcinia Cambogia en donde él solamente tendrá un conocimiento teórico de lo que es esa fruta, pero sus consejeros malignos lo han convencido de que él realmente conoce de primera mano lo que es un G.C., aunque nunca en su vida la haya probado.

El Obstinado actúa de esta manera, asume que conoce el agua, solo porque ha escuchado de ella, pero por dentro se sigue muriendo de sed y hasta la fecha nada ha calmado su sed, pues no ha tomado un vaso de agua solamente ha soñado que ha tomado agua, solamente ha escuchado como sabe el agua y se ha conformado con saber del agua teóricamente y cuando alguien lo ponga a pensar en que realmente no sabe que es el agua, entonces los mirará como sus enemigos o quizás hasta llegue a pensar que le tienen envidia de que él sí sabe lo que es el agua.

La obstinación, es como un candado que el Yo inferior le pone a la puerta del verdadero conocimiento y sus consejeros malignos el Ego y el Súper Ego, le dirán bien hecho no le quites ese candado a esa puerta por que se infiltrarán los enemigos y el Yo inferior no descubre que ya los tiene a su lado.

El Yo inferior le dará vida al Espíritu Prejuicioso.

Este Espíritu asume que ya conoce a las personas con solo verlas, también juzga todo antes de conocerlo, este Espíritu le habla al Yo inferior a través de sus dos consejeros malignos, por medio de ellos es que se la pasa criticando, juzgando, prejuiciando y de tanto escucharlo por años, a veces el Yo inferior es el que juzga, critica, prejuzga pues ya es parte de su modo de ser, le ha dado tanta vida a este Espíritu que está totalmente identificado con él, entonces cada vez que escucha hablar de algún autor por boca de alguna persona de la cual él no tiene un buen concepto, el Yo inferior perderá todo interés en querer conocer a dicho autor simple y sencillamente por la persona que menciono el nombre de dicho autor, si por ejemplo una persona menciona que los libros de Deepak Chopra son los mejores, entonces este Yo inferior prejuicisoso si no le cae bien la persona es posible que jamás llegue a comprar un libro de Deepak Chopra pues ya tendrá prejuicios de Deepak Chopra sin conocerlo y sin leer uno de sus libros, por lo tanto cada vez que alguien mencione el título de un libro tendría que ser una persona de sus gustos, porque si no lo es, entonces no comprará ninguno de esos libros.

Por lo regular cuando un Yo inferior ha sido contaminado de la esencia de este Espíritu Prejuicioso todo lo basará en su propia experiencia, si en alguna ocasión un negro lo robo, pensará que todos los negros son gente mala o que son rateros, si una mujer lo traiciono pensará que todas son iguales, si escucha algo negativo sobre la palabra ateísmo pensará que todos los ateos son malos, o se creen dioses, pero nunca se dará a la tarea de investigar a fondo que es el ateísmo. Lo mismo le puede suceder a un ateo, por lo regular asumirá que todas las religiones son teístas y las que no lo son también creen en seres mágicos o imaginarios. Juzgarán al Buddhismo de la misma manera que juzga al cristianismo, al mahometismo, al judaísmo. y quizás nunca lleguen a distinguir la diferencia de todas, pero en sus prejuicios echará a todas las religiones y a todas las enseñanzas de los Maestros iluminados en un solo costal. Así que este Espíritu Prejuicioso asume bastantes cosas sin conocerlas a fondo, funciona un poco parecido al Espíritu fanático pero con la diferencia de que no llegará a matar fácilmente por sus prejuicios, en cambio el Espíritu Fanático si puede convencer a un Yo inferior de que mate a otras personas en el nombre de la Justicia, del Amor y de su Dios. Cualquier excusa será válida con tal de ganarse el paraíso y estar al lado de su Dios o de lo que él cree que es una causa justa.

De este Espíritu de baja luz se desprende la homofobia, el racismo, la indiferencia, la crítica, el juzgar, el no conocer las enseñanzas de otras religiones, el no conocer a fondo las cosas o a las personas. Pues este Espíritu Prejuicioso siempre convencerá al Yo inferior que lo que él conoce como la verdad es la verdad, que lo que él conoce como Dios es el verdadero Dios, que lo que él conoce como justicia es la justicia. Lo convencerá de que es un gran sabio y que con ver el físico de una persona ya sabe cómo es esa persona, que con solo escuchar el nombre de una religión ya sabe cómo es esa religión, incluso a veces ni siquiera es su experiencia pero por decirlo así, si oye a alguien hablar mal de una persona, entonces él se formará ese concepto de esa persona sin jamás haberla conocido, así descubrimos que este Espíritu de Baja luz es un arrogante que piensa que conoce todas las cosas a fondo, que conoce a las personas a fondo, y el Yo inferior acaba por tomar esas portes de un Pseudo Sabio, pues acaba creyéndoles ciegamente a las voces de sus consejeros malignos y de este espíritu de baja luz y rehusará hacer una buena investigación.

El Yo inferior también le dará vida al Espíritu de baja luz de La pereza mental.

Le dará pereza leer las instrucciones de cualquier aparato electrónico que compre, le dará pereza leer todo un libro desde la primera página hasta la última y para no sentirse mal tratará de defender su ignorancia de todas formas posibles, a los que estudian mucho les hallará sus defectos para él justificar el por qué él no lee un libro completo, a los profesionales también les encontrará sus defectos para él justificar el por qué el no estudio y se alegrará mucho cuando alguien ridiculice a los que han estudiado, entonces él se dirá a sus adentros. Allí esta, no era necesario tanto estudio, si para ser sabio no se necesita mucho estudiar, para vivir una vida espiritual no se necesita ser un sabe lo todo, pero lo que este Yo inferior poseído por el Espíritu de la pereza mental no comprenderá es que nada justifica sus propios fracasos en la vida, su conformismo, su mediocridad, su mente cerrada, su ignorancia. Las fallas de los demás que si han estudiado no lo salvan de sus deficiencias, de su conformismo, pero esta será su ceguera espiritual no darse cuenta que su pereza mental no equivale a ser una persona sabia o espiritual.

Este Yo inferior dominado por este espíritu de baja luz, en al área de cultivarse, educarse, ilustrarse llevará una vida muy superficial y por lo regular sentirá mucha envidia por aquellos que saben más que él, aunque jamás admita su envidia ante otra persona, él se agarrará a frases como "Yo solo sé que no se nada" "Esto es sencillo" "Para que tanta palabrería o para que tantas palabras rebuscadas." Este Yo inferior por lo regular no investigará nunca sus creencias religiosas, simplemente aceptará de manera rápida todo lo que le hagan saber de su mismo Dios, de sus mismas creencias, dependerá de los demás para que ya le den la información y si esa información no contradice sus creencias entonces la aceptará inmediatamente, pero si contradice sus creencias también la desechará fácilmente sin hacer investigaciones.

Una de las razones por las que le da sueño cuando comienza a leer, es que no ha aprendido a leer libros que lo mantengan interesado, por lo regular agarra libros que le cuesta trabajo entender y por eso es que le da sueño, este Yo inferior debería de comenzar con libros que lo mantengan despierto e interesado y ya después el irá descubriendo cuales son los temas que lo mantienen despierto y con interés. De allí que hay autores de libros que han publicado libros cortos y con letras grandes para cautivar a este tipo de Yos inferiores que no tienen el hábito de leer y eso ha sido una contribución bastante buena pues, estos libros les comienzan a crear cierto interés por la lectura y el aprendizaje.

El Yo inferior será contaminado por los espíritus de baja luz, del analfabeta y el inculto.

Antes de hablar de estos dos espíritus de baja luz, sería bueno aclarar algo de suma importancia.

Hay Almas que en sus códigos energéticos o sus átomos permanentes no tienen como objetivo en este regreso al plano terrenal estudiar o ser unos eruditos o gente culta, ya que en previas vidas es muy posible que ya hayan vivido esa parte de haber sido unos grandes pensadores, unos grandes filósofos, matemáticos, o científicos. Que hoy a su Alma le interesa más, el estar en contacto con la naturaleza, con los animales, vivir una vida simple y sencilla. Ya que en otras vidas se han distraído mucho con aplausos, prestigio y cosas del Ego. Que hoy es más conveniente para ellos mantenerse en contacto con la Madre Naturaleza y los misterios de Dios.

Pero esto es algo que el Yo inferior lo tiene que sentir muy profundo en su corazón, por lo regular si una persona de ellas leyera aunque sea este párrafo, diría inmediatamente Ese soy Yo, sin dudarlo. Pues ellos tienen su intuición muy despierta lo que pasa es que se les hace difícil explicar su sabiduría que han adquirido por medio de la práctica de la humildad, la sencillez y lo práctico, pero esta gente en el terreno espiritual están muy avanzados.

Si alguien quisiera saber si es una de estas Almas antes mencionadas, esto es muy fácil de descubrirlo, la persona debe de darse cuenta en su modo de vivir. Por ejemplo: de esta gente sencilla que hemos mencionado, de estas Almas que escogieron vivir en lo natural ellos ponen en práctica lo poco que saben y no tienen necesidad de aprender más de lo mismo.

Si una de sus enseñanzas es "No juzgues porque así como juzgas serás juzgado". Entonces ellos tratarán de no juzgar para nada, porque esa enseñanza la han entendido muy bien.

En cambio el que aparenta ser una persona sencilla, en caso de que también tenga la misma enseñanza no la pone en práctica, por lo regular se la pasará juzgando todo el tiempo, de aquí es que se puede distinguir entre un Yo inferior dado a la sencillez y lo práctico y un Yo inferior que no le fue dado vivir en la sencillez ni en lo práctico o en caso que si le haya sido dado vivir en la sencillez, entonces se ha desvirtuado en el camino.

La diferencia es esta.

El Yo inferior sencillo autentico pone en práctica lo poco que sabe.

El Yo inferior pseudo sencillo no pone casi nada en práctica de lo poco que sabe.

Ahora si podremos hablar del Analfabeta y del inculto. Para un Yo inferior con la mente cerrada le será fácil darle vida a estos dos espíritus de baja luz, pues no está permitiendo la entrada de la nueva información, no está entrando la luz a su cueva interior por la que va caminando en su vida. Está caminando a oscuras o con cerillos. O está siguiendo a los que llevan una lámpara en mano. Pues él se ha resignado a que a él no le toco tener una lámpara, que él nació sin lámpara y estará dependiendo de los que vayan adelante de él, para que le vayan alumbrando el camino. Lo triste de estos Yos inferiores es que mientras que están con vida físicamente tienen la oportunidad de instruirse, de ponerse al día, de aprender a como cargar su propia lámpara y sin embargo cuando dejan el cuerpo físico allá no habrá alguien que les alumbre su camino, allá si se lamentarán el haber pospuesto conseguir su propia lámpara, pues seguirán con sus cerillos y experimentarán sus propios temores, allá tendrán que enfrentar su irresponsabilidad de haber dependido todo el tiempo de los conocimientos de los demás, de haber dependido de las creencias de los demás. Allá se darán cuenta de la vida superficial que llevaron y la perdedera de tiempo que llevaron en ver programas de televisión que no eran instructivos, en escuchar su música que los hacía fantasear, en haber gastado su tiempo en cosas superficiales y nunca haber querido descubrir su verdadero concepto de su Dios, nunca haber querido tener una vida espiritual, nunca haber querido saber su verdad existencial, nunca haber querido conocerse a sí mismos, nunca haber hecho un autoanálisis profundo y sincero. Todo lo dejaron por encimita, al ahí se va, y solamente se agarraron de creencias cómodas y fáciles en donde se les prometía un paraíso nada más con no hacerle daño a nadie.

El precio por la ignorancia se paga muy caro de este lado.

¿Cuantas ignorancias hay?

Dos. Una que es negativa y otra que es positiva

La positiva es aquella que mantiene al buscador de la verdad con una mente abierta todo el tiempo, lista para seguir aprendiendo, lista para seguir expandiéndose en la luz.

En cambio la ignorancia negativa es aquella que mantiene al Yo inferior con la mente cerrada, lo mantiene con una soberbia permanente que no le permite ni preguntar, ni aprender. Y en esa ignorancia este Yo inferior confunde su soberbia con humildad, confunde su ignorancia con humildad, él cree que es una persona sencilla, mas no descubre que esa sencillez no es la misma sencillez de los Maestros iluminados. Su sencillez está fundada en la ignorancia negativa y en lo superficial.

En cambio la sencillez de los seres más avanzados está fundada en la sabiduría, en el verdadero conocimiento, en el amor, la humildad y el haberle dado vida a todos los Principios Espirituales.

La ignorancia negativa es no haber practicado principios Espirituales en el plano terrenal, no tiene mucho que ver con conocimientos. Más las personas cultas con conocimiento por lo regular desarrollan la humildad y esta les permite la práctica de principios espirituales y esta práctica es la que les cuenta sin importar si fueron ateos, o agnósticos. Acá de este lado lo que cuenta son las intenciones, las acciones, las decisiones, los resultados, ¿qué tanta vida se les dio a los principios espirituales o que tanta vida se les dio a los espíritus de baja luz?

El Centro Magnético de La Envidia y los Celos. (Demonio Leviathan)

El Yo inferior se verá contaminado por este Poderoso Espíritu de Baja Luz de la Envidia, ya que desde una niñez al parecer la vida o Dios no le ha dado lo que él mas desea en la vida, por el contrario él siente que le ha caído una maldición y que solamente le llegan a su vida puras cosas desagradables, cosas que él mas detesta o que no quiere que sean parte de su vida.

Entonces al mirar a los demás que tienen lo que él más desea se llena de envidia y de celos.

Los consejeros maligno todo el tiempo se la pasan convenciendo al Yo inferior de que si tuviera ese tipo de mujer sería un hombre muy feliz, que si tuviera ese tipo de trabajo él sería muy feliz, que si tuviera su propia casa él sería muy feliz. Sin embargo todo esto es una mentira o una pseudo verdad. Ya que ellos no tienen la capacidad de convencer al Yo inferior de que lo que tiene ahora mismo es suficiente para ser feliz. De hoy en adelante él tendrá que aprender arromper con este tipo de ideas y pensamientos pues de esta forma de pensar surge el Demonio de la Envidia Leviatán.

Si por ejemplo los consejeros malignos le dicen la mentira de que si él tuviera cierto tipo de trabajo sería feliz y el Yo inferior lo llega a conseguir, entonces su felicidad solamente le dura unos días o unas semanas. Después su trabajo deja de tener importancia y ahora la mente se enfocará otra vez en el futuro deseando tener otro tipo de cosas para ser feliz o sentirse contento.

Al Demonio Poderoso de la Envidia no le interesa conseguir eso que si le interesa conseguir al Yo inferior. Esto es algo fundamental que debe de entenderse bien. Al Yo inferior si le interesa satisfacer todos sus deseos porque algo muy dentro de él, le dice que ese es el camino a seguir, por alguna razón él intuye esa información de su memoria etérica (Glándula Pineal) de la cual él percibe que de eso se trata, pero nadie le explica que en parte es así, pero hay ciertas implicaciones.

Como ya hemos dicho el Alma desde que fue enviada a la 3ra Dimensión llego con una abundancia de deseos naturales, los cuales una sola vida física no le bastaría para alcanzarlos a realizar, de allí que ha tenido que regresar infinidad de veces para realizar todos esos deseos y de esta manera una vez los realice ya no tenga ningún motivo por el cual regresar al plano terrenal, esta es la parte que el Yo inferior intuye, pero sus consejeros malignos no se lo explican, por lo tanto él es el que si quiere realizar todos sus deseos porque él quiere seguir avanzando, él quiere seguir descubriendo que más sigue adelante y cuando no consigue sus deseos entonces se llena de frustraciones y de envidia sobre todos aquellos que si han obtenido lo que él desea. Así que es el Yo inferior el que realmente desea conseguir sus deseos materiales, sexuales, emocionales, sociales, espirituales y todo lo que él sienta o piense que lo hará sentirse feliz. Mas el Demonio Poderoso de la Envidia "Leviatán" no quiere realizar esos deseos. Lo que ha este Demonio le importa es que el Yo inferior siga sintiendo envidia por todos aquellos que tienen lo que él desea, por todos aquellos que son como a él le gustaría ser. Esto es lo que realmente le importa a Leviatán ya que él se alimenta de la sustancia emocional de la envidia, Si por ejemplo: Alguien se le apareciera al Yo inferior y le dijera dame una lista de todo lo que más deseas en la vida y te lo concederé el Yo inferior no debe de pensar que su Demonio de la Envidia se pondrá muy contento con escuchar esto. Al contrario se llenará de miedo, porque sabrá que el Yo inferior estará a punto de descubrir una gran mentira que le han hecho creer por bastantes años.

Regresando con nuestro Aladino que le va a conceder todos sus deseos que más lo harán sentir feliz, su sorpresa será que ese no era el problema de su existencia, que el problema principal fue la falta de agradecimiento por la vida, la falta de gratitud por lo que ya tiene. Hasta allí descubrirá que él había vivido engañado creyendo esas mentiras que le habían dicho sus consejeros malignos (Ego y Súper ego) pues llegará a descubrir que efectivamente esa felicidad que llegó a experimentar por todo lo que le dio su Mago Aladino, solo le duro unas semanas o unos meses y después se volvió a llenar de otro paquete de deseos y ya las cosas que tiene no le satisfacen.

Qué hay de los celos. ¿Cómo funcionan estos?

Los celos están fundados en la falta de enraizamiento, es decir el Yo inferior injerto sus raíces en su esposa y por lo tanto si esta lo llega a engañar se le quebrantará su "Alma" puesto que la mayoría de sus raíces las hecho en ella y él siente que se quedará sin raíces, que nuevamente estará suelto por la vida y se sentirá desolado, aislado, con mucha soledad, y se querrá agarrar fuerte de su esposa, de su novia, de su mamá o de quien haya sentido los celos, pues él piensa que esa persona le pertenece por el hecho de haberla escogido como la base en donde plantar sus raíces emocionales y espirituales, de allí que hay los celos del hijo, de la hija hacia sus padres, o de los padres hacia los hijos cuando estos deciden compartir su amor con alguien más, por consiguiente la Madre o el Padre se sienten desplazados o traicionados o engañados. Pues les están moviendo las bases en donde ellos habían plantado sus raíces.

Un Ser avanzado de Luz o un Maestro de Luz es muy difícil que llegue a experimentar este sentimiento de celos, puesto que ellos viven en el centro del Amor, ellos no funcionan desde el centro de la mente, ellos están enraizados en el centro del Amor y por lo tanto ellos están a favor del Amor y la libertad, por ejemplo: si una de sus hijas será feliz con su prometido, entonces eso es celebración para ellos, pues de eso se trata de que los demás sean felices, si su Esposa lo llega a engañar, entonces ellos sienten el dolor que sienten la mayoría, pero inmediatamente le desea a su Esposa que llegue a ser más feliz con ese hombre. No habrá lugar para los celos, pues ellos llevan años compartiendo su Amor con la humanidad en su totalidad, su Amor se ha expandido y no se limita a unas cuantas personas o familiares.

A esto se refiere el Maestro Jesús en el Evangelio de Santo Thomas.

"Quien no odia a su Padre y a su Madre, no podrá hacerse mi Discípulo. Y quien no odia a sus hermanos y a sus hermanas y no levanta su cruz a mi manera, no se hará digno de mí"

Aquí Jesús no está hablando del odio en forma negativa. Lo que él quiere decir es que el Yo inferior no limite su amor a sus Padres o a sus hermanos de sangre, puesto que limitará el potencial de su Principio Espiritual del Amor y cuando alguno de sus familiares muera sufrirá bastante y cuando alguien que no sea su familiar muera será indiferente, de esta manera le estará dando prioridad a su Egoísmo y no a la empatía y al verdadero Amor. Mas si el Yo inferior comienza a sentir ese mismo amor que siente por sus Padres o sus Hermanos por todos los seres humanos, entonces cuando estos mueran no sentirá el dolor tan fuerte. Y lo mismo se aplicará para su Esposa si lo llega a traicionar no sentirá su dolor tan fuerte puesto que su Amor se ha expandido hacia la humanidad la naturaleza y hacia su mismo Dios.

Regresando con lo de la Envidia mientras el Yo inferior siga envidiando a los demás, él solito estará atrayendo la miseria para sí mismo, pues la Envidia refleja sus creencias limitadas de la abundancia, él cree que la felicidad y la prosperidad está destinada para unos cuantos nada más y entonces él piensa inconscientemente, si ellos son felices o tienen lo que yo deseo entonces quiere decir que a mí no me toco esa suerte, yo no fui de los elegidos, y acaba llenándose de envidia. Él solito se estará excluyendo de la abundancia de felicidad, de la abundancia de tranquilidad, de la abundancia de paz, de la abundancia de perdón, de la abundancia de riqueza económica y de todo tipo de abundancia. Pues al darle vida al Demonio Poderoso de la Envidia se está apartando de la ley de la Abundancia. Él debería de pensar que si su compañero obtuvo esa mujer que a él le gusta, entonces las probabilidades de él también lograrlo han aumentado, pues cada vez que él mire que otros han realizado lo que él mas desea eso lo debería de motivar para darse cuenta que quizás él será el próximo si se esfuerza de la misma manera que los otros se han esforzado en obtener lo que ahora ya tienen.

Una de las mejores soluciones para la Envidia es que el Yo inferior debe de escribir una lista de todo lo que le produce envidia, a quienes les tiene envidia y luego ir revisando cada una de esos sentimientos de envidia y definir si realmente él desea ese tipo de carro que tiene su amigo o su compañero de trabajo, si es así entonces que haga un plan de ahorro en donde él hará todos los sacrificios que tenga que hacer con tal de obtener un carro igual o parecido y de esta manera eliminará esa envidia.

Pues recordemos que ha este Demonio de la Envidia no le interesa que el Yo inferior realice sus deseos, a él lo único que le interesa es que el Yo inferior siga sintiendo la Envidia, pero a él si le interesa realizar sus deseos y eso es válido. Lo único que tiene que aprender es a formular un plan definido de acción en como logrará esas metas, esos sueños, esos deseos y con esto dejará de alimentar a la Envidia.

Por ejemplo: si le tiene envidia a un artista pero a él realmente no le interesa ser cantante o actor, entonces aquí hay un deseo falso y lo debería de desechar con facilidad, puesto que está envidiando algo que a él realmente no le interesa realizar, y como este deseo falso ha de haber muchos más, que solamente están beneficiando a la Envidia. Finalmente él descubrirá que solamente tiene muy pocos deseos reales por los cuales él siente envidia, pero como hará su plan de acción en cómo realizarlos entonces eliminará todos esos sentimientos negativos y de muy baja luz, de la envidia.

Otra actitud que le ayudará a eliminar este sentimiento de envidia, es de la siguiente manera.

Supongamos de que él le tiene envidia a un compañero de su grupo o su compañía por su manera de exponer ciertos temas, por su lingüística, por su léxico, por su manera de debatir, por sus conocimientos constatados, entonces el Yo inferior una vez detecte su envidia (independientemente de todos los defectos que ya le haya encontrado a su compañero) lo mejor que él puede hacer es irle a preguntar que si lo puede ayudar a que él también se instruya y pueda hablar de una mejor manera o le puede expresar su admiración por lo bien que él prepara sus temas a la hora de exponerlos ante los demás. Es decir él tiene que aprender aceptar sus limitaciones y darle crédito a los demás por sus logros, tiene que enfocarse en cómo a esos que envidia han tenido alguna cualidad que les ha permitido alcanzar lo que él no ha podido alcanzar y entonces descubrirá que después de todo esa gente nunca fue su enemiga, que nunca lo trataron de herir o hacer sentir de menos y si así fue, pues él Ya está despertando de su ceguera espiritual y ya no se seguirá dando el lujo de envidiar a nadie, pues todos tienen su propia D.kármica que pagar independientemente de sus logros materiales que han obtenido en la 3era dimensión.

Profundizaremos un poco más en esto de la Envidia, ya que las únicas que salen dañadas de todo esto son las Almas mismas y miraremos la importancia de parar de darle vida a este Demonio Leviatán junto con todos sus hijos envidiosos. Observemos.

La Envidia segunda parte.

El ideal correcto de las Almas debería de ser todo el tiempo la Inspiración, esta es la parte contraria de la Envidia. Por ejemplo de este lado no existe la envidia, esas energías no pasan, todas tienen un tope y no se pueden filtrar. En esta 4ta Dimensión las Almas se mantienen inspiradas todo el tiempo, si alguna Alma desea tener la sabiduría de otra Alma entonces esta Alma sabia se convierte en un ideal o un modelo a seguir de la otra y de esta manera, las dos Almas comparten y se convierten en grandes amigos, ya que una está lista para compartir su Sabiduría y la otra está lista para recibir esa sabiduría, una será el Discípulo y el otro el Maestro y así sucede con todas las demás Almas, todas tienen un modelo a seguir, alguien en quien inspirarse, alguien a quien seguir o de quien aprender, ya que de este lado todo es un aprendizaje continuo. Alguien podría preguntarse ¿Qué tanto hay que aprender más de aquel lado?, si se supone que las Almas poseen todo el conocimiento o se supone que ya son las dimensiones de Dios.

La razón es que son las Almas mismas las que nunca quieren dejar de aprender, bien lo dijo Rabindranath Tagore en uno de sus poemas, en donde el buscador de la verdad se la pasa toda su vida buscando a Dios y cuando finalmente encuentra la puerta que dice: Aquí adentro se encuentra Dios, él se sintió un poco avergonzado o tímido y pensó. ¿Y qué le diré cuando lo vea? o ¿cómo será? y luego pensó que todo ese entusiasmo de su vida había estado precisamente en esa búsqueda y reflexionó y ahora que lo mire de frente, ¿cuál será mi nueva pasión o entusiasmo? Y prefirió mejor volverse a perder, para iniciar nuevamente esa gran búsqueda.

Y algo similar sucede con todas las Almas, por su naturaleza misma, ellas quieren encontrar su propia verdad, su propio camino a su manera, a su estilo, a su paso. Cuando se atoran piden ayuda pero en cuanto salen de ese atolladero, nuevamente continúan su búsqueda a su manera, algunas Almas por ejemplo no están de acuerdo con las Leyes Divinas y se les da la oportunidad de que en uno de los campos mentales ellas sean las que dirijan todo el Universo y al final del experimento descubren que tampoco lo que ellas pensaban que era la solución a todo el conflicto humano, sería la solución, y que todo lo que ellas habían pensado como la solución para ellas mismas tampoco les resulto, pues en ese experimento, miraron todas las soluciones posibles que ellas tenían en su mente y finalmente concuerdan con que es la Justicia Divina la que en realidad sí sabe cómo se debe de mantener el orden en todo el Universo, pero este experimento les ayuda para descubrir esa parte de ellas mismas.

Por ejemplo cuando llega un Yo inferior filosofo de este lado, su Alma misma será colocada en un ambiente en donde continúen con su aprendizaje, ya que ese es su deseo seguir aprendiendo, no es como si un Maestro de 8 Soles llega y lo llena de sabiduría en un abrir y cerrar de ojos, ya que si lo hace, entonces estaría privando a esa Alma de todo ese recorrido que precisamente ella solita quiere conocer a su paso, sin necesidad de llegar pronto, por ejemplo otras aún tienen deseos de ser unos grandes cantantes o músicos y por lo tanto de este lado se siguen preparando en el mundo de la música y los instrumentos musicales y su creatividad se sigue expandiendo, y lo mismo sucede con las Almas que quieren seguir conociendo a su Dios, estas Almas llegan a vivir de una manera muy real todas sus creencias, todo lo que imaginaron que sería el Reino de Dios, ese es el lugar a donde les corresponde llegar, y exploran todo ese paraíso, hasta que a ellas mismas les nace el deseo de conocer más Dimensiones, o llegar al fondo de todo eso, y por lo tanto recibirán otro tipo de asesoría y todo seguirá siendo a su gusto mismo de ellas, cada una de estas Almas sabe exactamente cuando ya aprendió lo que tenía que aprender de lo que ellas mismas escogieron vivenciar y ellas mismas continúan su búsqueda interminable, hasta que poco a poco van comprendiendo de que aún sigue existiendo una gran parte de ellas mismas que aún desconocen y que creyeron que ya conocían, es por eso que existen las demás Dimensiones, las cuales les van aclarando sus dudas o preguntas o su hambre del saber.

Para las Almas que llegan alcanzar la iluminación en el plano terrenal la situación cambia un poco, ya que estas Almas estarán más despiertas que la gran mayoría y por lo tanto ellas, ya vienen muy adelantadas en su regreso, estas Almas en comparación son como los niños índigos que nacen en la 3ra dimensión, de igual manera son Almas muy adelantadas en el plano astral y por lo tanto acabarán su Maestría en estos planos y estarán listas para moverse a los planos Mentales y luego los planos Causales. Pero en ningún lado se maneja la envidia.

En cambio en la 3ra dimensión, las Almas son contaminadas fácilmente de las Energías vibracionales de la Envidia y la razón es que todos los Espíritus de Oscuridad y de baja luz. Están impregnados de envidia, todos ellos sienten mucho odio hacia las Almas y es por ello que les tratan de hacer la vida más difícil a todas ellas, pues no soportan su infelicidad y desean hundir a todas las Almas que más puedan en su infelicidad.

La Mayoría de todos estos Espíritus de Oscuridad provenientes del Demonio de la Envidia, por lo regular ya se dieron cuenta que en su Reino de Oscuridad jamás podrán alcanzar la dicha y felicidad verdaderas y en su frustración tratan de arrastrarse a todas las Almas que más puedan, estos Espíritus de Envidia, se van filtrando poco a poco en los 7 planos del Ego del

Yo inferior y conforme él se va llenando de frustraciones por no ver realizados sus deseos y mirar que a otros si se les realizan, entonces aquí comienzan a filtrarse en cantidades enormes estos Espíritus de oscuridad y finalmente allí estará el Demonio Leviatán con su Gobierno compuesto de todos estos Espíritus de oscuridad de la Envidia. Listos para envenenarle el Alma y la mente al Yo inferior y listos para hacer sus ataques a las Almas que sean más felices que él. Supongamos que el Yo inferior le tiene envidia a un compañero de trabajo, porque tiene más habilidades para trabajar que él o porque tiene mejor carro o mejor salario que él, entonces estos espíritus de oscuridad de la Envidia, estarán listos para ser sueltos e ir a formar un circulo atmosférico alrededor de ese compañero y estarán esperando la oportunidad en que se descuide para meterse a su Reino de Oscuridad y meterle ideas negativas en su mente, por lo tanto si ese compañero de trabajo no está protegido espiritualmente, estos Espíritus se le meten y le comienzan a llenar su mente de negatividad, se encargan de que al manejar se distraiga con pensamientos negativos y provoque un accidente o se encargan de meterle celos para que discuta más seguido con su esposa o le meten ideas negativas hacia sus hijos y por lo tanto acaba gritándoles o pegándoles, pues estos espíritus de oscuridad no soportan mirar a un Alma feliz, y todo lo que ellos necesitan es que alguien envié sus pensamientos de envidia hacia alguien más para ellos hacer su trabajo de echarle a perder su negocio a esa persona, o llenarlo de negatividad y de esa manera estarle haciendo su vida más pesada o que se desanime y deje de estar contento por las cosas que tiene.

Estos mismos son los Espíritus que se les meten a todos esos niños que hacen bulling a los demás y que por lo regular el bulling empieza desde su propia casa con sus hermanos mayores, ya que estos espíritus no soportan mirar la felicidad y espontaneidad de los demás y es cuando comienzan a meterle ideas negativas al Yo inferior para que ataque, juzgue, critique, golpee o haga lo que tenga que hacer para destruirle la felicidad al otro.

Ahora si a este compañero de trabajo lo envidian 10 Yos inferiores todo se complica más, porque estará siendo atacado por legiones de espíritus de oscuridad de Envidia y todos estarán esperando su oportunidad para cumplir su objetivo, supongamos que un Yo inferior lo envida por que vive muy feliz con su Esposa y este desea que se divorcien o que su esposa le sea infiel, entonces estos Espíritus eso llevan como propósito y estarán allí hasta que eso suceda. Mas si este Yo inferior al que envidian está protegido y no les permite esa entrada en ningún momento, entonces estos en su amargura y frustración de haber fracasado, se regresan con la persona que los envió y que les dio vida y con él se desquitarán, al menos que él los dirija hacia otra persona a la cual también envidie y estos espíritus no descansarán hasta arruinarle la felicidad al otro y si fracasan nuevamente entonces con toda su frustración y coraje, se regresan con el Yo inferior que les dio vida y se desquitan con su Alma y las formas de su Alma, pero alguien tiene que divorciarse, ser infiel o simplemente ser infeliz y ese es todo el propósito de esos espíritus de envidia.

Y todo el tiempo ha sucedido de esta manera, es por eso que cuando las Almas no logran limpiar sus Chakras y sus Niveles de Conciencia de todas esas impurezas de energía negativa, entonces toda esa Energía negativa, deseos negativos quedan registrados en el Universo y cuando las Almas regresan al plano terrenal, el Universo les manda todos esos deseos y pensamientos negativos que ellas mismas en su vida pasada estuvieron arrojando al Universo. De esta manera es que las Almas negocian de qué manera recogerán gran parte de su D.kármica porque todo lo que se hace o se desee tiene sus consecuencias, bajo la ley de Causa y Efecto.

Lo mejor es no alimentar a estos espíritus negativos de la Envidia, ya que ellos llevan mucho odio e infelicidad con ellos mismos, cuando un Yo inferior está muy vulnerable espiritualmente, entonces lo pueden utilizar para que mate a todas esas personas que envidia y de allí nacen los psicópatas, sociópatas, los asesinos en serie, los que matan de maneras inhumanas, ya que han sido poseídos de la infelicidad y negatividad de todos esos Espíritus y Demonios de la Envidia, la Negatividad y el Odio. No pueden contener tanto veneno y alguien tiene que pagar por su infelicidad, de esta manera se dedicarán hacer brujería, asesinatos, y todo tipo de maldades a la humanidad. Pues ahora ya estarán trabajando para las fuerzas del mal, se dejaron impregnar de toda esa negatividad.

Algunos Yos inferiores han descubierto la maldad de estos Espíritus de Envidia por medio de su Yo intuitivo y por lo regular nunca presumen nada, si tienen mucho dinero, visten como si no lo tuvieran, si se trata de estar presumiendo a ver quién sabe más, ellos optan por no comentar casi nada de su conocimiento que tienen, pues todo el tiempo se están cubriendo de no ser atacados por esos enemigos, ya que son muy peligrosos, en su envidia pueden utilizar al Yo inferior envidioso para matar y hacer daño. Si no lo pueden matar entonces hablarán a sus espaldas de esa persona a la que envidian y tratarán de meterlo en dificultades y en chismes todo el tiempo.

Pues de alguna u otra manera quieren ver sufrir al que le tienen envidia y no se dan cuenta que al final, los más perjudicados serán ellos mismos, pues esos espíritus de envidia que ha estado arrojando hacia los demás, regresarán a su hogar, a su Reino de Oscuridad de este Yo inferior y harán lo mismo con él o con las formas de su Alma, pero ellos están allí para destruir, para matar, para hacerle la vida miserable a quien puedan.

La mejor opción que tiene un Yo inferior es darle vida a la Inspiración y la creatividad. De esta manera se puede proteger y proteger a los demás. Cada vez que sienta envidia o deseos de que le vaya mal al otro en su negocio o en su matrimonio, entonces lo que tiene que hacer es que en su oración de la noche, le pedirá perdón a esta persona que le deseo un mal, le hará saber al Universo y a la Divinidad que en realidad él no desea ese mal, a esa persona y que entiende que simplemente se identificó fuertemente con alguno de los espíritus envidiosos que residen en su Centro Magnético de la Envidia y por lo tanto él no desea seguirle dando vida a ese Espíritu ya que también está consciente que una vez, él envié esos deseos de maldad hacia esa persona, si esta persona está cubierta espiritualmente, entonces esos Espíritus malignos regresarán y tratarán de realizar esos mismos deseos destructivos en su propia vida de él.

De esta manera cada vez que se le desee un mal al otro, que no pase de ese día en que se le pedirá al Universo y a la Divinidad que cubran con un manto protector a esa persona que se le deseo un mal., y que en su lugar prefieren entregarle esos deseos insanos y de maldad al Universo, pero para que los desintegre y los elimine de su mente.

Se podrá imaginar como en el universo hay algunos hoyos negros que funcionan como aspiradoras gigantes, los cuales reciclan toda la basura astral y emocional, de los Yos inferiores y es allí en donde se imaginará que serán enviados esos deseos malignos de envidia y por lo tanto el Universo los desaparecerá para siempre, y de esta manera él mismo estará eliminado su futuro kárma negativo.

Para protegerse de los deseos de envidia y deseos malignos que los demás le puedan llegar a tener a él, entonces todas las mañanas, se cubrirá con un tubo de luz de color Blanco Metálico, Violeta, Amarillo, Verde fosforescente y Oro.

Esta cobertura será paralela, es decir que al mismo tiempo que estará cubriendo al Yo inferior el cual reside en su mente tridimensional, también estará cubriendo su cuerpo físico, se puede imaginar él mismo sentado en posición de loto, con una vestidura blanca y se imaginara como en la coronilla de su cabeza comenzara a descender una luz muy poderosa de color oro, la cual se encargara de cubrirlo con la primera capa, este rayo metálico de color oro representará al Principio Espiritual de la Verdad y la Libertad y este no dejará entrar nada que no sea verdadero, por lo tanto toda la información de los malignos es falsa y de baja luz, no podrá llegar a penetrar este rayo poderoso de luz, ya que este Rayo está compuesto por billones y billones de Maestros de 10 soles y todos le cubrirán todo su cuerpo y Centros Energéticos, todos tienen espadas y escudos para no permitirle la entrada a ningún deseo o pensamiento de envidia o celos que le han enviado, luego la segunda capa estará cubierta por el Rayo de color Verde Fosforescente el cual representará al Principio Espiritual del Amor y este Rayo, también está compuesto por billones y billones de Maestros de 10 soles, los cuales no permitirán la entrada de ningún deseo o pensamiento de energías de odio, envía, o celos, nada que no se amor podrá entrar a esta segunda capa, todo será eliminado, luego la 3ra capa estará compuesta por el Rayo de color Amarillo y su potencia es igual que un Sol, este color será como un Sol ardiente y quemará con facilidad todas las energías de miedo y de inseguridades, pues este Rayo es el Rayo del Principio Espiritual del Valor y por lo tanto está compuesto de igual manera por billones y billones de maestros de 10 soles y en cuanto alguna información, pensamiento o deseos de miedo o de inseguridad se quieren filtrar, queda aniquilado, será quemado con mucha facilidad. Así estos 3 Rayos lo cubrirán de todos esos Espíritus malignos y destructivos, luego tenemos al 4to Rayo de color Violeta, este representa al Principio Espiritual de la Inteligencia y la Sabiduría por lo tanto no le permitirá la entrada a toda la información del Centro Colectivo de su Sociedad. No entrarán creencias, ideas y pseudo verdades que manejan las mentes tridimensionales, todo quedará afuera, si no pertenece a la 4ta Dimensión, entonces no entrará. Luego tenemos al 5to Rayo de luz de color Blanco metálico el cual representa al Principio Espiritual de la Pureza y por lo tanto aquí no se le permitirá la entrada a las energías de impureza, al querer entrar a la mente y al cuerpo del Yo inferior, pasarán por este Rayo Poderoso cubierto por billones y billones de Maestros de 7 Soles y perderán más del 98% o 99% de su Poder. Porque todas sus impurezas serán desintegradas, esta Luz será como un manto protector que filtra todas las impurezas energéticas y únicamente entrará el 1% o menos de toda esa energía venenosa y de negatividad que le arrojen. Ese 1% que atraviese ese manto, se irá desintegrando conforme cruce los otros 4 Rayos Poderosos de Luz.

Y de esta manera él se podrá mover libremente por donde quiera pues ninguna energía negativa de envidia que le arrojen lo podrá dañar, por el contrario estos espíritus envidiosos en cuanto miren toda esa protección de su tubo de luz, se regresarán inmediatamente con el que los envió, pues tendrán miedo de ser desintegrados.

Por lo tanto la mejor manera de protegerse y proteger a los demás es por medio de entregar todos esos deseos malignos todas las noches al Universo y a la Divinidad y todas las mañanas cubrirse con su tubo de luz y de esta manera. Él estará aniquilando al Demonio Leviatán, de la Envidia y a todo su Gobierno. Pues por cada pensamiento y deseo de envidia que le surja él lo entregará al Universo y por cada pensamiento y deseo de envidia que le envíen serán desintegrados o se regresarán con el que los envió, y de esta manera, el Yo inferior no seguirá permitiendo que lo sigan utilizando como un medio para ellos continuar usurpando su Poder de Decisión y su Poder de Voluntad. Si todos ellos ya le usurparon su 3er Reino de Luz y lo convirtieron en un Reino de Oscuridad. En esta ocasión no debe de seguir permitiendo que lo despojen de sus dos grandes poderes de Decisión y de Voluntad.

Revisemos el

Campo Energético de La Ira y Enojo.

Comencemos con el

El Centro Magnético de La Frustración.

Todos los deseos que no ha realizado el Yo inferior se han convertido en frustraciones y esta es una prisión enorme en donde están encerradas todas esas formas del Alma que como principal objetivo de sus existencias es realizar esos deseos que tuvo y que tiene el Yo inferior.

Desde una niñez ha estado deseado infinidad de cosas y cada vez que no se le realizaron estos deseos con sustancia del Alma fueron a caer al Centro Magnético de la Frustración y muchos de ellos todavía siguen allí encerrados, toda esta vibración que han producido estos deseos no realizados le ha dado vida al Espíritu Negativo de la Frustración y este Espíritu se alimenta de todas las frustraciones que experimente el Yo inferior durante el día. Si en el día se frustró 20 veces por que 20 de sus expectativas no le salieron como él quería, entonces 20 veces alimentó a su Espíritu de frustración y por consiguiente entre más frustraciones haya experimentado en el transcurso su vida, esta es la fuerza que ya tiene este poderoso espíritu negativo de baja Luz.

¿Cómo es esta prisión?

No muy diferente a las demás, esta tiene mucho parecido a las prisiones de la Depresión y de la Ansiedad. Cada forma del Alma es magnetizada hacia estas prisiones de acuerdo a sus vibraciones. algunas formas del Alma que están en esta prisión cuando comienzan a vibrar en las frecuencias vibracionales de la depresión o la ansiedad, entonces son cambiadas de prisión y es por eso que la mayoría de las formas del Alma que están en todas las diferentes prisiones van a caer a la gran prisión de la Depresión o de la Ansiedad, como ya hemos explicado lo que ocurre con las formas del Alma que fueron liberadas de la prisión del alcoholismo o la drogadicción, ellas primero serán magnetizadas hacia las prisiones de la Depresión y de la Ansiedad y luego después de un tiempo pasan al Reino de la Luz, a los centros ubicados en los niveles de Conciencia.

Aquí en esta prisión han estado cayendo varias formas del Alma, esto funciona así. Cada vez que el Yo inferior desea algo, entonces ese deseo apenas tiene sustancia mental y emocional aún le falta la sustancia del Alma, pero cuando se le da mucha atención a este deseo entonces su atención que está llena de Energía vital, de Energía Espiritual comienza a llenar ese deseo de sustancia del Alma y así es como esa sustancia del Alma se convierte en una forma del Alma y que tendrá como propósito de su vida llegar a realizar ese deseo. Así como el Alma en su totalidad y en su Naturaleza viene a este plano terrenal tridimensional con dos propósitos, Así estas formas del Alma cuando han caído adentro de estos deseos también tendrán sus propios propósitos en su vida.

Entonces tenemos que si el Yo inferior deseo que Jessica fuera su novia y lo deseo con tantas fuerzas, esto hizo que este deseo magnetizará una de las formas del Alma y ahora esta forma del Alma tiene como el propósito de su vida que Jessica sea su novia, esta forma del Alma se ha enamorado de Jessica, se ha obsesionado de Jessica y todo su mundo y toda su existencia gira alrededor de Jessica, entonces esta forma del Alma lo único que quiere en su vida para ser inmensamente feliz es que Jessica se convierta en su novia. Para esto el Yo inferior experimentará la emoción de esta forma de su Alma y los dos estarán en una nube rosa, en un mundo fantástico en donde están a punto de realizar algo grande que les dará la felicidad, pero si por alguna razón Jessica se convierte en la novia de alguien mas, entonces esta forma del Alma sentirá que se le ha caído todo su mundo, se sentirá caer a un abismo infernal, se sentirá morir y no querrá ver la realidad de su existencia, por lo tanto esta forma caerá del 6to plano del ego, al 3er plano, a la gran Prisión de la Frustración y allí experimentará muchísima frustración de tener que estar amontonada con las otras formas del Alma que ya llevan más tiempo allí encerradas y todas enojadas, disgustadas, frustradas, con mucha impotencia de no poder hacer nada, más que permanecer allí encarceladas, algunas están con muchísima envidia de mirar como otras formas del Alma han tenido más éxito en sus misiones o propósitos, en donde el Yo inferior si ha logrado realizar dichos deseos, pero todas ellas las que están allí en esa prisión están muy infelices, descontentas y con mucho enojo. Las formas del Alma que más sufren allí, son mandadas a la Prisión de la Depresión y allá está peor el asunto porque han bajado al Primer Plano del Ego all plano más bajo del Reino de la Oscuridad, allá las vibraciones energéticas son las peores de todas, pues se experimenta a nivel astral un verdadero infierno y las que se la pasan envidiando a las que llegan hacer liberadas de esa cárcel de la frustración entonces sus vibraciones de envidia las mandarán a las Prisiones de la Envidia y se contagiarán de la presencia negativa de los Espíritus Envidiosos, los cuales se estarán desquitando con ellas de toda su infelicidad, esto lo puede verificar el Yo inferior cuando tiene pesadillas de persecución, en donde un grupo de personas lo anda siguiendo para matarlo.

¿Por ejemplo que pasa con esta forma del Alma que tenía como único propósito que Jessica fuera su novia?

Después de enterarse de que anda con alguien más esta forma del Alma caerá a la prisión de la Depresión y tendrá muchas ganas de morirse pues no soporta las vibraciones que se experimentan en el Reino de la Oscuridad. Ya fue sacada del Reino de la Luz, fue extraída del Alma y ahora se siente sola sin su Padre y sin su Madre (para todas las formas del Alma, el Alma representa su Madre/Padre) y al estar fuera del Alma, ellas se sienten con mucha ausencia de Dios, ausencia de la Luz Divina y lo único que desean es regresar con su Madre/Padre, con su Alma Mayor.

De esta manera el Yo inferior se puede dar cuenta que hay cientos y cientos de formas de su Alma desintegradas por todo este Reino de Oscuridad. Y por ejemplo en los primeros días, semanas o meses experimentará el dolor que siente esa forma del Alma que no realizó su sueño de que Jessica fuera su novia, pero como él está en la torre de control, en el campo de la mente, él se escapara por medio de las adicciones, del entretenimiento o de la actividad incesante de los pensamientos. Mientras que esa forma de su Alma no tiene ninguna opción de escaparse, para ella, su sufrimiento será continuo. Entonces el Yo inferior poco a poco se va haciendo a la idea de olvidarse de Jessica, pero a los 15 meses escucha una canción que le recuerda a Jessica y entonces él se mete adentro de la forma de su Alma que quedó atrapada en la prisión de la frustración y entonces él sentirá lo que experimenta esa forma de su Alma y sentirá ese infierno temporal pero doloroso, así que le sería mejor no escuchar nada que lo relacione con Jessica o de otra manera si se descuida puede hundirse con la forma de su Alma y caer a la prisión de la Depresión y querrá utilizar la vieja fórmula de salir de las depresiones por medio de las adicciones y el placer insano.

¿Qué se puede hacer?

El Yo inferior tendrá que hacer una lista de todas las cosas que más lo han frustrado en toda su vida, entonces tiene que ir revisando cada una de estas frustraciones y bajo meditación, le pedirá a su Conciencia Intuitiva que por favor le dé la luz necesaria para explicarles a todas esas formas del Alma que están en esa prisión, el por qué él no pudo realizar esos deseos y que por lo tanto él está dispuesto a morir a todos esos deseos frustrados y que lo único que él está intentando es liberar a todas las formas de su Alma que quedaron atrapadas y que él hará todo lo necesario para que eso se cumpla.

Hay deseos frustrados que no necesitan ninguna explicación, por ejemplo allí encontrará el deseo frustrado de que en navidad no le llego la bicicleta que quería, entonces es posible que simplemente lo escriba en un pedazo de papel y se lo entregue a la Divinidad, al Universo, o a su Dios y le pida que por favor desaparezca ese deseo frustrado de su existencia, pues al desintegrarse ese deseo frustrado quedará libre esa forma del Alma y regresará a su lugar de origen.

De esta manera el Yo inferior se dedicará a desintegrar todos esos deseos frustrados con la ayuda de su Poder Divino, y de su Conciencia Cristica

Buddhica y con el pasar de los días él sentirá un gran cambio pues habrá liberado a decenas y decenas de formas del su Alma que estaban esperando ser liberadas desde hace muchos años.

También habrá otros deseos frustrados de los cuales no podrá deshacerse de ellos hasta que no les dé una buena explicación a esas formas del Alma que quedaron atrapadas y que aún siguen ellas esperando una explicación el por qué a ella/ellos. No se les cumplieron esos sueños. Allí el Yo inferior tendrá que hacer uso de su creatividad y su intuición para poderles explicar el por qué Jessica o Paola no acepto ser su novia, el Por qué no logro triunfar en esa compañía de multiniveles, el por qué no pudo arreglar su situación legal, el por qué su Esposa lo divorcio, el por qué su Hijo/a no nació sano, el por qué no puedo rescatar a su hermano, hermana. En fin, con la ayuda de su Conciencia intuitiva el Yo inferior comenzará a encontrar las respuestas que estas formas del Alma necesitan para aceptar su derrota y de esa manera ellas conseguirán su libertad.

Pero es el Yo inferior el que tiene que encontrar todas esas respuestas y si se le hace difícil, entonces tendrá que ir con alguna persona de su confianza que le ayude a encontrar esas respuestas. Lo importante es insistir en encontrar las respuestas y se cumplirá la enseñanza de "Pedir y se te dará, tocar y se te abrirá, preguntar y se te contestará"

Si la Fe del Yo inferior es muy grande basta con que entregue toda esa lista completa de deseos frustrados a su Dios y él hará todo ese trabajo, le eliminará de su mente todos esos recuerdos de deseos frustrados, lo liberará de sus frustraciones, pero todo es de acuerdo al tamaño de su Fe. Si lo quiere hacer por flojera eso no es Fe y no le dará resultado. En caso de no sentir la respuesta de su Conciencia Intuitiva, de su Dios o de la persona a quien pensó que lo podrían ayudar, entonces nos puede hacer la petición a nosotros y trataremos de comunicarnos con su Yo intuitivo y le mandaremos ideas y técnicas de como liberar a esas formas de su Alma.

Para evitar todo tipo de frustraciones el Yo inferior tendrá que dejar de hacer uso de todas sus expectativas, nadie está sujeto a complacer a los deseos egoístas de ningún Yo inferior, por lo tanto ni la Vida, ni el Universo, ni Dios ni nadie se tienen que ajustar a las expectativas de un Yo inferior. Es él el que tiene que aprender ajustarse a la infinidad de variaciones e impermanencias de la vida misma, pues ni la vida ni las leyes universales están considerando su hipersensibilidad, no están considerando que lo va a tomar personal si no se le cumplen sus expectativas. La Vida jamás ha considerado las emociones o los sentimientos de nadie. Ella sigue su curso no tiene sentimientos. Las leyes tampoco tienen sentimientos, ellas mantienen al Universo funcionando. Por lo tanto el Yo inferior no debería de esperar nada de nadie, de esta manera ya no se seguirá viendo afectado cuando alguien reaccione hacia él de forma negativa, entenderá que la gente y las circunstancias de la vida son como son y que a él lo que le conviene más es enfocarse en cómo realizar la Primera Misión de su Alma para luego encaminarse hacia la Segunda Misión.

Él tendrá que aprender a distinguir entre lo que es una expectativa y lo que es la Fe. Una expectativa es cuando algo no sale como él desea y reacciona con enojo, frustración, y se desquita, y la Fe es completamente diferente, si algo no sale como él desea entonces no hay enojo, no hay una reacción negativa y por el contrario, lo vuelve a intentar una y otra vez, hasta que lo consigue. Pues es entendible que a veces los deseos no se realizan a la primera, a veces se consiguen después de 10 intentos.

¿Por qué después de 10 intentos?

Pueden ser 3, 10, 15, 20 o más. La cantidad de veces no importa, lo que importa es el principio de la Perseverancia, de la Fe, además es el Universo el que pone esos obstáculos para que el Yo inferior elimine parte de su D.kármica.

Esto funciona así.

Si un Yo inferior durante el día se frustro 20 veces porque nada le salió como él quiso, entonces estará funcionando con vibraciones bajísimas de luz, o de falta de entendimiento y por lo tanto mientras no aprenda sobre el Principio de la derrota, de la aceptación, de la Humildad, de la fe, de la perseverancia, le será casi imposible brincar esos obstáculos.

Supongamos que ha este Yo inferior le molesta muchísimo de que cuando va manejando se le meten los carros, entonces aquí tenemos una frustración, también le molesta mucho que es uno de los que más temprano llega a su trabajo y es uno de los que sale más tarde. En fin tiene como 10 cosas que le molestan. Entonces él mismo se está creando sus propias frustraciones por falta de poner los Principios Espirituales en práctica y no los pone en práctica porque piensa que la vida le debe algo, piensa que su Dios está obligado a favorecerlo por la vida de sufrimiento que ha llevado y como estos pensamientos tiene muchos otros más que no le permiten hacer los cambios en su vida, y en su actitud.

Mas cuando él comienza a descubrir cómo funcionan todos estos espíritus de baja luz y como él puede empezar a dejar de alimentarlos, todo comienza a cambiar, en un principio querrá poner el principio de Fe a trabajar, pero como no ha brincado ciertos obstáculos, entonces estos le seguirán llegando, y allí es cuando el Yo inferior tiene que hacer uso de la perseverancia, de la confianza, de su fe, de la aceptación y continuar, ya no se detendrá con los primeros obstáculos, aprenderá a brincar uno tras otro y finalmente comenzará a realizar sus deseos, de aquí es que su fe comenzará a incrementar y cada vez que le vengan obstáculos ya los podrá mirar como algo normal, algo que viene junto con la Fe y que además siempre habían estado allí, simplemente es que en su lucha interna, él pensaba que por tanto sufrimiento que había llevado Dios, la Vida o el Universo ya no le mandarían esos obstáculos y ahora comprende que su sufrimiento nadie se lo dio, simplemente él se había estado rehusando a recibir su D.kármica con buena actitud, con responsabilidad y en esa actitud de renuncia él solito se había puesto en desventaja, él solito miro a su Dios, a la Vida y al Universo como sus enemigos y acabo por contaminarse de las energías bajísimas de luz de enojo, frustración y resentimiento. Él solito se apartó de la luz y del camino.

En síntesis la Fe requiere de confianza y no de sufrimiento. la Fe se va haciendo más fuerte cuando el Yo inferior comienza a confiar más y más en sus sueños, en darse cuenta que su Dios, La Vida y el Universo no son sus enemigos, pero tampoco van hacer las cosas que le corresponden a él, su Alma de este Yo inferior debe una D.kármica y la tiene que pagar y los Seres de Luz lo asistirán las veces que más puedan, su Dios, la Vida y el Universo lo apoyarán en lo que más puedan, pero incluso ellos tienen sus "limitaciones". Ellos no pueden transgredir las leyes que rigen el Reino de la Oscuridad. De la misma manera, los del Reino de la Oscuridad no pueden transgredir las Leyes del Reino de la Luz.

Es por eso que a los Yos inferiores que están más contaminados de la esencia de los Espíritus de Baja luz, les cuesta más trabajo salir de ese infierno, que a los que están menos contaminados, y como se puede mirar los que están menos contaminados, es porque han reducido más su D.kármica. No es que Dios o la Vida o el Universo los favorezca. Es que sus vibraciones energéticas pueden ayudarlos a mirar la vida desde otro ángulo, a veces desde una 4ta o 5ta Dimensión y entonces los obstáculos o problemas de la vida los miran como algo muy normal, en cambio el que aún está muy impregnado de sustancias bajísimas de luz, cualquier problemita, cualquier obstáculo los manda a unos estados depresivos, de inseguridad, de temores, o ansiedades. Y tampoco es que su Dios, la Vida o el Universo no los quieran ayudar o les esté cargando más la mano, es su misma baja vibración que no les permite ver sus problemas desde una 4ta o 5ta Dimensión.

El Centro Magnético de Los Resentimientos.

En este Centro Magnético de Los Resentimientos. Serán magnetizadas todas aquellas formas del Alma que estén muy enojadas con la vida que les tocó vivir, la raíz de todos los Resentimientos es: LA FALSA INTERPRETACIÓN DE LA VIDA, y esta es creada por la FALSA INFORMACIÓN que maneja el Yo inferior, lo cual hará casi imposible reactivar el principio Espiritual de la COMPRENSIÓN y por consiguiente el Yo inferior acaba sin entender las cosas que le pasan y se resiente.

Tendremos que repasar una vez más la explicación del funcionamiento de los dos Consejeros Malignos del Ego y el Súper Ego, estas dos entidades son los que le estarán interpretando la vida y todo lo que le suceda durante el trayecto de su vida, ellos se van a encargar de llenarle la cabeza de odio hacia los demás, ellos se encargarán de hacerle creer que sus Enemigos son los que viven fuera de él, de esta manera entre más logren convencerlo, de que sus enemigos principales son los demás, empezando desde su Padres, Hermanos, Primos, Tíos, y gente a su alrededor, entonces ellos se auto protegen por más tiempo para que el Yo inferior no descubra que sus verdaderos enemigos son estas dos entidades y la desventaja de todo esto es que sus voces de ellos son silenciosas y se necesita de tener la intuición muy desarrollada para poderlos escuchar y entender su lenguaje y su comportamiento.

Estas son verdaderas entidades que tienen como propósito seguir viviendo en la 3ra Dimensión, este es su mundo y harán todo lo que sea necesario para que el Yo inferior los lleve con él todo el tiempo.

Ahora como el Yo inferior ha convivido con ellos toda su vida, él ya está identificado con ellos en un 95% del tiempo, es decir él piensa como ellos, actúa como ellos y él mismo se hace pasar por ellos. El Yo inferior ha creído ciegamente que él y ellos son lo mismo, pues de tanto escucharlos y convivir con ellos ahora son como sus hermanos o sus "amigos".

Ha esto se refería el Bhagavad Gita cuando Arjuna le dijo a su Dios.

1.27. Cuando Arjuna vio a sus seres queridos encarados unos a otros en líneas de combate, se le inundó el corazón de tristeza, y con desaliento y pesar dijo estas palabras.

1.28. ¡Oh, Krishna! viendo a mis familiares preparados para la batalla, mis párpados desfallecen y se cierran; y mi boca se seca y queda amarga, temblores recorren mi cuerpo y mi cabello se eriza con horror.

Así es como el Yo inferior ha mirado a sus Consejeros Malignos como sus Amigos, Hermanos o Padres, de allí que no los puede descubrir cómo sus enemigos, ya que el mas artificioso de esos dos consejeros malignos es el Súper Ego, este cuando le conviene le da palmaditas y lo hace sentir como si fuera su verdadero Amigo, pero no es así, ya que cada vez que le da palmaditas, este cae en los Campos Magnéticos de la Jactancia y esto lo colocará por encima de los demás, el Yo inferior se sentirá Superior a los demás y esa postura y actitud es precisamente la que su Súper Ego quiere que tome, por eso es que no es su amigo.

El Yo inferior desde su niñez, se hará infinidad de preguntas del por qué le está tocando vivir la vida que le está tocando vivir y estas respuestas se las facilitarán sus dos consejeros malignos, ellos no le dirán directamente que su Mamá o su Papá son sus enemigos, ellos no pueden hacer eso. Lo que sí pueden hacer es crearle dudas en su mente, crearle desconfianza y así es como el Yo inferior comienza a pensar que entonces la razón por la que está sufriendo es porque su Mamá se divorció de su Papá o porque su Papá dejó a su Mamá y así es como él mismo comienza hacer sus propias suposiciones y estas dos entidades le dirán que así es. Ellos actuarán como sus dos amigos que están siempre con él, ahora sí que como sus dos consejeros que lo guiarán en la vida, pero lamentablemente lo estarán trabajando lentamente y ellos mismos son los que lo animan a que se eche sus primeras copas de alcohol, su primer toque de mariguana, sus primeras líneas de cocaína, sus primeras masturbaciones, en fin. Ellos siempre lo motivarán a que se agarre de todo tipo de adicciones para resolver sus problemas emocionales, ellos también lo apartarán de las cosas espirituales, lo contagiarán con facilidad del Juzgar y criticar a los demás, finalmente el Yo inferior se convertirá en ellos y ellos en el Yo inferior los tres harán una triada. Con la única excepción de que el Yo inferior si llegase a despertar descubrirá de que él no pertenece a la 3ra Dimensión y en cambio ellos sí.

Ellos no pueden entrar a la 4ta o 5ta Dimensión, porque todavía ellos tienen que pagar su D.kármica la cual han estado renuentes a pagarla y han tratado de ahorrarse esos sufrimientos que el Yo inferior junto con su Alma si han sufrido. De allí que el día del Juicio es para ellos y no tanto así para el Alma.

En esta identificación en donde él siente y actúa igual que ellos, si alguien por ejemplo le dice al Yo inferior: estúpido, entonces uno de sus consejeros malignos se enoja y este enojo también lo siente el Yo inferior y entonces simplemente reacciona y le contesta a la otra persona con otra vulgaridad, pues el Yo inferior siente la ofensa en un 95% y es por eso que reacciona con enojo.

Cuando el Yo inferior comienza a expandir su 5% de Esencia Divina, en un 10% o 20% se dejará de identificar con cualquier palabra altisonante que le digan, porque a estas alturas comprenderá con más facilidad de que se lo han dicho al aspecto negativo de él y no al aspecto positivo. Por lo tanto sarcásticamente podrá mirar en su interior y les dirá. ¡Hey les hablan es para Uds.!. Él aprenderá a ya no identificarse con el sentir de ellos dos. Pues estas serán las primeras señales de que verdaderamente ya está despertando a sus Conciencias Superiores, que ya les estará dando vida a sus Yos Superiores de Luz y de allí en adelante él se estará en caminando a su ascensión.

Hará una lista de todos sus resentimientos del pasado y del presente, aun cuando él piense que ya no los tiene, de todos modos los tendrá que escribir, ya que en la revisión de estos él podrá descubrir que entre más baja luz tenía en su forma de pensar más rápido se resentía con las personas, con las instituciones o con las situaciones de la vida, y por lo tanto descubrirá que alguna voz lo convenció de enojarse con aquella persona y allí es cuando él comenzará a descubrir el lenguaje de sus consejeros malignos, ya que ellos son los falsos interpretadores de la vida, ellos son los que le han metido esas ideas y deseos de venganza y hasta lo han convencido de formular un plan de como matar a sus "enemigos"

Supongamos que el Yo inferior se resintió con su Primo que se quedó con su novia. Entonces él, le deseo lo peor a su primo y quizás a su ex novia. Entonces aquí tenemos a una forma del Alma que lo único que desea es la venganza, esta forma del Alma es como si tuviera un caso pendiente que tiene que resolver, y para salir de esa prisión ella piensa que se tiene que vengar de su primo y de su ex novia, pero su "abogado espiritual" no ha podido convencerla de que odiando o desquitándose no logrará su libertad, pues si se desquita entonces es otra penalidad y si sigue odiando entonces ella misma estará prolongando su estancia allí en esa prisión y entonces le dice, "Mira la mejor manera de poder resolver esto, es que los perdones" y entonces la forma del alma dice: "Ah no, ¿después de esa gran traición?, No. Es más, ojalá que cuando se mueran se vayan al infierno o me conformo con que la dejen embarazada a ella y que ese maldito primo no le responda, allí se dará cuenta la tonta del error que hizo"

Entonces es aquí cuando decimos que los Seres de luz, o Abogados espirituales no pueden convencer o forzar a ninguna de estas formas del Alma a pensar diferente, no pueden forzar al Yo inferior a pensar de diferente manera, ya que cada vez que el Yo inferior escucha a su Abogado espiritual por medio de su Yo intuitivo o su Yo positivo él está a punto de perdonarlos de todo corazón por que alcanza a vislumbrar que es verdad, que es mejor dejarlo ir y ya, pero allí interfieren sus dos consejeros malignos y le dicen: ¿Cómo? "No, no seas tonto si lo que te hicieron no tiene nombre, mira tú estás sufriendo de soledad mientras que ellos dos a gusto se burlaron de ti, no fuiste más que una diversión para ella." Y de esta manera el Ego y el Súper Ego le cortan su inspiración, sus buenas intenciones de llegar a perdonarlos de corazón.

De esta manera cada resentimiento está representado por una forma del Alma y cada una de estas formas no podrán salir libres de esa prisión mientras el Yo inferior no revise cada caso de ellas, de allí la importancia de hacer una lista o un inventario de todos sus resentimientos, estos incluyen los resentimientos contra su Dios, su iglesia, los ministros religiosos, los principios espirituales, la Vida, las Leyes del Universo, la policía, las cárceles, el sistema, el Gobierno, los partidos políticos, es decir todo con lo que el Yo inferior este resentido o enojado.

Una vez que se haya escrito todo esto, entonces el Yo inferior tendrá que estar dispuesto a morir de una buena vez a todas esas formas de baja luz.

Cada resentimiento lo tiene que tratar como un caso, un expediente y mientras no resuelva ese expediente no podrá pasar al siguiente, aquí no debe de haber prisas ni tampoco hacer las cosas a medias, ya que de lo que estamos hablando es de rescatar a las formas de su Alma que se quedaron atrapadas en esas prisiones de los resentimientos y cada una de estas formas está esperando una buena explicación, del por qué tienen que perdonar y dejar ir esa sed de venganza, esos resentimientos.

De allí que antes de llegar a la parte de la explicación el Yo inferior primero tendrá que pasar por un proceso de catarsis, de terapia gestalt, o primal theraphy, incluso puede hacer también regresiones estilo dianética

O los que se conoce como en las agrupaciones de los 12 pasos hacer un 4to y un 5to paso. (A profundidad)

Una vez que se hace ese proceso primero, ya después el Yo inferior tendrá que revisar cada uno de esos resentimientos con calma, ya que aquí entrará la parte de la transcendencia, entrará el Principio Espiritual de la Comprensión y finalmente el Principio espiritual del Perdón.

De esta manera logrará resolver el caso de todas estas formas del Alma y de hoy en adelante no se seguirá dando el lujo de resentirse con nadie, pues con estos ejercicios su intuición se le seguirá desarrollando cada vez más.

El Centro Magnético del Negativismo y el Pesimismo.

Este Yo inferior que tiene gran parte de su Alma desintegrada en las prisiones del Resentimiento, la Frustración, la Envidia, la Mente Cerrada, la Mediocridad, La Falta de Carácter, la Ingratitud, aunado a las Prisiones de las Adicciones y de todas las prisiones del primer Plano del Ego. Irremediablemente se le formará un "lago" de Energía Negativa y Pesimismo que esta será como un Magnetismo que atraerá como un imán, todas las cosas negativas, todas las malas noticias, todo lo malo le vendrá, pues ha creado un Magnetismo de Negatividad y este por ley de atracción atraerá más negatividad.

De Allí que será muy infeliz, pues parece que todos sus sueños se han visto truncados, solo ha mirado el éxito de los demás pasar por enfrente de él, y él por más que se esfuerce no puede salir adelante, todo el tiempo estará con problemas para ajustar para la renta, con carros que se le descomponen, con trabajos mediocres, ropa gastada, el dinero no le alcanza, problemas con su pareja por dinero, por sexo, por falta de comunicación, por violencia, por adicciones, por abuso mental y emocional, en sus trabajos se sentirá muy cansado o sin ganas de trabajar, pues en esta ocasión sus verdugos internos estarán allí para hacerlo sentir muy mal, por ejemplo: en su trabajo sus consejeros malignos le dirán ¡Mira eres un idiota, para los años que tienes viviendo en este país a ti te correspondería tener tu propia casa, tu propio negocio, una esposa más bonita, un mejor carro, una situación legal mejor, pero todo lo has echado a perder, haz dejado pasar infinidad de oportunidades, y ahora mírate trabajando de obrero en este lugar horrible, que es para fracasados, porque eso es lo que eres un fracasado, un inútil!

Estas palabras son las que le causarán un cansancio crónico al Yo inferior que cada día que va a trabajar sentirá un pesar y se lamentará por no tener todo lo que ha deseado, estará decepcionado de su trabajo, de su esposa, de sí mismo, en su cara se mostrará su infelicidad, su amargura y cuando su esposa le cuestione algo sobre el dinero o sobre sus deudas o sus futuros planes. Se enojará muchísimo y contestará con mucha cólera, mucha neurosis por lo tanto de cualquier cosa se enojará, pues toda su frustración y enojo lo tiene a flor de piel que en cualquier momento sale, se enoja por el tráfico, porque la gente se mueve muy despacio, se intolera con facilidad y para tapar sus fracasos y su negatividad, cuando esté hablando con los demás, tratará de sacar a relucir todos sus vastos conocimientos, toda su sabiduría para que nadie sospeche de que vive infeliz o muy amargado, por fuera mostrará una cara de muy buena persona, o de muy positivo pero en su casa será todo lo contrario, se llenará de envidia con facilidad de ver a sus hermanos o primos o amigos de que si han salido adelante y él todavía no, y como no podrá contener tanta negatividad, entonces utilizará las adicciones como un escape inmediato, pues de no utilizarlas él siente que se asfixia, que se quema por dentro, pues no se aguanta ni a sí mismo, será víctima de sentirse muy solo, muy triste, con depresiones, con mucha ansiedad, inseguridades, querrá que alguien lo proteja, pues la vida se le hace muy pesada y muy grande.

Estará ausente de fe, pues de 20 metas que se ha puesto en la vida únicamente una o dos de ellas le han salido y en las demás ha sido un fracaso total, no se suicida por miedo a encontrarse en una situación peor después de muerto, pero si él supiera que después de muerto experimentará un paraíso no dudaría en suicidarse, pues la vida para él, es un infierno en vivo, no vive feliz con su esposa pero tampoco se quiere divorciar de ella, no está a gusto en su trabajo pero no sabe hacer muchas cosas y tampoco quiere batallar en salir a buscar otro trabajo, pues piensa que ya no hay trabajos para él, el mundo se le cierra con facilidad. Eso sí, cuando le pagan en su trabajo actual, él se siente liberado y se le olvidan sus problemas momentáneamente, pero en cuanto se le acaba ese dinero, nuevamente se sentirá inseguro y con su estado de negatividad, su salud estará pésima, sus horas de dormir también, casi no hace ejercicio, y toma mucho café o muchas bebidas energéticas, aunado con el cigarro y cualquier otra adicción, estos dos Espíritus de Negatividad de baja luz son como dos costales llenos de negatividad muy pesados que va cargando en su espalda todo el tiempo.

¿Quiénes son sus verdugos que le dicen todo tipo de negatividades?

Estos dos Espíritus de Negatividad y Pesimismo. Ellos son sus 2 grandes verdugos que lo desaniman en todos sus planes, que le están recordando cada vez que pueden lo torpe que ha sido, las oportunidades que ha dejado pasar, son los que lo llenan de miedo, de inseguridades, y le meten demasiadas preocupaciones. Estos dos Espíritus son los que lo llenan de negatividad con su esposa, sus hijos, y con todo mundo, son los que planean venganza, los que hacen que el Yo inferior les desee que les vaya mal a todos aquellos que han triunfado en lo que él ha fracasado y principalmente en lo económico, pues el éxito material de los demás, expone su fracaso en su vida y eso no lo tolera.

El Yo inferior para no lidiar con toda esta negatividad, se va a refugiar en las adicciones, en la religión, en la lectura, en servir a los demás, en infinidad de actividades que lo mantengan distraído, pues si no lo hace de esta manera puede cometer una locura, ya que es demasiado negatividad y si no trata de balancear tanta negatividad se puede enfermar de una parálisis cerebral, de un cáncer, o se puede morir de un infarto al corazón o de leucemia.

¿Cómo se pueden rescatar a las formas del Alma de esas dos Prisiones?

De la única manera es no alimentándolos. Ya que las formas del Alma aquí no llevan ningún propósito, más que el querer liberarse de la presencia de negatividad de estos dos Espíritus negativos de oscuridad.

La herramienta mejor que pueda utilizar, es el Contacto con su Conciencia Intuitiva ya que esta Conciencia siempre está muy tranquila y solamente puede proveerlo de soluciones y cosas positivas, sin importar por lo que este atravesando, su Conciencia Intuitiva siempre lo llenará de luz, esta será su Lámpara que esta prendida todo el tiempo y que le irá alumbrando el camino para salir de esa cueva oscura de su Reino de Oscuridad.

Cuando él vaya haciendo todos los ejercicios de escritura y de auto análisis en donde él va ir liberando a las formas de su Alma que se encuentran en otras prisiones, allí es cuando aprenderá a descubrir a la voz de su Conciencia intuitiva, ya que esta es su guía espiritual o su Maestro Interior de luz que todos los Yos inferiores llevan por dentro.

Cada vez que sus dos verdugos lo llenen de negatividad, tiene que hacer todo lo posible por no envidiar ni desearle un mal a nadie, de esta manera suspenderá el ciclo del kárma negativo, y luego tendrá que aprender a callarlos con autoridad. Puede utilizar las palabras que más vayan con su fe o su creencia, por ejemplo, les puede decir: ¡NADA QUE NO VENGA DE LA LUZ SERA BIENVENIDO!, ASÍ QUE CÁLLENSE Y DÉJENME EN PAZ. NO LOS NECESITO, ESPÍRITUS DE NEGATIVIDAD, ALÉJENSE EN EL NOMBRE DE..(Su Dios), DE LA JUSTICIA DIVINA O DEL PODER DEL AMOR.

Si repite esto constantemente, ellos se alejarán pues sus palabras si tienen poder y ellos también tienen sus limitaciones, no pueden violar la ley más de lo que no les corresponde. Mientras él no sabe su juego de ellos y cómo funcionan, entonces ellos hacen con él lo que se les antoja, pero en cuanto el Yo inferior sabe de lo que se trata el juego cósmico, entonces ellos comienzan a respetar cada vez más la autoridad del Yo inferior, pues saben que ya no está solo, y que su Conciencia Intuitiva está despertando más y más, junto con su Yo positivo y su Yo intuitivo.

Otra cosa que ayuda muchísimo es escuchar música del 6to Chakra, esta música la puede encontrar fácilmente en el internet en todo lo que tenga que ver con Chakras, con música del Zen, campanas tibetanas, flautas de bambú y sobre todo mantras ya que los espíritus de oscuridad no soportan estas vibraciones de sonido y por lo tanto se estarán ahuyentando de su mente, pues cada vez que él este escuchando esta música celestial, meditativa y se esté repitiendo estos mantras, ellos estarán ausentes. Ya que si continua escuchando música de bajas vibraciones, no los podrá ahuyentar de su mente, los tendrá muy pegaditos a sus oídos.

Los ejercicios de bioenergética del Primer Nivel de Conciencia junto con el hatta Yoga y los ejercicios de enraizamiento le servirán para sacudirse toda esa negatividad, por eso es que no hemos dado más técnicas para la negatividad, al igual él puede hacer uso del Agua, de las plantas, del fuego, de la tierra para entregarles su negatividad, ya que la naturaleza tiene la capacidad para absorber las energías negativas del hombre.

El Yo inferior puede dirigir la punta de todos los dedos de sus dos manos hacia dos plantas y hacer una oración en la cual él entregue su negatividad a esas dos plantas, por supuesto tomándolas en cuenta con mucha reverencia, dándoles su lugar y decirles que necesita de su ayuda para entregarles su negatividad y con la oración que haga las plantas absorberán gran parte de su negatividad, al igual si se baña en una tina de baño, allí es al los elemento del agua que entregará toda su negatividad, se llena la tina y el Yo inferior se puede hincar poner sus manos hacia abajo y entregarles toda su negatividad al agua, tiene que visualizar que mucha energía café oscura o rojiza oscura sale por las yemas de sus dedos y también de sus pies. Entonces cuando entregue esas energías de negatividad visualizará que en cuanto se acabe de ir toda el agua por la coladera, entonces allí mismo se fue toda su negatividad y él se sentirá más fresco y liviano, pues efectivamente todas esas energías de negatividad se fueron por la coladera. En una fogata también le puede entregar al fuego su negatividad, o caminando descalzo en la tierra o abrazando a un árbol.

Pero la solución más efectiva se encuentra en cada uno de los 7 Niveles de Conciencia empezando con el Primer Nivel de Conciencia ya que en este se hará una limpieza profunda de toda su mala alimentación, de todas sus toxinas, junto con ciertas disciplinas de ejercicios y de alimentación, entonces desde allí, el cuerpo se comenzará a sentir más contento consigo mismo. Ya que todo comienza por el templo que protege al Alma.

Hasta aquí hemos visto la parte del Sentimentalismo y Negativismo ya que en este 3er Plano del Ego el Yo inferior acostumbrará irse siempre a los extremos, o se va para el lado de la grandiosidad o se va para el lado del sentimentalismo, o triunfa en el mundo material y se jacta por ello o se llenará de envidia por los que según han triunfado, o se jactará de sus logros o se llenará de ingratitud, o hará muchísimo daño a los demás o se resentirá por todo el daño que le han hecho los demás, pero en este 3er.plano él se va a las extremidades, no conocerá el camino del medio, el camino de la Humildad. Este reloj pendular que tiene únicamente tiene Negatividad y Soberbia "o" Grandiosidad y Sentimentalismo, pero este péndulo así funciona, nunca se queda en medio. Por lo regular los Yos inferiores que más acudirán a la negatividad y el sentimentalismo, son las personas que han nacido con el temperamento introvertido y ahora la siguiente parte que sigue, que es de la Grandiosidad o la Soberbia por lo regular los que más harán uso de este extremo serán los Yos inferiores o las personas con temperamento extrovertido.

A continuación.

El Lado de LA GRANDIOSIDAD.

Revisemos el Campo Energético de LA JACTANCIA Y LA PRESUNCIÓN.

Comencemos con el

El Centro Magnético De La Soberbia. (Demonio Lucifer)

Aquí tenemos al Orgulloso, Jactancioso, Presuncioso, Déspota, Pedante, Narcisista y Vanidoso.

El Centro Magnético de Las Expectativas.

El Centro Magnético de El Materialista.

El Centro Magnético de El Hacedor.

(Escapista, superficial), el Pseudo Exitoso y Workoholic.

El Centro Magnético de El Egoísta.

El Egoísta, La Grandiosidad, el Egocéntrico y el Ventajista.

Revisemos a la Madre Soberbia y sus manifestaciones.

Este Espíritu arrogante de baja luz de la Soberbia, en algunas religiones

también es conocido como el Demonio Lucifer. No le permitirá al Yo inferior preguntar, instruirse, o aprender, por lo tanto esta es una de las razones por las cuales al Yo inferior se le haga muy difícil aprender algún idioma, algún oficio, algún deporte, todo se le dificulta aprender, ya que este Demonio de la Soberbia no le permite abrir su mente para nuevos conocimientos, tampoco le permitirá expresar sus verdaderos sentimientos hacia las personas ya que siempre que está a punto de decirle a su esposa, hijos o hermanos, amigos o padres cuanto los ama, este Espíritu no le permite que salgan las palabras de afecto y amor de su boca, tampoco le permitirá estudiar, pedir perdón, darle créditos a los demás por sus logros o sus estudios o éxitos, o aceptar sus propios errores.

A este Demonio no le gusta saber que hay otros mejores que él, no le gusta que le hagan saber sus errores, no le gusta perder, no le gusta que le enseñen, no le gusta pedir ayuda, no le gusta saber que otros saben más que él, no le gusta que otros sobre salgan primero que él, no le gusta que alaben a los demás solamente a él, no le gusta que hablen a sus espaldas de él aunque a él si le gusta hacerlo, no le gustan las hipocresías, no le gusta que lo hagan esperar, no le gusta que atiendan a otros primero que a él, todo absolutamente todo lo toma personal, si se le mete un carro él piensa que el que se le metió lo hizo a propósito y que además sabía que él iba manejando, tiene complejos de superioridad y nunca está conforme con lo que la vida le da, siempre está renegando de que él merecía otra cosa mejor, o de que no fue suficiente lo que le tocó.

Este Demonio de la Soberbia mantendrá al Yo inferior en la pobreza económica y espiritual, pues por el lado material le dirá: Para que tener mucho dinero si esa gente a veces es muy arrogante, se creen mucho, no seas como ellos, mejor pobre así como Jesús que fue pobre, así como Buddha que vivió de limosnas, en fin lo convencerá de que vivir en la miseria o la pobreza es mejor que vivir en la riqueza o la comodidad, por lo tanto el Yo inferior justificará su mediocridad y su conformismo con pensar que es muy espiritual y que no necesita ser rico para ser feliz, pero por otro lado si llegase a triunfar, entonces comenzará a mirar a todos los que viven en la pobreza como gente ignorante, gente conformista, gente que no quiere salir adelante y nuevamente justificará de que él si salió adelante porque es espiritual o es humilde. Así que con la Soberbia se puede justificar cualquier comportamiento, aquí el Yo inferior nunca admitirá que él tuvo la culpa, que fue su error, aquí la culpa es de los demás, los errores los cometen los demás.

La Soberbia no permite a los Yos inferiores investigar a fondo, por lo regular acaba convenciendo al Yo inferior de que no es necesario y que él ya lo sabe y el Yo inferior acaba tomando una postura muy arrogante de pensar que ya sabe mucho y de que casi nadie le puede enseñar nada, de aquí que cada vez que tenga chanza abrirá la boca para impresionar a los demás de cuanto sabe, de que tantas cosas él ha hecho, de quien es él, y contará sus grandes hazañas, sus conquistas, todo lo mejor de él, siempre lo estará contando pues le interesa demasiado impresionar a los demás, le interesa demasiado la imagen, que tan difícil le será a un Yo inferior decir lo siento cada vez que se equivoque, porque su soberbia lo convencerá de que no fue su culpa y de que aquella persona se lo merecía. A la vez un Yo inferior infectado por este Demonio arrogante de la Soberbia da por sentado que conoce muchas cosas de la vida, muchas palabras y por lo tanto ese pseudo conocimiento que tiene lo mantendrá ciego espiritualmente, pues asumirá que ya conoce a Jesús Cristo, a Buddha, a Krishna, a Mohammed, a las religiones, a las palabras como la humildad, la aceptación, el silencio, la observación, y muchas más. El Yo inferior apenas sabe una milésima parte de todo su conocimiento, pero con la soberbia él creerá que sabe un 100% de su conocimiento y esto lo mantendrá en una continua ignorancia, pues nunca se pregunta realmente así mismo si en verdad sabe todo lo que él piensa que sabe Y si en verdad es así. Entonces, ¿Por qué todavía sigue sufriendo?

Si en verdad sabe que comer frutas y verduras es lo mejor, entonces ¿Por qué no las come? y por qué si sabe que comer comida chatarra o rápida le hace daño a su salud, entonces ¿Por qué la sigue comiendo? ¿Por qué si sabe que es mejor no discutir con su esposa cuando ella está enojada, por qué se queda allí discutiendo? ¿Por qué si sabe que a su patrón le gusta que llegue temprano al trabajo por qué sigue llegando tarde? ¿Por qué si sabe que si sigue fumando se va a sentir muy mal, continua fumando? ¿Por qué si sabe que si aprende hablar inglés tendrá una mejor oportunidad de trabajo entonces por qué no estudia en lugar de seguir viendo programas de televisión inservibles? además ¿Por qué asume que él sabe lo que es ser un cristiano, un musulmán, un hinduista, un budista, un taoísta, un ateo, un agnóstico, un deísta, infinidad de palabras que requieren de tener una experiencia empírica y no teórica, esta actitud es la que lo mantiene sin aprender pues ya "todo lo sabe" aunque su vida diga todo lo contrario.

El médico le dijo que si sigue bebiendo, fumando, drogándose o comiendo comida chatarra se puede hasta morir y ¿Por qué lo sigue haciendo si ya lo sabe? También sabe que si se duerme a la 1:00am al otro día le será imposible pararse a las 7:30am, entonces ¿Por qué se sigue durmiendo a la 1:00am o 2:00am con la idea de que se levantará a las 7:00am o 8:00am y cuando son las 8:00am, lo primero que se dice" ¿Por qué me acosté tarde? acaso no fue su soberbia que lo convenció de que él tenía la capacidad de levantarse temprano y entonces donde esta eso que él creyó como verdad? ¿Hasta cuándo podrá entender este Yo inferior de que en realidad ha perdido la capacidad de darle vida a todo eso que él dice saber? Y que simplemente se ha conformado con tener la idea de que si sabe, y también acaba conformándose con convencer a los otros Yos inferiores de que él sabe. Cuando en realidad solamente le ha podido dar vida a un 2% a 5% de todo lo que él sabe y del resto del 98% o 95% solamente lo utiliza para esconder la Idiotez de este Demonio Soberbio Inservible, que lo único que le ha traído a su vida es una vida miserable y ficticia.

Exactamente no hace lo que sabe que tiene que hacer porque el Demonio Arrogante de la Soberbia no se lo permite, él es el que de cierta manera gobierna su vida y si el Yo inferior no aprende a someterlo, a controlarlo entonces este Demonio de la Soberbia lo mantendrá miserable para el resto de su vida, pues todo el conocimiento que el Yo inferior piensa que tiene es un conocimiento inservible. A esto también se refería el Maestro Jesús cuando decía: tienen ojos y no ven, tienen oídos y no escuchan. Él se refería a los que han sido posesionados por este Poderoso Demonio de la Soberbia, pues este mantiene al Yo inferior ciego y sordo espiritualmente y es por eso que no hace lo que él aparentemente sabe lo que lo va hacer sentir bien.

En cambio cuando un Yo inferior comienza hacer uso del Principio de la Humildad esta si le permitirá hacer todo aquello que lo va hacer sentir bien, lo va habilitar para poder preguntar, poder aprender, poder expresar sus verdaderos sentimientos, poder aceptar sus errores, poder dejar de discutir con su esposa cuando ella este enojada, poder alimentarse bien, poder hacer ejercicio, poder seguir las instrucciones de su médico, poder cortar todas sus adicciones insanas, entonces aquí es cuando el Yo inferior descubrirá que sin la Humildad su conocimiento es inservible, ya que este Demonio Arrogante de la Soberbia siempre lo hará que haga las cosas que más le perjudican a él como a los que están a su alrededor.

El Primero de todos los hijos de la Soberbia es El Espíritu arrogante de El Orgullo.

Manifestado como La jactancia y la Presunción.

Primero trataremos de separar al Orgullo Verdadero o de Luz. Este sentimiento que es muy natural en el ser humano y que es inevitable eliminarlo ya que es un sentimiento muy positivo y ayuda al autoestima y sobre todo a sentirse digno de merecer lo que se está recibiendo, por lo tanto este orgullo positivo no es igual que el otro orgullo falso o de baja luz.

El Orgullo positivo es aquel en donde el hijo se siente orgulloso de su padre por el gran ejemplo que ha dado en su hogar, en donde se puede sentir orgulloso de la mamá que le tocó, de cómo su mamá sabe hacer de comer, de como lo ha comprendido cuando más la ha necesitado y que en ella encuentra también a una amiga, también él se puede sentir muy orgulloso de la esposa que le tocó, ella es muy guapa para él y además la quiere mucho. Él se siente muy bien cada vez que sale con ella a una fiesta o una reunión familiar nunca se siente avergonzado de ella, al igual se puede sentir orgulloso cada vez que sus hijos le presentan buenas calificaciones, cada vez que él y su esposa han asistido a las graduaciones de sus hijos.

También se puede sentir orgulloso cada vez que su equipo de futbol gana, cada vez que su mejor boxeador gana, cada vez que alguien de su país gana en unas olimpiadas, también él se puede sentir orgulloso o digno cada vez que sus hijos le dan un reconocimiento público y le expresan su agradecimiento por todo su apoyo y por ser un buen Padre, de esta manera él sabe también recibir elogios por que se los ha merecido.

Entonces se puede mirar con mucha claridad que este tipo de sentimiento que también se convierte en algo emocional, es positivo y por lo tanto hace sentir a la persona con una buena autoestima, una seguridad en sí mismo, un sentimiento alegre y de contentamiento. Incluso la persona sentirá que si vale la pena estar vivo y recibir todos estos regalos.

Ahora presentaremos la otra cara del Orgullo esa que es de Jactancia. Pero antes de presentarlo primero recordaremos un poco parte de la Naturaleza del Alma.

El Alma del Yo inferior por su naturaleza nace con un deseo fuerte de demostrar a las demás Almas quien es él o ella. Este deseo natural es inherente en ella.

De allí que cuando logra su Primera Misión ella está en lo máximo de su existencia terrenal, si por ejemplo el Alma del Yo inferior quiere demostrase ante los demás quien es y que sabe hacer por medio de convertirse en una cantante o actor de cine, entonces cuando se presenta ante un concierto y el estadio se llena y sus fans se mueren de ganas de escucharlo/a. Allí el Alma estaría demostrando quien es y que sabe hacer, por lo tanto se sentirá autorealizada, pues está cumpliendo con la primer misión de su vida y las demás Almas de los otros Yos inferiores la han aceptado y le dan su cariño, afecto y respeto con aplausos y buenas vibras. Esto hace que las dos partes se unifiquen y sea una sola resonancia. Tanto el público como el artista experimentan una conexión única, y esto sucede con todas aquellas Almas que han logrado su primera misión, por lo tanto este deseo de demostrar a las demás Almas por medio de su Yo inferior quien es y que sabe hacer. Es un deseo natural y espiritual.

Más no así con los deseos del Falso Orgullo en la parte oscura. En donde por medio de la jactancia quiere demostrarles a los demás Yos inferiores quien es y que sabe hacer.

La diferencia es que el Alma busca unificarse y hacerse una con las demás Almas, en cambio el Falso Orgullo en su manifestación de Jactancia no busca la unicidad, lo que busca es la impresión, lo que busca es el robo de energía por medio de la atención y admiración de los otros Yos inferiores. Este Espíritu Orgulloso de jactancia busca ponerse por encima de los demás Yos inferiores, quiere demostrar su Superioridad. De aquí que si el Yo inferior no aprende a saber cuáles son los objetivos que persigue este Espíritu arrogante de baja luz, entonces será arrastrado por sus deseos enfermizos de estar buscando el prestigio y el poder por medio de este espíritu. Y no le importará conseguir ese prestigio acosta de llevarse entre los pies a quien sea. Su lema es "los fines justifican los medios".

Cuando este Espíritu de jactancia logra que los demás Yos inferiores lo admiren, lo respeten, o se impresionen. Él siente un gran placer, pues también él siente que está demostrando quien es y que sabe hacer por medio del Yo inferior y este a la vez como también es contagiado por este sentimiento y emoción de placer, así es como queda atrapado e identificado con su Espíritu arrogante de baja luz de la Jactancia y el Falso Orgullo. Y se llega a perder en esta fuerte identificación.

¿Cómo se puede distinguir entre el primer propósito del Alma y el primer propósito del espíritu arrogante Jactancioso?

Supongamos que el Alma en su primera misión está el ser un cantante, pero no lo logra ya sea por falta de apoyo, o por complejos de inferioridad no superados o cualquier otro motivo, entonces el Alma tiene otras opciones, quizás como segunda opción tiene ser un gran actor de cine o quizás un jugador de futbol, pero es tarea del Yo inferior descubrir que es lo que siente en su corazón, cual es el deseo más fuerte que predomina y cuando lo descubra esa debe de ser la primera opción y como decíamos en caso de que no logre esa primera opción, entonces tendrá que optar por su segunda o 3ra opción, pero cualquier opción que escoja tiene que sentirse a gusto de haberlo podido lograr y derrotarse con la idea de la primera opción.

Una de las grandes diferencias es que el Alma para llegar a realizar su primer objetivo tiene entre 2 o 7 opciones.

En cambio el propósito del Espíritu arrogante de jactancia tiene infinidad de opciones, ha este no le importa si el Yo inferior es mecánico, cantante, carpintero, deportista o lo que sea, a este espíritu lo único que le interesa es robarle energías a los demás, por medio de la impresión y la admiración que le den al Yo inferior.

Incluso si este espíritu mira que por medio de la violencia o la corrupción él puede impresionar más entonces tratará de convencer al Yo inferior de que se convierta en un traficante de drogas, en un mafioso, en un ratero, en un criminal, o un travesti. En fin entre más respeto, admiración o impresión consiga de los demás Yos inferiores, más placer sentirá este Espíritu Jactancioso.

Un ejemplo claro de esto lo podríamos mirar en las agrupaciones de los 12 pasos, cuando un Yo inferior es dominado por este Espíritu jactante entonces nunca le importará la persona que va por información, siempre le importará impresionar a los demás con su mensaje, estará más preocupado en lo que dijo, que en los sentimientos de la persona nueva. Al igual si algunos de su compañeros están tratando de ayudar algun otro compañero que trae unos problemas emocionales fuertísimos, pero nadie lo ha podido ayudar y le piden la ayuda a este Yo inferior contagiado de su Espíritu de jactancia, y en caso de que este Yo inferior si logre ayudar al compañero, su Espíritu de jactancia se sentirá realizado de haber podido lograr lo que los demás no pudieron, ya que esto causará que se hable bien de él, que se diga que él sí sabe cómo ayudar a personas difíciles, a personas que casi nadie puede ayudar.

Y esto se podrá mirar también cuando un Yo inferior ha logrado desarrollar algún don o talento tal como sanar a alguien con la imposición de manos, leer la mano, el tarot, o algún otro tipo de poder psíquico como la clarividencia, la telepatía, premonición, telequinesis, clauriaudiencia, la Intuición, la mediumnidad, adivinación, y de más.

Si el Yo inferior no ha logrado desarrollar ciertos principios espirituales tales como el anonimato, la humildad, amor incondicional o no aprendido las bases esenciales de un healer, de un sanador de luz, entonces lo más probable es que será víctima de su Espíritu arrogante de Jactancia ya que este lo convencerá de que es una persona súper especial y que está por encima de millones de otras personas. Este "ayudará" a otros y estos a la vez le crearán una fama de ser una persona altamente espiritual, muy especial y esto por supuesto creará impresión en los demás, y cuando esto suceda este espíritu de jactancia estará realizando su misión en la 3ra dimensión, pues, mientras el Yo inferior no lo descubra él seguirá creciendo con más fuerza, que convertirá al Yo inferior en un Ayudador insano, de allí que muchos líderes religiosos o gurús místicos han caído desde lo alto. Por no estar al tanto de este Poderoso Enemigo de jactancia al cual solamente le importaba robar energías vitales de las Almas por medio del impresionismo. Todo es diferente cuando un Yo inferior desarrolla todos estos dones o talentos y tiene unas bases firmes de espiritualidad, ya que en estas bases firmes está el haberse convertido primero en un Ayudador Sano, haber transcendido sus primeros 3 Niveles de Conciencia.

Esta es una característica muy común de estas dos entidades del Ego y el Súper Ego, utilizan la jactancia para celebrar antes de tiempo, con cualquier pequeño logro o descubrimiento que haga el Yo inferior ya lo quieren ir a demostrar a los demás, nunca para ayudar o compartir, todo el tiempo es para obtener admiración, respeto y causar impresion, así cada vez que roban atención de los demás Yos inferiores, esto los llena de poder, los fortalece y el Yo inferior también siente todo ese poder y placer que acaba por convertirse en un adicto al robo de atención y admiración de los demás.

Cada vez que el Yo inferior hace un acto de espiritualidad o ayuda a alguien, allí aparece el Súper Ego para felicitarlo y hacerle saber que él sí practica lo que habla, que él sí practica lo que predica, que él sí es una persona espiritual, no como otros que solamente hablan y hablan y no hacen nada, de esta manera lo comienza adular y hacerlo sentir importante y más tarde que él este platicando con alguien o esté dando una plática, allí aparecerá nuevamente el Súper Ego para recordarle la gran obra que hizo, el bien que le causó a la persona que ayudó y le dirá que se lo haga saber a los demás, para que se den cuenta de la espiritualidad que él tiene y el Yo inferior acaba hablando de sus buenas acciones y lo hace de una manera en que no se note su jactancia, lo tratará de hacer con una humildad actuada y preparada y si alguien de los que lo está escuchando se llega a impresionar, entonces los consejeros malignos ya obtuvieron lo que necesitaban, el alimento de la impresión, la atención, la admiración y el respeto.

Cada vez estarán demandando recibir más de esta admiración, impresionismo y respeto que el Yo inferior se encontrará a veces hablando demás, queriendo dar lo que no tiene, queriendo impresionar de una y mil maneras, aquella buena obra que hizo hace unos tres años, continuamente la estará sacando a relucir, el Súper Ego tiene todo un video de todas las cosas buenas que ha hecho y se las pondrá en su pantalla de la imaginación para que las mire y se recuerde de a cuantas Personas ha ayudado, que tantos libros a leído, que tantos estudios tiene, todo lo mejor de él, se lo estará proyectando en su pantalla mental para que de eso hable y les presuma a los demás, todas sus buenas virtudes.

El Espíritu Arrogante de La Presunción.

Desde una niñez el Yo inferior comenzará a darle vida al Espíritu arrogante de la presunción, desde allí sus consejeros malignos lo aconsejan para que este presumiendo a su papá, a su mamá, a sus hermanos, su casa, el trabajo de su papá, la ropa y los juguetes que le compran, por lo tanto este Yo inferior siempre estará tratando de aprender a saber jugar más deportes que los demás, para que siempre este quedando por encima de los demás, estará queriendo sacar mejores calificaciones para presumirlas, en todo se querrá mejorar para presumirlo, pues estos consejeros malignos sufren de falta de atención que utilizarán al Yo inferior para que se dedique agarrar toda la atención que más pueda de los demás, y si por ejemplo no logra ser un buen deportista o un buen estudiante, entonces se convertirá en el que haga bulling a los demás, en el que haga las más grandes travesuras, el peleonero, el rebelde, al que le tienen miedo, porque de esta manera podrá también impresionar y robar atención, los consejeros malignos todo el tiempo sabrán de qué manera manejarán a su Yo inferior, lo estarán utilizando como carnada, para conseguir las energías espirituales de los demás, este Espíritu arrogante también busca impresionar por el lado material, como puede hacerlo por el lado espiritual, intelectual, incluso también puede presumir que él es, el que ha sufrido más que los demás, o puede presumir cuantas enfermedades tiene, el objetivo de este Espíritu Presuncioso es que las otras personas digan entre sí mismas." pobrecito a este si le ha ido mal y yo quejándome, no cabe duda que es una mujer fuertísima pues yo con menos ando llorando," Ese es el fin que quiere lograr este espíritu que se diga que el Yo inferior ha sufrido mucho y que sin embargo sigue de pie.

Él se tiene que preguntar seriamente ¿hasta cuándo va a dejar de llamar la atención con sus enfermedades? ¿Hasta cuándo va a comer bien y hacer ejercicio precisamente para que ya no se siga enfermando? Entonces como este Yo inferior esta poseído por este espíritu de presunción y de estar llamando la atención, le es más fácil seguirse autodestruyendo, seguirse conmiserando y llamando la atención de esa manera, que hacer los cambios necesarios para amarse a sí mismo, ya que el amarse así mismo implica muertes a las formas del Ego. Y esto es más doloroso y más difícil de lograr. Entonces lo más fácil es optar por la autodestrucción, enfermarse y de esta manera impresionar a las personas de "Que gran sufrimiento ella es capaz de soportar". Cuando en realidad la otra gente bien podría pensar de una manera diferente y decir. "Que gran soberbia de esta persona que no se cuida a sí misma, pues sigue fumando, se sigue desvelando, sigue comiendo muy mal y no sale a caminar ni hacer ejercicio y entonces ¿cómo espera ya no seguirse enfermando?"

Pues este Yo inferior que se seguirá enfermando lo hará por que está siendo dominado por estos espíritus arrogantes soberbios que no le permiten hacer las cosas de diferente manera, ellos seguirán gobernando su vida mientras él no descubra cuáles son sus negras intenciones.

Por el otro lado del éxito convertirán al Yo inferior en un materialista a modo de seguir con la presunción y su mentalidad será de seguirse comparando con los que ganan menos dinero que él, con los que tienen menos conocimientos que él, con los que a su parecer son menos que él, pues estos otros Yos inferiores fracasados, son los que su Espíritu Presuncioso necesita para el seguir gozando del placer de sentirse por encima de ellos, ha este Espíritu arrogante de la presunción nunca le gusta estar al lado de gente que sepa más que él, que tenga más dinero que él, pues lo opacan y a ellos no los puede impresionar, ni presumir nada. Por eso es que convencerá al Yo inferior que es mejor que se acerque a los que viven en más ignorancia que él, que viven en una situación económica más miserable. Si es mujer entonces que se acerque con las mujeres que son menos atractivas que ella, pero todo el tiempo este espíritu Presuncioso tratará de que el Yo inferior se rodee de gente inferior a él.

Con el tiempo el Yo inferior convierte la presunción y la jactancia como un modo de vivir y de hablar, que si él llegase hacer un autoanálisis hoy en día, descubriría con gran asombro que en la mayoría de cosas que habla, son los Espíritus de jactancia y de presunción los que salieron hablando y que él acabo diciendo cosas que en realidad no quiera decir, pues nuevamente hablo demás, fue imprudente, actuó de una manera jactanciosa y presumida.

Toda esta manera presunciosa y jactanciosa de comportarse con los demás, con el tiempo le creará que tenga infinidad de enemigos, pues en su arrogancia y jactancia ha estado pisoteando a los demás, no le importa herir los sentimientos de los demás, todas sus acciones jactantes y presunciosas las justifica, mira a los demás, de menos, siente que son poca cosa en comparación con sus grandes talentos y su sabiduría y cuando se encuentra a otro Yo inferior que también es igual y que quizás hasta tenga mejor conocimiento que él o gane más dinero que él, entonces le resurgirá la envidia y comenzará hablar mal de la otra persona, se encargará de hacerlo ver mal, todas las veces que más pueda, pues le está haciendo sombra y él no quiere que nadie le haga sombra, toda la atención e impresión la quiere para él solito y no desea compartirla con ningún otro.

Cuando un Yo inferior está dominado fuertemente por estos dos Espíritus arrogantes de Jactancia y presunción, que difícil, le será comprender la espiritualidad incluso no le llama la atención nada que tenga que ver con meditación, o practicas yoguicas, ya que allí no mira a quien impresionar, es más fácil que le llame más la atención ir a un curso de teología y convertirse en un Pastor, pues allí estos Espíritus de jactancia y presunción, podrán coger impresionismo, admiración, respeto y atención a manos llenas, todo este tipo de prácticas espirituales si les llama la atención, todo lo que tenga que ver, con liderazgo, con estar hablando enfrente de 10,000 o 20,000 personas todo eso si les llama la atención, pero todo aquello que requiera irse a recluir a un Ashram en donde pasen desapercibidos sin que nadie les ponga atención jamás les llamará la atención.

Si el Yo inferior hablará de sus logros, de su conocimiento, de sus habilidades y dones que tiene de una manera sencilla y con ganas únicamente de compartir y con la intención de que esa información le sirva a alguien más, entonces nunca se metería en problemas ni tampoco alimentaria a los Espíritus Arrogantes de Jactancia y Presunción, todo lo que le causa problemas y le crea kárma negativo es con la actitud que dice las cosas, todo está en ese placer que él siente al saber que él está por encima de los demás, que es superior a los demás. Ya que su actitud y no lo demás que dice, es lo que hace toda la diferencia, ya que entre más lo haga por presunción y jactancia, entonces será menos sensible, más duro de corazón y acabará utilizando a todas las personas únicamente como medios para él conseguir sus propios fines, esto quiere decir que mientras alguna persona le sea de utilidad le hablará bien y se convertirá en su amigo, pero en cuanto esta persona ya no le sirva se olvidará de ella y no tendrá algún interés en su amistad, también a estos Yos inferiores les encanta que los estén adulando todo el tiempo, que les estén diciendo Maestros, Padrinos, Profesores, Mesías, Pastores, o Gurús, les encanta que les hagan infinidad de preguntas para que al contestarlas le borren la ignorancia a su seguidor y este quede agradecido de por vida y siempre acabe diciendo gracias a mi Maestro o mi Líder Espiritual yo logre transcender. Ya que todo este tipo de comentarios les causa mucho placer y por el otro lado tratarán de no juntarse con gente que no impacten o que no impresionen, pues de estas no sienten placer, ya que no los admiran ni les hacen preguntas.

Con el tiempo muchos de estos Yos inferiores dominados por estos dos espíritus acaban solos o sin una verdadera amistad sincera, ya que con el tiempo la gente que los admiraba comienzan a despertar y dejan de seguirlos o de escucharlos y la otra parte de personas, siempre los envidiaron o les desearon que les fuera mal, ya que son personas que se sintieron muy ofendidas por los desprecios que hacían con sus actitudes de jactancia y presunción, por lo regular a ningún Yo inferior le gusta que lo hagan sentirse inferior o como un ignorante y los Yos inferiores dominados por la Jactancia y la presunción, es lo que más saben hacer, hacer sentir a las personas inferiores, ignorantes, inservibles, les gusta minimizar a las personas, pues todo el tiempo ellos quieren mirarse por encima de los demás y a todos esos que humillaron o hicieron sentir de menos, tomarán venganza tarde o temprano.

Mientras este Yo inferior siga tomando posturas de Maestro o de Pseudo sabio, jamás llegará a convertirse en un Verdadero Maestro de Luz o en un Sage, ya que él mismo se está conformando con ser un Pseudo Maestro y un Pseudo Sabio y por lo tanto el principio de la Sabiduría jamás podrá entrar habitar en su Segundo Reino de Luz. Ningún Principio Espiritual puede entrar a residir en su Reino de Oscuridad, es el Yo inferior el que tiene que abandonar su Reino de Oscuridad y mudarse a vivir a su Segundo Reino de Luz, ya que si no lo hace de esa manera, entonces todo lo que conocerá en su Reino de Oscuridad como Sabiduría y Principios Espirituales, en realidad será la Pseudo sabiduría y Pseudo principios, estas son entidades de oscuridad que aparentan ser Principios Espirituales, pero en realidad son únicamente unos elementales artificiales construidos por él mismo, de esta manera acaba engañándose, porque llega un momento en que él se da cuenta que no es verdad eso que tanto presume y que se inventa, pero ahora él se dice a sí mismo, "mientras las personas me sigan creyendo todo lo que les digo y se sigan impresionando y me sigan admirando entonces yo seguiré vendiendo mis productos de espiritualidad y sabiduría a los demás".

Como Disciplinas puede reflexionar en lo siguiente:

¿Hasta cuándo dejará de utilizar a las personas como medios para el conseguir sus fines? ¿Hasta cuándo va a dejar de robar atención y aprobación de los demás? ¿Por qué solamente quiere que la admiración sea únicamente para él y se pone celoso cuando los que lo admiraban comienzan admirar a alguien más? ¿Por qué le interesa tanto que los demás lo miren y piensen que él es una persona sabia? ¿Hasta cuándo dejará de jactarse de cualquier pequeño logro que alcanza? ¿Cuándo dejará de presumir todas sus buenas obras que hizo en el pasado? ¿Por qué continúa contando las mismas buenas obras que ha hecho en los últimos 20 años?

Ahora hará un inventario de cómo la gente se le ha alejado acusa de sus actitudes de jactancia y presunción, también escribirá cuales han sido todos los resultados que ha obtenido por haberles dado vida a estos dos Espíritus arrogantes de jactancia y presunción.

Esta siguiente disciplina la daremos en el primer nivel de conciencia pero la haremos saber aquí, para mirar la importancia de hacerlo, cuando el Yo inferior se haya decidió a dar su primera muerte espiritual, la disciplina consiste en lo siguiente:

No hablará de ningún Principio Espiritual, hasta que no se le haya dado vida por dos años continuos, los dos años continuos tienen que ser todos los días. A manera de que ahora si ya se tenga autoridad moral y espiritual para hacerlo, ya que a los dos años, es seguro de que ese Principio espiritual ya estará residiendo en su Segundo Reino de Luz y por lo tanto, ya no será el Espíritu de jactancia y de presunción los que hablen por medio del Yo inferior, ahora sí serán los Verdaderos Principios Espirituales que hablen a través de él..

Luego tenemos al..

Espíritu arrogante : El Déspota.

Cuando el Yo inferior ha sido contagiado por este Espíritu arrogante de baja luz de despotismo se convertirá en un dictador o una persona que abusará de su poder para imponer sus deseos egoístas en los demás, de allí que si este Yo inferior tiene un puesto en su trabajo con cierta autoridad, entonces abusará de su autoridad y humillará a los que más dependen de su trabajo, pues ese sentimiento de poder que sentirá le causa mucho placer a su espíritu arrogante Déspota. Y este se seguirá alimentando del miedo que le tengan las demás personas para que no las vaya a correr de su trabajo, de allí que abusará de su poder y este placer también lo sentirá el Yo inferior que después se le hará difícil desidentificarse de este Espíritu, pues así como controla a sus empleados querrá controlar a su esposa, sus hijos y esa será su actitud, sentir que él tiene dominio sobre las personas, estos Yos inferiores por lo regular buscarán trabajos en donde puedan ejercer su autoridad, por lo regular trabajarán como policías, en la política o se integrarán alguna mafia, algun cartel, alguna ganga o pandilla, o buscarán puestos de trabajo en donde ellos queden como supervisores y buscarán todo el tiempo el liderazgo y muchos de ellos optarán por tener su propio negocio. Pues de lo que se trata es de imponerse sobre los demás, sentir el placer insano del poder, de mirar la sumisión y la dejadez de los más débiles.

Este placer de poder es muy cegador, pues mantiene al Yo inferior en un mundo de hostilidad. Mientras él es contagiado de este placer del poder, no mira la necesidad de desarrollar las cualidades del amor, la comprensión, la compasión, la empatía. Para él, estas palabras no tienen importancia y está muy lejos de conocerlas, no piensa que las llegue a necesitar en su vida. Su arrogancia le ha hecho creer que todo el tiempo estará en el poder, que él será el dictador y los demás sus subordinados.

Lo que este Yo inferior no se da ni por enterado es que con sus actitudes déspotas estará creando demasiado kárma negativo y este tarde o temprano le vendrá. No es muy raro mirar a estos Yos inferiores en donde tenían subordinados a otros Yos inferiores llegar a una vejez solos, sin que nadie los visite, sin ninguna amistad sincera y como ya no pueden ejercer su poder en los demás, entonces su pago se les viene en montones, y experimentarán un infierno emocional, pues poco a poco la culpabilidad de todo el daño que hicieron irá aumentando y aunque quieran pedir perdón es posible que la otra gente no esté preparada para perdonarlos.

Lo mejor que pueden hacer estos Yos inferiores que abusaron de su Poder, es sentir un verdadero arrepentimiento y estar dispuestos a pagar su D.kármica lo más que puedan. Si su arrepentimiento fue verdadero entonces ellos se sentirán agradecidos de seguir aún con vida, pues mientras tengan vida tienen oportunidad de ir pagando su D.kármica y es lo único que les debería más de importar, ya que no se pueden dar el lujo de esperar nada de nadie, a estas alturas, lo mejor es seguir con vida y seguir expandiendo su conciencia. El tiempo será oro para ellos.

¿Pero qué pasa cuando un Yo inferior que hizo mal uso de su Poder, que llega a viejo y no se llega arrepentir de corazón?

Sin duda alguna experimentará un infierno emocional pues no quiere derrotarse a sus enemigos internos, aun los quiere seguir conservando y no se da cuenta que su juicio de todos modos lo va a tener que experimentar aquí o en el otro lado. Claro el Juicio no se lo hace ningún Dios. El juicio se lo va hacer el mismo. Pues sus bajas vibraciones de luz no le permitirán saber cuáles son sus derechos y por lo tanto recibirá el castigo que los seres malignos le impongan, en este caso él se hará responsable por todo el resentimiento que haya engendrado en toda aquella gente a la cual abuso emocional, física, económica, mental y espiritualmente.

Es por eso que le es más conveniente arrepentirse de corazón y aprovechar su estancia en el plano terrenal tridimensional, para que cuando llegue de este lado su carga sea más ligera y tenga mejores oportunidades de escoger una mejor misión su siguiente vida terrenal.

¿Cómo funciona eso de los resentimientos que haya engendrado en los demás?

Cuando un Alma llega al otro lado y está haciendo su examen de conciencia, entonces sentirá todo el dolor que su Yo inferior les hizo sentir a todas las demás Almas. Sentirá en carne propia el dolor de sus semejantes y su dolor durará hasta que acabe de experimentar ese dolor que les hizo sentir a los demás.

Este lapso le puede llegar a durar unos 10,15 o 20 años, pero para él será como una eternidad, ya que el tiempo allá lo mide el dolor.

Por eso si una persona en vida trata de reparar todos sus daños, entonces cuando llegue de este lado, seguirá sintiendo el dolor que les hizo pasar a los demás, pero como ya algunos de ellos lo han perdonado de corazón, entonces esto es lo que le reduce su D.kármica y por lo tanto si tenía que experimentar ese dolor por unos 20 años, entonces con el perdón que le otorgaron los demás, es posible que solamente le corresponda experimentarlo un año o menos, y se podrá preparar para su siguiente vida terrenal.

De esta manera nadie escapa a la Ley karmica, a la ley de Causa y Efecto. Tener conocimiento de las leyes cósmicas le permitirá poderse defender mejor de sus adversarios, y entre más informado se esté más probabilidades tendrá de entablar un contacto directo con su Conciencia Intuitiva la cual es su mejor abogado espiritual, pues esta Conciencia luchará por él, como nadie lo puede hacer, a esta Conciencia intuitiva algunos le han llamado el Espíritu Santo.

Ahora la Conciencia Cristica Buddhica. Es la que no permite que el Alma del Yo inferior se pierda. Esta Conciencia es la que baja incluso hasta el mismo infierno si es posible para rescatar a su Alma, pero sigue siendo el Yo inferior el que tiene que aumentar sus vibraciones energéticas para que pueda tener acceso a otros niveles de conciencia que le permitirán revisar su propios registros Akashicos, sus vidas pasadas, y en lugar de experimentar un infierno, podrá mejor experimentar un lugar de descanso en donde podrá por fin liberarse de todo el stress, las preocupaciones y todo lo que tenga que ver con la 3ra dimensión, y por el contrario su estadía de este lado se le hará más cómoda, más placentera y se podrá tomar mucho más tiempo para volver a regresar al plano terrenal. Pues hay almas que hasta se han llegado a tardar más de 200 años en regresar. Ya que su estadía de este lado, la están aprovechando al máximo, para que en su próxima vida terrenal no se distraigan mucho con las distracciones y placeres de la 3ra dimensión y mejor se enfoquen en alcanzar sus niveles Superiores de conciencia, y hoy en día podemos mirar como cada vez están llegando esas Almas adelantadas en forma de niños índigos. Estas Almas son las que decidieron permanecer allá muchísimo tiempo, sí se prepararon bien antes de regresar a la 3ra Dimensión.

Observemos al **Espíritu Arrogante.. El Pedante.**

Este Espíritu Arrogante Pedante convertirá al Yo inferior en un sabelotodo, en una biblioteca andando, en cualquier oportunidad querrá sacar a relucir sus estudios académicos, sus reconocimientos, todo lo que impresione a las mentes de los demás, pues a este espíritu le interesa muchísimo que se piense de él que es un gran sabio, un gran erudito, un gran conocedor de la vida, un gran intelectual y racionalizador. Aquí el se perderá quizás hasta por toda una vida, ya que es muy fácil confundirse.

Esto es lo que sucede. Cuando este Espíritu arrogante pedante logra impresionar a los otros Yos inferiores por medio de sus conocimientos y estos llegan a idolatrar o hablar bien de este Espíritu Pedante, entonces este Espíritu se sentirá autorealizado, sentirá que su propósito de la vida lo está cumpliendo y todo este placer que sentirá lo sentirá también el Yo inferior y por su puesto le agradará ese sentimiento, ese placer de que los demás lo consideren un Hombre Sabio, Un Sage, Un Gran erudito.

Entonces esta es la trampa, que el Yo inferior acabará por creer que en verdad si es un gran erudito y que si es un gran sabio, pues como la gente a la cual ha impresionado lo tienen considerado como un gran sabio, entonces él no investigará si en realidad lo es o no. Simplemente optará por ese placer que siente cada vez que impresiona a alguien con sus conocimientos profundos, y entonces no querrá descubrir cuanta ignorancia se esconde de bajo de su Pseudo sabiduría, no querrá ver qué tan verdadera o que tan falsa es su "sabiduría" que pregona tener.

Mejor optará por creerle a los que lo consideran un sabio. Y aunque él sabe que realmente su sabiduría es más intelectual y teórica que existencial y práctica. Él solito acallará a la voz de su conciencia y preferirá hacerle caso a la voz seductora de su consejero maligno el Súper Ego el cual le dará palmadas en la espalda diciéndole. ¡Qué bárbaro! ¡En verdad que tú eres el que sabe más que todos los que estaba en esa conferencia!

Y estas palabras son como droga o endorfina para el cerebro del Yo inferior, por lo tanto él se convertirá en un convenenciero. Él se dice: yo me encargare de seguir llenando la mente de conocimientos y que mi Súper Ego y Espíritu Pedante se encarguen de impresionar a los demás y de esta manera los tres sentiremos placer de toda aquella energía que nos enviarán toda esa gente que haya quedado impresionada y lo mejor de todo esto es que lo único que tengo que hacer es llenarme de conocimiento sin tener que darle vida, sin tener que ponerlo en práctica. (Esto el Yo inferior se lo dice así mismo, inconscientemente, nunca conscientemente)

De esta manera él mismo va labrando su propio camino. Él mismo ha escogido mantenerse ciego espiritualmente, ha cambiado la espiritualidad la cual requiere morir a todas las formas del ego, por la complacencia que recibe de todos esos halagos, que recibe de la gente por sus grandes discursos, por su gran conocimiento, su gran erudición.

¿La pedantería solamente se les da a los Yos inferiores intelectuales o también a los que no lo son?

A los dos, pero principalmente a los intelectuales, a los sabiondos, a los ratones de biblioteca. A ellos, ya que ellos se han conformado con saber acerca de Dios, acerca de la Verdad, pero no les interesa realmente conocer directamente a Dios, no les interesa conocer directamente la verdad. Para ellos es más cómodo hablar de ella que vivirla, es más cómodo hablar de Dios que tener una relación con ese Dios del que hablan tanto.

La pedantería también se les puede dar a personas con bajo nivel intelectual o que ni siquiera acabaron la primaria. En ellos se manifestará por medio del poco conocimiento que vayan adquiriendo, por lo regular se basarán en un conocimiento que les fue transmitido por otros por medio de escucharlos y entonces ellos se apoderan de ese conocimiento y lo hacen pasar como suyo, por lo tanto en más del 80 o 90% del conocimiento del cual se están jactando es un conocimiento no investigado, no constatado, es un conocimiento robado pero que lo quieren hacer pasar como si fuera original de ellos y por lo tanto va a ser evidente que mucho de ese conocimiento que ellos pregonan tener es desconocido para ellos mismos, en otra palabras no sabrán nunca a profundidad de lo que están hablando, ya que a estos espíritus de despotismo junto con estos Yos inferiores nunca les importa saber que tanto saben a profundidad de ese conocimiento que tienen y que pregonan, que tanto tiene de verdad. A estos espíritus déspotas lo único que les interesa es encantar a los demás y que se piense de ellos que son unos eruditos, ¡unos sabios y Ya!, a ellos lo que los motiva es ese sentimiento de placer y nada más.

Cuando un Yo inferior comienza a despertar una de las primeras cosas fundamentales que debe descubrir es darse cuenta ¿Que tanta de superficialidad y falsedad hay en todo ese conocimiento que él piensa que tiene o que conoce.? Es descubrir que por lo regular toda su sabiduría y conocimiento es Pseudo, no tiene vida y por lo tanto no le ayudará para la su ascensión y solamente le ayudará para su involución, para mantenerlo en el Reino de la Oscuridad.

¿Qué debería entonces de hacer un Yo inferior que tenga conocimiento?

Darse cuenta que en esencia todos los seres humanos son unos Maestros iluminados, todos son unos Buddhas, unos Cristos. ¿Por lo tanto a quien pretende impresionar con su conocimiento?

Pero por otro lado si todo el tiempo que comparta sobre las cosas que sabe lo hace desde el centro de su 4to Chakra que es el Centro Energético del corazón, entonces todo es diferente ya que cuando se hace de esta manera, se está pensando en el beneficio de los demás y no en la satisfacción personal y sobre todo no se busca impresionar a nadie. Los Maestros Iluminados conocen las cosas esenciales de todo esto y es por eso que el Maestro Gautama Buddha solamente impartió sus enseñanzas en una mínima parte de todo el conocimiento que él tenía. En cierta ocasión estaba con su Discípulo más cercano Ananda, y caminando en un bosque, Buddha cogió con una mano un puño de hojas secas y le dijo a Ananda. ¿Vez todas estas hojas secas que tengo en la mano? y Ananda le contesto. Si. Entonces el Maestro le dijo: pues esta cantidad de hojas secas que tengo en mi mano en comparación con las que están en todo el parque es la cantidad de conocimiento que he impartido. De lo demás todavía no he mencionado nada.

Así debería de ser la actitud que un Yo inferior que esta poseído por el Espíritu Pedante debería de adoptar si es que realmente lo desea eliminar de su vida. (Hablar únicamente un 10% o menos de todo el verdadero conocimiento que tiene.)

Ahora tenemos al Espíritu Arrogante: El Narcisista.

La parte contradictoria de todos estos espíritus de baja luz, es que la mayoría de ellos, en apariencias tratarán de ayudar al Yo inferior, pero en realidad lo estarán perjudicando, pues antes de él, estará primero su propio bienestar de ellos.

Y este Espíritu arrogante de baja luz el NARCISISTA. Tratará en un principio de cubrir los vacíos existenciales y los complejos de inferioridad junto con las carencias emocionales del Yo inferior, por lo tanto cuando este Espíritu Narcisista contagie al Yo inferior de su esencia entonces esto es lo que pasará. El Yo inferior siempre estará mostrando ante los demás de que tiene una gran autoestima, querrá proyectar ante los demás de que él tuvo una niñez excelente, unos Padres ejemplares, es decir que creció en una familia saludable y muy inteligente. Por lo tanto se la pasará casi toda su vida vendiendo esta imagen de ser una persona que se quiere y que se ama a sí misma, que tiene mucha autoestima y por lo tanto siempre estará rodeado de personas que lo adulen, que lo respeten, que lo alaben, pues la opinión de los demás le importa muchísimo, aunque él exprese de que no le afecta en nada lo que se piense o se diga de él, no es cierto, si le afecta y muchísimo, pues su autoestima, su seguridad emocional si depende de la opinión de los demás, por lo tanto este Yo inferior hará todo lo posible por estar siempre impresionando a los demás, con todas las grandes cosas que él sabe hacer, con tanta gente que él ha "ayudado". Si por ejemplo en su caminar se encuentra a personas que no le creen o que ponen en evidencia sus mentiras, entonces se alejará de toda esta gente pues no le gusta que le descubran sus deficiencias, si la gente deja de alabarlo o admirarlo él solito se alaba, él solito se dice cosas que él quiere que los demás le digan.

Es un gran convenenciero, su verdadero interés hacia las demás personas es mirar que les puede sacar para su propio interés y si no mira que le pueda sacar algo a ciertas amistades, entonces las corta y buscará únicamente aquellas amistades que le servirán para sus intereses mezquinos.

No le gusta rodearse de gente que realmente sí tiene una verdadera autoestima, que sí creció sana y que sí son reales, pues su sola presencia opaca todo su fingimiento de su pseudo autoestima, buscará incansablemente posiciones de liderazgo a toda costa, pues por medio de esas posiciones va a poder lograr ser más popular, le gusta que se extienda su fama, pues entre más fama más robo de energía que obtiene de los demás, ninguna mujer con las que llegue a estar será lo suficientemente bella, pues él sentirá que son ellas las que deberían de sentirse afortunadas de que él puso el ojo en ellas, a todas las mujeres les encontrará uno o más defectos, de igual manera a todos los hombres. El único perfecto es él pues a todos los mira muy inferiores a él, para todo justifica su Superioridad, incluso cuando él llega a "reconocer" el talento de alguien más, no lo hace como signo de humildad si no que lo hace para que los demás piensen que él es humilde, que reconoce sus limitaciones, pero realmente todos sus actos de humildad son fingidos o actuados, pues los verdaderos actos de humildad no se tienen que demostrar a los demás, ya que estos salen solitos este la gente o no este la gente. La Humildad es una reacción natural, y esta no se practica esta sale en automático como un resultado de practicar otros principios espirituales, por lo tanto cualquier acto de humildad practicado en donde la intención es que los demás piensen que la persona es humilde no sirve. Ese es un acto de pseudo humildad fundado en el narcisismo y el Súper Ego.

¿Cómo es que la Humildad no se practica?

Para aclarar esto, la Humildad es como el crecimiento normal de un cuerpo físico, un niño de 5 años de edad no podrá practicar la estatura, por más que se esfuerce en crecer físicamente no lo logrará, no podrá tener la estatura de su hermano de 12 años o de 15 años. Por lo tanto hasta que no llegue a esa edad de los 11 o 12 años no le será posible alcanzar esa estatura. De igual manera la humildad por más que se practique si el Yo inferior no ha alcanzado sus 4 primeros Niveles de Conciencia, sus actos de humildad no serán verdaderos, serán fingidos, será maniobrados, serán hechos con Ego. Mas cuando un Yo inferior convertido en un Yo Superiores de Luz que ha alcanzado sus primeros 4 niveles de conciencia sus actos si serán de verdadera humildad, y esta recordemos que es una palabra multidimensional, que entre más niveles de conciencia se alcancen entonces los actos de humildad serán cada vez más reales, más verdaderos, pero mientras el Yo inferior no comienza ni siquiera alcanzar su primer nivel de conciencia entonces sus actos de humildad serán considerados actos de pseudo humildad.

¿Cómo es la prisión del Narcisismo?

Cada acto repetitivo de soberbia que esté impregnado de actitudes narcisistas, representa una de las formas del Alma que quedó contaminada de esta sustancia energética narcisista, entonces el Yo inferior debe de aprender a morir a estas formas, en este caso la muerte de esos actos narcisistas será la liberación de cada una de estas formas del Alma. Como decíamos en un principio a veces el Yo inferior tendrá que rescatar a las formas de su Alma que están en el Reino de la Oscuridad (los 7 planos del Ego), y en otras tendrá que darle explicaciones, tendrá que convencerlas del por qué sus deseos no se llegaron a realizar y una vez que logre convencerlas y que lleguen a perdonar a su agresor, entonces ellas quedan libres, pero hay otras ocasiones como esta en donde él simplemente tienen que morir a estas formas contaminadas de sustancia energética narcisista de muy baja luz.

Ahora el Espíritu Arrogante de La Vanidad.

Este Espíritu por lo regular se les manifestará más a los Yos inferiores de las Mujeres que son atractivas, guapas o que quieren ser atractivas y guapas. Esto sucederá a causa de no tener un conocimiento profundo acerca de la verdadera belleza, por lo tanto como el Yo inferior de la mujer solo tiene acceso a las vibraciones de la 3ra Dimensión, y allí en su mente que se encuentra este Centro Colectivo Inconsciente (**C.C.I.**) de toda esta información la cual ha definido qué es ser bella, que es lo que buscan los hombres, que tipo de mujer es la que más halagos recibe. Así el Yo inferior de esta mujer formará sus creencias de toda esta información, pero aún más profundo es que en su memoria etérica se encuentran los deseos que se llevó cuando en vidas pasadas murió físicamente. Y esto es lo que normalmente sucede.

Si por ejemplo: una mujer que en esta vida no es atractiva, pasa desapercibida con facilidad ante los hombres y si esta adormecida espiritualmente, entonces será víctima de la información de la 3era Dimensión y querrá ser una mujer guapa y atractiva como su hermana, su prima, su amiga, su vecina, deseará mucho ser igual que ellas, se hará cirugías, se gastará cantidad enorme en cosméticos, zapatillas, ropa y todo con tal de sentirse guapa y atractiva. Mas si en esta vida no logra satisfacer ese fuerte deseo, entonces para su próxima vida su Alma escogerá nacer de una familia en donde haya muchas probabilidades de ser una mujer guapa y atractiva. Y esta es una de las razones por la cual hay mujeres que son guapas y atractivas desde nacimiento o por naturaleza y disfrutan muchísimo su hermosura, pues como en una vida pasada o varias no fueron mujeres guapas y pasaban desapercibidas, entonces hoy están aprovechando al máximo esa belleza física, de allí que algunas de ellas incluso se dan el lujo de despreciar a tanto hombre, pues aparte de que nacieron con un fuerte deseo de ser mujeres guapas, también guardaron entre si algunos resentimientos con varios hombres que las rechazaron en alguna vida pasada y hoy se dan el lujo hasta de desquitarse. Cuando esto sucede así, realmente no se está creando kárma negativo, más bien se le están dando vida a todos esos deseos reprimidos de vidas pasadas.

Esto también se puede ver con aquellas mujeres que en vidas pasadas nunca disfrutaron del sexo por que les dijeron que era pecaminoso, que era sucio y que el reprimir su deseo sexual equivalía a agradarle a su Dios, de esta manera ellas creyeron que la represión del sexo equivalía a ser una mujer muy espiritual, y cuando estas mujeres reprimidas murieron físicamente, de este lado descubrieron que su represión es lo que las va hacer regresar una vez más al plano terrenal tridimensional, pues nunca transcendieron sus deseos sexuales, solamente los reprimieron. Ahora sí a esta mujer le añadimos que no era guapa y que murió con estos deseos de ser guapa, atractiva y estuvo a dieta de sexo, de allí que hoy en día, hay mujeres en la actualidad que se sienten muy bien con su hermosura física, con ser atractivas, despreciar a hombres y hasta pueden disfrutar del sexo como nunca antes. Todos sus deseos se les están haciendo realidad. Así es como estas mujeres han alcanzado el primer objetivo de su Alma.

Y si llegan a desarrollar su intuición descubrirán que la belleza física no lo es todo, que el placer sexual no lo es todo y entonces se podrán encaminar hacia la Segunda Misión de su Alma. Mas si no llegan a despertar y solamente se conforman con haber alcanzado la Primera Misión de sus Almas, es posible que para la próxima vida su Alma escoja nacer como una mujer menos atractiva o con fuertes tendencias a la meditación, la reflexión, el arte, la música. Pues ahora tendrá otros intereses.

En la parte negativa cuando son contagiadas de este Espíritu arrogante de baja luz de La Vanidad. Es cuando a la mujer no le correspondía nacer atractiva ni guapa y ella ha quedado atrapada en buscar esta belleza externa, pues como su Yo inferior no ha desarrollado la parte intuitiva, entonces ella es contagiada con las voces de sus dos consejeros malignos los cuales le meten mucha presión para que busque la felicidad por medio de convertirse en una mujer guapa o atractiva, y esta mujer gastará muchísima parte de su vida en corretear estos deseos de agradarle a los hombres, por consiguiente esta es la que seguramente en su próxima vida nacerá como una mujer guapa natural.

Por otro lado si una mujer nació guapa y atractiva, pero realmente su Alma no escogió nacer así, simplemente es que por ley de probabilidades le toco nacer así. Ya que ella posiblemente escogió un hogar en donde pudiera entregarse más de lleno a las matemáticas, el cálculo, la biología o la física. Pues ella quiso desarrollar más su cuerpo mental y ese hogar que escogió era el indicado. Mas también le toco nacer guapa y por lo tanto los hombres la estarán pretendiendo, pero a ella no le interesará andar con diferentes hombres, no le interesará tener varias relaciones sexuales. Ya que ese no es su llamado.

Pero si por alguna razón se le llega a meter este Espíritu arrogante de vanidad y ella se descuida, entonces es posible que este Espíritu la utilice para el saciar sus deseos, de sentirse alabada por lo hombres y ella sentirá el placer que siente este espíritu vanidoso y si no lo llega a superar, entonces es posible que no se gradué del colegio, de la universidad y se dedique a darle rienda suelta a las fiestas, las adicciones, y andar con un Hombre y con otro, pues como ya había vivido esa vida antes, recordará que eso era algo bueno y por lo tanto lo tratará de disfrutar, aunque ese disfrute nunca será igual que el de su vida pasada, pues el de su vida pasada le sirvió para alcanzar la primera misión de su Alma de esa vida, pero hoy en esta vida no está alcanzando su primera misión que era ser una bióloga, una gran matemática, o física. Es por eso que siempre tendrá consigo el lamentarse no haberse graduado y seguir su carrera.

¿Cuáles serían las mejores opciones para no caer en la trampa de este Espíritu de baja luz de la Vanidad?

Si la mujer no nació guapa o atractiva de forma natural. Entonces A esta mujer lo que más le conviene es tratar de descubrir La Primera misión de su Alma, en lugar de estar gastando tanto dinero en pinturas, cosméticos, zapatillas, ropas, o cirugías. Mejor que se inscriba a una escala de Yoga o donde se practiquen meditaciones y se hagan autoanálisis. Es decir que invierta su dinero y su tiempo en el conocimiento de sí misma, de su Alma. Y sí dedica gran parte de tiempo y energías que ha dedicado en querer ser guapa y atractiva en su conocimiento interior de sí misma, con seguridad que desarrollará su Conciencia Intuitiva y esta le hará saber cuál es esa Primera misión de su Alma y aparte le hará saber que la belleza verdadera está adentro de su 5% de Esencia Divina, a la vez su Verdadero Ser de Luz, nunca sea preocupado por la "belleza" de la 3ra dimensión. Ya que en una 4ta, 5ta 6ta o 7ma Dimensión no existe la fealdad, ni los complejos de inferioridad o Superioridad. Todos esos pertenecen a la mentalidad de la 3ra dimensión, por lo tanto ella misma descubrirá que lo que le diga su Conciencia Intuitiva es verdad, ya que cada vez que la contacte ella se sentirá completa y con mucha paz y tranquilidad dentro de ella misma incluso se sentirá realmente contenta con cada parte de su cuerpo, aprenderá a descubrir también su belleza exterior, pues la belleza interior reflejará la belleza exterior. De la misma manera que la fealdad interior refleja la "fealdad exterior".

Ahora si la mujer nació guapa y atractiva entonces que también lo acepte y lo aproveche de la mejor manera posible, pero también tendrá que hacer su búsqueda interna para descubrir si realmente si con su belleza y su gran atracción su Alma se siente autorealizada o si hay algún otro deseo más fuerte dentro de ella que sienta que su Alma quiere realizar. Como el caso de la que había escogido ser una física o bióloga.

De esta manera por medio del desarrollo de su Conciencia intuitiva esta se lo hará saber, y en caso de que si se sienta autorealizada con su hermosura y su atracción. Entonces que lo disfrute al máximo, que transcienda todos sus deseos de andar quizás con diferentes hombres (y si es hombre entonces con diferentes mujeres y si es gay entonces con diferentes parejas), pero eso se tiene que sentir en el corazón.

Una vez le dé rienda suelta a todos esos deseos reprimidos que dejó en vidas pasadas, entonces llegará el tiempo en que quizás le comienza a nacer el hambre de querer encaminarse a su Segunda Misión. La cual ya hemos mencionado que es LA ILUMINACIÓN. Es cuando las Almas quieren regresar a casa, a reunificarse con su Verdadero Ser de Luz.

El Centro Magnético de Las Expectativas.

Desilusión, decepción, enojo.

Hemos decidido tocar este tema nuevamente de las Expectativas ya que es algo fundamental de conocer cómo funcionan y el gran desgaste de energía que le causan al Yo inferior cada vez que las utiliza.

Él se levanta con 30, 40 o 50 Expectativas todos los días y él no lo sabe. Él en su mente solo es consciente de unas 6 u 8 de ellas, pero no de las demás. Un ejemplo:

Este Yo inferior cuando se levanta su Espíritu de Expectativas tiene toda esta lista.

1- Suena el despertador y se enoja porque él pensaba que se despertaría sin sueño, lo cual es imposible porque su soberbia lo hizo acostarse muy noche y lo convenció de que él podría pararse en la mañana siguiente sin dificultades y por lo tanto lo convenció de que siguiera viendo la película, o que siguiera leyendo, en fin lo convenció de acostarse tarde y en la mañana se levanta enojado porque todavía tiene sueño, allí su primer expectativa no le salió como él esperaba.

2- Que nadie esté ocupando el baño.

3- Que haya agua caliente.

4- Que haya shampoo, jabón, pasta de dientes, todo y una toalla limpia.

5- Que cuando se acabe de vestir su esposa ya le tenga el desayuno servido.

6- Que su hija o hijo de 5 o 6 años acepte la ropa que le quiere poner su Mamá, es decir que no llore y que la Mamá no grite.

7- Que su carro prenda bien y que en el camino no se le ponche ninguna llanta.

8- Que el tráfico se despegue. Porque allí viene él y le tienen que abrir paso.

9- Que el semáforo no se tarde mucho y que se ponga en verde inmediatamente.

10. Que los carros se muevan rápido o se hagan a un lado y que ninguno se le atraviese.

11- Que cuando llegue tarde por 5 o 10 minutos nadie le diga nada.

12- Que el supervisor lo felicite por el trabajo extra que hizo el día pasado.

13- Que sus amigos le compren el lonche como él se los compró el otro día.

14- Que la lonchera haya hecho las tortas que más le gustan.

15- Que no le den malas noticias en su trabajo.

16 - Que no le descuenten horas.

17 - Que no lo vayan a correr del trabajo o a descansar por algunos días.

18 - Que cuando salga de trabajar no lo pare la policía.

19 - Que no haya mucho tráfico en su camino.

20 - Que la película que quiere rentar la tengan.

21 - Que cuando llegue a su casa, lo reciba su esposa con buenas noticias, que no le hablen de gastos, de quejas del niño en la escuela, que no le digan cosas negativas.

22- Que a su esposa le haya salido bien la comida y que le haya acertado con la cantidad de sal.

23 - Que sus hijos se comporten bien y que le hagan caso en todo.

24 - Que en las noticias digan alguna que le favorece.

25 - Que cada vez que suene su celular sean personas con las cuales él desee platicar.

26 - Que nadie interrumpa su programa favorito de televisión o su película.

27 - Que cuando le diga a su esposa que este fin de semana lo invitaron alguna reunión familiar o del trabajo, que diga." Si no hay problema yo cuido a los niños"

28 - Que los niños se acuesten temprano.

29 - Que la esposa sea muy comprensiva.

30 - Que siempre que él quiera tener sexo la esposa esté lista para hacer de todo lo que él le pide y sobre todo que demuestre haber quedado 100% satisfecha y que si él se quiere dormir inmediatamente después del coito, que su esposa no se ofenda o se sienta usada.

31- Que su Dios responda a las peticiones que le ha estado haciendo por las últimas semanas, que la Vida o el Universo hagan todo lo posible por mandarle menos adversidades o problemas qué resolver.

32 - Que todos sus amigos y familiares tengan una buena imagen de él y que donde se pare opinen positivamente de él.

Y como estas hay todavía más escondidas que él no está consciente de ellas, pero lo que va a ocurrir es que de todas estas expectativas que su Espíritu arrogante de baja luz puso en la mente del Yo inferior, únicamente se realizarán unas 10 o 12 y las otras 20 no se le cumplirán. Al despertarse alguien está en al baño (frustración). Se acabó de bañar y de cambiar y su esposa todavía no le ha preparado el desayuno (enojo). Su hija/o está llorando porque no le gusta esa ropa que le quieren poner ni esos zapatos (frustración y enojo). El tráfico aglomerado llegará otra vez tarde al trabajo (frustración, enojo, preocupación, nerviosismo). Los semáforos tardan mucho en ponerse en verde (frustración, enojo, golpea el volante o le pita al de adelante). Se le atraviesa un carro (enojo). Llega al trabajo y su patrón lo regaña (resentimiento y enojo por que su patrón es un incomprensivo). Nadie comenta nada de su trabajo extra del otro día (resentimiento). A la lonchera se le acabaron las tortas que más le gustan (frustración y enojo). Por la mala situación económica le quitarán un día de trabajo a la semana por tres meses en lo que se compone la situación del país (Enojo, frustración). La película que quería ver ya la rentaron (enojo, resentimiento). Llega a su casa y en cuanto su esposa se entera de que va a entrar menos dinero a la casa, saca su neurosis haciéndole saber todo lo que se debe y le mete presión (se pone furioso y expulsa todo su enojo y frustraciones del día a su esposa). Sus hijos están peleando y gritando mucho, no le hacen caso ni a él ni a su esposa (grita con mucho enojo). En la T.V. las malas noticias son las que más le perjudican a sus intereses (frustración). Su esposa pone cara de palo cuando se entera que ese fin de semana él quiere pasársela con sus familiares o amigos del trabajo (frustración, resentimiento). Los niños se acuestan muy tarde (frustración). La Esposa no es nada comprensiva (frustración). Su esposa se siente forzada al tener sexo y se acaba sintiendo usada (frustración, enojo y culpa). Su Dios no le contesta sus peticiones y la Vida y el Universo parece que le siguen mandando problemas y más problemas (mucha frustración y conmiseración). Se entera de que sus "amigos y algunos familiares han hablado a sus espaldas (enojo, resentimiento). Total acaba sintiéndose decepcionado, amargado, conmiserado y toda la frustración se le nota en su cara, lleva una vida miserable.

Este poderoso Espíritu de expectativas es uno de los principales activadores que hace que le de vida a muchos otros Espíritus de baja luz que por último el Yo inferior tratará de buscar consuelo en cualquiera de todos sus Espíritus Adictivos que le causen placer inmediato.

Si el Yo inferior le suma a cada día el número de frustraciones, de enojo, de resentimiento, de conmiseración que experimenta al no ver realizadas más de la mitad de sus expectativas diarias, entonces descubriría que estos Espíritus

BUDASINANDA VIVEK

Arrogantes y Negativo de la Frustración, del Resentimiento, del Enojo, y la Conmiseración, están muy fuertes, pues todos los días ellos se alimentan de la energía Vital de su Alma. Por allí se escapa todo su Poder de Gracia.

Y esta es una de las razones por las cuales en veces él llega a sentir una fatiga crónica, un cansancio horrible, porque queda muy desgastado y Así es como lo quiere ver su acérrimo Enemigo ese que reside en el 7mo. Plano del Ego. (El Ego Destructivo, El Padre de las mentiras y el Engaño) y sus dos siervos el Ego y el Súper Ego junto con todos los miembros de su equipo están haciendo un buen trabajo, están logrando que el Reino de la Oscuridad se mantenga en el Poder y que siga Gobernando la vida del Yo inferior en casi todas las áreas de su vida y las formas del Alma seguirán pagando las consecuencias con dolor y sufrimiento. Todo un plan perfecto para su propia autodestrucción de él y de su Alma.

¿Cómo se puede parar de darle vida he este Poderoso Espíritu de expectativas?

Hay leyes universales y espirituales que rigen el Universo, estas leyes no pueden ser manipuladas o engañadas, una de estas es la Ley de Causa y Efecto, la Ley de atracción, la Ley de Abundancia, la Ley de la Libertad.

Y muchas más. Entonces el Yo inferior en su ignorancia ha quebrantado o violado varias de estas Leyes, y existe un pago que tiene que pagar por haberlas violado asimismo el Universo le manda estos pagos como kárma negativo, entonces si el Yo inferior no entiende de este kárma que tiene que pagar, entonces pensará que su Dios lo está castigando, que el Universo no lo favorece y que la Vida le está jugando una conspiración y todo lo mira como si alguien lo quiere hacer enojar todo el tiempo.

Lo primero que debe de descubrir por él mismo es que su propio Dios no está en contra de él, que la Vida o el Universo no están en contra de él, simplemente que estos no se tratarán de ajustar a su ceguera espiritual e ignorancia de él, ya que si lo hicieran entonces el Universo colapsaría inmediatamente, de allí que la Vida y el Universo no se manejan con sentimentalismos. Estos se manejan con Leyes. Existe una Justicia Divina la cual se encargará de que cada quien reciba lo que se merece.

Y si el Yo inferior ha sufrido de la manera que ha sufrido es que no está en armonía con la Leyes del Universo, NO ES CASTIGO, SON

CONSECUENCIAS. Cuando un Yo inferior comienza a morir a sí mismo para darle vida a su Yo Superior de Luz entonces dejará de seguir tomando papeles de víctima, de queja, de conmiseración, y asumirá completa responsabilidad por toda su D.kármica, saldrá un nuevo "Yo" dentro del Yo inferior y este si podrá luchar contra todos ellos, pues este conocerá las reglas del Juego Cósmico (el Lila) y jugará de acuerdo a ellas.

En lo referente a no seguir poniendo expectativas, él comenzará a darse cuenta que efectivamente si él está sufriendo es por ignorancia y no porque alguien lo quiera hacer enojar o castigar, por lo tanto ya puede ir dejando de echarle la culpa a su Dios, a la Vida, al Universo, al Gobierno, a su Patrón, a su Esposa a todo mundo, debe de dejar de echarles la culpa de su ignorancia y de su D.kármica.

Por otra parte le tiene que quedar muy claro lo siguiente y a pesar de que ya lo hemos explicado lo seguiremos repitiendo cuantas veces sea necesario. Nadie está obligado a darle felicidad al Yo inferior, nadie está obligado ajustarse a las expectativas de su Espíritu o Espíritus de Expectativas, nadie tiene por qué agradecerle nada, nadie tiene por qué tratarlo bien, nadie tiene que amarlo o cuidarlo. Ni siquiera su propio Dios, mucho menos la Vida o el Universo. Nadie va a tratar de ajustarse a sus expectativas.

Por lo tanto el Yo inferior sabrá que todo ocurre como consecuencia y no como sus deseos quieren que ocurra.

Ejemplo: si el Yo inferir trata muy bien a su esposa la Ley de Probabilidades dice que hay muchísimas probabilidades de que su Esposa también lo trate de la misma manera, si el trata bien a sus hijos también sus probabilidades seguirán aumentando de que se le regrese lo que está dando a los de más en el tiempo que él lo desea, por lo tanto mientras mejor trate a las demás personas hay más probabilidades de que los demás lo traten bien, ya que él estará también activando esta otra Ley que es la Ley de Atracción o Correspondencia. Él está atrayendo para sí mismo lo que está arrojando para afuera, entonces él solito estará poniendo estas Leyes a trabajar a su favor.

Dice el Maestro Jesús. **"Porque al que tiene se le dará más y tendrá en abundancia, pero al que no tiene se le quitará aun lo que tiene."**

En este sentido aquel que siga de quejoso se le quitará aun lo poco que tiene, pues tiene muy poquita gratitud, muy poquito entendimiento, muy poquita comprensión y se le quita esto poquito que tiene. Mas al que tiene gratitud, entendimiento, comprensión, amor, entonces se le dará abundancia de Gratitud, abundancia de entendimiento, abundancia de comprensión y abundancia de amor. Esto también aplica al que ha sido ahorrador de dinero, pues su dinero atraerá para consigo más dinero.

Amor, gratitud, paz, tranquilidad atrae más Amor, gratitud, paz y tranquilidad.

Frustración, resentimiento, enojo y conmiseración atrae para consigo más frustración, mas resentimiento, mas enojo y más conmiseración.

El Maestro Buddha lo puso de la siguiente manera: **"Todos los estados encuentran su origen en la mente, la mente es su fundamento y son creaciones de la mente. Si uno habla o actúa con un pensamiento impuro, entonces el sufrimiento le sigue de la misma manera que la rueda sigue la pezuña del buey."**

Para liberarse de este poderoso enemigo de las Expectativas el Yo inferior puede hacer una petición a su Dios todas las mañanas de la siguiente manera.

Ser Supremo hoy en este día tengo toda la disposición de entregarte todas mis expectativas, de las que estoy consciente y de las que no lo estoy, pues he comprendido que al emprender mi día inconscientemente ya he puesto más de 30 expectativas de cómo deberían de salir las cosas, de cómo deberían de actuar las personas y cada vez que no sale una expectativa como yo la deseo entonces experimento mucha frustración, enojo o conmiseración estas emociones me debilitan física, mental, emocional y espiritualmente. Por lo tanto hoy decido no hacerlas parte de mi vida, te las entrego todas y que se disuelvan con tu Poder Divino, hoy entiendo perfectamente que ni las personas, ni las leyes Divinas, ni el Universo, ni la Vida misma se ajustarán a mis deseos egoístas, por el contrario yo soy el que tengo que aprender aceptar todas las circunstancias de la vida sean cuales sean te ruego me ayudes a poner el principio de flexibilidad a trabajar, ya que con el espíritu de baja luz de la rigidez y del controlador no me va hacer posible encaminarme a la transcendencia. Que esta petición se manifieste se manifieste se manifieste. Amen

Esta petición puede ser alterada o cambiada solamente fue un ejemplo, pues no tratamos de cambiarle su forma de pensar a nadie ni su forma de hacer sus peticiones a su Dios.

La mejor herramienta para hacerles frente a todos ellos es la Comprensión, el Entendimiento y el Amor.

Aunque hay veces que el Yo inferior tendrá que ponerse duro con sus voces internas negativas que les tendrá que decretar ¡fuertemente! CANCELADO, CANCELADO, CANCELADO, "O" CALLEN VOCES MALIGNAS, CALLEN VOCES ENGAÑOSAS, CALLEN VOCES INSERVIBLES SALGAN DE MI MENTE EN EL NOMBRE DE LA JUSTICIA DIVINA AHORA.

El yo inferior llegará un tiempo en que aprenderá y sabrá qué métodos utilizar, para cada uno de ellos, pues no a todos se les aplicará el mismo método o la misma técnica.

(Ver el Principio de la Flexibilidad en el 3er Nivel de Conciencia)

El Centro Magnético de El Materialista.

El Hacedor (escapista, superficial) el Workoholic, el Pseudo Exitoso Motivador.

EL MATERIALISTA.

Casi ninguna Alma ha escapado al deseo tridimensional de llegar a tener mucho dinero o poder, por consiguiente si una Alma al dejar su cuerpo físico no llega a realizar este deseo material entonces para su próxima vida querrá realizarlo pues el no poder realizar este deseo no le permite transcender. Hay Almas que hoy en esta vida ya han realizado ese deseo de vivir económicamente muy bien, tienen mucho dinero y por lo tanto para ellas este sería haber alcanzado su primera misión. Algunas de estas Almas llegan a despertar a tiempo y se encaminan a su segunda misión y por eso no es de extrañar que algunos millonarios de un de repente donen la mayoría de sus riquezas y únicamente se quedan con lo necesario para vivir una vida decente, pues para ellos lo material pasa a segundo término y ahora se enfocan totalmente en las cosas espirituales las cuales han cobrado mucho significado, pues mientras no habían alcanzado su primer objetivo que era convertirse en millonarios la espiritualidad se les hacía pérdida de tiempo o irrelevante. Mas una vez ellos llegaron a tener su propio despertar espiritual, entonces se les abrieron sus sentidos internos y por medio de su Conciencia Intuitiva lograron captar el aspecto espiritual de su existencia y por lo tanto se han encaminado a la ascensión.

¿Cómo podría un Yo inferior descubrir si su deseo de obtener riquezas es parte del primer objetivo de su Alma o porque está siendo dominado por los espíritus de baja luz de la Avaricia, o del Espíritu materialista?

Cuando es parte del primer objetivo de su Alma por lo regular se enfocará en lograr su independencia financiera, y cada vez que se vaya acercando a sus metas, se sentirá satisfecho casi en todas las áreas de su vida, tanto emocional como espiritualmente, y no se enorgullecerá por ello, pues para él lograr su estabilidad económica es algo espiritual y no tiene nada que ver con la avaricia o el Ego. Es un llamado que siente dentro de su Alma, una autorealización que estará sintiendo conforme se va acercando más y más. A la vez él no sentirá envidia por los que ya han logrado lo que él desea, al contrario sentirá más ánimos pues pensará, si ellos lo han logrado eso quiere decir que yo también lo puedo lograr y por lo tanto tendrá la capacidad de disfrutar toda esa riqueza que vaya alcanzando, para él es un gran éxito y lo celebra junto con su familia y amigos. Es un sentimiento de dignidad y bienestar emocional. Nunca se sentirá por encima de nadie al contrario él quisiera que los demás (amigos, familiares y otros) lo lograrán para que juntos puedan compartir sus riquezas y salgan a divertirse, salgan de viaje.

Ahora cuando el Yo inferior está siendo dominado por los espíritus materialistas como el de la avaricia. Entonces descuidará su salud, descuidará el aspecto familiar, y muchísimas otras áreas de su vida, para él, su único enfoque será acumular riquezas y puede llegar a un punto en que le permita la entrada a otros espíritus de baja luz que se convierta en un tacaño, un avaro que hasta le pese gastar un dólar. Traerá a su familia como limosnera, pues a pesar de que pueden todos vestir ropas nuevas o tener carros del año, este Yo inferior se privará de todo eso por miedo a que se le gaste su fortuna y ese miedo lo hará que siga acumulando y acumulando.

Por otro lado si no se le mete el espíritu de la tacañería, entonces se le puede meter el despilfarrador, aquel que está gastando todo el tiempo su dinero en cosas que realmente no necesita pero como tiene buenos trabajos o hace buenos negocios, entonces para él toda su felicidad se centra en acumular y demostrarles a los demás que él vive muy bien económicamente, este Yo inferior sí se sentirá extremadamente orgulloso de sus logros, será Presuncioso y mirará a los demás como menos inteligentes que él, los mirará como gente muy inferior, pues él cree que lo que tienes materialmente eso es lo que vales, por lo tanto para él la gente pobre económicamente es gente mediocre y conformista incluso aunque él mire con sus propios ojos que hay gente que a pesar de que vive en una pobreza económica vive muy feliz y contenta con lo poco que tiene y con lo que son. En su ceguera espiritual no les dará el mérito que se merecen, para él es gente mediocre, conformista e ignorante y hará a un lado el aspecto espiritual que mira en esa gente.

El Espíritu de Baja Luz Materialista pertenece a la 3ra Dimensión y por lo tanto para él no hay otra manera de alcanzar la felicidad más que teniendo más bienes materiales y cuando se posesiona del Yo inferior entonces lo convencerá de que no importa de qué manera obtenga el dinero pero lo tiene que obtener. De esta manera el Yo inferior se le hará fácil, robar, estafar, mentir, hacer negocios chuecos, convertirse en un Jugador compulsivo, todo el tiempo estará pensando en cómo robarle al gobierno, como meter demandas, como evadir los impuestos, como hacer negocios en donde haga ganancias rápidas, no le llamará para nada la atención lo espiritual, excepto si por medio de vender la espiritualidad él pueda sacar grandes ganancias económicas. Si él mira que vender la idea de Dios a las personas deja muchísimo dinero entonces él fácilmente se puede llegar a convertir en un Pastor cristiano o un ministro religioso con tal de extraer riquezas de la palabra de Dios. Se especializará en cómo convencer a sus adeptos a que le echen más dinero a la canasta pues les hace saber que todo ese dinero Dios se los multiplicará en cantidades enormes y que si no sucede de esa manera es porque blandearon en su fe. En fin utilizará todas sus artimañas posibles.

También estos espíritus lo pueden convertir en un gran negociante o en un gran corrupto y cada vez que vaya alcanzando más riquezas se seguirá enfocando en tener más y más. Pues su felicidad que llega a experimentar es momentánea solamente le dura el gusto unas cuantas horas o unos cuantos días e inmediatamente formula su próxima estrategia o meta. Cada vez que alcanza una de sus metas siente mucho placer el cual es esporádico y pronto se le va de sus manos. Por lo tanto se encaminará en su siguiente meta y de esta manera nunca llegará a disfrutar plenamente de lo que tiene pues no conoce el principio de la Gratitud, y la única felicidad y placer que conoce es cada vez que alcanza una de sus metas. Todo el tiempo se está futurizando y en cuanto llegan esos sueños de su futuro pronto se van.

A este Yo inferior si le ganará el sentir envidia cuando otros Yos inferiores logran llegar a tener más cosas materiales que él, pues no soporta quedarse atrás, todo el tiempo está compitiendo haber quien tiene más dinero, haber quien hace mejores negocios, pues él cree que el que tiene más, es más inteligente y el que tiene menos es más ignorante.

Toda esta filosofía y manera de pensar es aplicable a la 3ra dimensión, si por ejemplo las Almas fueran únicamente tridimensionales entonces esta manera de pensar y de actuar seria verdadera, ellos tendrían razón de que el que tiene más riquezas materiales es más inteligente que los que tienen menos o que son los que saben más de la vida. Mas como las Almas no son tridimensionales entonces sus verdades se convierten en medias verdades o pseudo verdades.

Aquí la felicidad se mide en el tener y no en el Ser o en el Sentir. Es por ello que entre más se tengan bienes materiales este Yo inferior sentirá que vale más, o que es más. Si un Yo inferior no alcanza a obtener un despertar espiritual le será casi imposible salirse de esta burbuja tridimensional, pues la atención y el respeto que obtiene de otros Yos inferiores que desean lo que él tiene le hacen sentirse como un Maestro Iluminado en esa área, esto mismo le ocurre a los Yos inferiores que han logrado obtener la fama, el Poder y el prestigio y a pesar de que su Conciencia Intuitiva les manda mensajes por medio de su Yo intuitivo para hacerlos interesarse en lo espiritual prefieren no hacerle caso a su voz intuitiva y deciden seguir sintiendo las palmaditas que les da su Súper Ego.

En este campo material surgirán otros espíritus de baja luz, tales como el Hacedor, el Pseudo Exitoso, el Workoholic.

El Ego es el Gran hacedor, todo lo quiere hacer y por lo tanto todos los créditos se los quiere llevar él, pues en su manera lógica de pensar él se toma todos los créditos por los logros del Yo inferior. Él no toma en cuenta los créditos de los demás, por ejemplo no les da ningún crédito a las células y a todo el aparato digestivo del cuerpo físico, tampoco toma en cuenta la participación de los diferentes niveles de Conciencia del Yo inferior, no toma en cuenta la participación de los Principios Espirituales, de Dios, de la Divinidad, de la Vida misma. Para el Ego todo los logros son por obra de él, él dice por ejemplo: yo fui el que guio la vida de este Yo inferior, él ha llegado hasta donde ha llegado gracias a mí, yo he estado desde un principio en su vida y por lo tanto yo merezco todos esos reconocimientos que se le están dando. Entonces abraza al Yo inferior y le dice, ¡lo logramos!

Es decir que si el Yo inferior sale con vida y logra el éxito tanto el Ego como el Súper Ego lo felicitan y dicen lo logramos los tres.

Esta es la otra parte que confundirá al Yo inferior si no tiene desarrollada su Conciencia Intuitiva, pues las voces aduladoras de sus consejeros malignos lo convencerán de que son sus grandes amigos y de que siempre han estado a su lado para apoyarlo. Cuando en realidad no estuvieron allí en sus momentos más difíciles para darle un consuelo al contrario le tiraron a matar y si no lograron acabar con él, entonces una vez que él logra el éxito se convierten en sus amigos convenencieros.

Antes de que el Yo inferior entre a la 4ta Dimensión o 4to Nivel de Conciencia tendrá que deshacerse de este Espíritu de Baja Luz el hacedor y que forma gran parte del Ego.

Por qué en el 4to Nivel de Conciencia el Yo inferior aprenderá a no tomarse ningún crédito, suficiente será con que la Divinidad lo utilice como un instrumento para servir, para que alguien reciba lo que él desee compartir o dar. Pues entrar al 4to nivel de Conciencia es entrar al Amor Incondicional, convertirse en un Ayudador Sano en donde todos los actos son incondicionales, en donde las cosas se hacen sin Ego.

Aquí es la parte en donde este Espíritu de Baja Luz del hacedor no puede entrar. Porque todo lo quiere hacer él, está listo para hacer y hacer. Esta es la parte demás baja luz de la Conciencia del Hacer. La parte positiva es la del Yo Superior que también es un hacedor pero que es Humilde y no se lleva los créditos.

Por ejemplo. En esta parte del hacedor puede ser que el Yo inferior renuncie a las riquezas materiales de la 3era dimensión y que en su iglesia lo hayan convencido de que mejor busque las riquezas espirituales, entonces lo que hace este Espíritu de Baja Luz hacedor, es que ahora el enfoque también lo cambiará y si antes quería acumular riquezas materiales por medio de hacer, entonces ahora se enfocará en alcanzar las riquezas espirituales por medio del hacer, pues mientras el Yo inferior se lo lleve con él su espiritualidad estará contagiada de Ego, sus meditaciones serán contagiadas de Ego, toda su

BUDASINANDA VIVEK

espiritualidad estará impregnada de Ego. Todos sus "actos "sagrados" son con Ego.

Cuando el Yo inferior ha sido contagiado de la esencia de este Espíritu de baja luz del Hacedor no sabrá distinguir entre Acción y Actividad. Para él la actividad es acción y la acción es actividad ya que de la única manera que este Yo inferior puede demostrar quién es su Alma y que sabe hacer es por medio del hacer, una vez obtiene resultados positivos por medio del hacer su mente lógica le dice que eso es correcto y que no está perdiendo el tiempo como aquellos que van mucho a la iglesia o aquellos que se la pasan meditando. Su Espíritu Hacedor le dice. Mira tú si demuestras tus obras y en cambio aquellos siguen viviendo en la miseria y siguen esperando que alguien haga las cosas por ellos. Entonces el Yo inferior queda atrapado con esta mentalidad del hacedor, ya que como mira la vida de una manera lineal, horizontal y tridimensional, su lógica lo convence de que así es.

En el terreno de la espiritualidad la Acción es diferente. Desde el primer nivel de conciencia la acción va tomando diferentes tonalidades o diferentes niveles. Por ejemplo el Principio La Acción está llena de responsabilidad y vitalidad y sus actos van encaminados hacia una meta totalmente espiritual, es decir que sus actos llevan pasión y entrega. En el segundo nivel de conciencia la acción lleva un disfrutar de todo lo que se está haciendo, en el 3er nivel de conciencia la acción va llena de humildad y gratitud. En el 4to nivel de conciencia la acción va llena de amor y anonimato, en el 5to nivel de conciencia la acción va llena de creatividad y autenticidad, en el 6to nivel de conciencia la acción es meditativa y con conciencia, en el 7mo nivel la acción va llena de totalidad y de gracia. Es la misma Divinidad la que hace toda la acción a través de la persona.

En la actividad no se necesita haber alcanzado ningún grado Superior de conciencia simplemente se hacen las cosas de manera inconsciente, de manera distraída, de prisas, pensando en el pasado o en el futuro, pensando en que beneficio le sacará a esa acción, en fin la mente del Yo inferior estará demasiada ocupada con pensamientos y deseos y al mismo tiempo el cuerpo estará en actividad. En un 6to y 7mo nivel de Conciencia todas las acciones son acciones meditativas.

Esto hace toda la diferencia entre la Acción verdadera y la actividad. La actividad es hecha con Ego y la acción es hecha con Conciencia, mas como el Yo inferior depende de la impresión y de los comentarios de los demás es por ello que también a él le interesan los resultados que se obtienen por medio de la actividad, esta forma de actuar lo mantendrá cegado espiritualmente hasta que no descubra la diferencia entre actividad y Acción, la Meditación Vipasana le podrá ayudar a entender esta gran diferencia. Y esta meditación se explicará más en detalle en el 6to Nivel de Conciencia.

Luego tenemos al Espíritu de baja luz, El Pseudo Exitoso.

Esta actitud se da muchísimo en aquellos Yo inferiores que por su naturaleza o temperamento saben cómo dar su mejor sonrisa ante el público, son de temperamento extrovertido y son muy carismáticos, entonces cuando han logrado algun pequeño éxito tienden a exagerar sus triunfos, son muy buenos vendedores de ideas exitosas, pues como no les cuesta nada poner su mejor sonrisa ante el público y saben cuándo bajar y subir el tono de voz, entonces ellos venden fácilmente la idea de que el ser parte de su compañía de multiniveles los puede llegar a convertir en exitosos, estos son grandes líderes y sí pueden reclutar muchísima gente, incluso aquí también hay muchos pastores o ministros religiosos.

Lamentablemente la mayoría no llega a descubrir la segunda misión de sus Almas. Ellos se embriagan con el éxito tridimensional, hacen cursos motivacionales, talleres de sanación, estudios bíblicos, talleres de 12 pasos, talleres de como incrementar el autoestima y al parecer todo esto es muy positivo, pero si han sido contagiados por este Espíritu del pseudo exitoso entonces su mismo éxito tridimensional los mantendrá en una ceguera continua, pues ante los demás Yos inferiores si son unos verdaderos líderes, pero este Yo "exitoso" no llega a descubrir que su éxito pertenece a la 3era dimensión y también son sus dos consejeros malignos junto con este espíritu de baja luz del pseudo exitoso los que más se beneficiarán de sus éxitos. Pues nuevamente abrazan al Yo inferior y lo adulan, le dicen "" Bravo, Bravo, eres genial mira cuanta gente te sigue lo hemos logrado "entonces como ahora ellos los consejeros malignos utilizarán la táctica de las palmaditas en la espalda y de ya no bombardearlo con negatividad, entonces ahora lo llenarán de mucha pseudo positividad. Pues mientras el Yo inferior los haga a ellos parte de él, todos son un equipo ganador.

Las consecuencias serán cuando el Yo inferior deje de tener éxito material, cuando la gente se cambie de líder, cuando su fama y su prestigio se estén acabando. Allí es cuando el Yo inferior llega a descubrir que toda esa euforia que sentía era de cierta manera falsa o pasajera, pues nunca quiso descubrir si lo que entendía por espiritualidad era verdad o no. Él simplemente razono a su conveniencia de que era una persona espiritual y exitosa y no se dio a la tarea de revisar con que tanto Ego se estaba "emborrachando" esos éxitos, con qué tanta jactancia se manejaba ante la vida, nunca reviso si realmente su éxito estaba fundado en bases espirituales o no. Él se dejó llevar por los aplausos de la gente, por los comentarios positivos que se hacían de él, todas esas adulaciones y palmaditas de sus consejeros malignos lo mantuvieron cegado espiritualmente, lo mantuvieron en una burbuja de éxito tridimensional, tanto que él llego a pensar que él era igual que los Maestros iluminados o que estaba muy cerca de serlo. Aquí a un Yo inferior le dura su ceguera espiritual mientras se mantiene exitoso, pero en cuanto se le pasa su momento de éxito y le llegan ciertas calamidades entonces sufre un colapso emocional que puede caer en negras depresiones crónicas, pues en un abrir y cerrar de ojos parece que todo ese éxito se le fue de las manos, sus consejeros malignos el Ego y el Súper Ego lo mantuvieron entretenido y adentro de su burbuja, no le hicieron ver que ese éxito tenía sus limitaciones.

Por otro lado hay gente exitosa que llegan a tocar un fondo de sufrimiento porque ya no hayan para donde seguir, ellos han recorrido el camino de la "A" a la "Z". Y ahora están de regreso de la "Z" a la "A", y como ya conocen ese camino horizontal, lineal, entonces caen en depresión debido a que al llegar a la "Z" se encontraron con que ese caminar tenía un tope y que ya no pueden seguir para adelante. Pues tienen fama, prestigio, poder, residencia, esposa hijos, todo y sin embargo no pueden descubrir La Segunda Misión de sus Almas. Ya que no han desarrollado la intuición, únicamente desarrollaron la astucia, lo sagaz, la habilidad para hacer dinero, la habilidad para vender productos, toda esa habilidad que sirve para lograr éxito material, pero no desarrollaron la Conciencia Intuitiva, la Meditación, no se dieron a la tarea de descubrir el misticismo de la vida o el interés en quererse conocer a ellos mismos. Tomaron el camino superficial que pertenece a la 3ra dimensión.

¿Cuál es la diferencia entre el pseudo éxito y el verdadero éxito?

Cuando todo se ha logrado con Ego es pseudo éxito, cuando todo se ha logrado con Conciencia todo es Verdadero Éxito. Otra de las diferencias es la siguiente, el Yo inferior que ha sido contagiado por este Espíritu pseudo exitoso, por lo regular no quiere descubrir los siguientes Niveles de

Conciencia, no quiere descubrir la verdad, no quiere saber que esos "éxitos" de los que tanto se vanagloria o lo hacen sentir en la cima de su vida, muchos Maestros iluminados los pueden desechar con facilidad sin dolor alguno, pues todos ellos han descubierto que esos éxitos no pasan de la 3ra dimensión y que por lo tanto la Conciencia no puede seguir expandiéndose, el Yo inferior acaba por convencerse a sí mismo de que él es exitoso porque sus resultados lo dicen y por qué la gente lo admira mucho, lo respeta y lo sigue. El pseudo éxito ciega al Yo inferior y este se queda haciendo una pausa muy larga, hasta que lentamente él va descubriendo que la vida es más profunda y misteriosa de lo que él pensaba y que su éxito tridimensional, no le dará jamás lo que le pueden dar los Niveles de Conciencia, estos no se compran, no se consiguen con acciones inconscientes, ni tampoco se dejan manipular por nadie.

Ninguna compañía de multiniveles legal y legitima es mala, tampoco pertenecer alguna de estas compañías, lo único que mantiene cegado al Yo inferior es su falta de visión espiritual, es el querer quedarse allí toda su vida, creyendo que esa es la iluminación o creyendo que ese éxito del 3er plano del ego, es el mismo del 3er Nivel de Conciencia y no son los mismos, para más detalle se puede leer el Principio de la Acción Positiva y el Principio Espiritual del Éxito del 3er Nivel de Conciencia, no son los mismos, la actitud es diferente. Es muy posible que un Yo inferior haya obtenido el éxito material en una compañía de multiniveles y ante los demás él se mire como una persona de éxito verdadero ya que nadie sabrá en qué Nivel de Conciencia está residiendo su Yo inferior, nadie sabe que él está en un 5% de Esencia Divina y luego por otro lado tengamos a otro Yo Superior de Luz con su 30% de Esencia Divina en esa misma compañía de multiniveles y por consiguiente los dos están haciendo cantidades similares de dinero, los dos manejan carros Mercedes Benz, los dos son grandes motivadores y a los dos se les mira contentos y felices con sus esposas, la única diferencia será que uno está actuando, está protagonizando ante las cámaras, ante los demás, todos sus actos de humildad son actuados, toda su actitud positiva es actuada o llena de excitación, en cambio el que vive en un 30% de Esencia Divina tiene como bases todos los Principios Espirituales de los 3 Primeros Niveles de Conciencia, lleva una relación íntima con todos estos Principios y él ya vive en su Segundo Reino de Luz el 30% del tiempo, por lo tanto todas sus acciones positivas son espontaneas y naturales, no actúa nada, todo es real, todo es verdadero, si ante los demás se muestra feliz con su esposa es porque en verdad si está viviendo feliz con ella y con sus hijos, es decir todo lo que se mira por afuera, también lo vive por adentro, en cambio el pseudo exitoso, solamente la apariencia y lo de afuera es la parte que es exitosa, pero los Niveles de Conciencia no están desarrollados, él todavía sigue viviendo en su Reino de Oscuridad, simplemente que se las ingenio para obtener el éxito material.

Pero todo esto se podrá mirar más claramente cuando estemos en el 3er nivel de Conciencia.

Ahora tenemos al Workoholic.

Esta será una forma de fuga emocional que utilizará el Yo inferior para no tener que lidiar con su pasado, con los problemas actuales de su matrimonio, de sus hijos. Esta es meramente una forma de escape y fuga.

Este es un Yo inferior lleno de miedo y temores que para esconder todas esas carencias tiene que trabajar como esclavo para que nadie lo moleste, Para este Espíritu de baja luz del Workoholic es una alegría inmensa de que se haya encontrado a un Yo inferior trabajador, pues entre más trabaje más vida le da a este Espíritu de baja luz y por lo tanto, este Espíritu de baja luz, le estará robando la calidad de tiempo que le pertenece a su esposa y a sus hijos, junto con otras amistades. Pues el Yo inferior ha preferido darle prioridad a este espíritu de baja luz del trabajador compulsivo que es como si estuviera casado con él.

De allí que su esposa acabará dejándolo pues ella se siente abandonada, al igual los hijos se le pueden ir de la casa a temprana edad pues ellos se sentirán que no son importantes para el tiempo de su Papá. Para sus hijos el mensaje será que es más importante el trabajo que la familia y cuando llegue este Yo inferior a viejo, los hijos no lo visitarán porque es posible que también estén ocupados en sus trabajos o en sus incontables compromisos ya que eso fue lo que aprendieron a mantenerse ocupados todo el tiempo fuera de la casa. Por lo regular esto le sucederá aquellos Yos inferiores que no tienen buenos recuerdos de sus hogares, que no saben cómo manejar una vida hogareña, en donde toda la familia comen juntos, Esposo, Esposa e hijos.

Por otra parte también los que se verán afectados por este espíritu de baja luz. Serán aquellos Yos inferiores que quieren acumular riquezas materiales y que solamente sienten ellos que valen por lo que acumulan, no saben otra manera de valorarse más que por medio de lo material.

El "pecado" del perezoso es no querer trabajar, mientras que el "pecado" del Workoholic es no querer descansar.

¿Cómo se puede romper con esta adicción o con esta actividad?

El yo inferior tiene que revisar todo su pasado y reconciliarse con toda esa gente que le hizo daño, reconciliarse principalmente con sus padres, y sus hermanos, a la vez tratar de agarrar consejería familiar para aprender a cómo comunicarse más con su esposa y sus hijos, enfrentar todos esos temores que siente hacia una vida hogareña. Por otra parte si es por avaricia que lo está haciendo entonces deberá de tratar de encontrar otra manera de cómo hacerse mejor de un negocio en donde esté involucrada la familia, en donde pueda convivir más con ellos, de esta manera si no se alcanzan a ver en la casa, entonces se ven en el trabajo. La cuestión es que él se tiene que sacrificar para parar esa adicción. Al igual la familia tiene que ajustarse a lo que tienen y no exigirle demás.

Lo más recomendable seria que asista a unas juntas de Workoholic anónimos.

Ya que podrá el mirarse más de cerca por medio de sus compañeros, y a la vez podrá encontrar la solución más eficazmente por medio de aquellos que ya viven una vida normal.

El Centro Magnético de El Egoísta.

El Egoísta, La Grandiosidad, el Egocéntrico y el Ventajista.

Este 3er plano del Ego es la silla del consejero maligno del Ego, Aquí describiremos gran parte de la personalidad de uno de los consejeros malignos al cual hemos llamado el Ego.

Esta Entidad de oscuridad llamada Ego es el resultado de lo que ha formado el Alma a través de sus diferentes vidas terrenales. cada vez que ha venido el Alma al plano tridimensional, su cuerpo mental manejado por el Yo inferior desarrolla ciertas teorías, ciertas filosofías de la vida, ciertas creencias, entonces todas estas creencias, filosofías, formas de pensamiento se van quedando rezagadas en la Mente Universal de la 3ra Dimensión y cuando regres el Alma al plano terrenal tridimensional, estas entidades tanto el

Ego como el Súper Ego se le adjudican a su lado, ya que ellos van siendo el producto que va quedando de todo ese cumulo de pensamientos de baja luz.

Entonces ellos ya son una entidad bastante fuerte y ahora ellos quieren ganar formas del Alma para ellos poder ser igual que el Yo inferior, es por eso que estos dos consejeros malignos del Ego y el Súper Ego son unos de los principales gobernadores y directores del Reino de la Oscuridad del Yo inferior.

Pero todo esto fue parte de las reglas y de las Leyes que se rigen en la 3ra Dimensión.

Luzbel (El Ego Destructivo, El Padre de Las Mentiras, el que se pone el disfraz de Dios y por lo tanto se hace pasar por un Pseudo Dios)

Lucifer (El Súper Ego, y Por lo tanto en este caso representa al Demonio de la Soberbia)

Satanás (El Ego, el cual representa al Demonio de la Ira)

Belcebú (El Demonio de la Gula)

Mammon (El Demonio de la Avaricia)

Asmodeus (El Demonio de La Lujuria)

Leviatán (El Demonio de la Envidia)

Belphegor (El Demonio de la Pereza)

y otros Demonios más, de la única manera que podían metérsele al Alma era por medio de la mente del Yo inferior, por lo tanto cuando el Alma en sus primeras veces que visito el plano terrenal, compro sus productos de ellos, sus ideas, sus creencias, entonces ellos se fueron filtrando poco a poco y así ella fue siendo engañada y bajo este engaño y mentiras fue que su Yo inferior comenzó hacer las acciones equivocadas que hicieron quebrantar ciertas Leyes Divinas y leyes Kármicas de allí le fue aumentando su D.kármica y hoy en este tiempo la mayoría de Almas viejas lo único que están tratando es de aniquilar toda su D.kármica y no regresar jamás a la 3ra dimensión, pues ya han aprendido su lección, ya han conocido de primera mano lo que querían conocer y ahora es su Yo inferior el que tiene que despertar y acabar de aniquilar toda su D.kármica a manera de continuar explorando toda la 4ta Dimensión, luego la 5ta, la 6ta y todas las demás dimensiones, la ventaja es que una vez se llega a la 4ta Dimensión, ya todo el camino se mira con más claridad, la Dimensión más dura de todas ha sido la 3ra, puesto que es en la cual los Demonios tienen acceso directo y engañan con facilidad a las Almas y a sus Mentes manejadas por sus Yos inferiores.

Ahora el Yo inferior al estar conviviendo con ellos por todos estos años ha perdido su identidad y ha acabado identificándose junto con ellos, es decir el Yo inferior piensa que él es su Ego o su Súper Ego y cada vez que alguien ofende alguno de sus consejeros malignos, él los defiende a capa y espada porque él toma la ofensa para él, él siente lo mismo que ellos. Entonces por medio de este Libro el Yo inferior continuará aprendiendo a como divorciarse de ellos, como aprender a morir a esa fuerte identificación que tiene con ellos.

Esta primera muerte va hacer muy dolorosa para los tres. Para el Ego, para el Súper Ego y para el Yo inferior, pero si él no está dispuesto a morir a ellos, entonces irremediablemente tendrá que seguir regresando al plano terrenal tridimensional una y otra vez, porque ellos no pertenecen de este lado, a la 4ta, 5ta, 6ta o 7ma Dimensión. Sus bajas vibraciones de luz no les permiten ser parte del Reino de la Luz.

Es por ello que la 3ra Dimensión es su mundo y en su mundo se quieren arrastrar al Yo inferior, junto con su Alma. Por eso ellos harán todo lo posible por mantener entretenido al Yo inferior todos los días, o preocupado, enojado, resentido, frustrado, excitado, pegado a las adicciones, ellos tienen cientos y cientos de formas egoticas de baja luz para mantener al Yo inferior magnetizado al Reino de la Oscuridad.

Su mundo, de esta Entidad del Ego es gozar del placer insano todo el tiempo, le gusta emborracharse, drogarse, estar metido en el casino las 24 horas, del día, le gusta estar sedado, le gusta comer en exceso, beber bebidas toxicas, o bebidas negras, le gusta estar haciendo todo tipo de actos sexuales, le encanta la pornografía, la masturbación, las orgias, la pedofilia, violar, las relación homosexuales o de lesbianismo, le gusta todo tipo de depravación sexual, todo lo que le produzca placer inmediato eso le encanta, también le gusta tener éxito material, le gusta que lo alaben, que lo admiren, que lo respeten, que le tengan miedo, le gusta manipular, controlar, y cuando las cosas no salen como él quiere se enfurece inmediatamente, se resiente muy rápido, es muy hipersensible, muy iracundo, es un abusivo, y cuando no puede expresar su ira entonces se llena de conmiseración, de autolástima de sí mismo, se hace la víctima, se siente muy solo, triste, tiene muchos vacíos existenciales, sufre mucho de melancolía, depresión, ansiedad, se llena de negativismo, de envidia, de frustraciones, cierra su mente, y acaba tirándose a la pereza crónica acaba no haciendo nada y se la pasa viviendo en sus mundos de fantasía y queriendo ser siempre como los demás.

En fin esta Entidad de Oscuridad del Ego tiene varias facetas y en todas ellas se puede manifestar, él cree que el Yo inferior le pertenece y es por ello que en un 95% del tiempo mantiene gobernadas las acciones del Yo inferior, él le dice que hacer y qué no hacer y el Yo inferior simplemente le obedece. Esto quiere decir que el Yo inferior ha puesto su vida y su voluntad en manos del Ego y del Súper Ego. Y para mantenerlo a un más cegado espiritualmente ellos se han encargado de venderle una idea de Dios y le hacen creer que él está poniendo su vida y su voluntad al cuidado de su Dios, pero en realidad es una ilusión que le han vendido, pues mientras él siga operando su vida como un Yo inferior es casi imposible poner la vida y voluntad al cuidado de su Dios, no se puede, porque para ello él tiene primero que morir a todas sus formas de baja luz, esto incluye a todo ese 95% de esencia negativa, de baja luz. A todo su Reino de Oscuridad y mientras esto no suceda él solito se está poniendo una trampa, pues meramente es un dios alegórico, metafórico, idealista, es una idea solamente a la cual el supone poner su vida y voluntad. Como hemos dicho mientras no de su primera muerte espiritual es un imposible utilizar este tipo de términos. La muerte es dolorosa y se tiene que pasar, es por ello la importancia de conocer de raíz a todos sus enemigos, pues si no se les conoce a todos ellos, es imposible morir a todas sus formas.

¿En estos términos que es ser Egoísta?

Todos los espíritus de baja Luz, todos los del Reino de Oscuridad son Egoístas ya que a nadie de ellos les importa el Alma o las formas del Alma del Yo inferior, ni siquiera les importa él. A ellos únicamente les importa su supervivencia y ya. Por ejemplo al Espíritu de baja luz de la mala alimentación no le importa la salud física del Yo inferior, a él lo único que le importa es comer comida yunque y bebidas toxicas, no le gusta tomar agua ni tampoco comer saludablemente, no le gustan las vitaminas ni nada que beneficie al cuerpo físico del Yo inferior por lo tanto él es un Egoísta. Al espíritu Masturbador tampoco le importa si el Yo inferior es casado o no, a él lo único que le importa es convencer al Yo inferior de que se masturbe y punto. Entonces cada uno de ellos mira por su propia conveniencia y asimismo utilizan al Ego y al Súper Ego como sus enlaces para que convenzan al Yo inferior de que acabe haciendo lo que los favorece a todos ellos.

Todos los Espíritus de baja luz y de oscuridad forman a estas dos Entidades de Oscuridad al Ego y al Súper Ego.

Es decir que la entidad del Ego y del Súper Ego son entidades multidimensionales. Simplemente que todos estos espíritus de baja luz y de oscuridad son las formas del Ego y del Súper Ego, entonces ellos son las manifestaciones de ellos dos. Cuando un Yo inferior se resiente, entonces la Entidad de Ego se ha manifestado por medio del resentimiento, también lo pueden hacer por medio de la Envidia y así.

El Yo inferior en esencia no es esta entidad del Ego ni tampoco la Entidad del Súper Ego. El Yo inferior en su esencia no pertenece a esta 3ra Dimensión, él solamente vino aniquilar su D.kármica pero la misión no sería fácil y su Alma lo sabía pues ella es la que escogió regresar una vez más bajo las condiciones que le toco nacer y bajo los Padres que le tocaron. Todo fue parte del convenio

El Yo inferior no recuerda nada de este convenio por que aún tiene el velo del olvido el cual no le permite recordar sus vidas pasadas, conforme incremente sus niveles de conciencia ese velo del olvido también se irá recorriendo y gradualmente comenzará a recordar cuál fue su llamado, sucesivamente recordará que en efecto él no pertenece a la 3ra dimensión y que simplemente se perdió en esta identificación, él es el Hijo prodigo del cual habla Jesús en esa parábola y cuando va regresando con su Padre va recordando de donde salió. Por ahora lo más importante es seguir descubriendo este Reino de la Oscuridad.

El Ego es tan real como lo es el Yo inferior y como lo es el Alma del Yo inferior, ahora cuando el Yo inferior ha sido contagiado de la esencia de esta Entidad por lo regular va a querer formar sus raíces aquí, su hogar, él piensa que esta es su casa y por eso es que se enraíza con facilidad con las tradiciones de su país, de su religión, de sus costumbres, de su familia y acaba identificándose como católico, como musulmán, como hinduista, como budista, taoísta, todo tiene que ver en el país que haya nacido y con la familia que haya crecido, por lo tanto estará fuertemente identificado con el color de su piel, con su patria, con el Dios de su religión y él creerá que ese es su destino, que esa fue la voluntad de su Dios, si por ejemplo en su país o su religión se acostumbra por tradición que los Padres escojan a la novia o al novio para que se case con su Hija o Hijo, entonces ellos lo mirarán muy normal, si también por tradición cada vez que se muere el esposo la esposa viuda tiene que matarse calcinada para demostrar su amor hacia su esposo y seguirlo hasta la eternidad entonces ella lo hará más por tradición que quizás por amor, todo este tipo de tradiciones y de costumbres son lo que fortalece a la entidad del Ego. Pues no permiten que el Yo inferior descubra cuál es su esencia verdadera, para que fue llamado a venir a este plano terrenal.

¿Entonces todo eso tiene que ver también con el Ego?

Si. Todo lo que mantenga al Yo inferior desidentificado de su verdadera esencia eso le corresponde al Ego, todo lo que mantenga al Yo inferior apegado a la 3era dimensión eso le pertenece al Ego, por ejemplo: el Yo inferior ama más a su hijo y a su hija que a todos los demás niños, ama más a su Esposa que a todos los demás seres humanos, ama más a sus Padres que a nadie más, entonces su círculo de personas que más ama, es muy reducido y permanece indiferente ante los problemas y dificultades de todo el resto del mundo, para él primero están los suyos que los demás, para él primero esta su país que el de los demás, primero esta su religión y su Dios que el de los demás, es decir únicamente favorece a todo aquello por los que siente amor y desfavorece a todos aquellos por los que no siente tanto amor, si pasan una noticia de que tal país sufrió una inundación, entonces mientras no sea su país o por donde viven sus familiares no sentirá ni la más mínima preocupación, él se puede imaginar un temblor o un tsunami pero se imagina que los únicos que se salvan serán las personas que el ama, todo su mundo se centra en ese pequeño círculo de personas y cuando uno de ellos se muere él siente que le están quitando una gran parte de su Alma y cae en depresiones o también se quiere morir, pues estaba tan apegado a esa forma que no sabe cómo Superarla. Todo eso es parte de las formas del Ego.

Cuando al Maestro Jesús le hicieron saber que allá afuera estaban sus hermanos y su madre él les contesto desierto les digo que mis hermanos no son precisamente los que están allá afuera si no todos aquellos que hagan conforme a la voluntad de mi Padre así también si una mujer hace la voluntad de mi Padre será vista como si fuera mi Madre.

Este Maestro entendía perfectamente el no estar apegado a las formas del Ego, por eso es que el constantemente hacía referencia a estas cosas, por ejemplo decía. Deja que los muertos entierren a sus muertos, o a donde yo voy Uds. no pueden ir.

Cuando Jesús regaña a los fariseos y los reprende no está regañando a los judíos nada más, él está poniendo en su lugar a todos estos Demonios, a todos los Espíritus del Reino de la Oscuridad que viven en el ser humano, no tenía mucho que ver con la raza judía, el fariseísmo es meramente una actitud que la puede tener cualquier ser humano de cualquier raza.

Las personas que sufren más son las que están más apegadas al amor de otras personas y cuando estas personas dejan de darles ese amor entonces les viene un sufrimiento insoportable y todo esto se debe a que la persona no aprendió a morir a las formas de su Ego, cuando un Yo inferior comienza a morir a todas las formas de su Ego y comienza a vivir en el verdadero amor, entonces deja de sufrir para siempre, puesto que el amor es libertad y siempre desea lo mejor para todos, así la alegría o felicidad del otro se convierte también en su propia alegría, en cambio el pseudo amor que conoce el Ego es posesivo, convenenciero, controlador, apegado, celoso, asfixiante, obsesivo y cuando la persona amada se va o deja de quererlos entonces el Yo inferior se llena de venganza, de resentimiento, de ira, cae en depresión, autoconmiseración, lastima de sí mismo, y todas las personalidades del Ego se le manifiestan al Yo inferior.

Por otro lado observemos al Alma del Yo inferior, esta ha regresado al plano tridimensional a pagar su D.kármica y a cumplir sus dos misiones, si en su viaje le toca casarse entonces se casa tiene hijos y aun así tratará de alcanzar su primer objetivo una vez que lo alcanza se encaminará hacia su segundo objetivo y si en su caminar hacia su segundo objetivo tiene que divorciarse o separarse de su esposa lo va a hacer, pues es más importante alcanzar el segundo objetivo que enraizarse en la 3ra Dimensión. Cuando el príncipe Siddhartha después de haber visto a un hombre enfermo, a otro viejo, a otro muerto y a un Buscador de la Verdad un Saddhu, allí tuvo su despertar espiritual y se encamino hacia su Segunda Misión de su Alma pues la Primera Misión ya la había cumplido que era haber sido un Príncipe y haber gozado de todos los placeres de la 3ra dimensión, entonces como ya no tenía deseos reprimidos él pudo mirar con claridad que él no pertenecía a la 3era dimensión y se fue en búsqueda de la Segunda misión de su Alma. No le importo haber dejado a su esposa Yoshidara y a su Hijo Raula y solo tenía 29 años cuando decidió emprender su búsqueda.

En todo ese transcurso de esos 11 años de búsqueda él fue muriendo a todas las formas del Ego hasta que al final murió a la última forma del Ego que era el deseo de alcanzar el Nirvana y entonces fue cuando alcanzó la iluminación y ya regreso como Gautama Buddha.

Buddha decide no contestar 11 preguntas que eran relacionadas con la palabra Dios, Alma, Espíritu o con cosas de metafísica, porque sabía que los Yos inferiores estaban perdidos con tantas ideologías, creencias, dioses y demás, entonces él sabiendo que el Yo inferior tiene que morir a todas las formas del Ego, mejor se enfocó en eso, de hecho si alguien quería iniciarse, él los mandaba 6 meses a que mirarán como incineraban a los muertos para que se les quedará muy gravado en sus mentes que el camino era por medio de la muerte y que la muerte física era lo más real que pueda existir por lo tanto era una manera de que comenzarán a despertar y dejarán de perder el tiempo en distracciones de la 3ra dimensión, todas las enseñanzas de los Maestros iluminados están encaminadas en las muertes a las formas del Ego y del Súper Ego.

Se dice que en una ocasión un buscador de la verdad fue a ver a un Maestro del Zen para que lo iniciará y el Maestro lo hizo esperar a fuera del templo ya que lo miro fijamente a los ojos y le dijo: primero despídete de toda tu familia y amigos y él contesto ya lo hice, el Maestro le dijo no me refiero a los de apariencia física, si no a los que aún están en tu mente así que mientras no te despidas no podrás entrar al templo, de esta manera el buscador de la verdad tuvo que esperar afuera del templo unos seis meses, ya que el Maestro en esa ocasión lo volvió a mirar fijamente y se dio cuenta que finalmente el buscador de la verdad estaba en completo estado de atención y lo dejó entrar al templo, pues quería asegurarse de que sus enseñanzas se las impartiría a él y no a las personas que tenía en su mente.

En el 6to plano del Ego seguiremos detallando la personalidad y características de estas dos entidades del Ego y del Súper Ego ya que ellos no le cederán la victoria al Yo inferior fácilmente, ellos creen que ellos son los dueños de la residencia interior del Yo inferior, pero cuando este descubra que él sigue siendo el legítimo dueño y que además él puede echarlos fuera de su residencia interior cuando él lo decida entonces allí comenzará la verdadera batalla espiritual en donde el Yo inferior tiene que estar bien armado espiritualmente y dispuesto a morir a todas sus formas de baja luz.

Ahora pasemos con el Espíritu Arrogante de..La Grandiosidad.

Cuando el Yo inferior ha sido contagiado de la esencia de este Espíritu arrogante de baja luz de la Grandiosidad se enfocará todo el tiempo en todos aquellos que de cierta manera son inferiores a él, y por lo tanto esto le causará todo el tiempo sentir este sentimiento de grandiosidad y no tomará en cuenta a los que son Superiores a él, únicamente le gusta enfocarse en los que lo hacen mirarse a él como el grandioso, como el más inteligente de todos los que están allí y este sentimiento quizás lo acompañe hasta la muerte pues es un sentimiento que no lo deja ver sus deficiencias y que lo hace sentirse Superior ante esa gente, es muy habilidoso para encontrar los defectos en todos los seres humanos, pues encontrándoles los defectos él se siente Superior a ellos, pues únicamente se enfocará en los defectos más notorios en donde él en comparación no está tan defectuoso como al que está criticando, de esta manera él sigue siendo el más inteligente, o si su físico es lo que le da el sentimiento de grandiosidad entonces se comparara con los que tienen un físico menos atractivo que el suyo, es decir que la cualidad más grande que tenga es la que siempre estará comparando con los demás, si su cualidad es tener la habilidad para hacer negocios entonces se enfocará en los que tengan problemas económicos, si su cualidad es el conocimiento entonces se centrará en los incultos o ignorantes.

Y aunque haya una persona que conozca menos que él pero que viva más feliz y además sus cualidades resalten más en todas las otras áreas de la vida, él de todos modos se centrará en la parte del conocimiento y se conformará diciendo no importa que ese tenga más dinero que yo, que sea más saludable, que su esposa este más guapa que la mía, que sus hijos sean universitarios y los míos no, que se vista mejor que yo, que tenga un carro del año, aquí lo que importa es que yo tengo más conocimiento que él.

Este Yo inferior siempre se la pasará queriendo convencer a los demás de sus cualidades, de sus triunfos, de sus capacidades, para que los demás lo respeten, lo admiren y lo consideren una persona inteligente. Así que de su vida de fracasos no mencionará nada pues con sus tres cualidades más resaltantes querrá tapar todos sus fracasos financieros, matrimoniales, familiares, laborales, emocionales, espirituales y demás.

El justificará todos sus fracasos y se convencerá así mismo de que él es un triunfador y un gran inteligente, un gran líder, una gran persona pues ha ayudado a muchísimas personas según él.

Por lo regular justificará todas sus acciones negativas, les encontrará una "razón" justificable del por qué ofendió, del por qué hizo sentir mal a alguien. Él solito se convence de que se lo merecían, si por ejemplo hace esperar a alguien para una cita lo justifica en su interior creyendo que los demás son los necesitados no él, o que él es tan importante que los demás tienen que aceptarlo tal y como es. Es decir la responsabilidad siempre recae en los demás. Él se siente tan importante que piensa que los demás deben de estar a su servicio o se tienen que humillar ante él, pues nadie lo Súpera y los que lo llegan a superar él se encarga de encontrarles una debilidad o defecto en donde él los Súpera y se agarra de allí para seguir creyendo que de todos modos él es Superior en esas áreas y por lo tanto él solito se sigue poniendo por encima de los demás, sigue siendo el numero 1.

Hasta para la espiritualidad él compite y se dice así mismo nadie es más humilde que yo, nadie es mejor que yo, nadie entiende la espiritualidad mejor que yo. Este sentimiento de grandiosidad y Superioridad lo acompaña todo el tiempo pues está identificado casi en un 100% con su Súper ego y su Ego. No alcanza a descubrir que todos los seres humanos tienen su propia sabiduría y que en esencia todos son unos Maestros iluminados. Él no puede mirar esta realidad y tampoco tiene interés en mirarla.

¿Alguna técnica o idea para contrarrestar la fuerza de este Espíritu de Grandiosidad?

Él tiene que ponerse en la mente de que todos los seres humanos son ignorantes, mas no todos ignoran las mismas cosas, que todos los seres humanos son unos sabios, mas no todos son conscientes de esa sabiduría, de esta manera él no tiene por qué seguirse sintiendo Superior a los demás por sus descubrimientos o sus virtudes que tiene, ya que él se debe de dar cuenta que él tampoco tiene lo que otros tienen o al menos no es consciente de lo que otros ya son conscientes, en otras palabras no tiene nada de que impactar a los demás ya que también los demás tienen eso de lo que él se vanagloria. No hay nadie a quien impresionar, el método más efectivo seria que pospusiera sentirse Superior a los demás hasta que no logre alcanzar la iluminación, que solamente cuando alcance su 7mo nivel de Conciencia entonces sí, se puede dar el lujo de sentirse Superior a los demás y no antes.

(Obviamente cuando eso suceda es posible que ya hasta se le haya olvidado como sentirse Superior a los demás, ya que es el Ego y el Súper Ego los únicos que manejan esos sentimientos.)

El Espíritu Arrogante El Egocéntrico.

Con esté el Yo inferior piensa que sus opiniones son las más importantes y las mejores, él cree que lo que él piensa es lo mejor para todos, y tiende a desvalorizar las opiniones de los demás, lo que normalmente pasa con este Yo inferior es que toma unos cursos de Superación personal y lo que aprende allí, lo quiere aplicar a todo, entonces cuando hay una discusión de cierto tema él impondrá sus puntos de vista por encima de los demás, porque él cree que lo que aprendió en ese curso es la última de las verdades y por lo tanto desvaloriza las opiniones de los que él cree que saben menos que él, así también si a él le ayudo cierta filosofía o ciertas creencias o "verdades" en su mente cree que eso también le puede ayudar a los demás y por lo tanto si alguien no tiene la información que él adquirió entonces pensará que lo que él sabe es más verdadero que lo que tengan los demás, para él su verdad es la que está por encima de las de los demás, sus opiniones son las mejores, sus puntos de vista son los mejores, sus ideas son las mejores, su Dios es el verdadero, su religión es la verdadera, en todo lo que hace cree que eso es lo mejor, difícilmente le dará crédito a las palabras de alguien que él piense que es inferior a él, únicamente quiere darle el crédito a las personas a las cuales él piensa que son en un grado un poquito Superior a él, pero de allí en fuera a nadie le da crédito, al contrario él desea que los demás se le acerquen para aprender de sus vastos conocimientos y su vasta sabiduría que él tiene, y se irrita con facilidad cuando la gente desvaloriza sus grandes enseñanzas, sus grandes secretos, sus grandes ideas y puntos de vista no lo puede soportar y acaba pensando que toda esa gente son una bola de ignorantes y se dice a sí mismo "no le tires perlas a los puercos". Es decir que a los que rechazan su pseudo sabiduría la llama puerca y a los que acogen bien su sabiduría los llama inteligentes.

En esta actitud él se manejará en la vida como que el mundo tiene que ajustarse a sus deseos y su forma de pensar, todo tiene que funcionar en favor de sus deseos, la gente tiene que adivinar sus pensamientos y tratar de darle gusto, la gente tiene que ganarse su gran amistad, la gente tiene que demostrar su interés por su amistad, pues él sin tener fama ni prestigio, actuará como si fuera un personaje muy famoso y de gran prestigio.

Este yo inferior a pesar de que tiene una estatura corta, una cara no muy atractiva, un cuerpo no muy atractivo el actúa como si fuera un Brad Pitt o un Johnny Depp. A la vez por el lado espiritual él actúa como si estuviera a la altura de Jesús, de Buddha o de Patanjali. Si es por el lado del deporte el actúa como si fuera un Lionel Messi o un Cristiano Ronaldo. Para el caso es que él no puede aceptar su condición actual, tiene una imagen exagerada de sí mismo y esa imagen lo convierte en un perfeccionista y un exigente hacía con los demás, es por eso que él piensa que los demás le tienen que rendir un culto o respetarlo de la misma manera que respetan a la gente famosa o los grandes líderes. Y no puede mirarse a sí mismo que él tampoco puede respetar a los demás y tampoco se puede poner en los zapatos de los demás.

¿Alguna idea de cómo trabajar con este Espíritu Arrogante Egocéntrico?

El Yo inferior tiene que empezar a dar a los demás todo eso que él mismo desea recibir, no hay otro camino, si desea ser respetado entonces tiene que empezar a respetar a todos, incluso aquellos que los ha visto de menos, aquellos que los mira como insignificantes, por allí puede empezar a tratar de mirar a su Verdadero Ser de Luz de toda esa gente que él ha discriminado o minimizado. De esta manera cada vez que quiera mirar a alguien de menos se tiene que recordar que adentro de esa persona o de esos Yos inferiores se esconde un Verdadero Ser de Luz que ya es iluminado. Cuando él aprenda a mirar a todos los seres humanos como seres iluminados como lo que verdaderamente son, entonces jamás volverá a tomar posturas de Superioridad, de Grandiosidad, o de Egocentrismo, pues respetará a todos de la misma manera que respeta a Jesús o a Buddha o a cualquier Maestro de luz. Así también él mismo dejará de verse como un ser tridimensional, así también podrá empezar a mirar a los demás como seres multidimensionales y que simplemente están jugando un papel de actor en este juego cósmico de la vida, que ellos escogieron ese papel de fracasados, de pobres, de ignorantes, de mártires, pero que les puede llegar el tiempo de despertar y pronto le comiencen a dar vida a su Yo Superior de Luz que reside dentro de ellos mismos, por lo tanto debe de darse cuenta que cada ser humano está aprendiendo sus propias lecciones, pero que nadie es más ni menos que los demás.

Ahora observemos al Espíritu Arrogante de El ventajista.

Aquí el Yo inferior al estar contaminado de este Espíritu Ventajista se convertirá en un aprovechado y abusivo. Esto se dará muy seguido en los trabajos, si el Yo inferior tiene un puesto de manager, de gerente o de director por lo regular abusará de su poder y será muy humillante con sus trabajadores, los tratará como si fueran sus esclavos o como si fuera gente de la más baja clase a la cual se les tiene que humillar y abusar.

Lo que sucede por dentro de la mente del Yo inferior y de su Reino de Oscuridad es que entre más abusivo sea, entre más ventajista y aprovechado, entonces estos tres Espíritus de baja luz Ego, Súper Ego y el Ventajista obtendrán un placer insano cada vez que el Yo inferior abuse psicológicamente de sus trabajadores o de gente que depende de él, este placer deformado también lo siente el Yo inferior y lo hace sentir Superior a toda esa gente que él puede humillar y sobajar. En su mente él no cree que algún día llegue a necesitar un favor de esa gente y por eso es que la humilla y la explota. Estos Yos inferiores siempre buscarán puestos de mando, de liderazgo, de poder. Por ejemplo pueden agarrar un puesto de policía y con ello aprovechar su cargo para abusar de su poder y castigar a los delincuentes, ellos gozan mucho de las palizas que le acomodan al delincuente y se les llega a convertir en una adicción que incluso pueden llegar a matar sin compasión alguna persona, puesto que esa sensación de sentir el poder en sus manos es tan fuerte que todo el tiempo buscarán una excusa para arrojar toda su ira y su maldad sobre los demás débiles o gente indefensa. Para ellos lo importante es experimentar ese placer insano de abusar de su poder, no es muy raro que muchos de ellos se den a la corrupción y la extorción. A la vez tampoco es raro que puedan llegar a violar y hacer todo tipo de actos de sadomasoquismo, con esto no quiere decir que todos los que trabajen de policías sean así, simplemente es que estos Espíritus malignos tratarán de metérseles a todos aquellos Yos inferiores que estén trabajando en puestos de autoridad, de poder, de liderazgo, porque son los mejores conductos para ellos saciar sus "instintos asesinos".

También se les meten a los Padres con facilidad, pues como el niño o niña dependen de ellos al principio en un 100% entonces si el Padre o la Madre se descuidan la Mamá vaciará toda su neurosis en su Hija, la tratará de tonta, de una buena para nada, le inyectará de todo su veneno, de toda su ira reprimida, de sus resentimientos y la estará controlando gran parte de su vida, ya que por medio del control también estos espíritus gozan de tener sometidos a las personas.

Por otro lado un Padre también puede buscar una excusa para golpear a sus hijos con el cinturón o a cada rato los estará regañando, tratando de tontos, estúpidos, buenos para nada, o comparándolos con otros niños. Le dicen a su hijo aprende como tu primo o como tu otro hermano, ellos si saben hacer las cosas rápido. Total descargan también mucha de su ira en sus hijos, y abusan de su poder de Padres, que hasta sus hijos en lugar de tenerles respeto les llegan a tener miedo, lamentablemente cuando estos Padres están en "ausencia" de estos Espíritus Ventajistas y abusivos. Ellos quisieran expresarle a sus hijos cuanto los aman también, pero la soberbia no se los permite, el Ego no se los permite y se quedan con esos sentimientos guardados que cada vez les será más difícil decirle al Hijo a la Hija. "Hijo a pesar de que soy un Padre gritón y golpeador también quiero decirte que te amo y tratare de comunicarme de una mejor manera contigo pues después de todo son mis hijos y también me duele tener que utilizar la fuerza bruta con Uds." Estas palabras los Espíritus malignos no se las permitirán expresar, pues al expresarlas llevan mucho poder de cambio y es posible que un Padre pueda comenzar a cambiar desde ese momento o al igual una Madre si llega a expresar ese tipo de palabras puede hacer un acto de conciencia y cambiar su manera de tratar a sus hijos, pero es más fuerte el poder negativo de esos espíritus arrogantes que no podrán expresar sus verdaderos sentimientos hacia sus hijos y esto a la larga cuando llegue el examen de conciencia, los Padres se verán ahora dominados por los Espíritus de Culpabilidad y una vez que los hijos se hayan salido de su casa o se hayan echado a perder, entonces allí es cuando los Padres buscarán mil maneras de querer reparar cuánto daño hicieron.

Lo mismo sucederá con aquel policía que cuando haga conciencia de todo el daño que ha hecho, entonces le puede llegar una culpabilidad tremenda que quizás acabe por suicidarse, acabe en el alcoholismo, la drogadicción, o la autodestrucción en todas sus formas, pues sus castigadores internos estarán allí para sentenciarlo, para acusarlo, adentro de la mente hay una corte que se lleva a cabo en donde enjuician a los Yos inferiores, esta corte está en el 7mo plano del Ego y allí aparece este Pseudo Dios castigador el cual se encargará de castigar al Yo inferior y simplemente este como desconoce sus derechos y como defenderse asumirá todos los cargos que se le impongan, de esta manera las formas de su Alma son las que pagarán los castigos que los verdugos internos les darán.

Para darnos una mejor idea, cuando un Yo inferior que fue un abusador ya sea de sus trabajadores, o de sus Hijos o de la gente, llega a un punto de su vida en que le entra el arrepentimiento y comienza hacer actos de conciencia, entonces allí aparecen sus acusadores para echarle en cara todo el daño que han hecho, los consejeros malignos el Ego y el Súper Ego tienen archivado todos los errores o faltas que ha cometido y mientras él está cometiendo esos errores o "delitos" que le causan placer insano, ellos no dicen nada, pues allí es cuando el Yo inferior está en su Ley de ellos que es causar sin recibir consecuencias, entonces mientras los espíritus abusadores experimenten placer insano dejarán que el Yo inferior haga de las suyas, dejarán que siga castigando a sus hijos, que siga controlando a su hija, a su esposo a su esposa, que siga abusando de su poder de policía con los civiles, que siga abusando de su poder con sus empleados, y si es un ministro religioso perverso y abusivo permitirán que abuse sexualmente de sus feligreses con actos pedófilos. Y toda esta gente a la cual han hecho daños emocionales, mentales y físicos, guardan resentimientos profundos, los cuales llevan entre sí deseos de venganza y desearán desquitarse algun día. Y más adelante cuando un Yo inferior llega a cierta edad y que los hijos ya no están en casa o los empleados ya se fueron o los civiles o criminales murieron a causa de la paliza.

Ahora cuando ya ha pasado un tiempo y estos Yos inferiores tanto de la Madre controladora y neurótica, como del Padre abusivo y golpeador o del Patrón humillante y usurero o del policía corrupto y violento y del ministro religioso abusivo y perverso, quieren vivir en paz y tranquilos y comienzan hacer conciencia de todos los daños cometidos de su pasado, allí es cuando les entra el arrepentimiento y quisieran no haber hecho los abusos que hicieron y se sienten culpables, en este lapso de tiempo es cuando se lleva a cabo esta corte a nivel astral, en el 7mo plano del ego.

Allí es sentenciado este Yo inferior y como de costumbre no tienen quien los defienda, si por ejemplo son creyentes y le piden a su Dios que los ayude y un asistente de luz va y los tratará de ayudar en lo que más pueda y esto sucede. Ellos muestran su arrepentimiento y el Pseudo Dios que también le hemos llamado. (El Ego Destructivo o el Padre de las Mentiras) dice: "No puedes ser perdonado pues esto fue lo que hiciste" y le muestran una pantalla en donde se miran con claridad los abusos que se llevaron a cabo y este Yo inferior pide clemencia y dice perdóname Dios y este Pseudo Dios le dice: "Imposible, eres culpable, es más aquí tengo a tus acusadores" y los acusadores son todos esos deseos de venganza de sus hijos, son todos esos resentimientos de sus hijos, o de sus trabajadores, o de esa gente asesinada o violada, esos deseos de venganza son como entidades de oscuridad, que también se les conoce como elementales artificiales, ellos son los acusadores y los que dicen: "Hey no lo puedes perdonar puesto que a mí "cliente" le hizo mucho daño y él quiere venganza, quiere que lo castigues fuertemente, entonces este Pseudo Dios le dice a la parte acusada que es el Yo inferior." mira estos son los deseos de tu Hija y de tu Hijo así que si realmente quieres el perdón primero tendrás que sufrir los latigazos de la culpabilidad, tendrás que recibir tu castigo por lo que hiciste ya que el perdón no se te puede dar así de rápido" y el Yo inferior acepta y dice está bien, con tal de que mi Hija o mi Hijo me llegue a perdonar algún día estoy dispuesto a recibir dichos castigos. De esta manera aparecen los verdugos de la culpabilidad entran a esas prisiones o centros energéticos del controlador, del abusivo, del ventajoso, del aprovechado y ya que entran agarran a las formas del alma que se encuentran allí y comienzan a castigarlas, les dan de latigazos, y les hacen todo tipo de torturas, ellos realizan con ellas lo que los deseos de sus hijos les han deseado, lo que sus trabajadores les han deseado, lo que los asesinados les han deseado, lo que los violados les han deseado. Eso es lo que les hacen y entonces el Yo inferior siente todo este dolor que sienten las formas de su Alma y a eso se le ha llamado sentir la culpabilidad que viene siendo una tortura para el Alma, a nivel astral es una tortura real, a nivel mental es una tortura psicológica y emocional que siente el Yo inferior de la persona, total el Alma como un todo también siente ese dolor que se le está causando a una parte de ella.

¿Quiere decir que mientras los hijos no perdonen a sus Padres por las golpizas que les dieron o los abusos mentales y psicológicos, estos espíritus acusadores seguirán torturando a las formas de sus Almas?

Si. Así es. Siempre y cuando el Padre o la Madre ya esté haciendo conciencia y quieran limpiar su casa interna, si un hijo y una hija perdona de corazón a sus Padres, entonces cuando el Yo inferior de su Papá y de su Mamá piden perdón, en esa corte ya no se aparecerán los acusadores, el perdón de los hijos desintegrará a los elementales artificiales los cuales son los de la parte acusadora y que ellos son los que se encargan de que el Padre o la

Madre reciban su castigo por los daños que le hicieron según a sus "clientes" (a los hijos) Así que una vez el Hijo o la Hija perdona a sus Padres estos elementales artificiales ya no se presentan a esa corte y este Pseudo Dios ya no tiene por qué seguirlos castigando.

¿Y entonces donde está el verdadero Dios, cuál es su papel?

Esto es muy difícil contestar porque el mundo espiritual se rige por lo que la persona haya creado, si en su creencia de la persona ha creado a un Dios castigador, entonces es por eso que este Pseudo Dios aparece ya que esta es la forma que la persona misma ha creado, también se les llama tulpas, no puede aparecer el verdadero Dios puesto que la persona no lo ha "creado" es decir la persona o el Yo inferior creen en un Dios que es todo amor y todo perdón, pero a la vez creen en un Dios castigador. Entonces a la hora de querer recibir el perdón, la creencia más fuerte que tengan de su Dios esa es la que va a ganar, si la creencia de ese Dios castigador es más fuerte entonces no puede participar en esa corte el Dios que es todo amor y que es todo perdón, puesto que la persona misma le ha dado más poder al Dios castigador y es por eso que las cosas se manejan de esa manera.

¿Entonces quiere decir que si la persona tiene un concepto de un Dios que es todo amor y todo perdón la corte se hace en otro lado y el perdón se le otorga inmediatamente?

La corte se sigue haciendo en el mismo "lugar" puesto que si la persona todavía tiene la mayor parte de las formas de su Alma de ella en el Reino de la Oscuridad. Es decir que si todavía está siendo gobernada por el 95% de oscuridad y únicamente el 5% de luz, entonces la corte se lleva a cabo en el Reino de la Oscuridad. La diferencia es que ahora el que va a representar al Yo inferior de la Persona es su Conciencia Intuitiva. Esta es su "abogado de Luz" a esta Conciencia Intuitiva algunas religiones le han llamado el Espíritu Santo o la Conciencia de Dios, otros le han llamado la Conciencia Cristica o simplemente Jesucristo o Krishna, para el caso es un Abogado de Luz.

Entonces a la hora de que el Yo inferior pide perdón y va con su abogado de luz, aparece la parte acusadora los elementales artificiales y dice el Pseudo Dios (el Padre de las mentiras) no te puedo perdonar puesto que aquí hay voces que te acusan y son de tus mismos hijos, ¿Entonces qué contestas al respecto? Y allí es cuando la Conciencia Intuitiva entra y dice: "Ok. haz de saber que los actos de "mi cliente" fueron hechos bajo la insanidad, además tienes que tomar en cuenta su pasado, él no tuvo unos padres amorosos y además lo trataron peor, sé que esto no justifica la falta, pero por lo menos tienes que tomar en cuenta que si mi cliente hubiera tenido otro nivel de conciencia otra educación otra información, jamás hubiera mal tratado a sus propios hijos, también vengo a decirles que sus hijos tenían que recibir parte de su D.kármica y el Universo simplemente utilizo a mi cliente como un conducto para que esto se llevará a cabo, por lo tanto los castigos que le quieran dar a mi cliente no deben de ser rigurosos puesto que él también está dispuesto a reparar todos su daños con sus hijos y hará todo lo que este de su parte."

Cuando el Yo inferior tiene un buen abogado de luz, entonces los Espíritus de baja luz no encuentran cómo culparlo y por lo regular salen perdiendo. En este caso lo que le corresponde a los Padres es realmente seguir haciendo conciencia y seguir reparando esos daños del pasado. La mejor manera de hacerlo con aquellos hijos que están cegados por los espíritus del resentimiento y de la venganza es hacerlo indirectamente con mucha oración, es decir, pedirle a su Conciencia Intuitiva de sus hijos que les de la luz suficiente para que ellos miren el daño que ellos mismos se pueden seguir haciendo guardando y alimentando esos deseos de venganza, esos resentimientos, puesto que ellos como padres ya han hecho examen de Conciencia y a la vez han descubierto un nuevo estado de concienica que les ha permitido contactar a su Concienica Intuitiva y esta los ha conectado con la Concienica Divina la cual es realmente amorosa y con su Poder de Gracia perdona absolutamente todo. En cambio el Hijo, la Hija llena de resentimientos tendrán también que descubrir que sus Padres simplemente fueron conductos por los cuales el Universo se valió para regresarles parte de su D.kármica y que obviamente ahora ellos con la información que tienen jamás hubieran tratado a si a sus hijos de esa manera, por lo tanto los Padres aprenderán a como liberarse de las culpas

¿O sea que el Dios verdadero o Conciencia Dios no tiene necesidad de asistir a esas cortes?

No, por eso es que el Yo inferior tienen a su Conciencia Intuitiva la cual abogará por él a donde sea que vaya. La Conciencia Dios ha permitido que todas las Almas y Seres de Luz creen sus propios mundos, creen su propio drama de la vida, ya que el Yo inferior en esencia es un Verdadero Ser de

Luz y este todo el tiempo está a la par del Padre de la Luz. Por lo tanto el Verdadero Ser de Luz del Yo inferior simplemente se está experimentando de esa manera como un Yo inferior y si el Yo inferior sigue avanzando en su peregrinar, en su camino espiritual, entonces su Verdadero Ser de Luz ahora se experimentará como un Yo Superior de Luz, desde un 1er Nivel de Conciencia, luego desde un 2do Nivel de Conciencia y así, hasta llegar a un 5to o 6to Nivel de Conciencia y finalmente cuando el Yo inferior llegue a un 7mo Nivel de Conciencia es allí cuando alcanzará la iluminación y por primera vez experimentará a su Verdadero Ser de Luz como él mismo. Esto es regresar a casa.

Los Seres de Luz de 10 Soles que están en la Conciencia Creadora y la Conciencia Dios no asisten a esas cortes, ya que estarían quebrando las reglas del juego, es el Yo inferior el que tiene que madurar, tiene que expandir sus Niveles de Conciencia y de esta manera él mismo le quitará el Poder a ese Pseudo Dios, llegará un punto en que él mismo se pueda presentar a esa corte y defenderse solito, pues ahora ya sabe diferenciar entre lo falso de lo verdadero y él mismo le quitará todo el poder a ese Pseudo Dios, que simplemente no encontrará quien lo esté castigando, ahora las cosas ya no se arreglarán en esa corte, ahora todo se podrá arreglar aquí en la 4ta Dimensión, en donde el Podrá revisar su vida en los registros Akashicos y él solito aprenderá de sus errores sin que nadie lo esté castigando, juzgando o condenando, pues ahora él ya abrió los ojos espirituales, en cambio si los Seres Poderosos de Luz de la 10ma Dimensión intervienen en esas cortes, el Yo inferior no podrá deshacerse de ese Pseudo Dios, ya que seguirá creyendo en él, lo seguirá alimentando y de lo que se trata es de que él mismo destruya todas sus Tulpas y todos esos Demonios a los cuales él les ha dado vida.

No sé por qué esto de lo de la corte o los abogados de luz y del verdadero y falso Dios, pueda mirarse como algo difícil de digerir a la mente tridimensional.

Qué bueno que lo mencionas, ya que como es sumamente difícil explicar cómo es exactamente el Reino de la Oscuridad y como es el Reino de la Luz, entonces tenemos que utilizar este tipo de ejemplos para poder explicar algo que no se puede explicar con palabras tridimensionales. De hecho ese es el problema que han tenido la mayoría de Maestros iluminados, ellos no saben cómo explicar esa experiencia que están viviendo y cómo explicar el camino que los llevo a esa experiencia ya que para llegar a la última fase el

Yo inferior tiene que abandonar todo tipo de creencias y de deseos, entonces los Maestros tienen que hablar en parábolas, con anécdotas, con acertijos, o provocando situaciones a sus discípulos para que aprendan pragmática y existencialmente, en este caso lo que trata de hacer este Libro es describir de una forma detallada cómo funciona el Reino de la Oscuridad junto con todos estos espíritus de baja luz. Y este Pseudo Dios es tan real como lo es la Conciencia Dios. Cuando el Yo inferior aprenda a diferenciar una cosa de otra podrá saber con más eficacia contra que fuerzas está luchando y saber cómo defenderse de sus enemigos. Al finalizar de leer todo el libro todo lo podrá mirar con mas transparencia y todo tendrá más sentido, lo importante es que él descubra a todos ellos con sus propios métodos y este libro lo único que pretende es enseñarle como puede utilizar diferentes métodos para restarles poder a todos ellos.

¿Cómo puede el Yo inferior ir liberando a las formas de su Alma de estas prisiones?

Tomando en cuenta que el placer insano que ahora está sintiendo en ser un abusivo, un controlador, un golpeador, un aprovechado, un ventajista. Todo esto a la hora de hacer su examen de conciencia lo va a inundar en un mar de culpabilidad que si no tiene desarrollada su Conciencia Intuitiva entonces le será muy difícil deshacerse de su culpabilidad y esta le puede durar hasta los últimos días de su vida. Por lo tanto ya puede ir parando esa forma abusiva de comportarse hacia los demás y mejor irse ganando el respeto de toda esta gente que seguramente ha de estar ya muy resentida con él o con ella. Puede incluso ir haciendo sus reparaciones de daños indirectamente desde ya.

Puede hacer una lista de todas aquellas personas a las cuales él piense o sienta que ha dañado y entonces hacer oraciones por ellas todos los días, de esta manera estará limpiando el camino para que a la hora de su corte interna ya tenga a su abogado de luz, listo para defenderlo de sus acusadores y este podrá decirles a estos junto con ese Pseudo Dios que no puede castigar a su "cliente" puesto que por los últimos años o meses se ha dedicado a reparar todos esos daños causados y de esta manera el Yo inferior ya puede irse ahorrando el no tener que enfrentar los castigos de la culpabilidad en un futuro, sin bases espirituales y sin respaldo moral.

Lo que suele suceder con las oraciones es que la persona dañada y resentida estará sintiendo un cambio aun a distancia que lentamente sentirá menos deseos de venganza hacia su Padre, su Madre o quien le haya hecho el daño y llegará el momento en que este Yo inferior que está limpiando su casa interna le pueda pedir perdón o disculpas por sus actitudes pasadas. Cada Yo inferior sabrá que palabras utilizar para cada ocasión, lo importante es ir limpiando el terreno lo que más se pueda e ir cortando con esas actitudes abusivas hacia los demás. El Perdón se lo podrá pedir directamente o se lo puede pedir a distancia al Alma de sus hijos o de las personas que daño y las Almas sentirán a distancia cuando el abusador en verdad está arrepentido y le hacen saber a su Yo inferior de que es hora de dejar ir todos esos resentimientos y deseos de venganza.

¿Y en el caso de los que abusaron de su autoridad y mataron o los que violaron a un niño?

La clave sigue estando en contactar a su Conciencia Intuitiva ya que este como su Abogado de Luz, los podrá salvar de toda culpa, pero el Yo inferior tiene que ir reparando sus daños indirectamente, en estos dos casos la mejor opción es servir a su comunidad y tratar de prevenir que se sigan llevando a cabo todo ese tipo de abusos, esto es algo parecido a lo que hacen Los Alcohólicos Anónimos. Ellos tuvieron un problema con la bebida, perdieron matrimonios, amistades, negocios, salud a causa del Alcoholismo y ahora la mejor manera de sentir un respaldo moral y espiritual es trabajando con todos aquellos que aún tienen problemas con su manera de beber y cuando ya han trabajado sus primeros 8 pasos, ya están listos para hacer todas sus reparaciones de daños en su 9no. paso.

El que mató y se llega arrepentir, entonces tendrá que estar pidiendo por esa Alma, tiene que pedirle a los Seres de Luz y a su Conciencia Intuitiva de esa Alma que la guie y la conduzcan a la Luz, ya que si aún esa Alma a la que mató guarda deseos de venganza, resentimientos, estas emociones de bajas vibraciones la mantendrán allí en el segundo plano astral o en alguno de los mundos infernales en donde se estén llevando a cabo todo tipo de violencias y venganzas, de tal manera que el que mató y en verdad quiere hacer uso de la Ley del Perdón, de La Ley del Arrepentimiento y de la Ley de La Oportunidad, entonces que le pida a la Justicia Divina una oportunidad de poder reparar ese daño y estar dispuesto hacer todo lo que este de su parte para incrementar sus niveles de Conciencia, cuando los Maestros de 8 Soles que están a cargo de las Leyes Divinas se den cuenta de que este Yo inferior en realidad está arrepentido y que está pidiendo una oportunidad de reparar esos daños, entonces le comenzarán a mandar información a su Conciencia

Intuitiva para que esta lo vaya guiando y de esta manera sabrá lo que tiene que hacer para aniquilar esa aparte de su kárma negativo, por lo regular los Seres de Luz encargados de esa Alma que partió a los planos bajos del Astral, asistirán a esta Alma y estarán trabajando con ella, a manera de hacerle saber que tiene que dejar ir esos deseos de venganza y cuando aquella Alma logra dejar ir esos deseos de venganza, entonces ya podrá pasar al 3er plano astral y luego al 4to. Una vez estando en el 4to y este revisando su vida pasada, allí se descubrirá si esa muerte fue parte de su D.kármica de esta Alma o fue una nueva causa de su agresor. Una vez que esta Alma logra mirar a su asesino que en verdad está arrepentido y todo el adelantamiento espiritual que ha hecho a causa de su arrepentimiento, entonces esta Alma sí lo llega a perdonar de corazón, pues se dice: "Si mi muerte ayudo para que mi Hermano en Espiritu haya hecho consciencia y este eliminando gran parte de su D.kármica entonces que así sea. Y por lo tanto yo lo perdono de corazón." De esta manera el arrepentido, sentirá este perdón en su corazón, esa forma de su Alma que quedó atrapada en la prisión de la culpabilidad sale libre de allí y él sentira esa liberación, por lo tanto su delito o pecado lo utilizó de forma positiva para encaminarse a la transcendencia de sus Niveles de Conciencia y de esta manera son las Almas las que deciden alejarse de la Luz o acercarse a la Luz. No existe ninguna calamidad o mala noticia que no tenga su parte positiva de aprendizaje. Lo que sucede que los Yos inferiores en su ceguera espiritual no logran mirar esa parte esencial de lección y de aprendizaje, pero, todos los errores, fracasos, y faltas se pueden utilizar como maneras de aprendizaje y de esta manera el único aprendizaje es cuando el Yo inferior expande sus Niveles de Conciencia, muchas Almas en un verdadero arrepentimiento logran alcanzar el 4to Nivel de Conciencia y se dedican a servir a la humanidad y a todos los Principios Espirituales del 4to Nivel de Conciencia. A todas las Almas siempre se les ha dado infinidad de oportunidades para que aniquilen su D.kármica y se les seguirá dando estas oportunidades, gracias a que existe la Ley de la Oportunidad, del Perdón y del Arrepentimiento.

Campo Energético de Ira y Enojo.

Comenzamos con el Centro Magnético de LA IRA.

Aquí tenemos al Humillante, al Odioso, al Vengativo, al Sádico, al Incompasivo, al Castigador, al Despiadado.

Algo sobre la Ira. Hemos mencionado que tanto la Energía del Miedo como de la Ira y las del Engaño, han formado una especie de un Dios de Oscuridad o también podríamos decir que serían tres Entidades poderosas destructivas y juntas las tres forman a este Dios de Oscuridad. Así esta es otra de las tres caras más conocidas del Maligno, del Destructor. Esta es su cara más temible pues esta Entidad se alimenta de Energías de Ira, Violencia y Odio.

Hablemos un poco de eso a lo que se le llama Dios o el Todo Poderoso, el que está en todas partes. Ahora bien detengámonos un poco en eso de que está en todas partes. ¿Habrá un lugar en donde no esté o en donde no sea?

La respuesta seria que no. Que para él no hay imposibles y que obviamente está en todas partes y es el todo o se sigue experimentando en todo lo que existe. Esto quiere decir que está en La Luz y está en la Oscuridad.

Veamos.

La Conciencia Dios o Conciencia Cósmica, llamada también Dios es más que la Vida, más que la Existencia, más que la Energía misma. ¿Por qué?

Porque está en todo lo que tiene vida y en lo que no tiene vida.

Porque está en todo lo que existe y es consciente de esa existencia misma.

Porque es toda la Energía del Universo o si se prefiere de todos los multiuniversos juntos y que ya juntos formarían un solo Universo Gigante, pero con la diferencia de que Dios es toda la Energía pero con Conciencia de que es toda la Energía misma.

Ahora desde un inicio todos los seres humanos y todo lo que existe ha estado con esta Conciencia Cósmica y de esta se desprendieron todos los seres de Luz. Y estos querían experimentarse en diferentes dimensiones y no únicamente en la Dimensión llamada Dios. Querían explorar todo lo que es Dios, y Dios les permitió que cada Ser de Luz se experimentará como cada uno de ellos deseará. Pues esta Conciencia sabía que al final de todo, la Luz es la que sigue prevaleciendo por eternidades. Algunos Seres de Luz decidieron conscientemente experimentarse desde las más bajas dimensiones, comenzando desde la Primera Dimensión, otros quisieron empezar desde la segunda y otros desde la 3ra. A la vez otros siguen en la

4ta y 5ta. Y así sucesivamente. Los Verdaderos Seres de Luz ahora están en diferentes Dimensiones. La singularidad de la 3ra Dimensión es que es una dimensión en donde un Verdadero Ser de Luz puede transcender diferentes Dimensiones como también puede descender no precisamente a la 2da o 1ra Dimensión. Si no que puede descender a la parte más oscura de la 3ra Dimensión. Y en esta parte más oscura de la 3ra Dimensión es en donde algunos Verdaderos Seres de Luz decidieron experimentar a esta Conciencia Dios toda poderosa. Ellos quisieron explorar esta parte del todo poderoso y no han querido ascender a la luz, ellos siguen explorando lo más oscuro de este Dios todo poderoso o esta Conciencia Cósmica y es por eso que en la parte más oscura ellos No tienen Conciencia de todos los daños que puedan causar a la Humanidad como así mismos.

Ahora La Conciencia Dios ha permitido que cada uno sea responsable de experimentarse como cada uno lo decida. Mas cada Dimensión tiene sus propias leyes y de esta manera el que descienda hasta la parte más oscura también va a batallar cuando quiera acercarse a la luz, cuando se arte de todo lo que hay en la oscuridad y ya no tenga nada que aprender allí, entonces su transcendencia será muy dolorosa puesto que comenzará a recoger toda su D.kármica que ha estado renuente a recoger o a pagar. Las Almas que están viviendo en la 3ra dimensión, la gran mayoría ha decidido seguir pagando su D.kármica para seguirse acercando a la Luz y de esta manera alcanzar una 4ta, 5ta, 6ta o 7ma Dimensión aquí en el Plano terrenal. Algunos se han descuidado y en vez de avanzar han descendido aún más a la oscuridad.

A este Primer Verdadero Ser de Luz que decidió descender hasta lo más oscuro de Dios todo poderoso se le ha dado el nombre de Luzbel. Llamado en un inicio Luz Bella. Él fue el primero en querer descender hasta lo más bajo y desde entonces no ha querido salir de allí. Este Verdadero Ser de Luz y que ahora es de Oscuridad se alimenta de todas las Energías de Miedo, de Ira y de Mentiras o Engaños. Por ahora hablaremos de una de sus caras o personalidades la Ira, la cual será representada por el Demonio llamado Satanás.

Regresemos un poco a cuando un Alma desciende por primera vez a la 3ra Dimensión. Cuando es su primera vez o sus primeras veces, todo se miraba sin maldad, ya que esta Alma "nueva" en este plano terrenal es básicamente inocente y no está al tanto de las reglas y engaños de los malignos, por lo tanto esta Alma se la pasa probando de todas experiencias sin recibir ningún efecto por ello, ya que la tratan como una visita en este plano tridimensional y por lo tanto ella puede hacer lo que más desee. Más tarde cuando su cuerpo físico muere ella asciende a los planos astrales que son parte de la 4ta Dimension y allá le dan la opción de quedarse de este lado o de regresar y por supuesto ella quiere regresar por qué le parece como si la estuvieran invitando a Disneylandia o las Vegas ya que al parecer la recibieron bien. Así que sus deseos son los que la hacen regresar al principio, luego como gradualmente estará quebrantando ciertas leyes espirituales y reglas de la 3ra dimensión, eso se lo van guardando para su D.kármica. Finalmente esta Alma regresa al plano terrenal por 2 cosas. Una por sus deseos que no acabo de satisfacer y otra por su D.kármica.

A estas alturas de estos últimos años, parte de su D.kármica es que estará viviendo entre estos 2 Reinos, entre el Reino de La Luz y el Reino de la Oscuridad. En este Reino de la Oscuridad es en donde sus Espíritus de baja luz residen y los cuales necesitan de su Energía Vital para seguir existiendo, necesitan de la atención del Yo inferior y por lo tanto. Estos Espíritus de Baja Luz que ya viven tanto en su mente como en cada uno de los 7 Planos del Ego. Harán todo lo posible por convencer al Yo inferior de que les siga dando vida y de esta manera, el Reino de la Oscuridad que existe fuera del Yo inferior o de su Alma tiene también su conexión adentro del Reino de Oscuridad del Yo inferior. Por lo tanto parte de la esencia de todos ellos, vive adentro del Reino de Oscuridad del Yo inferior pero a escala pequeña o en forma holográfica. Ya que también viven adentro de más de 7 mil millones de habitantes. Así el Yo inferior holográficamente hablando tiene a su Propio luzbel (Ego Destructivo) dentro de él, en miniatura, y para que este siga con vida el Yo inferior tendrá que alimentarlo con energías de Ira, de Miedo, de Mentiras y engaños, pero no solamente a él, sino que a todos los demás Espíritus de baja luz.

Cada vez que el Yo inferior se enoje o sienta deseos de venganza hacia otro ser humano, entonces es como si estuviera alabando, agradando o sirviendo al Demonio Satanás Interno de su Reino de Oscuridad.

Pero también cada vez que el Yo inferior sienta amor y compasión hacia sus semejantes, también le estará restando poder y estará alabando o agradando a su Dios todo poderoso interno.

Así como La Conciencia toda poderoso le dio la oportunidad a todos los Verdaderos Seres de Luz que se experimentarán como ellos quisieron así los Verdaderos Seres de Luz de todos los Yos inferiores han depositado su confianza en cada uno de sus Yos inferiores para que ellos también se experimenten como ellos se quieran experimentar.

Ahora el Yo inferior ya se ha experimentado en la parte oscura en un 90, 95, y 98%. Y esta vez le correspondería empezarse a experimentar en la Luz en un 80%, 90% o 95 %. De esta manera ya no tendría por qué seguir regresando a la 3ra Dimensión una y otra vez.

Cuando decimos que Dios o la Conciencia Dios está en todas partes, trataremos de explicarlo esto una vez más, para que no haya malos entendidos. En la Conciencia Cósmica que es la Conciencia Dios o la Dimensión Inicial. Allí está todo lo que existe y ha existido todo el tiempo que es la Luz, luego tenemos la otra parte de la Luz, que es la Dimensión del Punto Cero, la Conciencia sin formas o Conciencia Nirvánica. Esta Dimensión representa a la parte Oscura, al Vacío a la Nada, pero al estar dentro de la 10ma Dimensión, se mantiene en armonía con la Conciencia Dios, estas dos fuerzas en esa Dimensión, son armoniosas, se complementan y por lo tanto en la Conciencia del Punto Cero se experimenta un silencio con mucha paz y tranquilidad, una ausencia del Ser, pero en esta ausencia aun se es consciente de ser parte de la Conciencia Dios.

Antes de la caída cada una de las Dimensiones tenía sus propios retos que conquistar y esta es la parte que hace interesante al Juego Cósmico, la parte contraria, todo absolutamente todo, estaba en armonía en todas las dimensiones, pero cuando este Verdadero Ser de Luz (Querubín, Serafín, Trono, o Principado) Luzbel no quiso seguir el orden de las cosas y reanimo a los otros Verdaderos Seres de Luz de la 8va Dimensión (Potestades de luz, tronos,) de que hicieran trampa, entonces se inició la Gran Caída. Ahora bien estos conforme fueron descendiendo de dimensiones, sus Almas jamás se desenvolvieron, jamás crecieron, como sí lo hicieron las Almas de los otros Verdaderos Seres de Luz, que si siguieron el orden de las cosas. Por lo tanto esta caída fue provocando que se comenzará a distorsionar la parte oscura de esas dimensiones y Así, al ir bajando de cada una de estas Dimensiones, sus pensamientos y deseos se fueron haciendo más perversos, algo que no había ocurrido antes, finalmente cuando Luzbel y todos estos Verdaderos Seres de Luz o Ángeles que lo siguieron fueron a caer a la parte más baja de la 4ta Dimensión, que son el 1er y 2do plano astral, allí es cuando tomaron forma de Demonios y la Oscuridad de esa Dimensión, los deformo.

Ahora la Esencia de Luz que ellos tenían cuando eran Verdaderos Seres de Luz de la 8va Dimensión, esa esencia aún sigue en la Dimensión Inicial, ya que en esa Dimensión inicial o Conciencia Dios, allí esta Conciencia es Consciente de todo lo que existe, mas no todo lo que existe es consciente de esa Conciencia Dios. Los que se van haciendo conscientes de esta Conciencia Dios, son todos aquellos que se van acercando a la Luz, y los que van perdiendo Consciencia de esa Conciencia Dios, son todos aquellos que se han estado alejando de la luz. En este caso, Luzbel junto con todos sus seguidores, ellos están experimentando la parte más oscura y densa de la Luz, la cual es la Oscuridad en todas sus Dimensiones, están en el extremo de la Conciencia Dios y por lo tanto, para que todos ellos pudieran lograr una pequeña parte de lo que ahora las Almas poseen, tendrían que estar dispuestos a pagar parte de toda su D.kármica, pero esto es precisamente lo que ellos no quieren hacer, entonces en sus celos y envidia que le tienen a todas las Almas, se han estado infiltrando en cada uno de los Seres Humanos, para densificarle la Luz a sus Almas, ellos utilizan esas formas del Alma como rehenes, a manera de querer negociar su D.kármica, porque los más poderosos de ellos ya se dieron cuenta de su error, ya comprobaron de que sus leyes y sus reglas no funcionan, pero aún están en negación, y mejor prefieren seguir haciendo trampas y engaños, aun quieren seguir viviendo de gratis adentro de las mentes y cuerpos del Ser Humano, allí en su Reino de Oscuridad de los Yos inferiores.

De esta manera la Conciencia Dios conoce a todos los que están en esta Conciencia Cósmica, los cuales somos todos nosotros, absolutamente todo lo que tenga energía y vida. Mas los malignos no pueden saber lo que hay en la Conciencia Dios y no lo sabrán por algunas eternidades más. El proceso seria el siguiente, primero las Almas tendrían que alcanzar a vivir todas en la 4ta Dimensión en la parte de más luz, de esta manera ninguna de las Almas tendrían que regresar a la 3ra dimensión y por lo tanto todos ellos ya nunca podrían meterse a ninguna de las mentes y cuerpos de las Almas, por lo tanto, ellos se tendrían que soportar los unos con los otros y lo que va a suceder es que a ellos mismos se les regresará su propio Kárma negativo, sus propias leyes y reglas se les vendrán en contra y por lo tanto suplicarán a las Leyes del Perdón, del Arrepentimiento y de la Oportunidad que se les dé una oportunidad más para rectificar, y de la única manera que podrán regresar a la luz, es que estén dispuestos a pagar toda su D.kármica ya que nadie la va a pagar por ellos.

Si por ejemplo ellos decidieran pagar toda su D.kármica entonces cuando todas las Almas hayan llegado alcanzar la Conciencia Dios, la Dimensión inicial, todo será como en un Principio, surgirá nuevamente una Conciencia Creadora que manifieste todo lo que existe en la Conciencia Cósmica y nuevamente los Verdaderos Seres de Luz decidirán experimentarse desde las más bajas dimensiones hasta regresar a su lugar inicial a su origen, pero con la diferencia de que cuando surja un nuevo Luzbel. Ya todos estarán Conscientes de la última caída que sucedió y nadie le seguirá su juego a ese nuevo luzbel y por lo tanto todas las Dimensiones estarán en armonía como inicialmente estaban.

Algunas mentalidades tridimensionales, desearían que esta Conciencia Dios aniquilará a Luzbel junto con todos los Demonios en estos tiempos, pero no se ponen a pensar que la muerte no existe, si esta Conciencia Dios por sus gustos lo hiciera, estos de todos modos irían a parar directamente a la Conciencia Inicial, o la Conciencia Dios, y por supuesto sin ningún recuerdo de su maldad, con la mente y la memoria borrada, pero entonces Esta Conciencia Dios estaría quebrantando las Leyes Kármicas, la cuales se establecieron para mantener el orden en todas las Dimensiones a manera de que jamás se vuelva a repetir ese error, además estas Leyes siempre han estado vigentes y es por eso que todo lleva un orden. Lo indicado es que las Almas despierten lo más antes posible y por consiguiente ya no seguirles dando vida y atención a todo lo que tenga que ver con Mentiras, Engaños, Ira y miedos.

Ahora si continuaremos.

Reprimir la Ira o el enojo sin entender por qué o para qué, es casi equivalente haberlo expresado. Incluso es todavía más benéfico expresarla, que reprimirla. Todo es diferente cuando el buscador de la verdad reprime su ira con conocimiento de causa, puesto que está entrando en una disciplina y esto es totalmente diferente, ya que conforme se va expandiendo su Conciencia y va creciendo en habilidad para perdonar, para amar y para comprender, entonces cada vez le será menos difícil abstenerse de actuar o reaccionar con ira, llegará un punto en que ya no se esforzará en abstenerse de la ira y simultáneamente actuará con comprensión y entendimiento hacia cualquier situación de la Vida.

De hecho una de las diferencias entre un Maestro Iluminado y uno que apenas emprende su camino es que el que está emprendiendo su camino expresa su ira con facilidad o sufre en reprimir su ira. En cambio el Maestro no se esfuerza en eso.

En una ocasión el Maestro Gautama Buddha estaba en un pueblo y una persona le dio una bofetada a la cuál el Maestro Buddha le pregunto. ¿Es todo lo que tienes que decir? y el que lo golpeo se marchó. dos años más tarde el mismo hombre que lo golpeo le pidió perdón y Buddha le dijo: no tengo nada que perdonarte, puesto que el hombre que me golpeo hace dos años ya no existe, ahora el que está enfrente de mi es un nuevo hombre y este no es el mismo y de igual manera al hombre que golpeaste hace dos años no existe puesto que al que estás viendo es otro diferente. Esos dos hombres que tuvieron un encuentro hace dos años allá se quedaron. Allí mismo dejaron de existir.

Los Maestros pueden mirar estas cosas con facilidad puesto que ellos no están viviendo bajo la 3ra dimensión, ellos pueden ver desde una 4ta, 5ta, 6ta o 7ma Dimensión, y a veces hasta desde otras dimensiones más Superiores.

Ahora revisemos como el Yo inferior será contagiado de la esencia de los Espíritus de Baja Luz, de la Ira. Observemos sus diferentes caras.

Ahora tenemos al Espíritu de baja luz. El Humillante.

Este Espíritu arrogante de la Humillación, tiene fuertes complejos de grandiosidad, en cuanto el Yo inferior comienza a tener algún éxito en sus negocios, o en su profesión, este espíritu resaltará para conseguir placer por medio del humillar a los demás. Primero el Súper Ego se encargará de hacerlo sentir importante y para que este caiga más rápido en sus adulaciones, le comienza a meter ideas comparativas, le dice tú eres más inteligente de todos los de tu compañía, tú eres más inteligente de todos los de tu casa, de los de tu templo o Iglesia y comienza a nombrarle nombres de personas menos ilustradas que él, nunca le hace mención de los que tienen una mejor preparación académica que él, ni tampoco de los que ganan más dinero, la comparación siempre será con los que sean menos que él, con los menos inteligentes, para que de esta manera, el Yo inferior sienta mucho placer en mirarse por encima de todos esos con los cuales se comparó y estando en esa posición, se le filtra el Espíritu arrogante humillante, el cual estará listo para arrojar sus dardos venenosos y el Yo inferior se dedicará a humillar a todas aquellas personas que dependan económicamente y emocionalmente de él, a sus hijos los tratará como si fueran propiedad de él, o como si toda la vida dependerán económicamente de él, a la Esposa la trata de lo peor, la humilla, la insulta, le pisotea toda su autoestima, la hace sentir como una persona que debería de estar agradecida de que él se fijó en ella, pues él se siente por dentro como si fuera un Rey.

Y estas humillaciones pueden ir escalando, a sus empleados los trata como si fueran sus esclavos, si por ejemplo es un líder poderoso de alguna mafia, allí este Espíritu podrá hacer más de las suyas, pues este Yo inferior podrá sentir placer al humillar a todos lo que él quiera, puede violar, matar, hacer todo lo que él desee y si alguien de los que humilla dice algo, lo puede mandar a golpear o a matar, de esta manera todos sus sirvientes, agacharán la cabeza y para todo le dirán que sí, que tiene la razón, todo lo que él ordene que se haga se tiene que hacer, pues él es el Rey. Así estos Espíritus arrogantes humillantes, tratan todo el tiempo de buscar a los Yos inferiores indicados para ellos podérseles filtrar, de la misma manera que los Espíritus de baja luz permisivos, cobardes y masoquistas también buscarán a los Yos inferiores indicados que les den alojamiento, para ser humillados, maltratados y golpeados, y cuando se logran filtrar en esos Yos inferiores por lo regular de temperamentos introvertidos, entonces los dos polos opuestos se atraerán, un Yo inferior será el receptor, o el recibidor y el otro será el dador, y de esta manera hay parejas o matrimonios en donde si a la mujer se le metieron los espíritus permisivos, cobardes y masoquistas y a su Esposo los Espíritus arrogantes, humillantes, golpeadores y violentos, las dos partes estarán sintiendo estos placeres deformados que sienten estos espíritus de oscuridad, y por lo tanto los dos quedan atrapados en estas relaciones toxicas, la mujer por más que trate de dejarlo no podrá, porque sus espíritus masoquistas sienten mucho placer en ese dolor y a la vez su Esposo por más que trate de ya no humillarla, ya no golpearla o ya no abusarla en todos los sentidos, porque le llega la culpa o los remordimientos, también se le hace difícil dejar estas prácticas de insanidad, porque sus Espíritus humillantes sienten muchísimo placer abusar de los más débiles y a él se le hace difícil no poder parar toda esta violencia interna.

Hay otros Espíritus menos poderosos pero se manejan con más desdén, por ejemplo los que humillan a otros por el color de su piel que son los Espíritus racistas, luego tenemos los que humillan por la posición económica, los que humillan por el estatus social y sociocultural, los que humillan a otros por su nacionalidad, o por su raza, por su preferencia sexual, de allí nacen los Espíritus homofóbicos o por ejemplo en la India el grupo de los Harijans reciben toda la humillación ya que se les ha considerado que son los intocables y también les llaman Sudras, en cambio a los que si respetan son a los Brahmins, ya que en el Centro Colectivo Inconsciente (C.C.I.) de esa sociedad ya está establecido que un Brahmin no puede ser tocado por un Sudra, ni siquiera con su sombra y toda esta tradición o creencias están fundadas en estos espíritus arrogantes de humillación, de desprecio, de racismo, de complejos de Superioridad, porque en realidad entre los seres humanos nunca ha existido ninguna diferencia, ya que todos poseen una Alma y un Verdadero Ser de Luz, la parte exterior jamás podrá determinar a la parte interior.

Alguien que puede ser fácilmente atacado por los Espíritus humillantes, son aquellos Yos inferiores que creen, que su raza o etnia es el pueblo elegido de Dios. Esos términos están fundados en un complejo de Superioridad, no existe ningún pueblo elegido por ningún Dios, en dado caso el pueblo elegido son todos los Verdaderos Seres de Luz. Es decir somos todos. La Conciencia Dios jamás ha elegido a ningún pueblo, estas son ideas políticas, fundadas en la Superioridad y por lo tanto quien sea que piense de esa manera, estará muy vulnerable con estos Espíritus arrogantes humillantes, ya que sus creencias de Superioridad, están dejando la puerta abierta del 7mo plano del Ego, para que ellos se filtren y por lo tanto cuando se tiene este tipo de creencias, se comienza a mirar a más del 98% de toda la humanidad como los que no son del pueblo elegido de ese Dios y allí es en donde se podrá esconder muy bien el Súper Ego, en todas esas creencias en donde los Yos inferiores creen que su Dios es el verdadero y los demás los falsos o que su Religión es la verdadera y las demás las falsas, en todas esas creencias se esconde y se protegen muy bien los Súper Egos,

Cuando un Yo inferior mira a todos los seres humanos de igual manera, como lo que en realidad son, unos Verdaderos Seres de Luz, es muy difícil que se les puedan filtrar los Espíritus arrogantes humillantes, pero cuando un Yo inferior guarda creencias de Superioridad, allí está la puerta abierta para todos ellos.

El único placer de todos estos Espíritus Arrogantes Humillantes, es cuando el Yo inferior humilla a los demás, de tal manera que si este Yo inferior no logra eliminar este tipo de comportamientos y actitudes, entonces todas estas humillaciones serán parte de su futura D.kármica, la cual se le será incorporada para su siguiente vida. Pues todo lo que se siembra se cosechará, si no en esta vida, en la siguiente.

Luego tenemos al Espíritu Destructivo de.. El Odioso.

Una característica muy común que tienen los consejeros malignos el Ego y el Súper Ego es que no toleran mirar a un Ser Humano feliz. Odian todo lo que tenga que ver con felicidad, con Amor, con Paz, tranquilidad, Ya que para ellos les es imposible conseguir esas virtudes, no las pueden conseguir o tolerar por sus bajas vibraciones. No está en su propia naturaleza expresar afecto, abrazar, amar o ayudar.

Lo que ellos conocen nada más, es como sentir placer, como sentirse orgullosos, jactanciosos, arrogantes, Superiores a los demás, eso sí les gusta que los alaben, los admiren, los consideren unos súper sabios, o inteligentes. Todo tiene que ver con el robo de Energías de los demás, ellos viven todo el tiempo para los demás, ya que dependen de las energías de los demás, así como del Yo inferior para ellos sentirse enorgullecidos.

¿Cómo se genera el Odio?

Por medio de las voces de los consejeros malignos. Del Ego y del Súper Ego. Ellos se encargarán de meterle su veneno al Yo inferior, ya que como ellos tienen registrado todas sus frustraciones y de estas es de lo primero que se agarran y le comienzan a decir al Yo inferior." Mira tú Dios ni te escucha, nunca hizo que tu Papá regresará con tu Mamá, o ¿Porque permitió ese abuso sexual? ¿Por qué permitió todas las golpizas que te dio tu Padrastro, o tu Mamá?.. en fin su primera estrategia es llenarlo de odio con su Propio Dios, con La Vida, con sus Padres y de allí seguirán agarrándose de todas sus frustraciones para seguirlo llenando de veneno, finalmente el Yo inferior acaba envidiando y odiando a todas esas parejas que se miran felices, o a los que están bien de salud, a los que se les mira que viven tranquilos y en paz. Finalmente su odio se disparara por todas partes.

Algunos se les disparan por medio de la política y odian el sistema político de su País, creen que todas sus desgracias son por el gobierno de su País, otros odian a las religiones por tantos genocidios cometidos en el nombre de ese Dios. Otros odian a sus Padres por no haberles dado lo que les correspondía y en cambio sus Padres decidieron dárselo a otras personas menos a ellos.

Cuando un Yo inferior está lleno de Odio, esta energía venenosa tendrá que expresarse pues de no hacerlo se le convertirá en una fuerza autodestructiva en donde todo ese odio que siente hacia los demás, se le invierte a el mismo y por lo tanto. Estos Espíritus destructivos de Odio acabarán por destruir a las formas de su Alma que más puedan.

Por ejemplo, el Yo inferior para que no le destruyan a todas las formas de su Alma, negociara con esta fuerza destructiva y terminará por abusar de su propio cuerpo, se alcoholizará y consumirá drogas de manera destructiva, su alimentación será pésima, muchas bebidas toxicas, muchas masturbaciones, pornografía, se estará enamorando y obsesionando de persona equivocadas, y con esto el demonio obsesivo estará torturando a un grupito de formas de su Alma, y cuando pierda el control de su autodestrucción entonces se podrá convertir en un pedófilo, un violador, un asesino, un homosexual, y ahora toda sus energías destructivas serán mandadas hacia los demás.

Por otro lado se le filtrará el espíritu venenoso el cual se encargará de destruir su propio matrimonio o los matrimonios de los demás, calumniar a las personas, apartar amistades y sobre todo el Yo inferior no podrá resistir la tentación de hablar mal de los demás a sus espaldas, matará personalidades a sus espaldas, ya que de esta manera este Espíritu se alimenta. Por medio del chisme, la calumnia, las mentiras, la cizaña, la ponzoña.

Su lema de este Yo inferior contagiado de odio es que si yo no soy feliz, entonces tampoco lo serán los demás, y es por ello que no soporta mirar ver a los demás triunfando, porque él no lo pudo lograr y piensa que el éxito o la felicidad son para unos cuantos.

Luego tenemos al Espíritu Destructivo de El Vengativo.

El Yo inferior contaminado de Odio será vengativo y a nadie dejará en paz, hasta no saciar su venganza. Esta venganza la puede llevar a cabo exteriormente así como también interiormente.

Cuando es exteriormente entonces si le cae mal alguien de su trabajo no descansará hasta que no lo corran, hará todo lo posible por poner en mal a esa persona con sus patrones y finalmente se sale con la suya. De esta manera siempre que sienta odio hacia alguien o deseos de venganza se desquitará a como pueda. No es raro que vaya a ver a un brujo para hacerle brujería a su comadre, a su propia hermana o prima, a su propio compadre, en fin este

Yo inferior por lo regular es dos caras, por un lado se hace pasar por el gran amigo o la gran persona de confiar, pero por otro está lleno de envidia y de odio que las peores cosas se pueden esperar de ellos, estos Yos inferiores están incapacitados emocional y mentalmente para poder perdonar a sus enemigos. No importa que tantas cosas hagan, al parecer no se les va su odio hacia estas personas y desean verlas muertas o infelices.

Acosta de este Espíritu destructivo de venganza se han destruido familias casi enteras, todo empezó por que una persona mató a su hermano y este tomó venganza y fue y mató a dos de los hermanos del enemigo y cuando menos sintieron, miembros de ambas familias fueron desapareciendo a causa de la incapacidad de perdonar a sus enemigos.

A un Yo inferior que vive en la 3ra Dimensión y aparte vive en un 95% o 98% de oscuridad le es imposible poder perdonar, puesto que no puede mirar las cosas desde una 4ta Dimensión. No puede entender las leyes Kármicas, ni la Justicia Divina. Es por eso que se le hace imposible perdonar a sus enemigos. Y para que él pueda sentir algo de pseudo tranquilidad y pseudo paz. Es por medio de la venganza. Cuando se ha vengado siente como si ya se hubiera hecho Justicia.

Ahora cuando este Yo inferior no se venga de una forma exterior lo va hacer en su interior. ¿Cómo?

Todos los días o cada vez que se acuerde de esas personas que tanto odia y de las cuales se quiere vengar les estará deseando que les vaya mal, si se separó de su pareja o su esposa entonces le estará deseando que le vaya mal en su próxima relación y tratará de manipular a su pareja por medio de los hijos, les estará envenenando la mente a sus hijos de su mal Padre que tuvieron o de su Mala Madre que tuvieron. Esa es una forma de vengarse.

Pero sobre todo estos Yos inferiores realmente les desean que les vaya mal a todos sus enemigos, a distancia esto si llega a perjudicar a estas personas ya que las malas vibraciones del Yo Inferior vengativo si les llegan y en cuanto hayan un espacio estos espíritus de venganza se les meten a estas personas por medio del 7 plano del Ego y estas vibraciones son las que ya hemos mencionado, los elementales artificiales o Espíritus Vengativos que quieren hacer justicia por su propia mano, ya que no confían en la Justica Divina, para ellos es mejor el desquite, esa es la única solución que a todos ellos les causa placer inmediato, estos son los que se presentan a la corte interior de aquellas personas que tanto odia el Yo inferior y hasta que no se venguen de la manera que el Yo inferior se quiere vengar y que quiere castigar a todas estas personas, entonces no se retirarán de esas cortes internas, de los "culpables."

Por lo tanto la mejor manera de protegerse de todas esas malas vibraciones en las cuales se le desea el mal a alguien, es protegiéndose todos los días con un manto protector de Amor Divino. Esto quiere decir que si una persona no se quiere ver perjudicada por los malos deseos de los demás hacia ella o él. Entonces tendrá que desearles cosas buenas a todos, incluyendo sus propios enemigos, tendrá que aprender a perdonar a todos. Para que de esta manera cuando vengan estas energías negativas de venganza no hallen espacios para meterse en su psique.

Cada persona tendrá que hacer el mejor uso de sus creencias espirituales. Por ejemplo un metafísico se cubrirá con un tubo de luz de la llama violeta. Así un cristiano se cubrirá con el Poder del Espíritu Santo o simplemente con el manto protector Divino. Hay muchas maneras de hacerlo ya hemos dado un ejercicio en la Envidia.

Por lo tanto La Venganza es parte de La Ley de los malignos y todo aquel que haga uso de esta Ley también será juzgado por sus enemigos internos por esta misma ley. Al igual aquel que haga uso de la Ley del Perdón también será juzgado con esta misma Ley y se le perdonara de igual manera en que él o ella haya podido perdonar a sus agresores.

En este aspecto Confucio diría: Si estas planeando como vengarte, que no se te olvide que también estarás excavando dos tumbas.

Luego tenemos al Espíritu Destructivo. El Sádico.

El Yo inferior podrá manifestar su odio por medio del Sadismo. Este Espíritu que goza con el dolor de los demás. Ya que se estará realizando su filosofía si yo no soy feliz tampoco lo serán los demás y por lo tanto hare sufrir a todos a aquellos que se me atraviesen o que odie.

Entonces aquí es cuando el Yo inferior ya ha descendió a los planos más bajos de la 3era dimensión y será presa fácil de otro tipo de entidades de Oscuridad que no solamente buscan venganza o placer sádico si no que su gozo de ellos es ver sufrir a los demás de maneras muy crueles.

El Yo inferior comenzará con alegrarse de que a sus enemigos les fue mal, se pone muy contento cuando oye malas noticias para los demás, si por ejemplo se entera de que su compadre o primo al cual envidia perdió su casa, se divorció, lo engaño su mujer, le dio cáncer o algo parecido entonces este Yo inferior hipócritamente por afuera mostrará una pseudo compasión y pesar por esa desgracia, pero por adentro estará muy contento y feliz de que sus deseos vengativos se realizaron, se alegra de la desgracia de estas personas, pues ya no se siente tan miserable, ni tan perdedor. Ya se le unieron otros miserables.

En el lado sexual caerá en todo tipo de desviaciones o perversidades sexuales, junto con filias, y entonces es muy posible que le dé por violar a mujeres, niñas, niños, ya que su placer es mirar como los otros sufren por sus castigos. Esto lo puede orillar a convertirse en un asesino, sicario, un matón a sueldo. Ya que disfrutará del dolor de los demás, y no le importará conseguirlo como sea. Cuando esto avanza entonces

Le dará vida al Espíritu Destructivo de.. El Incompasivo.

Aquí el Yo inferior se estará apartando de la Gracia de Dios. Estará experimentando la parte más oscura y no habrá ni compasión para sí mismo. No solamente sentirá placer por el dolor de los demás. Si no que también no siente nada de compasión por sus víctimas. Él estará actuando como un verdadero agente demoniaco en donde no hay lugar para la misericordia, el perdón o la compasión. El Demonio Destructivo Satanás lo estará utilizando para saciar sus deseos más perversos, y este Yo inferior seguirá apartándose de la luz cada vez más.

Y ahora le dará vida al Espíritu Destructivo de El Castigador.

Empezó castigando a sus propios hijos, a su Esposa, a sus Padres al él mismo y poco a poco fue agarrando a sus víctimas y finalmente él se convierte en el castigador. Ya que primero eran los Espíritus De Baja Luz y destructivos que castigaban a las formas de su Alma, pero ahora él ya se ha convertido en uno de ellos y él se dedica a castigar a sus víctimas de la misma forma que fueron castigadas las formas de su Alma. Es decir él decidió pasarse del otro lado de la ley y ahora él estará operando en las leyes o reglas de ellos, en donde causan sin recibir efectos. De esta manera él aprenderá acallar a la voz de su Conciencia y no querrá saber nada de ese Dios que un día él creyó haber tenido. Ahora su Dios es el Dios de la Oscuridad y por lo tanto él siente que le va mejor pues no comprende sus leyes o sus reglas, solamente sabe que sufre menos y hasta goza del dolor de los demás.

Finalmente se convertirá en un Yo inferior Despiadado.

Tanto su Espíritu Destructivo el Despiadado y él estarán sintiendo lo mismo y pensarán en lo mismo. Es decir, su Alma estará en el Reino de la Oscuridad en más del 99.5%. Solamente le queda un espacio muy reducido para poder dejar entrar la Luz, ya que su mundo es casi de oscuridad total. Y solamente tiene vagos recuerdos de cuando era un Ser Humano como los demás.

Este Yo inferior estará manejándose desde su 7mo plano del Ego, ya que la mayoría se maneja desde su 6to plano del Ego, pero para él ya no es así. Ahora él es un Discípulo de las fuerzas Destructivas. Aun así. En ese 0.5% de luz que le queda su Abogado de Luz. Aún puede rescatarlo. Solamente que para este Yo inferior llegar a reparar todos esos daños que ha hecho a los demás como a sí mismo le costará muchísimo esfuerzo lograrlo, pero es posible que alcance abrir los ojos a tiempo y se arrepienta de corazón y esté dispuesto a recoger su D.kármica.

Esto le sucedió hace más de 2500 años a un Angulimal. Se dice de él que todo aquel que pasaba por su terreno lo degollaba y colectaba el dedo pequeño de cada uno de sus víctimas. Llevaba 99 dedos y había hecho un collar con ellos. La gente que sabía de él, no se atrevían a pasar por esa montaña y en una ocasión el Maestro Gautama Buddha iba de paso por ese terreno y sus Discípulos se adelantaron para decirle. Maestro, Maestro será mejor que cojamos otro camino ya que se nos ha dicho de un tal Angulimal el cual ha hecho una promesa de no morir hasta que no mate a la víctima número 100. Ya que por los últimos meses ya nadie pasa por aquí, y no descansará hasta que no cumpla su misión. Lleva 99 y con cualquiera de nosotros ajustará su misión. Entonces Buddha contestó. Como saben yo soy un Hombre que no doy un paso atrás y ahora yo no puedo retroceder, así que seguiré mi camino. Los que me quieran acompañar que me acompañen y los que no, pueden quedarse. Yo seguiré hacia el frente posiblemente ese hombre ha de estar impaciente de no poder cumplir con su misión y para mi será un honor ser yo con quien acabe de cumplir su misión. Así que Buddha se encamino y conforme se iba acercando sus Discípulos se fueron quedando atrás. Él siguió y Angulimal lo miro y percibió algo muy diferente en él. Le dijo. No te acerques por acá, porque he hecho un juramento que no descansare hasta que no le corte la cabeza al próximo que pase por aquí. Así que buen hombre te doy la libertad de que huyas por otro lado.

Y Buddha le contestó. Ya hace muchos años deje de huir, por lo tanto seguiré mi camino, y Angulimal se sorprendió y dijo, pensé que yo era el único loco de este lugar, pero ya veo que hay viene otro igual o peor que Yo. Así que Buddha siguió acercándose y Angulimal le dijo: Hombre terco y testarudo, lo siento pero tendré que matarte como a los demás. No hiciste caso así que ahora te toca pagar por ello, cuando desenvaino su espada Buddha le pidió un favor. Le dijo: "Espera tengo derecho a pedir un ultimo favor antes de ser asesinado y el Asesino le dijo el que quieras no había conocido semejante hombre con esa tranquilidad y valor en sí mismo. Todos los que he conocido tiemblan de miedo y me suplican que los perdone, se ponen a llorar como unos cobardes dignos para matarlos, pero a ti, si te puedo conceder lo que me pidas antes de matarte y Buddha le dijo: ¿Podrías cortar esa rama que está arriba de tu cabeza? y el asesino con su espada corto la rama y Buddha le dijo. Ahora ¿Podrías volverla a unir? ¿Podrías volver a pegarla?

Y Angulimal dijo. No cabe duda que sí estás más loco que yo. ¿Cómo crees que puedo hacer eso?, y Buddha le dijo. "Ahora si ya puedes continuar. Pues nada de lo que haces me impresiona esa ramita cualquier niño la pudo haber cortado con sus manos, en cambio tú tuviste que utilizar una espada. Luego ¡LO GRANDIOSO NO ESTA EN DESTRUIR SI NO EN CONSTUIR!."

En esos momentos Angulimal pudo oír la voz de su Conciencia Intuitiva por medio de Gautama Buddha y despertó de su letargo. Arrojó su espada y le pidió a Buddha que lo iniciará. De esta manera ya eran los dos que venían bajando y sus discípulos no podían creer lo que miraban. Buddha les dijo. No se asusten él será uno de nosotros, me ha pedido que lo inicie y yo lo he iniciado. Al principio sus discípulos no aceptaban esta idea, pero poco a poco fueron perdiendo el miedo a este Hombre. Finalmente la gente de alrededor se enteró de lo sucedido y algunos se alegraron de que ya no se tenían que proteger del asesino, pero otros no. En un día en que Angulimal salió a las calles un grupo de personas lo persiguieron y lo mataron apedreándolo.

Angulimal pudo arrepentirse y tratar de restituir su mundo interior, pero la gente vengativa no se lo iba a perdonar. Esto fue parte de tener que colectar una pequeña parte de su D.kármica, pero por lo menos alcanzó a despertar de su ceguera Espiritual.

Estas serían las manifestaciones más extremas del odio, sin embargo a nivel astral no hay mucha diferencia entre la violencia que está pasando por fuera en las calles, en los hogares. Y la violencia que se está llevando en el mundo interior del Yo inferior, esta violencia que está pasando afuera para el caso de algunos Yos inferiores refleja la violencia que está pasando en su interior, como hemos explicado el caso de las formas del Alma cuando llegan hacer torturadas por los Espíritus malignos y los castigadores de la culpa, o de la soledad o la depresión, cuando una persona se arrastrar por el amor de otra persona, todo eso genera violencia interna y en un nivel astral las formas del Alma son las que sufren de la misma manera que se puede ver sufrir a una persona por fuera cuando la están torturando.

En realidad esa gente que tortura a sus víctimas simplemente está manifestando lo que ya había ocurrido en su interior con sus propias formas de su Alma y a la vez ellos están manifestando la violencia interna que se está llevando a cabo de todos los Yos inferiores de la Humanidad. Ellos son el reflejo de los Reinos de Oscuridad de los Yos inferiores.

Por lo tanto si cada persona trata realmente de cambiar y vivir más tiempo en su Reino interno de Luz en lugar de seguir viviendo en su Reino de Oscuridad, entonces también esos cambios se reflejarán por fuera en la sociedad. Esta es de la mejor manera que pueda contribuir un Yo inferior para reducir la violencia que se está viviendo por fuera, pero si la mayoría de gente (de Yos inferiores) continúan viviendo en su Reino de Oscuridad en donde las formas de su Alma siguen sufriendo y siguen siendo torturadas por todos los Espíritus malignos, despiadados e incompasivos, entonces no hay muchas esperanzas de que el mundo violento de afuera cambie pronto.

Los Maestros de Luz y los Maestros iluminados han dejado la violencia precisamente porque esa ha sido su contribución al mundo tridimensional, no lo hacen por conceptos de moralidad o por quererse portar bien, lo hacen simplemente porque su nivel de conciencia es ese y no le hayan sentido a darle vida a la violencia interna puesto que todo se les ha aclarado a ellos, no tienen nada de qué quejarse o a quién culpar o con quién desquitarse, ellos optaron por asumir responsabilidad total de su D.kármica y simplemente se dedicaron a pagar toda esa D.kármica, ellos se dedicaron a incrementar sus niveles de conciencia y el resultado es de que despertaron y dejaron de vivir en el mundo de la dualidad para comenzar a vivir en el mundo de la Unicidad.

¿Por qué se dice que la Ira es la parte extrema del Amor y por lo tanto a las dos energías se les debe de dar la bienvenida, ya que si uno elimina a una entonces también estaría uno eliminando a la otra? Es decir que si quiero experimentar Amor entonces es necesario que siga conservando a la Ira. Pues si me deshago de la Ira entonces también me estaré privando de experimentar el Amor.

Todas las emociones y sentimientos que se encuentran en los 7 planos del Ego o Reino de Oscuridad son los extremos más negativos de las emociones. Por lo tanto evitar caer en esas emociones extremas de negativismo y maldad o tratar de eliminarlas no le perjudica a ningún Yo inferior para que pueda experimentar toda la parte más positiva y de Amor del otro lado.

El Yo inferior ahora vive en un 95% o 98% de Oscuridad y únicamente en un 2% o 5% de Luz. Por lo tanto cuando este Yo inferior experimenta sentimientos de soledad, de tristeza, o emociones negativas. Él las experimenta en ese porcentaje de un 95% o 98% de oscuridad y por lo tanto experimenta un infierno.

Ahora cuando un Yo inferior convertido en un Yo Superior de Luz llega a vivir en un 80% o 90% de luz y un 10% o 20% de oscuridad, y experimente alguna depresión, algun sentimiento de soledad o tristeza. Lo experimenta también en ese nivel de Conciencia y no es lo mismo. Pues para él será como algún aprendizaje de como él se sentía antes, pero que ahora ya no sufre por cosas que antes lo mandaban a una depresión más aguda, a una soledad espantosa. Ahora todo lo experimenta con más luz y por lo tanto hasta en esas emociones puede mirar algo bello o algo artístico, se puede incluso hasta inspirar y componer algunos poemas. O pintar algunos cuadros.

Esto es parecido a cuando un niño se asusta de quedarse en su cuarto solito y con la luz apagada, y todo cambia cuando ya es un adulto y que se dedica a meditar y a la oración. Ese mismo cuarto se convertiría como en un templo para él y la oscuridad le traería mucho silencio y tranquilidad. Pues aprendió a ver por medio de la oscuridad, pero recordará que cuando era niño, hasta pesadillas tenia y a veces hasta se llegaba a orinar en su cama.

El enemigo no es la ira, ni la soledad, ni el miedo. El enemigo principal del Yo inferior es su ceguera espiritual esa es la que se encarga de hacer las cosas engrande, se encarga de exagerar las emociones negativas. En cambio cuando ya se ha salido de esa ceguera espiritual, esas emociones tienen otra dimensión.

Esto es como si le hicieran una broma a alguien en donde su vida corre peligro y todas esas emociones él las siente en vivo y a todo color porque él no sabe que es una broma, pero más adelante le dicen que lo estaban grabando y que todo fue una broma y los "enemigos" le dan la mano y le dicen. Bienvenido y él todavía desconfiado siguen sintiendo ese miedo o esa ira, pero en cuanto descubre que todo fue una broma entonces deja de ver a sus "enemigos" como enemigos y dice." Ohh, Y yo que pensé que realmente si eran malos."Total en unos cuantos minutos los malos dejaron de ser malos.

Así es la vida en la 3ra dimensión, el Yo inferior se atemoriza por muchas cosas, cae en estados de inseguridad, preocupación, pánico, todo se mira trágico y vive un infierno, pero eso es porque todo lo mira con ojos tridimensionales, cuando el Yo inferior alcanza un 4to, 5to o 6to Nivel de Conciencia todo se mira diferente, pierde el miedo a la muerte, se le desvanecen todas sus inseguridades y sus miedos pierden toda esa fuerza que antes tenían, todo lo mira casi perfecto pues por fin comprendió que él no pertenece a la 3era dimensión y por lo tanto él solamente estaba experimentando lo que sus Espíritus de baja luz experimentaban, pero como ya aprendió a no identificarse con ninguno de ellos, entonces les quito todo su Poder y ahora ya no les tiene miedo ni tampoco odio ni nada. A la vez él también ya habrá aprendido a mirar a los demás como Verdaderos Seres de Luz, que han escogido experimentarse en diferentes formas.

Claro en un principio la Batalla espiritual tiene que ser seria y contingente. Todo esto ya se llega a mirar pero en un 6to Nivel de Conciencia, en una 4ta,

5ta o 6ta Dimensión. Mientras no se alcancen esas Dimensiones entonces la lucha espiritual tiene que ser seria. Por eso en un principio el camino es por medio de la abstinencia consciente, la Disciplina, el sacrificio. Mas después viene el entendimiento, la comprensión, el perdón, y ya después viene la transcendencia y cuando esta llega es cuando todo se mira diferente.

Por último antes de la gran caída, todas estas emociones tales como la ira, el miedo, los engaños, los temores, las inseguridades, los resentimientos, la envidia, la gula, la pereza, la avaricia y todas las emociones del Reino de Oscuridad, no estaban contagiadas de maldad, es decir todas las Almas llegaban a la 3ra dimensión, en un 50% de Esencia Divina y nunca bajaba ese porcentaje, por lo tanto, regresar para las Almas una y otra vez a la 3ra dimensión, era algo divertido, hasta que finalmente decidían pagar toda su D.kármica, pero esta la pagaban a partir de su 50% de Esencia Divina, otras desde su 80% de Esencia Divina, la Batalla Espiritual, era más pareja y las Almas podían alcanzar la iluminación con facilidad, mas recordemos que antes la 3ra dimensión era parte de la 4ta dimensión, estas 4 Dimensiones estaban juntas, la 4ta, la 3ra, la 2da y la 1ra. Es por eso que aun algunas Escuelas siguen manejando 7 Dimensiones únicamente. Porque estas eran las que se manejaban, pero no después del Big Bang. De allí las Almas recorrían bien todas estas 4 Dimensiones y por consiguiente, brincaban a la 5ta y 6ta Dimensión, así hasta llegar a la 8va Dimensión, y muchas Almas, junto con sus Verdaderos Seres de Luz, se animaban a continuar con la 9na Dimensión, la 10ma Dimensión, hasta llegar a la Dimensión inicial, a la Conciencia Dios., pero desde que surgió la Gran Caída, todo cambio. Después surgió el Big Bang, para separar a la 3ra Dimensión, de la 4ta Dimensión, y por consiguiente, ahora la 3ra dimensión, es la Dimensión más dura y difícil de cruzar, entonces lo que ocurrió, es que todos estos Demonios se comenzaron a filtrar por medio de todas las emociones negativas o de baja luz y se apoderaron de todas ellas, ya que estas emociones eran la parte negativa de todos los Principios Espirituales que tenían que conquistar las Almas, y por consiguiente, los malignos ahora residen en todas estas emociones negativas.

Para un Maestro iluminado todo es diferente porque él ya logró desterrar a todos los malignos de todas esas emociones negativas, y por consiguiente ya quedaron en su estado natural, que siempre estuvieron. por ejemplo la Ira y la Pereza de un Maestro iluminado no es la misma Ira y Pereza de un Yo inferior, ya que el Yo inferior experimenta estas emociones sintiendo la presencia de los Demonios, en cambio el Maestro iluminado únicamente siente la parte negativa de esa emoción, pero ya nunca vuelve a sentir la presencia de los Demonios en esas emociones, es por eso que ellos ya no pelean con ninguna de estas emociones, negativas, porque por fin lograron desintoxicarlas de toda la sustancia diabólica y de maldad de la que fueron contagiadas.

Nosotros hemos decidido optar por aniquilarlas a todas ellas, para que el Yo inferior no se confunda, lo único que si queremos poner en claro es que estas emociones jamás volverá a experimentarlas de la misma manera, mientras él continúe expandiendo su Centro de Esencia Divina, cuando alcance el 30% de Esencia Divina si llega a caer en una depresión, jamás se comparara con ninguna de las depresiones que él experimentaba cuando vivía en su 5% de Esencia Divina, y ahora si alcanza el 80% de Esencia Divina, descubrirá hasta cierta sabiduría en esos estados de tristeza o de depresión, porque ahora él ya está entrando en esas emociones como un Yo Superior de luz. Y esto hace toda la diferencia.

El Centro Magnético de La Intolerancia.

De esta se desprende el Impaciente, el que siempre está de prisa y el inquieto.

La intolerancia es otra forma de Ira.

¿Quién se intolera? ¿A dónde quiere ir este espíritu de Intolerancia? ¿Cuál es su prisa? ¿Por qué quiere las cosas Ya? ¿Por qué quiere que los demás se apresuren? ¿Por qué quiere que los demás consideren sus necesidades? ¿Por qué quiere que el que va manejando a delante de él, se mueva rápido? ¿Por qué quiere que el que está participando o compartiendo ya se calle, para que pase el siguiente? ¿Por qué le desesperan muchas cosas? ¿Por qué se tiene que enojar cada vez que hace línea?

Sin duda esta es otra de las características del Ego, es exigente, y cuando no puede controlar a los demás o no puede mandarlos, entonces se desquita con el Yo inferior y a él es al que le exige resultados, le exige éxito, le exige demasiadas cosas y el Yo inferior simplemente reacciona a esa exigencias y por eso es que él también le exige a los demás de que hagan las cosas rápido, de que la línea se mueva rápido, también le intolera su situación económica, le intolera que las cosas no se den como él quiere. Ha perdido toda su paciencia, toda su tolerancia y cuando esto ocurre está a punto de cometer un acto de violencia, pues no podrá contener tanta ira y es precisamente esta Energía de Ira la que se manifiesta en Intolerancia.

Los Yos inferiores que demuestran su intolerancia con facilidad también demuestran su falta de comprensión y entendimiento hacia la vida, no han aprendido a que la vida no se tiene que ajustar a ellos, no han aprendido de que la gente no se tiene que ajustar a ellos, por el contrario siguen viviendo con la formula o la idea de que los demás son los que se tienen que ajustar a todos sus deseos egoístas y cuando esto no sucede entonces se manifiesta la intolerancia, se manifiesta la ignorancia. Cuando un Yo inferior crece en entendimiento y comprensión entonces disminuyen sus prisas, disminuye su intolerancia. Mucho ayuda la filosofía en estos casos ya que podrá ir directamente al meollo del asunto y confrontar a su Espíritu destructivo Intolerante y preguntarle directamente. ¿Que qué pretende con que la gente sea la que se tenga que ajustar a sus exigencias? ¿ Qué pretende con que los sucesos de la vida sean de diferente manera? ¿Qué pretende con que el que está compartiendo ya se calle? ¿A qué quiere llegar? ¿Cuáles son sus verdaderos deseos? entonces el Yo inferior descubrirá que efectivamente el Espíritu Intolerante es un controlador, un manipulador que simplemente quiere que el mundo gire a su alrededor y que todos se ajusten a sus demandas irracionales, y sus exigencias. Este Espíritu Intolerante tiene mucha hambre de Poder quiere ser un Dictador alguien que dirige y que quiere que todos lo respeten, y que todos traten de complacerlo. Entonces cuando descubre que la Vida no lo toma en cuenta, que la gente no lo toma en cuenta, que a nadie le importa sus exigencias o sus deseos egoístas entonces es cuando surge esta intolerancia, porque los demás no reconocen su grandiosidad, su gran poder, su magnificencia, los demás lo tiran de a loco y esto lo envenena, se intolera y entonces es presa de la ira y puede cometer una locura en esos momentos.

¿Cómo se puede contrarrestar las exigencias de este Espíritu Intolerante?

Por medio de las prácticas de meditación, por medio de la respiración, por medio de reducir todos esos sueños o metas que se tienen en la vida, es decir que si llegan bien y si no también. Se puede tener fe en las metas de la persona o en sus sueños y a la vez aceptar de buena gana si no se llegan a realizar. Por lo tanto no es importante llegar a la meta o realizar el sueño. Lo que es importante es aceptar que se llegue a realizar o no. No depender de su realización, siempre pensar que con poco también se puede vivir bien, los filósofos de antes pensaban que el que podía vivir con menos era más feliz, pues de esta manera su felicidad no tenía que depender de lo de afuera si no de cuanta aceptación había por lo que tenían. Cuanta gratitud sentía por lo que tenía.

Cuando un Yo inferior comienza a descubrir que en su esencia su Verdadero Ser de luz ya es y ya tiene todo lo que necesita tener, entonces descubrirá que son ellos los espíritus de baja luz los que le están exigiendo tener más y ser más. Son ellos los que están incompletos y por eso es que son exigentes, pero no así su Verdadero Ser de Luz, o su Alma ya que esta busca otras cosas diferentes a las que ellos los de baja luz buscan o desean.

El Yo inferior ya puede ir empezando a respetar el caminar de todos los demás de esta manera entenderá que lo que aquella persona está diciendo es lo que tiene que decir pues no puede decir otra cosa más que lo que hay en su corazón, el que va manejando despacio no puede manejar más rápido puesto que quizás sea presa de sus propios temores o simplemente no tenga prisa de llegar a ningún lugar, su hija o hijo chiquito no le hace caso no por faltarle al respeto si no porque ellos está viviendo en su propio mundo, su esposa no lo comprende porque ella está también dominada por sus deseos egoístas y también a ella sus espíritus de baja luz le exigen que se comporte de cierta manera. Así él podrá voltear a ver a todo el mundo y se dará cuenta que todos están batallando con sus propios Espíritus Exigentes y de baja luz. Si nadie lo toma en cuenta es porque todos ellos están en sus mundos.

Se cuenta que en una ocasión estaba un joven y un anciano en un bosque, entonces apareció un Ángel y les dijo: "Me ha enviado el Ser Supremo a preguntarles que es lo que quieren saber". Entonces el anciano le pregunto ¿Yo quiero saber cuántas vidas más tengo que vivir para poder alcanzar la iluminación? Miró al Joven y le dijo algo que tú quieras saber y el joven dijo: Nada, solo darte las gracias por haber venido y le volvió a preguntar, ¿Estás seguro que no quieres preguntar nada? y el joven dijo quizás en tu segunda vuelta tenga alguna pregunta por ahora no tengo ninguna solamente decirte que estoy contento con la vida que me toco.

Al regresar el Ángel le dijo al Anciano: "Bueno, El Ser Supremo me dijo que contarás las hojas de ese árbol y que ese será el número de vidas que te

BUDASINANDA VIVEK

corresponden vivir para alcanzar la iluminación" y el Anciano se enojó y dijo: ¿Qué? ¿Cómo? ¿TODAS ESAS HOJAS ES EL NUMERO DE VIDAS QUE ME FALTAN VIVIR? ¡ESO NO ES JUSTO!", y volteó y le dijo al Joven, y me dijo que a ti te dijera que contarás las hojas de esos 3 árboles y que ese será el número de vidas que tendrás que vivir antes de alcanzar la iluminación y entonces el Joven se puso más contento y celebró la noticia y el Ángel le pregunto ¿Por qué te pones contento si a ti te toco el triple que a este Anciano? y él dijo. Porque en este bosque hay cientos de árboles y solamente me tocaron estos 3. Es más que suficiente para mí. Entonces se dice que en esos momentos el Ser Supremo le aniquiló su D.kármica y se lo llevó, porque con esa actitud ya no necesitaba seguir en la 3ra dimensión.

Para el intolerante todo es motivo de queja y exigencias. En cambio para el que tiene gratitud todo es motivo de festejo y contentamiento.

El Ego es Impaciente, Inquieto y siempre está de Prisas.

Nuevamente el Yo inferior tiene que aprender a formularse preguntas a sí mismo, preguntas a este Consejero Maligno del Ego y preguntarle o preguntarse ¿A dónde quiero llegar? Entonces es posible que él mismo conteste: Quiero ya triunfar, quiero que los demás se den cuenta de que soy importante, de que soy exitoso, de que no soy tonto, de que soy inteligente, de que si escogí una esposa guapa, de que si escogí una buena carrera o hice un buen negocio. Quiero tener éxito ya.

Entonces podrá seguir preguntándose y una vez que se tenga ese éxito y ya la gente se dé cuenta y ya se haya impresionado a los que se tenía que haber impresionado entonces ¿Qué sigue?

Yo Inferior = Pues entonces ya podré tener tolerancia para disfrutar de todos mis éxitos y se me acabarán las prisas.

Conciencia Intuitiva = ¿Entonces mientras no tengas éxito seguiremos con prisas, seguiremos impacientes, e inquietos?

Yo Inf.=Pues yo creo que sí.

C.I.= ¿Pero y quien ha logrado semejante éxito con prisas, con ser impaciente y con estar inquieto? por lo regular la gente que ha logrado eso lo han logrado por medio de la Paciencia, la tranquilidad, y la Fe. ¿Entonces de donde sacas que con las emociones negativas se pueda lograr el éxito Ya?

Este ejercicio es solo una forma de demostrarle al Yo inferior cómo puede el aprender a confrontar a sus Espíritus arrogantes exigentes, preguntándoles directamente ¿Qué es lo que andan buscando?, ¿Qué es lo que quieren? y él solito descubrirá que todo lo que el Yo inferior está tratando de hacer es cubrir esos hoyos emocionales o carencias emocionales que no fueron suplidas desde una niñez. De allí que siente muchas prisas por querer obtener el reconocimiento de los demás, el respeto de los demás, y no descubre que las mismas prisas, impaciencias e inquietudes son las que lo mantienen distanciado de ese éxito. Aquí vale la pena recordarle al Yo inferior lo que ya hemos mencionado. A estos Espíritus no les importa que el Yo inferior logre el Éxito (a lo que él le quiera llamar éxito). A ellos lo único que les importa es que el Yo inferior siga practicando la intolerancia, la impaciencia, las prisas y que se mantenga inquieto. Eso es lo que realmente les importa. El anzuelo es que le han hecho creer que él tiene que sentirse de esa manera para acelerar el proceso de su éxito, para que las cosas sucedan más rápido y esto no es verdad. Pues ha ellos no les importa y nunca les ha importado la felicidad del Yo inferior o de su Alma. A ellos lo único que les importa es seguirle robando Energías por medio de la atención y por medio de las prisas, inquietudes e impaciencia. Y cualquier excusa es buena para ellos. De esta manera él les seguirá dando vida ya sea que se porte agresivo o impaciente con sus propios hijos, su esposa, sus trabajadores, o gente alrededor. Ellos buscarán cualquier excusa para que él los alimente y los mantenga con vida.

Tenemos Al Espíritu Irrespetuoso.

Con este Espíritu de baja Luz del Irrespetuoso el Yo inferior tendrá los siguientes comportamientos, será mordaz en sus críticas acidas de forma ingeniosa, será igualado es decir que así como trata a sus hijos o a su esposa o trabajadores querrá tratar a todo mundo, al igual si es irrespetuoso en ciertos lugares entonces querrá comportarse de esa misma manera en otros lugares que vaya, asumiendo que todos son iguales, o que todos tienen que tolerar su forma pesada de ser.

Estos Yos inferiores por lo regular son cobardes puesto que solamente son irrespetuosos en los lugares que ellos pueden comportarse de esta manera y nunca en los lugares en donde saben que puede haber consecuencias severas, por lo tanto sacarán estos comportamientos únicamente para robar atención de los demás, les incomodan aquellos ambientes en donde todo mundo está tranquilo y en donde nadie está tratando de llamar la atención. Ellos sienten una necesidad muy grande de querer romper ese silencio y entonces entra la imprudencia de ellos, si están en un cine en donde todos están callados, ellos querrán estar hablando o riendo ruidosamente, para demostrar de que ellos son diferentes y no se dan cuenta que lo único que obtienen por ello es incomodar a los demás, ya que rompen el bienestar común de los demás, pero la necesidad de llamar la atención de estos Espíritus de baja Luz es tan grande que el Yo inferior no puede controlarlos y es por ello que hacen ruidos en donde todo está en silencio, hacen bromas sin sentido en donde nadie las ha solicitado.

También esté Yo inferior hace criticas mordaces haciendo quedar mal a los demás o haciéndolos sentir muy mal, no tiene cautela para decirle a alguien alguna crítica o alguna verdad es muy tosco para decir las cosas, por lo tanto siempre se estará metiendo en dificultades pues es un boca suelta y brabucón, no mide las consecuencias de sus comentarios o de sus actitudes.

No sabe respetar las creencias de los demás, se burla con facilidad de las creencias de los demás porque él cree que sus creencias son más lógicas o racionales que las de los demás.

La Irrespetuosidad, va más allá que simples actos toscos, descorteses, o sin cautela. Estas serían las formas más notables, pero la Irrespetuosidad es la medida perfecta para medir que tanto egoísmo existe en la persona. Cuando una Persona o un Yo inferior ha alcanzado altos niveles de Conciencia entonces puede incluso sentir con conciencia todas las cosas que toca.

En una ocasión el Maestro Mahavira abrió la puerta de su casa y la azotó un poco al cerrarla cuando se dio cuenta de ese acto violento, fue a pedirle perdón a la puerta pues reconoció su irrespetuosidad.

En otra ocasión un buscador de la verdad de occidente fue a Japón a un templo del Zen y al entrar al templo cerró la puerta con algo de violencia y el Maestro lo hizo que le pidiera perdón a la puerta enfrente de todos, entonces este no supo qué hacer o por qué le pedía tal disparate el Maestro, así que si quería realmente incrementar su estado de conciencia más le valía obedecer y así lo hizo, le pidió perdón a la puerta como si se lo estuviera pidiendo a una persona y desde ese entonces su estado de conciencia comenzó a cambiar.

Cuando se esté hablando del Principio del Respeto en el 3er Nivel de Conciencia se verá todo esto con más detalle.

¿Qué le puede servir a este Yo inferior Irrespetuoso para ir liberando a las formas de su Alma que están atrapadas allí?

Primero, conocer en qué consiste el Principio del Respeto el cual discutiremos en el 3er Nivel de Conciencia, de esta manera podrá comenzar a darse cuenta que si sigue cometiendo actos de irrespetuosidad él mismo se estará cerrando a la luz de su propia conciencia y esto no le permitirá ir erradicando todas las formas del Egoísmo.

La idea que le puede ir sirviendo es que traiga a su mente a las personas que más respeta y que trate de guardar un respeto similar a todas aquellas que ha echado de menos o que simplemente no le han importado. En otras palabras él puede darse cuenta que a las personas que más respeta es porque de algún modo ellos han podido reflejar una parte de su Verdadero Ser de Luz dentro de él mismo y las persona que menos le importan o menos respeta también reflejan una parte que él odia de sí mismo, o de sus Espíritus de baja luz y por eso es que no los soporta, pero si no fuera por ellos entonces él no podría descubrir esas partes oscuras en las que aún necesita transcender, por lo tanto ya puede irles dando las gracias en su interior por que el Universo los está utilizando o se los está poniendo enfrente de él, para reflejarle sus debilidades, sus defectos de carácter en los que aún necesita trabajar.

No son los otros los que tienen que cambiar o ser diferentes, ya que si ellos cambiaran, nada de los cambios de los otros le beneficiaría a él, es decir que si se mueve a otro lado o estado, entonces encontrara nuevamente a otras personas con las mismas características que él detesta y por consiguiente si él sigue aplicando el método de que ellos deberían de ser diferentes, entonces los demás seguirán cambiando pero nada cambiaría dentro de él, y esto a la larga lo mantendrá estancando pues descubrirá ya muy tarde que él nunca se benefició en el cambio de actitudes de los demás y que por lo tanto desaprovecho todo ese tiempo para haber despertado y cambiar el.

La anécdota siguiente lo explica de mejor manera.

Un hombre que tenía 20 años de edad se la paso pidiéndole a su Dios por 20 años que por favor cambiará el mundo y este no cambió. Cuando tenía 40 pensó mejor las cosas y por los siguientes 15 años le pidió a su Dios que solamente cambiará la situación de su País pero tampoco cambió, así que pensó que estaba pidiendo mucho y se dijo bueno mejor pediré que cambie mi familia y nuevamente por los siguientes 10 años de los 55 a los 65 se la pasó pidiendo esta petición y su familia no cambió, a los 65 años no entendía por qué nada cambiaba de lo que pedía y finalmente se dijo. Bueno ya no me ha de quedar mucho tiempo de vida por lo tanto estos últimos 10 años los pediré para que mejor cambie Yo y le dijo a su Dios. Dios es sido muy egoísta o controlador y he querido que cambien todos menos yo, pero finalmente veo que es mejor que cambie yo primero y solo te pido me des las fuerzas y la voluntad para así hacerlo si es que esta es tu voluntad y finalmente 10 años más tarde. A los 75 años de edad pudo él cambiar y descubrió que cuando el cambio su familia cambio con él, la situación de su País cambio y el mundo también cambio.

Ahora tenemos al Espíritu Destructivo de El Violento.

Aquí tenemos a un Yo inferior que tiene que agarrarse a golpes con los demás porque es de la única manera que él puede expresar sus frustraciones, sus complejos, su ignorancia todo lo quiere resolver a golpes, pues cuando ya no tiene argumentos con que defenderse entonces lejos de admitir sus errores y disculparse por ellos, le es más fácil agarrar a golpes a la otra persona, no es casualidad que muchos de estos Yos inferiores para demostrar su valentía acaban participando en gangas, en mafias, en todo tipo de delincuencia pues ellos están queriendo demostrar que son los más felones, que ellos pueden cometer todas las felonías que quieran y no les pasa nada, estos Espíritus violentos que dominan a estos Yos inferiores se alimentan de las energías del miedo que les hacen sentir a sus enemigos, para ellos entre más miedo les tengan más poder ellos agarran, pues eso los engrandece más y más.

Toda esta rebeldía que manifiestan estos Yos inferiores por medio de esta violencia se debe en parte porque en vidas pasadas ellos han sido unos cobardes y ahora ellos están tratando de balancear esa cobardía de vidas pasadas. Por ejemplo: si un marido no defendió a su esposa o alguno de sus hijos por cobardía en una vida pasada, entonces en esta vida es muy probable que para poderse perdonar eso o para poder transcender esos temores, entonces ahora buscan la oportunidad de pertenecer a una pandilla o convertirse en policías o boxeadores, o peleadores. Porque muy en su interior ellos sienten la necesidad de demostrarse que ellos no son unos cobardes y por eso es que quieren demostrarlo con estarse peleando en las calles, en las cantinas, en el ring, pero ellos sienten mucho esa necesidad de ganarse el respeto de los demás.

En este Plano terrenal tridimensional, estas Almas han escogido los papeles de peleadores, de guerreros, de militares, ellos desde muy temprana edad serán muy atraídos a las armas de fuego, a las artes marciales, a todo lo que tenga que ver con pelear. Cuando lo encausan en el sentido positivo entonces se meten a las fuerzas armadas o al gobierno y tratarán de contrarrestar la violencia del mundo o a los criminales y cuando la encausan por el lado negativo entonces ellos se convertirán en los criminales.

Quizás lo que muchos de ellos no alcanzan a comprender es que en un sentido si se trata de luchar, pero esa lucha es espiritual, es interna y por lo tanto se tiene que luchar con los enemigos internos y no con los enemigos externos. Entonces el llamado que ellos sienten de luchar está bien, lo único que tienen que aprender es a encausarlo en una lucha interior con todos los Espíritus de baja luz, y de oscuridad. Es con ellos la lucha y no con los de afuera.

Pero no todo está perdido porque todo lo que lleguen a aprender en este plano terrenal tridimensional, les servirá para en un plano astral poder combatir a sus enemigos internos, cuando un Yo inferior sea podido comprobar a sí mismo de que no le tiene miedo a nadie y de que puede enfrentar a cualquier persona entonces cuando muere físicamente esta experiencia le sirve de mucho para no tenerle miedo a sus enemigos que se llegue a encontrar en los niveles bajos del astral. Porque allí el podrá demostrar sus habilidades.

Esta es una de las razones por la cuales las películas de acción son muy atractivas para algunos Yos inferiores, porque en el cine le presentan a un héroe, a un guerrero, a un peleador, a alguien que sabe pelear y vence a sus enemigos esto es muy inspirador para los Yos inferiores puesto que así ellos quisieran enfrentar a sus enemigos internos, a sus temores, a sus inseguridades.

¿Así que a nivel Astral todos tenemos que pelear como en las películas de acción?

Hay diferentes maneras de enfrentar a los enemigos y esa es una manera de hacerlo por medio de la lucha física, entonces en el campo astral también se lleva a cabo este tipo de lucha. Es decisión del Yo inferior, él por ejemplo dice: Yo estoy listo para enfrentar a mis enemigos y los quiero enfrentar de la única manera que yo sé, que es peleando y entonces de esa manera es como él enfrenta a sus enemigos, otros lo hacen por medio de las armas como si fuera una guerra de armas y también los enfrenta de esa manera.

Y otros los enfrentan con conocimiento, es decir estos Yos inferiores quieren enfrentar a sus enemigos por medio del intelecto, por medio de la filosofía y entonces recurren a los conocimientos místicos para poder enfrentar su propia creación, sus propios fantasmas, sus propios enemigos, su propios Yos. Ellos descubren que por medio de la práctica de los principios espirituales es como los vencerán, entonces entran al terreno de las actitudes y comienzan hacer uso de las virtudes, por lo tanto sus enemigos se presentarán como se presentan en esta vida física, por medio de circunstancias dolorosas, incomodas, de enfermedad para ver cómo reacciona este Yo inferior. Todo tiene que ver con su actitud. Si llega aceptar todo lo que le corresponde, aunque esté viviendo en el mismo infierno si él acepta de buena gana ese infierno y no se queja de nada, entonces él mismo se estará acercando a la luz más rápido pues él mismo descubre que su infierno dura mientras él lo siga creando, pero en el momento en que acepte su propio infierno que le tocó, entonces él mismo acelera sus vibraciones energéticas y estas mismas vibraciones lo colocan en planos Superiores astrales y es así como él les gana esa batalla espiritual. (En este sentido la palabra Aceptación no equivale a la palabra resignación. No se trata de resignarse, se trata de aceptar de buena gana lo que le corresponda vivenciar, tener confianza plena en que la Justicia Divina sabe lo que hace y una vez él demuestre esta confianza plena con su actitud, entonces allí es cuando el mismo acelera sus vibraciones energéticas y estas lo levitan a los planos Superiores del plano astral)

En el caso de los Guerreros, su lucha es por medio de la fuerza, tal y como se mira en las películas como las de Gladiadores. Ellos viven una especie de esas películas en donde les corresponde enfrentar a sus enemigos de esa manera la clave para ellos es demostrar su valentía todo el tiempo y darle prioridad a sus principios. Por ejemplo si para ellos el Principio de libertad, de La Paz y del

Amor es el más alto de todos, entonces tendrán que estar dispuestos a dar su vida por esos mismos principios pues si no lo hacen ellos mismos se pondrán en desventaja porque no han encontrado una buena causa por la cual dar su vida y esto los debilita a la hora de pelear.

La misma Alma del Yo inferior es la que va decidiendo como pelear su batalla Espiritual y es ella misma la que va escogiendo los diferentes roles que le tocan vivir en cada una de sus vidas, pues siempre escogerá roles que ella piense que más le servirán para poder conquistar su batalla espiritual.

¿Esta batalla espiritual solamente la enfrentarán los Yos inferiores que no hayan alcanzado la iluminación en el plano terrenal?

Sí. Los Maestros iluminados ya ganaron su Batalla Espiritual en el plano terrenal tridimensional. Allí ellos también enfrentaron su batalla espiritual a nivel astral y es por eso que ganaron.

Entonces los Yos inferiores que no logren avanzar mucho se les da la oportunidad de que ellos enfrenten a sus enemigos de la mejor manera que ellos saben, pero este enfrentamiento es únicamente para poder regresar nuevamente al plano terrenal y continuar con la gran batalla espiritual interna. Mas si un Yo inferior alcanza la 4ta Dimensión de la existencia en el plano terrenal tridimensional entonces, tendrá más opciones de cómo enfrentar a sus enemigos ya sea que los enfrente allá en los campos astrales en donde él tenga más habilidades y oportunidades de vencer o ya sea que decida regresar al plano terrenal para enfrentarlos nuevamente pero con un nivel de conciencia Superior.

¿O sea que nadie se escapa de este enfrentamiento?

Nadie. Todos los Verdaderos Seres de Luz escogieron experimentar lo que ellos ya conocían, y lo querían experimentar en sus diferentes dimensiones, por lo tanto, todo esto es una película que su mismo Verdadero Ser de Luz está creando.

El Yo inferior tiene a sus otros Yos Superiores paralelos a él, pero él no está consciente de su existencia. Ellos sí. El Yo inferior conforme se vaya acercando más a su Verdadero Ser de Luz, irá recordando que todo ha sido parte del convenio y descubrirá que la vida nunca fue injusta y que la Justicia

Divina sigue siendo tan justa como siempre. Fue él mismo, el que se fue alejando de la Luz y todo se le olvidó o al menos más del 98% del todo se le olvidó y no lo recuerda. Cuando esté viviendo en el 50% de luz, es posible que incluso recuerde algunas vidas pasadas y con esto también recuerde como era antes de venir a este plano terrenal.

Entonces allí comprenderá que él es el que ha escogido vivir los diferentes dramas de la vida de la manera en que los ha venido viviendo. Cuando esto ocurre el Yo inferior recordará su pasado pero sin dolor todo lo alcanzará a mirar como una gran odisea. Es decir a pesar de que ahora recuerde su pasado como algo triste y aburrido o desconsolador. Más después que este en estos niveles descubrirá que había otra parte de él mismo que todo lo estaba disfrutando, que para esta parte todo era una aventura, pero como él se perdió en la identificación y en los apegos de sus Espíritus de baja Luz, él está en una ceguera espiritual en donde está plenamente identificado con la parte que mira solamente puro sufrimiento. La otra parte espiritual de él, la tiene adormecida, pero conforme vaya despertando descubrirá que todo lo que ha vivido es correcto y que nada se ha perdido.

¿En el mundo Astral el Yo inferior puede escoger ser un karateca o un ninja y así pelear?

Sí, pero también acá tendrá que asistir a una escuela de karate y podrá prepararse para enfrentar a sus enemigos de esa manera. Los Yos inferiores tienen infinidad de oportunidades para enfrentar a sus enemigos, pero el hecho es que tienen que conquistar esa gran batalla espiritual de una o de otra manera, tienen que hacer suyos a los Principios Espirituales del Valor, del Amor y la Verdad, tienen que ganárselos, para poder sentirse dignos de estar residiendo en una 8va Dimensión.

¿Entonces las habilidades que el Yo inferior aprenda en este plano terrenal son las que le servirán allá del otro lado?

Sí. Son sus habilidades las que siempre podrá usar a donde sea que vaya.

Por decirlo así. Supongamos que una mujer en este plano terrenal quiso ser una gran bailarina de ballet, pero por desgracia la atropellaron y quedo en una silla de ruedas. Entonces cuando ella muera físicamente su cuerpo astral seguirá completo como siempre y allá del otro lado ella podrá inscribirse a una escuela de ballet, prepararse y de esta manera competir en una competencia de ballet y hasta que no gane ese primer lugar como ella lo había soñado entonces no podrá transcender esa parte de su Alma. Lo que regularmente sucede es que sí será la ganadora no por obra de nadie sino por obra de ella misma, ya que ella misma está creando esta realidad suya, ella es una co-creadora.

Ninguna Alma se quedará con sus sueños truncados. Todas las Almas realizarán sus sueños más profundos ya sea en esta vida o en la otra. Lo que sucede es que como saben que por parte de su D.kármica tendrán que regresar al plano terrenal tridimensional, entonces ellas escogen nacer en una familia en donde haya más posibilidades de llegar a realizar esos sueños en esta vida terrenal y convierten ese sueño como el primer propósito de su Alma. De esta manera hay algunos sueños que realizan allá del otro lado y hay otros que deciden realizarlos de este lado.

Un Maestro Iluminado antes de la iluminación se asegura de haber realizado ya todos sus sueños tridimensionales y los sueños en los cuales perdió interés entonces se asegura de haberlos transcendido de raíz, para no tener que regresar al plano terrenal.

¿Qué sucede con un Yo inferior que cuando se muere físicamente se lleva muchos deseos de venganza hacia los que lo asesinaron cruelmente?

Ellos pasan por diferentes procesos, primero sus bajas vibraciones los mandan al segundo plano del astral en donde experimentan un infierno temporal allí ellos están llenos de odio y por lo tanto cuando el asesino que los mato duerme, su cuerpo astral va a esos planos bajos astrales y ellos los esperan para enfrentarlos con violencia entonces es cuando el asesino tiene pesadillas y siente que lo persiguen y lo quieren matar. Pues es en donde este Yo inferior al cual mataron lo espera para cobrarle su vida. Asi este asesino estará cargando con todas las muertes de estos Yos inferiores y cuando este asesino muera físicamente, entonces allá lo estarán esperando todos estos Yos inferiores que deseen vengarse y así se llevará a cabo. Todos ellos viven sus propios infiernos.

Ahora todo cambia cuando el Yo inferior que lo mataron primero pasa del otro lado y él se dice a sí mismo, no quiero estar aquí y si para no estar aquí tengo que renunciar a mis deseos de venganza entonces renuncio a ellos y quiero seguir acercándome a la luz, entonces él mismo sube sus vibraciones energéticas y se acerca a la luz, acá de este lado se le muestra su vida que vivió desde un principio y tendrá bastante tiempo para reflexionar y aprender de todas sus experiencias. Llega un punto en que él tendrá que decidir, si aún está o no convencido de que es mejor no vengarse que vengarse. Si con todo y esta asesoría él dice que él se quiere vengar entonces es así, como cuando regrese al plano terrenal el Universo mismo le pondrá la situación para que él pueda vengarse de lo que le hicieron, de allí que es posible que a su asesino le corresponda venir como un aborto y quizás él sea el médico o el padre de ese aborto y él esté de acuerdo en que se lleve a cabo ese aborto.

Y no sentirá ningún remordimiento por hacerlo pues en su interior ya se habrá vengado.

Todo esto ocurre porque este Yo inferior cuando lo asesinaron en su vida pasada, no había alcanzado altos niveles de conciencia. Murió viviendo en bajos niveles de conciencia que le es casi imposible perdonar a su asesino.

Ahora todo es diferente cuando a un Yo inferior que vive como un Yo Superior de Luz, en un 4to o 5to Nivel de Conciencia, lo asesinen de la manera que sea, este inmediatamente perdonará a sus asesinos sin que se lo pregunten, pues comprende el gran valor de este principio del Perdón, el cual lo ayudará a reducir gran cantidad de su Deuda kármica.

Aquí tenemos el caso de Al- Hillaj Mansoor.

Cuando él alcanzó la iluminación él decía que él era Dios. Ana'l haq. (I am Brahman), y los musulmanes de su país lo miraban como una gran ofensa y una blasfemia que tenía que ser castigado cruelmente por ello. Le advirtieron que se retractará de decir eso y él decía no puedo ya que esa es mi realidad. Entonces a la hora de sentenciarlo, lo matarían de una manera cruel cortándole cada una de las partes de su cuerpo con una espada y cuando lo estaban torturando, él no se quejó, al contrario él seguía muy tranquilo y feliz. Entonces su verdugo le decía pero ¿cómo? ¿No te das cuenta que vas a perder la vida y además de una manera cruel? Entonces Al-Hillaj Mansoor contestó: "Si me doy cuenta lo que tú no te das cuenta es que tú también eres Dios y lo que me estás haciendo te lo estás haciendo a ti mismo, a mí no me lastimas. Tu y yo somos el mismo, cuando yo digo que Soy Dios no estoy diciendo que nada más yo lo sea, Quise decir que todo es Dios. O todos somos Dios".

Así que este Maestro iluminado fue asesinado cruelmente y cuando pasó de este lado, ni siquiera pasó a los Planos Astrales o Mentales. El pasó directamente a los Planos Causales.

¿Qué es lo que más le puede ayudar a un Yo inferior que ha escogido el camino de la violencia, del pelear, de ser un militar?

Lo que más le puede ayudar es enfocar todas sus energías en cómo pelear con sus verdaderos enemigos, descubrir cómo les puede ganar y entonces encaminarse en esa dirección, de otra manera es posible que al final de sus días se llegue a decepcionar de sí mismo de no haber descubierto a tiempo quienes verdaderamente eran sus enemigos y sin embargo gran parte de su vida se la pasó peleando con falsos enemigos que únicamente reflejaban a sus enemigos internos. Si este Yo inferior los puede ubicar y decide enfocar toda esa energía que antes desperdiciaba peleando con los enemigos exteriores en ellos, entonces así los vencerá y únicamente tendrá que aprender a reservar el resto de energías cuando realmente ocupe pelear físicamente con algún enemigo exterior. Por lo tanto los enemigos son interiores y no exteriores, y que se siga preparando en luchar pero de una manera profesional para que de esta manera este arrojando energías de ira para afuera, energías de resentimiento y frustración. Todo lo que se requiere es descubrir como encausar esa energía por los medios correctos. Esto mismo tiene que aprender aquel que lo domina el Demonio de la Lujuria pues es por medio de la lujuria que estos Yos inferiores descargan toda su energía, pero una vez descubren como encausar esas energías sexuales en otra dirección más sana, productiva y creativa entonces es posible que la conviertan en grandes obras de arte, al igual es posible que el peleador sea un gran coach, o puede resultar un buen maestro en el karate o de boxeo. Todo es cuestión de aprender a calificar toda esa energía por el lado positivo y benéfico.

Concluiremos con este 3er Plano del Ego.

¿Qué es el Ego Soberbio?

Es una Entidad de Oscuridad que cuando las cosas no salen como él quiere entonces se va al lado del Sentimentalismo y Negativismo y cuando las cosas le salen como él quiere se va por el lado de la grandiosidad y la jactancia. Por lo tanto no conoce el camino del medio. (Que es el camino de la Humildad).

388

BUDASINANDA VIVEKBUDASINANDA VIVEK

Quiere llamar la atención de mil maneras, en el entierro quiere ser el muerto y en la boda quiere ser la novia. La cosa es que maneja mucho los extremos o piensa que él es el que ha sufrido mucho o piensa que él es que ha tenido la mejor niñez de todos.

Este Ego maneja mucho estas dos extremidades. Revisemos el lado negativo primero y que por lo regular se les va a dar a los Yos inferiores de temperamento introvertido. No sienten gratitud alguna por nada, su pensamiento es que todo lo que tienen se lo merecen y nada les ha sido dado de gratis o por gracia, es decir a nadie le deben nada ni nadie les debe nada, pero la actitud es de que no sienten gratitud por su salud, su trabajo, su esposa o esposo, sus hijos, sus amistades, sus dones, sus logros, su situación legal. No tienen nada de quedar gracias por el contrario de todo reniegan, de todo se quejan, viven muy inconformes con la suerte que les ha tocado.

También sufren de su falta de carácter pues cualquier persona más abusiva siempre está tomando ventaja de ellos y se dejan controlar por los más fuertes, los hijos los manipulan con facilidad, la pareja también, todas aquellas personas de las cuales dependen emocional o económicamente los manipulan con facilidad, son muy tímidos y se retraen mucho de lo que hablan, para todo se están disculpando pues tienen miedo de ofender a la otra persona y que esta piense mal de ellos o les retiren su amistad, son cobardes pues no dicen lo que verdaderamente están sintiendo siempre se la pasan mostrando una cara que no es la original, por miedo a no ser aceptados o ser rechazados, son abusivos con los más débiles pero son unos cobardes con los que los pueden golpear o hacer daño, cuando están a solas planean todo lo que van a decirle a los demás, pero cuando ya los tienen de cerca nunca dicen lo que habían planeado decir, esto se da mucho en esas agrupaciones en donde la gente participa, ante el público se reprimen y no dicen lo que querían decir por miedo al qué dirán, miedo al ridículo, pero a solas si se echan sus grandes discursos y hasta se ponen a cantar, pero cuando están en público y hay un karaoke no cantan, ellos permiten que les hagan todo tipo de abusos, o por lo menos permiten muchas cosas que en otras circunstancias no lo permitirían, se dejan golpear o que las golpee su marido pues al fin y al cabo eso se merecen que un abusivo los golpee y a pesar de estar sufriendo con su golpeador siguen viviendo con él o ella por largos años.

Son mediocres todo lo dejan a medias, no tienen la capacidad de hacer las cosas bien, se conforman con lo que tienen y no aspiran a más cosas, en otras palabras una falsa humildad, son de mente cerrada, creen que todo lo saben o que nadie tiene nada que enseñarles, se obstinan con facilidad cuando piensan que tienen la razón o de que las cosas son como ellos dicen, están llenos de prejuicios, juzgan sin conocer a las personas, son muy obstinados lo que ellos dicen creen que eso es y nadie los saca de allí, cuando leen un libro por lo regular nunca lo acaban de leer ya que los domina la pereza mental y les da flojera instruirse, prefieren que les den el conocimiento en las manos que irlo a buscar, nunca cuestionan sus creencias, incultos y en algunas ocasiones analfabetas, muy envidiosos siempre le están deseando que le vaya mal a todos aquellos a los que envidian, o les tienen celos y en su frustración hablarán a sus espaldas de toda esa gente que sienten envidia, pues es de la única manera que pueden encontrar algo de satisfacción desacreditándolos, son un panteón de frustraciones caminando, todos sus sueños han quedado truncados y por eso es que se la pasan con mucho enojo todos los días, están demasiado resentidos con la vida, con Dios con las personas, con todo mundo y esto los llena de mucha negatividad y pesimismo por consiguiente sus pensamientos negativos atraerán puras circunstancias desfavorables o trágicas.

Ahora revisemos el lado de la Grandiosidad o Pseudo Positivo y cruel. Este otro extremo por lo regular se les dará a los Yos inferiores que por temperamento son extrovertidos. (Aunque con el tiempo un Yo inferior puede incluso recorrer los 2 extremos sin importar su temperamento, puede en un tiempo haber experimentado el lado del negativismo y en otro tiempo el lado pseudo positivismo)

Su característica más notables de todas es un Soberbio o una Soberbia en todas sus dimensiones, no les gusta preguntar, ni aprender ellos toman posturas de unos sábelo todo, por lo tanto nadie es digno de ser quien les enseñe algo, hacen alarde de cualquier pequeño logro, se jactan con facilidad de su Superioridad y buscan cualquier ocasión para presumir sus conocimientos, triunfos materiales o sus logros ya que ellos viven de la impresión, la admiración y el respeto de los demás, por lo tanto todo el tiempo estarán mostrando una cara ante los demás de la impresión que quieren causar, si por ejemplo quieren que los consideren unas buenas personas entonces esa cara muestran y si quieren que les tengan miedo entonces muestran una cara de ser unas personas muy temibles, son déspotas con sus trabajadores y familiares. Muy pedantes se la pasan hablando de lo mucho que saben, como si eso fuera a transformar la vida de los demás y de todos modos si llegase a transformar la vida de alguien entonces se jactarán de ello todo el tiempo, narcisistas se alaban así mismos y utilizan mucho la autosugestión a modo que acaban creyéndose sus propias mentiras, muy vanidosos creen que su belleza física arreglará todo, se la pasan poniendo expectativas todo el tiempo, se levantan con más de 30 expectativas diario y se enojan con facilidad cuando alguna de estas no salen como ellos esperaban, muy materialistas trabajan demasiado, pues de esta manera evitan tener que conocerse a sí mismos, son escapistas todo lo quieren arreglar con acción inconsciente, es decir hacen mucha actividad pero nada de acción consciente, tienen la habilidad para hacer dinero y esto los mantiene en una ceguera espiritual constante pues confunden el éxito tridimensional con el verdadero éxito, esto los convierte en unos pseudo exitosos o súper motivadores y esto también los mantendrá en una ceguera espiritual, ya que no hay transcendencia. Su nombre es: Egoísmo y Egocentrismo, todo su enfoque es centrarse en que sus deseos egoístas se cumplan y no les importa si en el cumplimiento de sus deseos otros salen afectados o dañados aquí el ser más importante son ellos y nada mas ellos, los demás solo están para favorecer sus planes, si por ejemplo se enteran de gente que muere de hambre o de algún desastre natural mientras no sean las personas por las que sienten afecto entonces no sienten absolutamente nada y tampoco están interesados en hacer algo por esa gente al menos que si lo hacen se hable bien de ellos el resto de su vida entonces si lo harán, son unos ventajistas aprovechados y abusivos siempre tomando ventaja de los más débiles o los más ignorantes, están llenos de ira por lo tanto son humillantes, tiene mucho odio en su corazón, hacen mucho daño con su lengua venenosa solamente les sirve para escupir su veneno de odio, son intrigantes, chismosos, calumniadores, se desquitan con facilidad de lo que les dicen o hacen, muy vengativos y rencorosos, sádicos gozan del dolor de los demás y se dan a todo tipo de perversidades tipo sadomasoquismo, cuando van hacer daño a los demás lo hacen sin compasión, son castigadores y sus castigos son sin piedad es decir se pueden llegar a convertir en asesinos sin compasión y sin piedad, por lo tanto pueden matar de las maneras más horrendas y crueles posibles, pueden acabar convirtiéndose en unos sirvientes de las fuerzas del mal, son intolerantes, desesperados, impacientes, inquietos y todo el tiempo están de prisas, finalmente son irrespetuosos y muy violentos.

Básicamente este 3er plano. Es la silla del Consejero maligno del Ego, ya que la silla del otro Consejero Maligno del Súper Ego es el 6to plano.

Ultima nota.

Por el escritor.

Esta obra se tenía planeada ponerse toda junta en un solo libro, pero simplemente me puse a escribir todo lo que estaba recibiendo de los Seres de Luz y jamás revisé cuantas hojas llevaba, cuando pase todo el manuscrito a office word, allí apareció que eran 1,150 páginas, y le pregunte al escritor José Manuel Rodríguez, ¿Qué sería lo mejor? y él me sugirió que dejará la obra tal y como la había escrito, por lo tanto decidí publicarla en 4 tomos. En verdad, mis deseos eran publicar un solo libro, y mi único consuelo es que en un futuro existirán 3 opciones. Este libro alguien lo podrá adquirir en 4 tomos, en 2 tomos o en uno solo. A todo aquel que adquiera este libro le quiero dar las gracias por ayudarme a cumplir con la Primera Misión de mi Alma, los Seres de Luz me han prometido que trabajarán con todos aquellos que se decidan a dar su primera muerte espiritual. Ojalá que tú seas uno de ellos.

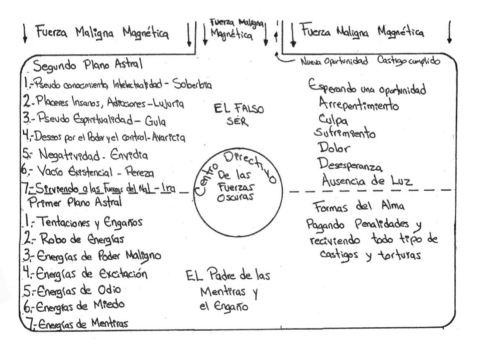

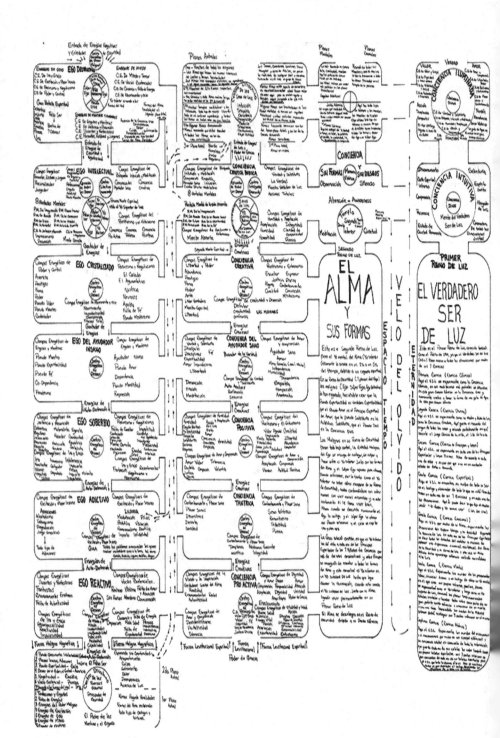